U1006504

建筑与市政工程施工现场专业人员职业培训教材

资料员通用与基础知识

本书编委会 编

中国建材工业出版社

图书在版编目(CIP)数据

资料员通用与基础知识 /《资料员通用与基础知识》编委会编. —— 北京 ：中国建材工业出版社，2016.10（2018.10 重印）
建筑与市政工程施工现场专业人员职业培训教材
ISBN 978-7-5160-1694-7

Ⅰ. ①资… Ⅱ. ①资… Ⅲ. ①建筑工程—技术档案—档案管理—职业培训—教材 Ⅳ. ①G275.3

中国版本图书馆 CIP 数据核字(2016)第 243198 号

资料员通用与基础知识
本书编委会 编
出版发行：中国建材工业出版社
地　　址：北京市海淀区三里河路 1 号
邮　　编：100044
经　　销：全国各地新华书店
印　　刷：北京雁林吉兆印刷有限公司
开　　本：787mm×1092mm　1/16
印　　张：24.25
字　　数：530 千字
版　　次：2016 年 10 月第 1 版
印　　次：2018 年 10 月第 4 次
定　　价：70.00 元

本社网址：www.jccbs.com　**微信公众号：**zgjcgycbs
本书如出现印装质量问题，由我社市场营销部负责调换。电话：(010)88386906

《建筑与市政工程施工现场专业人员职业培训教材》

编审委员会

主 编 单 位　中国工程建设标准化协会建筑施工专业委员会
北京土木建筑学会

副主编单位　“金鲁班”应用平台
《建筑技术》杂志社
北京万方建知教育科技有限公司

主要编审人员　吴松勤　葛恒岳　王庆生　陈刚正　袁　磊
刘鹏华　宋道霞　郭晓辉　邓元明　张　倩
宋　瑞　申林虎　魏文彪　赵　键　王　峰
王　文　郑立波　刘福利　丛培源　肖明武
欧应辉　黄财杰　孟东辉　曾　方　腾　虎
梁泰臣　姚亚亚　白志忠　张　渝　徐宝双
李达宁　崔　铮　刘兴宇　李思远　温丽丹
曹　烁　李程程　王丹丹　高海静　刘海明
张　跃　吕　君　梁　燕　杨　梅　李长江
刘　露　孙晓琳　李芳芳　张　蔷　王玉静
安淑红　庞灵玲　付海燕　段素辉　董俊燕

前　言

随着工程建设的不断发展和建筑科技的进步，国家及行业对于工程质量安全的严格要求，对于工程技术人员岗位职业技能要求也不断提高，为了更好地贯彻落实《建筑与市政工程施工现场专业人员职业标准》(JGJ/T 250—2011)和2015年最新颁布的《建筑业企业资质管理规定》对于工程建设专业技术人员素质与专业技能要求，全面提升工程技术人员队伍管理和技术水平，促进建设科技的工程应用，完善和提高工程建设现代化管理水平，我们组织编写了这套《建筑与市政工程施工现场专业人员职业培训教材》。本丛书旨在从岗前考核培训到实际工程现场施工应用中，为工程专业技术人员提供全面、系统、最新的专业技术与管理知识，满足现场施工实际工作需要。

本丛书主要依据现场施工中各专业岗位的实际工作内容和具体需要，按照职业标准要求，针对各岗位工作职责、专业知识、专业技能等知识内容，遵循易学、易懂、能现场应用的原则，划分知识单元、知识讲座，这样既便于上岗前培训学习时使用，也方便日常工作中查询、了解和掌握相关知识，做到理论结合实践。本丛书以不断加强和提升工程技术人员职业素养为前提，深入贯彻国家、行业和地方现行工程技术标准、规范、规程及法规文件要求；以突出工程技术人员施工现场岗位管理工作为重点，满足技术管理需要和实际施工应用，力求做到岗位管理知识及专业技术知识的系统性、完整性、先进性和实用性相统一。

本丛书内容丰富、全面、实用，技术先进，适合作为建筑与市政工程施工现场专业人员岗前培训教材，也是建筑与市政工程施工现场专业人员必备的技术参考书。

由于时间仓促和能力有限，本书难免有谬误之处和不完善的地方，敬请读者批评指正，以期通过不断修订与完善，使本丛书能真正成为工程技术人员岗位工作的必备助手。

编委会
2016年10月

目录 CONTENTS

第1部分

资料员岗位通用知识

第1单元　建筑材料基本知识

第1讲　建筑材料的分类

所有用于建筑施工的原材料、半成品和各种构件、零部件都被视为建筑材料。工程建设项目使用的材料数量大、品种多，建设企业对工程材料进行合理分类与管理，不仅能发挥各级材料的管理与使用，也能减少中间环节，降低人工和时间成本，提高经济效益，保障工程质量和安全。

一、按使用历史分类

按使用历史可以分为传统工程材料和新型工程材料两类。

1.传统工程材料

传统工程材料是指那些使用历史较长的材料，如砖、瓦、砂、石骨料和三大材料的水泥、钢材和木材等。

2.新型工程材料

新型工程材料是针对传统工程材料而言使用历史较短，尤其是新开发的工程材料。新型材料具有轻质、高强度、保温、节能、节土、装饰等优良特性。采用新型材料不但使房屋功能大大改善，还可以使建筑物内外更具时代气息，满足人们的审美要求；有的新型材料节能、节材、可循环再利用、环保符合可持续发展要求；有的新型材料可以显著减轻建筑物自重，为推广轻型建筑结构创造了条件，推动了建筑施工技术现代化，大大加快了建房速度。

二、按主要用途分

按主要用途可以分为结构性材料和功能性材料两类。

1.结构性材料

结构性材料主要是指用于构造建筑结构部分的承重材料，例如水泥、骨料、混凝土及混凝土外加剂、砂浆、砖和砌块等墙体材料、钢筋及各种建筑钢材、公路和市政工程中大量使用的沥青混凝土等，在建筑中主要利用其具有一定的力学性能。

2.功能性材料

功能性材料主要是指在建筑物中发挥其力学性能以外特长的材料，例如防水材料、建筑涂料、绝热材料、防火材料、建筑玻璃、防腐涂料、金属或塑料管道材料等，他们赋予建筑物以必要的防水功能、装饰效果、保温隔热功能、防火功能、维护和采光功能、防腐蚀功能及排水功能。正是凭借了这些材料的一项或多项功能，才使建筑物具有或改善了使用功能，产生了一定的装饰美观效果，也使对生活在一个安全、耐久、舒适、美观的环境中的愿望得以实现。当然，有些功能材料除了其自身特有的功能外，也还有一定的力学性能，而且，人们也在不断创造更多更好的功能材料和既具有结构性材料的强度又具有其他功能复合特性的材料。

三、按成分分类

按成分分类工程材料分为无机材料、有机材料和复合材料三大类。工程材料分类见图1－1。

- 工程材料
  - 无机材料
    - 金属材料
      - 黑色金属——钢、铁、不锈钢等
      - 有色金属——铝、铜等及其合金
    - 非金属材料
      - 天然石材——砂、石及石材制品等
      - 烧土制品及熔融制品——砖、瓦、玻璃等
      - 胶凝材料——石灰、石膏、水泥、水玻璃等
      - 混凝土及硅酸盐制品——混凝土、砂浆及硅酸盐制品
  - 有机材料
    - 植物材料——木材、竹材等
    - 沥青材料——石油沥青、煤沥青、沥青制品等
    - 高分子材料——塑料、涂料、胶黏剂、合成橡胶、合成树脂等
  - 复合材料
    - 无机非金属材料与有机材料复合——玻璃纤维增强塑料、聚合物水泥混凝土、沥青混合料等
    - 金属材料与无机非金属材料复合——钢筋混凝土、钢纤维混凝土、夹丝玻璃等
    - 金属材料与有机材料复合——如轻质金属夹芯板

图1－1 工程材料按成分分类

1.无机材料

无机材料主要是大部分使用历史较长的材料，它又可以分为金属材料和非金属材料，前者还可以细分为黑色金属（如钢筋及各种建筑钢材）和有色金属（如铜及其合金、铝及其合金），后者如水泥、骨料、混凝土、砂浆、砖和砌块等墙体材料、玻璃等。

2.有机材料

有机高分子材料主要是指建筑涂料、建筑塑料、混凝土外加剂、泡沫聚苯乙烯和泡沫聚氨酯等绝热保温材料、薄层防火涂料等。

3.复合材料

复合材料通常是指用不同性能和功能的材料进行复合而成的性能更理想的材料，常见的复合方式有无机材料与无机材料的复合，无机材料与有机材料的复合，有机材料与有机材料的复合等。

四、按材料管理需要分类

目前，大部分企业在对材料进行分类管理，运用“ABC 法”的原理，即关键的少数，次要的多数，根据物资对本企业质量和成本的影响程度和物资管理体制将物资分成了 A、B、C 三类进行管理。

1.材料分类的依据及内容

（1）材料对工程质量和成本的影响程度。

根据材料对工程质量和成本的影响程度可分为三类：对工程质量有直接影响的，关系用户使用生命和效果的，占工程成本较大的物资，一般为 A 类；对工程质量有间接影响，为工程实体消耗的，为 B 类；辅助材料中占工程成本较小的，为 C 类。材料 A、B、C 分类方法见表 1－1。

表 1－1　材料 ABC 分类表

材料分类	品种数占全部品种数（%）	资金额占资金总额（%）
A 类	5～10	70～75
B 类	20～25	20～25
C 类	60～70	5～10
合计	100	100

A 类材料占用资金比重大，是重点管理的材料。要按品种计算经济库存量和安全库存量，并对库存量随时进行严格盘点，以便采取相应措施。对 B 类材料，可按大类控制其库存；对 C 类材料，可采用简化的方法管理，如定期检查库存，组织在一起订货运输等。

（2）企业管理制度和材料管理体制。

根据企业管理制度和材料管理体制不同，由总部主管部门负责采购供应的为 A 类，其余为 B 类、C 类。

2.材料分类的内容

材料的具体分类见表 1－2。

表 1—2　材料分类表类

类别	序号	材料名称	具体种类
A 类	1	钢材	各类钢筋，各类型钢
	2	水泥	各等级袋装水泥、散装水泥、装饰工程用水泥，特种水泥
	3	木材	各类板、方材、木、竹制模板，装饰、装修工程用各类木制品
	4	装饰材料	精装修所用各类材料，各类门窗及配件，高级五金
	5	机电材料	工程用电线、电缆，各类开关、阀门、安装设备等所有机电产品
	6	工程机械设备	公司自购各类加工设备，租赁用自升式塔吊，外用电梯
B 类	1	防水材料	室内、外各类防水材料
	2	保温材料	内外墙保温材料，施工过程中的混凝土保温材料，工程中管道保温材料
	3	地方材料	砂石，各类砌筑材料
	4	安全防护用具	安全网，安全帽，安全带
	5	租赁设备	1. 中小型设备：钢筋加工设备，木材加工设备，电动工具； 2. 钢模板； 3. 架料，U 形托，井字架
	6	建材	各类建筑胶，PVC 管，各类腻子
	7	五金	火烧丝，电焊条，圆钉，钢丝，钢丝绳
	8	工具	单价 400 元以上使用的手用工具
C 类	1	油漆	临建用调和漆，机械维修用材料
	2	小五金	临建用五金
	3	杂品	
	4	工具	单价 400 元以下手用工具
	5	旁保用品	按公司行政人事部有关规定执行

第 2 讲　建筑材料基本性能

一、材料的物理性质

1.材料的密度

密度是指材料的质量与体积之比。根据材料所处状态不同，材料的密度可分为密度、表观密度和堆积密度。

（1）密度。材料在绝对密实状态下，单位体积的质量称为密度，即

$$\rho=\frac{m}{V} \tag{1-1}$$

式中　ρ——材料的密度，g/cm^3 或 kg/m^3；

m——材料的质量，g 或 kg；

V——材料在绝对密实状态下的体积，即材料体积内固体物质的实体积，cm^3 或 m^3。

建筑材料中除少数材料（如钢材、玻璃等）外，大多数材料都含有一些孔隙。为了测得含孔材料的密度，应把材料磨成细粉，除去内部孔隙，用李氏瓶测定其实体积。材料磨得越细，测得的体积越接近绝对体积，所得密度值越准确。

（2）表观密度。材料在自然状态下，单位体积的质量称为表观密度（也称体积密度），即

$$\rho_0=\frac{m}{V_0} \tag{1-2}$$

式中　ρ_0——材料的表观密度，kg/m^3 或 g/cm^3；

m——在自然状态下材料的质量，kg 或 g；

V_0——在自然状态下材料的体积，m^3 或 cm^3。

在自然状态下，材料内部的孔隙可分为两类：有的孔之间相互连通，且与外界相通，称为开口孔；有的孔互相独立，不与外界相通，称为闭口孔。大多数材料在使用时其体积为包括内部所有孔在内的体积，即自然状态下的外形体积（V_0），如砖、石材、混凝土等。有的材料如砂、石在拌制混凝土时，因其内部的开口孔被水占据，因此材料体积只包括材料实体积及其闭口孔体积（以 V' 表示）。为了区别两种情况，常将包括所有孔隙在内时的密度称为表观密度；把只包括闭口孔在内时的密度称为视密度，用 ρ' 表示，即 $\rho'=\frac{m}{V'}$。视密度在计算砂、石在混凝土中的实际体积时有实用意义。

在自然状态下，材料内部常含有水分，其质量随含水程度而改变，因此视密度应注明其含水程度。干燥材料的表观密度称为干表观密度。可见，材料的视密度除决定于材料的密度及构造状态外，还与含水程度有关。

（3）堆积密度。粉状及颗粒状材料在自然堆积状态下，单位体积的质量称为堆积密度（也称松散体积密度），即

$$\rho'_0=\frac{m}{V'_0} \tag{1-3}$$

式中　ρ'_0——材料的堆积密度，kg/m^3；

m——材料的质量，kg；

V'_0——材料的自然堆积体积，m^3。

材料的堆积密度主要与材料颗粒的表观密度以及堆积的疏密程度有关。

在建筑工程中，进行配料计算；确定材料的运输量及堆放空间；确定材料用量及构件自重等经常用到材料的密度、表观密度和堆积密度值，见表1—3。

表1—3 常用材料的密度、表观密度及堆积密度

材料名称	密度/(g/cm^3)	表观密度/(g/cm^3)	堆积密度/(kg/m^3)
钢材	7.85	—	—
木材(松木)	1.55	0.4～0.8	—
普通黏土砖	2.5～2.7	1.6～1.8	—
花岗石	2.6～2.9	2.5～2.8	—
水泥	2.8～3.1	—	1000～1600
砂	2.6～2.7	2.65	1450～1650
碎石(石灰石)	2.6～2.8	2.6	1400～1700
普通混凝土	—	2.1～2.6	—

2.材料的孔隙率、空隙率

（1）孔隙率。孔隙率是指在材料体积内，孔隙体积所占的比例。以P表示，即

$$P=\frac{V_0-V}{V_0}\times 100\%=\left(1-\frac{\rho_0}{\rho}\right)\times 100\% \quad (1-4)$$

材料的孔隙率的大小，说明了材料内部构造的致密程度。许多工程性质，如强度、吸水性、抗渗性、抗冻性、导热性、吸声性等，都与材料的孔隙有关。这些性质除了取决于孔隙率的大小外，还与孔隙的构造特征密切相关。孔隙特征主要指孔的种类（开口孔与闭口孔）、孔径的大小及分布等。实际上绝对闭口的孔隙是不存在的，在建筑材料中，常以在常温常压下，水能否进入孔中来区分开口孔与闭口孔。因此，开口孔隙率（P_K）是指在常温常压下能被水所饱和的孔体积（即开口孔体积V_K）与材料的体积之比，即

$$P_K=\frac{V_K}{V_0}\times 100\% \quad (1-5)$$

闭口孔隙率（P_B）便是总孔隙率（P）与开口孔隙率（P_K）之差，即

$$P_B=P-P_K \quad (1-6)$$

（2）空隙率。空隙率是用来评定颗粒状材料在堆积体积内疏密程度的参数。它是指在颗粒状材料的堆积体积内，颗粒间空隙体积所占的比例。以P'表示，即

$$P'=\frac{V_0'-V_0}{V_0'}\times 100\%=\left(1-\frac{\rho_0'}{\rho_0}\right)\times 100\% \quad (1-7)$$

式中 V_0——材料所有颗粒体积之总和，m^3；

ρ_0——材料颗粒的表观密度。

当计算混凝土中粗骨料的空隙率时，由于混凝土拌和物中的水泥浆能进入石子的开口孔内（即开口孔也作为空隙），因此，ρ_0应按石子颗粒的视密度ρ'计算。

3.材料与水有关的性质

（1）亲水性与憎水性（疏水性）。当水与建筑材料在空气中接触时，会出现两种不同的现象。图 1－2（a）中水在材料表面易于扩展，这种与水的亲和性称为亲水性。表面与水亲和力较强的材料称为亲水性材料。水在亲水性材料表面上的润湿边角（固、气、液三态交点处，沿水滴表面的切线与水和固体接触面所成的夹角）$\theta \leqslant 90°$。与此相反，材料与水接触时，不与水亲和，这种性质称为憎水性。水在憎水性材料表面上呈图 1－2（b）所示的状态，$\theta > 90°$。

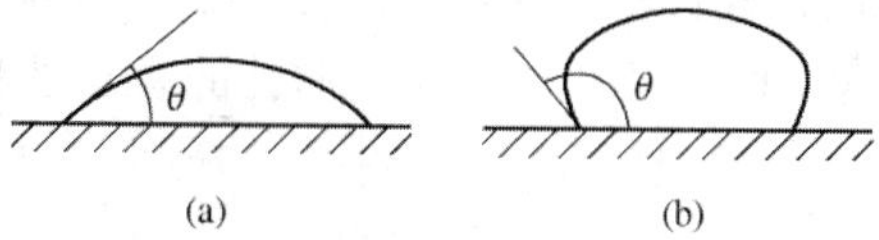

图 1－2　材料润湿边角

（a）亲水性材料；（b）憎水性材料

在建筑材料中，各种无机胶凝材料、石材、砖瓦、混凝土等均为亲水性材料，因为这类材料的分子与水分子间的引力大于水分子之间的内聚力。沥青、油漆、塑料等为憎水性材料，它们不但不与水亲和，而且还能阻止水分渗入毛细孔中，降低材料的吸水性。憎水性材料常用作防潮、防水及防腐材料，也可以对亲水性材料进行表面处理，以降低其吸水性。

（2）吸湿性与吸水性。

1）吸湿性。

材料在环境中能吸收空气中水分的性质称为吸湿性。吸湿性常以含水率表示，即吸入水分与干燥材料的质量比。一般来说，开口孔隙率较大的亲水性材料具有较强的吸湿性。材料的含水率还受环境条件的影响，随温度和湿度的变化而改变。最终，材料的含水率将与环境湿度达到平衡状态，此时的含水率称为平衡含水率。

2）吸水性。

材料在水中能吸收水分的性质称为吸水性。吸水性大小用吸水率表示，吸水率常用质量吸水率，即用材料在水中吸入水的质量与材料干质量之比表示：

$$W_m = \frac{m_1 - m}{m} \times 100\% \tag{1-8}$$

式中　W_m——材料的质量吸水率，%；

m_1——材料吸水饱和后的质量，g 或 kg；

m——材料在干燥状态下的质量，g 或 kg。

对于高度多孔、吸水性极强的材料，其吸水率可用体积吸水率，即用材料吸入水的体积与材料在自然状态下体积之比表示：

$$W_V = \frac{V_w}{V_0} = \frac{m_1 - m}{V_0} \times \frac{1}{\rho_w} \times 100\% \tag{1-9}$$

式中　W_V——材料的体积吸水率，%；

V_w——材料吸水饱和时，水的体积，cm³；

ρ_w——水的密度，g/cm³。

可见，体积吸水率与开口孔隙率是一致的。质量吸水率与体积吸水率存在如下关系：

$$W_V = \frac{W_m \rho_0}{\rho_w} \tag{1-10}$$

材料吸水率的大小主要取决于材料的孔隙率及孔隙特征，密实材料及只具有闭口孔的材料是不吸水的；具有粗大孔的材料因不易吸满水分，其吸水率常小于孔隙率；而那些孔隙率较大，且具有细小开口连通孔的亲水性材料往往具有较大的吸水能力。材料的吸水率是一个定值，它是该材料的最大含水率。

材料在水中吸水饱和后，吸入水的体积与孔隙体积之比称为饱和系数，其计算式为

$$K_B = \frac{V_w}{V_0 - V} = \frac{W_0}{P} = \frac{P_K}{P} \tag{1-11}$$

式中 K_B——饱和系数，%；

P_K、P——分别为材料的开口孔隙率及总孔隙率，%。

饱和系数说明了材料的吸水程度，也反映了材料的孔隙特征，若 $K_B=0$，说明材料的孔隙全部为闭口的，若 $K_B=1$，则全部为开口的。

材料吸水后，不但可使质量增加，而且会使强度降低，保温性能下降，抗冻性能变差，有时还会发生明显的体积膨胀，可见，材料中含水对材料的性能往往是不利的。

（3）耐水性。材料长期在水的作用下，强度不显著降低的性质称为耐水性。

材料含水后，将会以不同方式来减弱其内部结合力，使强度有不同程度的降低。材料的耐水性用软化系数表示：

$$K = \frac{f_1}{f} \tag{1-12}$$

式中 K——材料的软化系数；

f_1——材料在吸水饱和状态下的抗压强度，MPa；

f——材料在干燥状态下的抗压强度，MPa。

软化系数在 0～1 之间波动，软化系数越小，说明材料吸水饱和后强度降低得越多，耐水性越差。受水浸泡或处于潮湿环境中的重要建筑物所选用的材料，其软化系数不得低于 0.85。因此，软化系数大于 0.85 的材料，常被认为是耐水的。干燥环境中使用的材料可不考虑耐水性。

（4）抗渗性。材料抵抗压力水渗透的性质称为抗渗性（或不透水性）。材料的抗渗性常用抗渗等级来表示，抗渗等级用材料抵抗压力水渗透的最大水压力值来确定。其抗渗等级越大，则材料的抗渗性越好。

材料的抗渗性也可用其渗透系数Ks表示，Ks值越大，表明材料的透水性越好，

抗渗性越差。

材料的抗渗性主要取决于材料的孔隙率及孔隙特征。密实的材料，具有闭口孔或极微细孔的材料，实际上是不会发生透水现象的。具有较大孔隙率，且为较大孔径、开口连通孔的亲水性材料往往抗渗性较差。

对于地下建筑及水工构筑物等经常受压力水作用的工程所用材料及防水材料都应具有良好的抗渗性能。

（5）抗冻性。材料在使用环境中，经受多次冻融循环而不破坏，强度也无显著降低的性质称为抗冻性。

材料经多次冻融循环后，表面将出现裂纹、剥落等现象，造成重量损失、强度降低。这是由于材料内部孔隙中的水分结冰时体积增大（约 9%）对孔壁产生很大的压力（每平方毫米可达 100N），冰融化时压力又骤然消失所致。无论是冻结还是融化过程，都会使材料冻融交界层间产生明显的压力差，并作用于孔壁使之遭损。

材料的抗冻性大小与材料的构造特征、强度、含水程度等因素有关。一般来说，密实的以及具有闭口孔的材料有较好的抗冻性；具有一定强度的材料对冰冻有一定的抵抗能力；材料含水量越大，冰冻破坏作用越大。此外，经受冻融循环的次数越多，材料遭损越严重。

材料的抗冻性试验是使材料吸水至饱和后，在－15℃温度下冻结规定时间，然后在室温的水中融化，经过规定次数的冻融循环后，测定其质量及强度损失情况来衡量材料的抗冻性。有的材料如普通砖以反复冻融 15 次后其重量及强度损失不超过规定值，即为抗冻性合格。有的材料如混凝土的抗冻性用抗冻等级来表示。

对于冬季室外计算温度低于－10℃的地区，工程中使用的材料必须进行抗冻性检验。

4.材料与热有关的性质

（1）导热性。材料传导热量的能力称为导热性。材料的导热能力用导热系数 λ 表示：

$$\lambda=\frac{Qd}{A(T_2-T_1)t} \tag{1-13}$$

式中　λ——导热系数，W/（m·K）；

Q——传导的热量，J；

d——材料的厚度，m；

A——材料的导热面积，m^2；

T_2-T_1——材料两侧的温度差，K；

t——传热时间，s。

令 $q=\frac{Q}{At}$，q 称为热流量，上式可写成：

$$q=\frac{\lambda}{d}(T_2-T_1) \tag{1-14}$$

从式（1－14）中可以看出，材料两侧的温度差是决定热流量的大小和方向的客观条件，而 A 则是决定 q 值的内在因素。材料的热阻用 R 表示，单位为 m ·K/W。

$$R=d/\lambda \tag{1-15}$$

式中 R——热阻，（m^2 · K）/W；

d——材料厚度，m；

λ——传热系数，W/（m · K）。

可见，导热系数与热阻都是评定建筑材料保温隔热性能的重要指标。材料的导热系数越小，热阻值越大，材料的导热性能越差，保温、隔热性能越好。

材料的导热性主要取决于材料的组成及结构状态。

1）组成及微观结构。金属材料的导热系数最大，如在常温下铜的 λ=370W/（m ·K），钢的 λ=58W/（m ·K），铝的 λ=221W/（m ·K）；无机非金属材料次之，如普通黏土砖的 λ=0.8W/（m · K），普通混凝土的 λ=1.51W/（m · K）；有机材料最小，如松木（横纹）的 λ=0.17W/（m · K），泡沫塑料的 λ=0.03W/（m · K）。相同组成的材料，结晶结构的导热系数最大，微晶结构的次之，玻璃体结构的最小，为了获取导热系数较低的材料，可通过改变其微观结构的办法来实现，如水淬矿渣就是一种较好的绝热材料。

2）孔隙率及孔隙特征。由于密闭的空气的导热系数很小，λ=0.023W/（m ·K），因此材料的孔隙率的大小，能显著地影响其导热系数，孔隙率越大，材料的导热系数越小。在孔隙率相近的情况下，孔径越大，孔隙互相连通的越多，导热系数将偏大，这是由于孔中气体产生对流的缘故。对于纤维状材料，当其密度低于某一限值时，其导热系数有增大的趋势，因此这类材料存在一个最佳密度，即在该密度下导热系数最小。

此外，材料的含水程度对其导热系数的影响非常显著。由于水的导热系数 λ=0.58W/（m · K），比空气约大 25 倍，所以材料受潮后其导热系数将明显增加，若受冻，则导热系数更大，冰的导热系数 λ=2.33W/（m · K）。

人们常把防止内部热量散失称为保温，把防止外部热量的进入称为隔热，将保温、隔热统称为绝热。并将 $\lambda \leqslant$0.175W/（m · K）的材料称作绝热材料。

（2）热容量。材料受热时吸收热量，冷却时放出热量的性质称为材料的热容量。材料吸收或放出的热量可用下式计算：

$$Q=Cm(T_2-T_1) \tag{1-16}$$

式中 Q——材料吸收（或放出）的热量，J；

C——材料的比热（也称热容量系数），J/（kg · K）；

m——材料的质量，kg；

T_2-T_1——材料受热（或冷却）前后的温度差，K。

比热与材料质量之积称为材料的热容量值。材料具有较大的热容量值，对室内温度的稳定有良好的作用。

几种常用建筑材料的导热系数和比热值见表 1—4。

表 1—4　几种典型材料的热性质指标

材料	导热系数 /[W/(m·K)]	比热 /[J/(g·K)]	材料	导热系数 /[W/(m·K)]	比热 /[J/(g·K)]
钢材	58	0.48	泡沫塑料	0.035	1.30
花岗岩	3.49	0.92	水	0.58	4.19
普通混凝土	1.51	0.84	冰	2.33	2.05
普通黏土砖	0.80	0.88	密闭空气	0.023	1.00
松木	横纹 0.17 顺纹 0.35	2.5			

（3）耐热性与耐燃性。

1）耐热性（也称耐高温性或耐火性）。材料长期在高温作用下，不失去使用功能的性质称为耐热性。材料在高温作用下会发生性质的变化而影响材料的正常使用。

①受热变质。一些材料长期在高温作用下会发生材质的变化。如二水石膏在 65～140℃脱水成为半水石膏；石英在 573℃由 α 石英转变为 β 石英，同时体积增大 2%；石灰石、大理石等碳酸盐类矿物在 900℃以上分解；可燃物常因在高温下急剧氧化而燃烧，如木材长期受热发生碳化，甚至燃烧。

②受热变形。材料受热作用要发生热膨胀导致结构破坏。材料受热膨胀大小常用膨胀系数表示。普通混凝土膨胀系数为 10×10^{-6}，钢材膨胀系数为 $(10\sim12)\times10^{-6}$，因此它们能组成钢筋混凝土共同工作。普通混凝土在 300℃以上，由于水泥石脱水收缩，骨料受热膨胀，因而混凝土长期在 300℃以上工作会导致结构破坏。钢材在 350℃以上时，其抗拉强度显著降低，会使钢结构产生过大的变形而失去稳定。

2）耐燃性。在发生火灾时，材料抵抗和延缓燃烧的性质称为耐燃性（或称防火性）。材料的耐燃性按耐火要求规定分为非燃烧材料、难燃烧材料和燃烧材料三大类。

①非燃烧材料，即在空气中受高温作用不起火、不微燃、不炭化的材料。无机材料均为非燃烧材料，如普通砖、玻璃、陶瓷、混凝土、钢材、铝合金材料等。但是，玻璃、混凝土、钢材、铝材等受火焰作用会发生明显的变形而失去使用功能，所以它们虽然是非燃烧材料，有良好的耐燃性，但却是不耐火的。

②难燃烧材料，即在空气中受高温作用难起火、难微燃、难炭化，当火源移走后燃烧会立即停止的材料。这类材料多为以可燃材料为基体的复合材料，如沥青混凝土、水泥刨花板等，它们可推迟发火时间或缩小火灾的蔓延。

③燃烧材料，即在空气中受高温作用会自行起火或微燃，当火源移走后仍能继续燃烧或微燃的材料，如木材及大部分有机材料。

为了使燃烧材料有较好的防火性，多采用表面涂刷防火涂料的措施。组成防火涂料的成膜物质可为非燃烧材料（如水玻璃）或是有机含氯的树脂。在受热时能分解而放出的气体中含有较多的卤素（F、Cl、Br 等）和氮（N）的有机材料具有自消火性。

常用材料的极限耐火温度见表 1—5。

表 1—5 常见材料的极限耐火温度

材　料	温度/℃	注　解
普通黏土砖砌体	500	最高使用温度
普通钢筋混凝土	200	最高使用温度
普通混凝土	200	最高使用温度
页岩陶粒混凝土	400	最高使用温度
普通钢筋混凝土	500	火灾时最高允许温度
预应力混凝土	400	火灾时最高允许温度
钢材	350	火灾时最高允许温度
木材	260	火灾危险温度
花岗石(含石英)	575	相变发生急剧膨胀温度
石灰岩、大理石	750	开始分解温度

5.材料的声学性质

（1）吸声。声波传播时，遇到材料表面，一部分将被材料吸收，并转变为其他形式的能。被吸收的能量 E_α 与传递给材料表面的总声能 E_0 之比称为吸声系数。用 α 表示：

$$\alpha=\frac{E_\alpha}{E_0} \tag{1—17}$$

吸声系数评定了材料的吸声性能。任何材料都有一定的吸声能力，只是吸收的程度有所不同，并且，材料对不同频率的声波的吸收能力也有所不同。因此通常采用频率为 125、250、500、1000、2000、4000Hz，平均吸声系数 α 大于 0.2 的材料作为吸声材料。吸声系数越大，表明材料吸声能力越强。

材料的吸声机理是复杂的，通常认为，声波进入材料内部使空气与孔壁（或材料内细小纤维）发生振动与摩擦，将声能转变为机械能最终转变为热能而被吸收。可见，吸声材料大多是具有开口孔的多孔材料或是疏松的纤维状材料。一般来讲，孔隙越多，越细小，吸声效果越好；增加材料厚度，对低频吸声效果提高，对高频影响不大。

（2）隔声。隔声与吸声是两个不同的概念。隔声是指材料阻止声波的传播，是控制环境中噪声的重要措施。

声波在空气中传播遇到密实的围护结构（如墙体）时，声波将激发墙体产生振动，并使声音透过墙体传至另一空间中。空气对墙体的激发服从“质量定律”，即墙体的单位面积质量越大，隔声效果越好。因此，砖及混凝土等材料的结构，隔声效果都很好。

结构的隔声性能用隔声量表示，隔声量是指入射与透过材料声能相差的分贝（dB）数。隔声量越大，隔声性能越好。

6.材料的光学性质

（1）光泽度。材料表面反射光线能力的强弱程度称为光泽度。它与材料的颜色及表面光滑程度有关，一般来说，颜色越浅，表面越光滑，其光泽度越大。光泽度越大，表示材料表面反射光线能力越强。光泽度用光电光泽计测得。

（2）透光率。光透过透明材料时，透过材料的光能与入射光能之比称为透光率（透光系数）。玻璃的透光率与其组成及厚度有关。厚度越厚，透光率越小。普通窗用玻璃的透光率约为 0.75～0.90。

二、材料的力学性质

1.强度及强度等级

（1）材料的强度。材料在外力（荷载）作用下，抵抗破坏的能力称为强度。材料在外力作用下，不同的材料可出现两种情况：一种是当内部应力值达到某一值（屈服点）后，应力不再增加也会产生较大的变形，此时虽未达到极限应力值，却使构件失去了使用功能；另一种是应力未能使材料出现屈服现象就已达到了其极限应力值而出现断裂。这两种情况下的应力值都可作为材料强度的设计依据。前者，如建筑钢材，以屈服点值作为钢材设计依据，而几乎所有的脆性材料，如石材、普通砖、混凝土、砂浆等，都属于后者。

材料的强度是通过对标准试件在规定的实验条件下的破坏试验来测定的。根据受力方式不同，可分为抗压强度、抗拉强度及抗弯强度等。常用材料强度测定见表 1－6。

表 1－6 测定强度的标准试件

受力方式	试件	简图	计算公式	材料	试件尺寸/mm
	(a)轴向抗压强度极限				
轴向受压	立方体	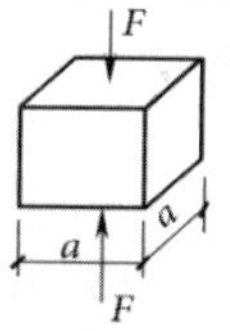	$f_{压}=\frac{F}{A}$	混凝土 砂浆 石材	150×150×150 70.7×70.7×70.7 50×50×50
	棱柱体			混凝土 木材	a＝100，150，200 h＝$2a$～$3a$ a＝20，h＝30
	复合试件	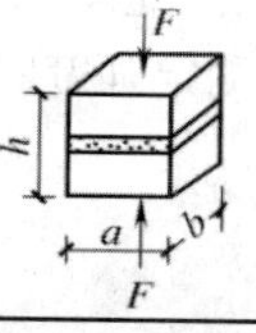		砖	s＝115×120

续表

受力方式	试件	简　　图	计算公式	材料	试件尺寸/mm
	半个棱柱体	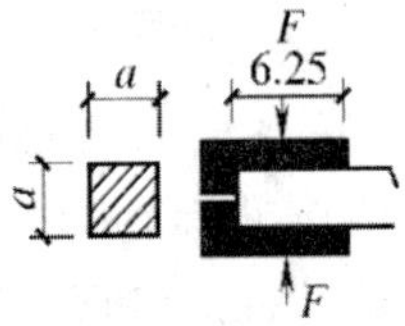		水泥	$s=40\times62.5$
(b)轴向抗拉强度极限					
轴向受拉	钢筋拉伸试件	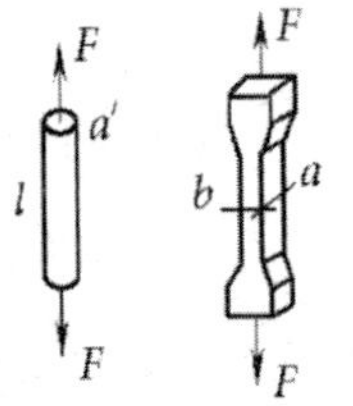	$f_{拉}=\frac{F}{A}$	钢筋	$l=5d$ 或 $l=10d$ $A=\frac{\pi d^2}{4}$
				木材	$a=15, h=4$ $(A=ab)$
	立方体	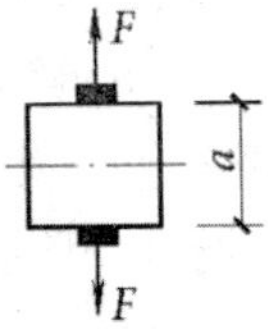		混凝土	100×100×100 150×150×150 200×200×200
(c)抗弯强度极限					
受弯	棱柱体砖	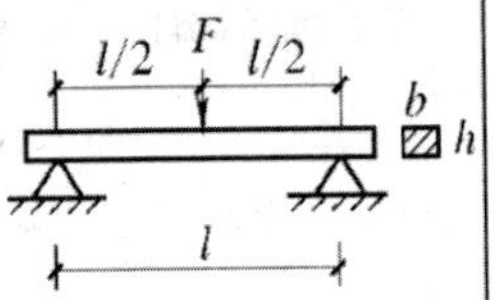	$f_{弯}=\frac{3Fl}{2bh^2}$	水泥	$b=h=40$ $l=100$
	棱柱体	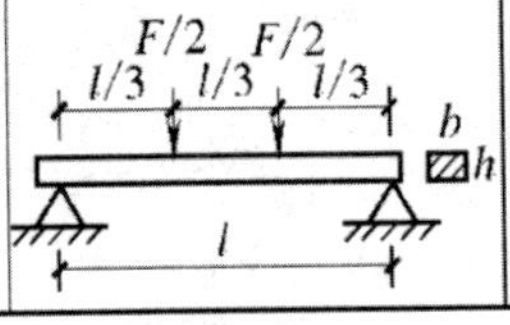	$f_{弯}=\frac{Fl}{bh^2}$	混凝土 木材	$20\times20\times300, l=240$

不同种类的材料具有不同的抵抗外力。同种材料，其强度随孔隙率及宏观构造特征不同而有很大差异。一般来说，材料的孔隙率越大，其强度越低。此外，材料的强度值还受试验时试件的形状、尺寸、表面状态、含水程度、温度及加荷载的速度等因素影响，因此国家规定了试验方法，测定强度时应严格遵守。

（2）强度等级、比强度。

1）强度等级。

为了掌握材料的力学性质，合理选择材料，常将建筑材料按极限强度（或屈服点）划分成不同的等级，即强度等级。对于石材、普通砖、混凝土、砂浆等脆性材料，由于主要用于抗压，因此以其抗压强度来划分等级，而建筑钢材主要用于抗拉，则以其屈服点作为划分等级的依据。

2）比强度。

比强度是用来评价材料是否轻质高强的指标。它是指材料的强度与其表观密度之比，其数值较大者，表明该材料轻质、高强。表 1—7 的数值表明，松木较为轻质高强，而烧结普通砖比强度值最小。

表 1—7　常用材料的比强度

材料名称	表观密度/(kg/m^3)	强度值/MPa	比强度
低碳钢	7800	235	0.0301
松木	500	34	0.0680
普通混凝土	2400	30	0.0125
烧结普通砖	1700	10	0.0059

2.弹性和塑性

（1）弹性。材料在外力作用下产生变形，当外力取消后能够完全恢复原来形状、尺寸的性质称为弹性。这种能够完全恢复的变形称为弹性变形。材料在弹性范围内变形符合胡克定律，并用弹性模量 E 来反映材料抵抗变形的能力。E 值越大，材料受外力作用时越不易产生变形。

（2）塑性变形。材料在外力作用下产生不能自行恢复的变形，且不破坏的性质称为塑性。这种不能自行恢复的变形称为塑性变形（或称不可恢复变形）。

实际上，只有单纯的弹性或塑性的材料都是不存在的。各种材料在不同的应力下，表现出不同的变形性能。

3.脆性和韧性

（1）脆性。材料在外力作用下，直至断裂前只发生弹性变形，不出现明显的塑性变形而突然破坏的性质称为脆性。具有这种性质的材料称为脆性材料，如石材、普通砖、混凝土、铸铁、玻璃及陶瓷等。脆性材料的抗压能力很强，其抗压强度比抗拉强度大得多，可达十几倍甚至更高。脆性材料抗冲击及动荷载能力差，故常用于承受静压力作用的建筑部位，如基础、墙体、柱子、墩座等。

（2）韧性。材料在冲击、震动荷载作用下，能承受很大的变形而不致破坏的性质称为韧性（或冲击韧性）。建筑钢材、木材、沥青混凝土等都属于韧性材料。用作路面、桥梁、吊车梁以及有抗震要求的结构都要考虑材料的韧性。材料的韧性用冲击试验来检验。

三、材料的耐久性

材料的使用环境中，在多种因素作用下能经久不变质，不破坏而保持原有性能的能力称为耐久性。

材料在环境中使用，除受荷载作用外，还会受周围环境的各种自然因素的影响，如物理、化学及生物等方面的作用。

物理作用包括干湿变化、温度变化、冻融循环、磨损等，都会使材料遭到一定程度的破坏，影响材料的长期使用。

化学作用包括受酸、碱、盐类等物质的水溶液及有害气体作用，发生化学反应及氧化作用、受紫外线照射等使材料变质或遭损。

生物作用是指昆虫、菌类等对材料的蛀蚀及腐朽作用。

实际上，影响材料耐久的原因是多方面因素作用的结果，即耐久性是一种综合性质。它包括抗渗性、抗冻性、抗风化性、耐蚀性、抗老化性、耐热性、耐磨性等诸方面的内容。

然而，不同种类的材料，其耐久性的内容各不相同。无机矿质材料（如石材、砖、混凝土等）暴露在大气中受风吹、日晒、雨淋、霜雪等作用产生风化和冻融，主要表现为抗风化性和抗冻性，同时有害气体的侵蚀作用也会对上述破坏起促进作用；金属材料（如钢材）主要受化学腐蚀作用；木材等有机材料常因生物作用而遭损；沥青、高分子材料在阳光、空气、热的作用下逐渐老化等。

处在不同建筑部位及工程所处环境不同，其材料的耐久性也具有不同的内容，如寒冷地区室外工程的材料应考虑其抗冻性；处于有水压力作用下的水工工程所用材料应有抗渗性的要求；地面材料应有良好的耐磨性等。

为了提高材料的耐久性，首先，应努力提高材料本身及对外界作用的抵抗能力（提高密实度，改变孔结构，选择恰当的组成原材料等）；其次，可用其他材料对主体材料加以保护（覆面、刷涂料等）；此外，还应设法减轻环境条件对材料的破坏作用（对材料处理或采取必要构造措施）。

对材料耐久性能的判断应在使用条件下进行长期的观察和测定。但这需要很长时间。因此，通常是根据使用要求进行相应的快速试验，如干湿循环、冻融循环、碳化、化学介质浸渍等，并据此对耐久性作出评价。

第 3 讲　建筑材料检测知识

一、材料检测标准化

1.建筑材料检测标准化要求

标准是构成国家核心竞争力的基本要素，是规范经济和社会发展的重要技术制度。对于各种建筑材料，其形状、尺寸、质量、使用方法及试验方法，都必须有一个统一的标准，既能使生产单位提高生产率和企业效益，又能使产品与产品之间进行比较，也能使设计和施工标准化、材料使用合理化。

建筑材料试验和检验标准根据不同的材料和试验、检验的内容而定，通常包括取样方法、试样制备、试验设备、试验和检验方法、试验结果分析等内容。

2.材料标准的制定目的和内容

建筑材料标准的制定目的：为了正确评定材料品质，合理使用材料，以保证建筑工程质量，降低工程造价。

建筑材料标准通常包含以下内容：主题内容和适用范围、引用标准、定义与代号、等级、牌号、技术要求、试验方法、检验规则以及包装、标志、运输与贮存标准等。

3.材料标准的分类

标准的制定和类型按使用范围划分为国际标准和国内标准。根据技术标准的发布单位和适用范围不同，我国的国内标准分为国家标准、行业标准、企业及地方标准三级，并将标准分为强制性标准和推荐性标准两类。

4.材料标准介绍

各种标准都有自己的代号、编号和名称。

（1）标准代号：标准代号反映该标准的等级、含义或发布单位，用汉语拼音首字母表示，见表 1－8。

表 1－8　我国现行建材标准代号表

所属行业	标准代号	所属行业	标准代号
国家标准代管理委员会	GB	交通部	JT
中国建筑材料工业协会	JC	中国石油和化学工业协会	SY
住房和城乡建设部	JG	中国石油和化学工业协会	HG
中国钢铁工业协会	YB	国家环境保护总局	HJ

（2）具体标准编号：具体标准由代号、顺序号和发布年份号组成，名称反映该标准的主要内容。例如：

1）国家标准：分为强制性国家标准和推荐性国家标准，强制性标准用代号“GB”表示，推荐性标准用“GB/T”表示。例：

GB5101－2003 烧结普通砖，表示国家强制性标准，二级类目顺序号为 5101 号，2003 年发布的烧结普通砖标准。

其中 GB——标准代号

5101——发布顺序号

2003——发布年份

烧结普通砖－－标准名称

GB/T2015－2005 白色硅酸盐水泥，表示国家推荐性标准，二级类目顺序号为 2015 号，2005 年发布的白色硅酸盐水泥标准。

2）行业标准：建材标准用代号“JC”表示，推荐性标准用“JC/T”表示；针对工程建设的用“JG”和 “JGJ”表示。例：

JC/T2031－2010 水泥砂浆防冻剂，表示建材推荐性标准，二级类目顺序号为 2031 号、2010 年发布的水泥砂浆防冻剂标准。

其中：JC/T——标准代号

2031——发布顺序号

2010——发布年份

水泥砂浆防冻剂——标准名称

JGJ52－2006 普通混凝土用砂、石质量及检验方法标准，表示建筑行业的建材标准，二级类目顺序号为 52 号、2006 年发布的普通混凝土用砂、石质量及检验方法标准。

3）企业标准：企业标准用代号“QB”表示，其后分别注明企业代号、标准顺序号、制定年份代号。

例：《土工合成材料复合地基施工工艺标准》QB－CNCECJ010104－2004，表示 XX 公司的企业标准，标准顺序号为 J010104，2004 年发布的土工合成材料复合地基施工工艺标准。

其中 CNCEC——企业代号，××公司

J010104——发布顺序号

2004——发布年份

土工合成材料复合地基施工工艺标准－－标准名

二、数理统计基本知识

1.概率论与数理统计

概率论是研究随机现象的统计规律性的一门数学分支。它是从一个数学模型出发（比如随机变量的分布）去研究它的性质和统计规律性。

数理统计也是研究大量随机现象的统计规律性，所不同的是数理统计是以概率论为理论基础，利用观测随机现象所得到的数据来选择、构造数学模型（即研究随机现象）。对研究对象的客观规律性做出种种合理性的估计、判断和预测，为决策者和决策行动提供理论依据和建议。

2.总体与个体

在数理统计学中，我们把所研究的全部元素组成的集合称为总体；而把组成总体的每个元素称为个体。例如：需要知道某批钢筋的抗拉强度，则该批钢筋的全体就组成了总体，而其中每根钢筋就是个体。

但对于具体问题，由于我们关心的不是每个个体的种种具体特性，而仅仅是它的某一项或几项数量指标X和该数量指标X在总体的分布情况。在上述例子中X是表示钢筋的抗拉强度。在试验中，抽取了若干个个体就观察到了X的这样或那样的数值，因而这个数量指标X是一个随机变量（或向量），而X的分布就完全描写了总体中我们所关心的那个数量指标的分布状况。由于我们关心的正是这个数量指标，因此我们以后就把总体和数量指标X可能取值的全体组成的集合等同起来。

为了对总体的分布进行各种研究，就必须对总体进行抽样观察。抽样是从总体中按照一定的规则抽出一部分个体的行动。

一般地，我们都是从总体中抽取一部分个体进行观察，然后根据观察所得数据来推断总体的性质。按照一定规则从总体X中抽取的一组个体（X1，X2，X3…，Xn）称为总体的一个样本。样本的抽取是随机的，才能保证所得数据能够代表总体。

3.抽样

（1）抽样的概念及抽样目的：抽样又称取样，指从想要研究的全部样品中抽取一部分样品单位。其基本要求是要保证所抽取的样品单位对全部样品具有充分的代表性。

抽样的目的是从被抽取样品单位的分析、研究结果来估计和推断全部样品特性，是科学实验、质量检验、社会调查普遍采用的一种经济有效的工作和研究方法。

（2）抽样类型：

1）简单随机抽样。一般的，设一个总体个数为～如果通过逐个抽取的方法抽取一个样本，且每次抽取时，每个个体被抽到的概率相等，这样的抽样方法为简单随机抽样。简单随机抽样适用于总体个数较少的研究样本。

2）系统抽样。当总体的个数比较多的时候，首先把总体分成均衡的几部分，然后按照预先定的规则，从每一个部分中抽取一些个体，得到所需要的样本，这样的抽样方法叫作系统抽样。

表1－9　三种常用抽样方法的比较

类别	共同点	各自特点	相互联系	适用范围
简单随机抽样	抽样过程中每个个体被抽取的概率相等	从总体中逐个抽取		总体中的个数较少
系统抽样		将总体均分成几部分，按事先确定的规则分别在各部分中抽取	在起始部分抽样时采用简单随机抽样	总体中的个数较多
分层抽样		将总体分成几层，分层进行抽取	各层抽样时采用简单随机抽样或系统抽样	总体由差异明显的几部分组成

3）分层抽样。抽样时，将总体分成互不交叉的层，然后按照一定的比例，从各层中独立抽取一定数量的个体，得到所需样本，这样的抽样方法为分层抽样。分

层抽样适用于总体由差异明显的几部分组成。

4）整群抽样。整群抽样又称聚类抽样，是将总体中各单位归并成若干个互不交叉、互不重复的集合，称之为群；然后以群为抽样单位抽取样本的一种抽样方式。

应用整群抽样时，要求各群有较好的代表性，即群内各单位的差异要大，群间差异要小。

5）多段抽样。多段随机抽样，就是把从调查总体中抽取样本的过程，分成两个或两个以上阶段进行的抽样方法。

（3）抽样的一般程序：

1）界定总体。界定总体就是在具体抽样前，首先对从总抽取样本的总体范围与界限作明确的界定。

2）制定抽样框：这一步骤的任务就是依据已经明确界定的总体范围，收集总体中全部抽样单位的名单，并通过对名单进行统一编号来建立起供抽样使用的抽样框。

3）决定抽样方案。

4）实际抽取样本：实际抽取样本的工作就是在上述几个步骤的基础上，严格按照所选定的抽样方案，从抽样框中选取一个抽样单位，构成样本。

5）评估样本质量：所谓样本评估，就是对样本的质量、代表性、偏差等等进行初步的检验和衡量，其目的是防止由于样本的偏差过大而导致的失误。

（4）抽样原则：抽样设计在进行过程中要遵循四项原则，分别是：

1）目的性；

2）可测性；

3）可行性；

4）经济型原则。

4.样本的数字特征

（1）平均数

1）算术平均数：算术平均数是指在一组数据中所有数据之和再除以数据的个数。它是反映数据集中趋势的一项指标。

算术平均数公式为：

$$\overline{S}=\frac{(s_1+s_2+\Lambda+s_n)}{n}$$

2）几何平均数

几何平均数是指 n 个观察值连乘积的 n 次方根（所有观察值均大于 0）。

根据资料的条件不同，几何平均数有加权和不加权之分。

几何平均数公式为：

$$S_g=\sqrt[n]{s_1\times s_2\times\Lambda\times s_n}$$

（2）样本方差和样本标准差

样本方差和样本标准差都是衡量一个样本波动大小的量，样本方差或样本标准差越大，样本数据的波动就越大。

样本中各数据与样本平均数的差的平方和的平均数叫作样本方差。方差的计算公式：

$$S^2=\frac{\sum_{i=1}^{n}(s_i-\overline{S})^2}{n}$$

样本方差的算术平方根叫作样本标准差。标准差的计算公式：

$$S=\sqrt{\frac{\sum_{i=1}^{n}(s_i-\overline{S})^2}{n}}$$

三、建筑材料见证取样

建筑材料质量的优劣是建筑工程质量的基本要素，而建筑材料检验则是建筑现场材料质量控制的重要保障。因此，见证取样和送检是保证检验工作科学、公正、准确的重要手段。

1.见证取样概述

见证取样和送检制度是指在监理单位或建设单位见证下，对进入施工现场的有关建筑材料，由施工单位专职材料试验人员在现场取样或制作试件后，送至符合资质资格管理要求的试验室进行试验的一个程序。

见证取样和送检由施工单位的有关人员按规定对进场材料现场取样，并送至具备相应资质的检测单位进行检测。见证人员和取样人员对试样的代表性和真实性负责。如今，这项工作大部分工程均由监理和施工单位共同完成。实践证明，见证取样和送检工作是保证建设工程质量检测公正性、科学性、权威性的首要环节，对提高工程质量，实现质量目标起到了重要作用，为监理单位对工程质量的验收、评估提供了直接依据。但是，在实际操作过程中，来自业主、监理、施工单位及检测部门等方面的原因，导致这项工作的开展存在一定的闲难和问题，也就是工作的真实性难以保证。

2.见证取样规定

取样是按照有关技术标准、规范的规定，从检验（或检测）对象中抽取实验样品的过程；送检是指取样后将样品从现场移交有检测资格的单位承检的过程。取样和送检是工程质量检测的首要环节，其真实性和代表性直接影响到监测数据的公正性。

住房城乡建设部《关于印发〈房屋建筑工程和市政基础设施工程实行见证取样

和送检制度的规定〉的通知》的要求规定：

在建设工程质量检测中实行见证取样和送检制度，即在建设单位或监理单位人员见证下，由施工人员在现场取样，送至试验室进行试验。

（1）施工单位的现场试验人员应在建设单位或工程监理人员的见证下，对工程中涉及结构安全的试块、试件和材料进行现场取样，送至有见证检测资质的建筑工程质量检测单位进行检测。

（2）有见证取样项目和送检次数应符合国家和本市有关标准、法规的规定要求，重要工程或工程的重要部位可增加有见证取样和送检次数。送检试样在施工试验中随机抽取，不得另外进行。

（3）单位工程施工前，项目技术负责人应与建设、监理单位共同制定有见证取样的送检计划，并确定承担有见证试验的检测机构。当各方意见不一致时，由承监工程的质量监督机构协调决定。每个单位工程只能选定一个承担有见证试验的检测机构。承担该工程的企业试验室不得担负该项工程的有见证试验业务。

（4）见证取样和送检时，取样人员应在试样或其包装上作出标识、封志。标识和封志应标明样品名称和数量、工程名称、取样部位、取样日期，并有取样人和见证人签字。见证人员应做见证记录，见证记录列入工程施工技术档案。承担有见证试验的检测单位，在检查确认委托试验文件和试样上的见证标识、封志无误后方可进行试验，否则应拒绝试验。

（5）各种有见证取样和送检试验资料必须真实、完整，不得伪造、涂改、抽换或丢失。

（6）对涉及结构安全和使用功能的重要分部工程应进行抽样检测，并应按照各专业分部（子分部）验收计划，在分部（子分部）工程验收前完成。抽测工作实行见证取样。

3.见证取样内容

（1）见证取样涉及三方行为：施工方，见证方，试验方。

（2）试验室的资质资格管理：①各级工程质量监督检测机构（有 CMA 章，即计量认证，1 年审查一次②建筑企业试验室一逐步转为企业内控机构，4 年审查 1 次。（它不属于第三方试验室）

CMA（中国计量认证/认可）是依据《中华人民共和国计量法》为社会提供公正数据的产品质量检验机构。

计量认证分为两级实施：一级为国家级，由国家认证认可监督管理委员会组织实施；一级为省级，实施的效力完全是一致的。

见证人员必须取得《见证员证书》，且通过业主授权，并且授权后只能承担所授权工程的见证工作。对进入施工现场的所有建筑材料，必须按规范要求实行见证取样和送检试验，试验报告纳入质保资料。

4.见证取样范围

（1）见证取样的数量：涉及结构安全的试块、试件和材料，见证取样和送样的比例，不得低于有关技术标准中规定应取样数量。

（2）见证取样的范围：按规定下列试块、试件和材料必须实施见证取样和送检：

1）用于承重结构的混凝土试块；

2）用于承重墙体的砌筑砂浆试块；

3）用于承重结构的钢筋及连接接头试件；

4）用于承重墙的砖和混凝土小型砌块；

5）用于拌制混凝土和砌筑砂浆的水泥；

6）用于承重结构的混凝土中使用的掺加剂；

7）地下、屋面、厕浴间使用的防水材料；

8）国家规定必须实行见证取样和送检的其他试块、试件和材料。

第 4 讲　抽样与计量知识

一、抽样技术

1.全数检查和抽样检查

检查批量生产的产品质量一般有 2 种方法：全数检查和抽样检查。全数检查是对全部产品逐个进行检查，以区分合格品和不合格品；检查的对象是每个单位产品，因此也称为全检或 100% 检查，目的是剔除不合格品，进行返修或报废。抽样检查则是利用所抽取的样本对产品或过程进行的检查，其对象可以是静态的批或检查批（有一定的产品范围）或动态的过程（没有一定的产品范围），因此也简称为抽检。大多数情况是对批进行抽检，即从批中抽取规定数量的单位产品作为样品，对由样品构成的样本进行检查，再根据所得到的质量数据和预先规定的判定规则来判断该批是否合格，其一般程序如图 1－3 所示。

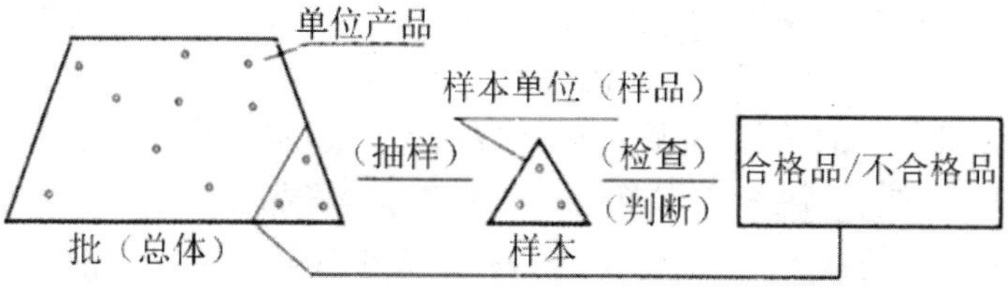

图 1－3　抽样程序

由图可见，抽样检查是为了对批作出判断并作出相应的处理，例如：在验收检查时，对判为合格的批予以接收，对判为不合格的批则拒收。由于合格批允许含有不超过规定限量的不合格品，因此在顾客或需方（即第二方）接收的合格批中，可能含有少量不合格品；而被拒收的不合格批，只是不合格品超过限量，其中大部分可能仍然是合格品。被拒收的批一般要退返给供方（即第一方），经 100%检查并剔除其中的不合格品（报废、返修）或用合格品替换后再提供检查。

鉴于批内单位产品质量的波动性和样本抽取的偶然性，抽检的错判往往是不可避免的，即有可能把合格批错判为不合格，也可能把不合格批错判为合格。因此供方和顾客都要承担风险，这是抽样检查的一个缺点。

但是当检查带有破坏性时，显然不能进行全检；同时，当单位产品检查费用很高或批量很大时，以抽检代替全检就能取得显著的经济效益。这是因为抽检仅需从批中抽取少量产品，只要合理设计抽样方案，就可以将抽样检查固有的错判风险控制在可接受的范围内。而且在批量很大的情况下，如果全检的人员长时操作，就难免会感到疲劳，从而增加差错出现的机会。

对于不带破坏性的检查，且批量不大，或者批量产品十分重要，或者检查是在低成本、高效率（例如全自动的在线检查）情况下进行时，当然可以采用全数检查的方法。

现代抽样检查方法建立在概率统计基础上，主要以假设检验为其理论依据。抽样检查所研究的问题包括 3 个方面：

（1）如何从批中抽取样品，即采用什么样的抽样方式；

（2）从批中抽取多少个单位产品，即取多大规模的样本大小；

（3）如何根据样本的质量数据来判断批是否合格，即怎样预先确定判定规则。

实际上，样本大小和判定规则即构成了抽样方案。因此，抽样检查可以归纳为：采用什么样的抽样方式才能保证抽样的代表性，如何设计抽样方案才是合理的。抽样方案的设计以简单随机抽样为前提，为适应于不同的使用目的，抽样方案的类型可以是多种多样的。至于样品的检查方法、检测数据的处理等，则不属于其研究的对象。

2.抽样检查的基本概念

（1）单位产品、批和样本：为实施抽样检查的需要而划分的基本单位，称为单位产品，它们是构成总体的基本单位。为实施抽样检查而汇集起来的单位产品，称为检查批或批，它是抽样检查和判定的对象。一个批通常是由在基本稳定的生产条件下，在同一生产周期内生产出来的同形式、同等级、同尺寸以及同成分的单位产品构成的。即一个批应由基本相同的制造条件、一定时间内制造出来的同种单位产品构成。该批包含的单位产品数目，称为批量，通常用符号# 表示。从批中抽取用于检查的单位产品，称为样本单位，有时也称为样品。样本单位的全体，称为样本。样本中所包含的样本单位数目，称为样本大小或样本量，通常用符号 n 表示。

（2）单位产品的质量及其特性：单位产品的质量是以其质量性质特性表示的，简单产品可能只有一项特性，大多数产品具有多项特性。质量特性可分为计量值和计数值两类，计数值又可分为计点值和计件值。计量值在数轴上是连续分布的，用连续的量值来表示产品的质量特性。当单位产品的质量特性是用某类缺陷的个数度量时，即称为计点的表示方法。某些质量特性不能定量地度量，而只能简单地分成合格和不合格，或者分成若干等级，这时就称为计件的表示方法。

在产品的技术标准或技术合同中，通常都要规定质量特性的判定标准。对于用计量值表示的质量特性，可以用明确的量值作为判定标准，例如规定上限或下限，也可以同时规定上、下限。对于用计点值表示的质量特性,也可以对缺陷数规定一个界限。至于缺陷本身的判定，除了靠经验外，也可以规定判定标准。

在产品质量检验中，通常先按技术标准对有关项目分别进行检查，然后对各项质量特性按标准分别进行判定，最后再对单位产品的质量作出判定。这里涉及“不合格”和“不合格品”两个概念：前者是对质量特性的判定，后者是对单位产品的判定。

单位产品的质量特性不符合规定，即为不合格。按质量特性表示单位产品质量的重要性,或者按质量特性不符合的严重程度，不合格可分为 *A* 类、*B* 类、*C* 类。*A* 类不合格最为严重，*B* 类不合格次之，*C* 类不合格最为轻微。

在判定质量特性的基础上，对单位产品的质量进行判定。只有全部质量特性符合规定的单位产品才是合格品，有一个或一个以上不合格的单位产品，即为不合格品。不合格品也可分为 *A* 类、*B* 类、*C* 类。*A* 类不合格品最为严重，*B* 类不合格品次之，*C* 类不合格品最为轻微，不合格品的类别是按单位产品中包含的不合格的类别来划分的。

确定单位产品是合格品还是不合格品的检查，称为“计件检查”。只计算不合格数，不必确定单位产品是否是合格品的检查，称为“计点检查”。两者统称为“计数检查”。用计量值表示的质量特性，在不符合规定时也判为不合格，因此也可用计数检查的方法。“计量检查”是对质量特性的计量值进行检查和统计，故对所涉及的质量特性应予分别检查和统计。

（3）批的质量：抽样检查的目的是判定批的质量，而批的质量是根据其所含的单位产品的质量统计出来的。根据不同的统计方法，批的产量可以用不同的方式表示。

1）对于计件检查，可以用每百单位产品不合格品数表示 *P*，即

$$P=\frac{\text{批中不合格品总数 }D}{\text{批量 }N}\times 100$$

在进行概率计算时，可用不合格品率 P % 或其小数形式表示，例如：不合格品率为 5% ，或 0.05。对不同的试验组或不同类型的不合格品应予分别统计。由于不合格品是不能重复计算的，即一个单位产品只可能被一次判为不合格品，因此每百单位产品不合格品数^1、然不会大于 100。

2）对于计点检查，可以用每百单位产品不合格数 *P* 表示，即

$$P=\frac{\text{批中不合格总数 }D}{\text{批量 }N}\times 100$$

在进行概率计算时，可用单位产品平均不合格率或其小数形式表示。对不同试验组或不同类型的不合格，应予分别统计。对于具有多项质量特性的产品来说，一个单位产品可能会有一个以上的不合格，即批中不合格总数有时会超过批量，因此每百单位产品不合格数有时会超过 100。

3）对于计量检查，可以用批的平均值μ和标准（偏）差σ表示，即

$$\mu=\frac{\sum_{i=1}^{N}x_i}{N}$$

$$\sigma=\sqrt{\frac{\sum_{i=1}^{N}(x_i-\mu)^2}{N-1}}$$

式中　x——某一个质量特性的数值；

x_i——第 i 个单位产品该质量特性的数值。

对每个质量特性值应予分别计算。

（4）样本的质量：样本的质量是根据各样本单位的质量统计出来的，而样本单位是从批中抽取的用于检查的单位产品，因此表示和判定样本的质量的方法，与单位产品是相似的。

1）对于计件检查，当样本大小 n 一定时，可用样本的不合格品数即样本中所含的不合格品数 d 表示。对不同类的不合格品应予分别计算。

2）对于计点检查，当样本大小 n 一定时，可用样本的不合格数即样本中所含的不合格数 d 表示。对不同类的不合格应予分别计算。

3）对于计量检查，则可以用样本的平均值 $\bar{x}$ 和标准（偏）差 s 表示，即

$$\bar{x}=\frac{\sum_{i=1}^{n}x_i}{n}$$

$$s=\sqrt{\frac{\sum_{i=1}^{n}(x_i-\bar{x})^2}{n-1}}$$

对每个质量特性值应予分别计算。

3.抽样方法简介

从检查批中抽取样本的方法称为抽样方法。抽样方法的正确性是指抽样的代表性和随机性，代表性反映样本与批质量的接近程度，而随机性反映检查批中单位产品被抽样本纯属偶然，即由随机因素所决定。在对总体质量状况一无所知的情况下，显然不能以主观的限制条件去提高抽样的代表性，抽样应当是完全随机的，这时采用简单随机抽样最为合理。在对总体质量构成有所了解的情况下，可以采用分层随机或系统随机抽样来提高抽样的代表性。在采用简单随机抽样有困难的情况下，可以采用代表性和随机性较差的分段随机抽样或整群随机抽样。这些抽样方法除简单随机抽样外，都是带有主观限制条件的随机抽样法。通常只要不是有意识地抽取质量好或坏的产品，尽量从批的各部分抽样，都可以近似地认为是随机抽样。

（1）简单随机抽样：根据《随机数的产生及其在产品质量抽样检验中的应用程序》（GB/T 10111－2008）规定，简单随机抽样是指从总体中抽取几个抽样单元构成样本，使几个抽样单元所有的可能组合都有相等的被抽到概率。显然，采用简单随机抽样法时，批中的每一个单位产品被抽入样本的机会均等，它是完全不带主观限制条件的随机抽样法。操作时可将批内的每一个单位产品按 1 到 N 的顺序编号，根据获得的随机数抽取相应编号的单位产品，随机数可按国家标准《随机数的

产生及其在产品质量抽样检验中的应用程序》(GB/T 10111-2008)用掷骰子的方法，或者扑克牌法、查随机数表等方法获得。

（2）分层随机抽样：如果一个批是由质量明显差异的几个部分所组成，则可将其分为若干层，使层内的质量较为均匀，而层间的差异较为明显。从各层中按一定的比例随机抽样，即称为分层按比例抽样。在正确分层的前提下，分层抽样的代表性比简单随机抽样好；但是，如果对批质量的分布不了解或者分层不正确，则分层抽样的效果可能会适得其反。

（3）系统随机抽样：如果一个批的产品可按一定的顺序排列，并可将其分为数量相当的 n 个部分，此时，从每个部分按简单随机抽样方法确定的相同位置，各抽取一个单位产品构成一个样本，这种抽样方法即称为系统随机抽样。它的代表性在一般情况下比简单随机抽样要好些；但在产品质量波动周期与抽样间隔正好相当时，抽到的样本单位可能都是质量好的或都是质量差的产品，显然此时代表性较差。

（4）分段随机抽样：如果先将一定数量的单位产品包装在一起，再将若干个包装单位（例如若干箱）组成批时，为了便于抽样，此时可采用分段随机抽样的方法：第一段抽样以箱作为基本单元，先随机抽出 k 箱；第二段再从抽到的 k 个箱中分别抽取 m 个产品，集中在一起构成一个样本，k 与 m 的大小必须满足 $k\times m=n$。分段随机抽样的代表性和随机性，都比简单随机抽样要差些。

（5）整群随机抽样：如果在分段随机抽样的第一段，将抽到的 k 组产品中的所有产品都作为样本单位，此时即称为整群随机抽样。实际上，它可以看作是分段随机抽样的特殊情况，显然这种抽样的随机性和代表性都是较差的。

二、法定计量单位

1.法定计量单位的构成

我国计量法明确规定，国家实行法定计量单位制度。法定计量单位是政府以法令的形式，明确规定要在全国范围内采用的计量单位。

计量法规定：“国家采用国际单位制。国际单位制计量单位和国家选定的其他计量单位，为国家法定计量单位。”国际单位制是我国法定计量单位的主体，国际单位制如有变化，我国法定计量单位也将随之变化。

（1）国际单位制计量单位。

1）国际单位制的产生。1960 年第 11 届国际计量大会（CGPM）将一种科学实用的单位制命名为“国际单位制”，并用符号 SI 表示。经多次修订，现已形成了完整的体系。

SI 是在科技发展中产生的。由于结构合理、科学简明、方便实用，适用于众多科技领域和各行各业，可实现世界范围内计量单位的统一，因而获得国际上广泛承认和接受，成为科技、经济、文教、卫生等各界的共同语言。

2）国际单位制的构成。国际单位制的构成如图 1－4 所示。

国际单位制（SI）
- SI 单位
  - SI 基本单位
  - SI 导出单位
    - 包括辅助单位在内的具有专门名称的导出单位
    - 组合形式的导出单位
- SI 单位的倍数单位

图 1－4　国际单位制构成示意图

3）SI 基本单位 SI 基本单位是 SI 的基础，其名称和符号见表 1－10。

表 1－10　国际单位制的基本单位

量的名称	单位名称	单位符号
长度	米	m
质量	千克（公斤）	kg
时间	秒	s
电流	安[培]	A
热力学温度	开[尔文]	K
物质的量	摩[尔]	mol
发光强度	坎[德拉]	cd

4）SI 导出单位。为了读写和实际应用的方便，以及便于区分某些具有相同量纲和表达式的单位，在历史上出现了一些具有专门名称的导出单位。但是，这样的单位不宜过多，SI 仅选用了 19 个，其专门名称可以合法使用。没有选用的，如电能单位“度”（即千瓦时），光亮度单位“尼特”（即坎德拉每平方米）等名称，就不能再使用了。应注意在表 1－11 中，单位符号和其他表示式可以等同使用。例如：力的单位牛顿（N）和千克米每二次方秒（$kg \cdot m/s^2$）是完全等同的。

表 1－11　包括 SI 辅助单位在内的具有专门名称的 SI 导出单位

量的名称	SI 导出单位		
	名称	符号	用 SI 基本单位和 SI 导出单位表示
[平面] 角	弧度	rad	1rad=1m/m=1
立体角	球面度	sr	$1sr=1\ m^2/m^2=1$
频率	赫 [兹]	Hz	$1Hz=1s^{-1}$
力	牛 [顿]	N	$1N=1kg \cdot m/s^2$
压力，压强，应力	帕 [斯卡]	Pa	$1Pa=1N/m^2$
能 [量]，功，热量	焦 [耳]	J	$1J=1N \cdot m$
功率，辐 [射能] 通量	瓦 [特]	W	1W=1J/s
电荷 [量]	库 [仑]	C	$1C=1A \cdot s$
电压，电动势，电位，（电势）	伏 [特]	V	1V=1W/A
电容	法 [拉]	F	1F=1C/V
电阻	欧 [姆]	Ω	1Ω=1V/A

续表

量的名称	SI 导出单位		
	名称	符号	用 SI 基本单位和 SI 导出单位表示
电导	西［门子］	S	$1S=1\Omega^{-1}$
磁通［量］	韦［伯］	Wb	1Wb=1V·s
磁通［量］密度，磁感应强度	特［斯拉］	T	$1T=1Wb/m^2$
电感	亨［利］	H	1H=1Wb/A
摄氏温度	摄氏度	℃	1℃＝1K
光通量	流［明］	lm	1lm=1cd·sr
［光］照度	勒［克斯］	lx	$1lx=1lm/m^2$

5）SI 单位的倍数单位。基本单位、具有专门名称的导出单位，以及直接由它们构成的组合形式的导出单位，都称之为 SI 单位，它们有主单位的含义。在实际使用时，量值的变化范围很宽，仅用 SI 单位来表示量值是很不方便的。为此，SI 中规定了 20 个构成十进倍数和分数单位的词头和所表示的因数。这些词头不能单独使用，也不能重叠使用，它们仅用于与 SI 单位（kg 除外）构成 SI 单位的十进倍数单位和十进分数单位。需要注意的是：相应于因数 103（含 103）以下的词头符号必须用小写正体，等于或大于因素 106 的词头符号必须用大写正体，从 103 到 10－3 是十进位，其余是千进位。详见表 1－12。

表 1－12　用于构成十进倍数和分数单位的词头

量的名称	SI 导出单位		
	名称	符号	用 SI 基本单位和 SI 导出单位表示
［平面］角	弧度	rad	1rad=1m/m=1
立体角	球面度	sr	$1sr=1\ m^2/m^2=1$
频率	赫［兹］	Hz	$1Hz=1s^{-1}$
力	牛［顿］	N	$1N=1kg\cdot m/s^2$
压力，压强，应力	帕［斯卡］	Pa	$1Pa=1N/m^2$
能［量］，功，热量	焦［耳］	J	1J=1N·m
功率，辐［射能］通量	瓦［特］	W	1W=1J/s
电荷［量］	库［仑］	C	1C=1A·s
电压，电动势，电位，（电势）	伏［特］	V	1V=1W/A
电容	法［拉］	F	1F=1C/V
电阻	欧［姆］	Ω	1Ω=1V/A
电导	西［门子］	S	$1S=1\Omega^{-1}$
磁通［量］	韦［伯］	Wb	1Wb=1V·s
磁通［量］密度，磁感应强度	特［斯拉］	T	$1T=1Wb/m^2$
电感	亨［利］	H	1H=1Wb/A

续表

量的名称	SI 导出单位		
	名称	符号	用 SI 基本单位和 SI 导出单位表示
摄氏温度	摄氏度	℃	1℃＝1K
光通量	流［明］	lm	1lm=1cd · sr
［光］照度	勒［克斯］	lx	$1lx=1lm/m^2$

S1 单位加上 SI 词头后两者结合为一整体，就不再称为 SI 单位，而称为 SI 单位的倍数单位，或者叫 SI 单位的十进倍数或分数单位。

（2）国家选定的其他计量单位。尽管 SI 有很大的优越性，但并非十全十美。在日常生活和一些特殊领域，还有一些广泛使用、重要的非 SI 单位不能废除，尚需继续使用。因此，我国选定了若干非 SI 单位与 SI 单位一起，作为国家的法定计量单位，它们具有同等的地位。详见表 1－13。

我国选定的非 SI 单位包括 10 个由 CGPM 确定的允许与 SI 并用的单位，3 个暂时保留与 SI 并用的单位（海里、节、公顷）。此外，根据我国的实际需要，还选取了“转每分”、“分贝”和“特克斯”3 个单位，一共 16 个 SI 基本单位，作为国家法定计量单位的组成部分。

表 1－13 国家选定的非国标单位制单位

量的名称	单位名称	单位符号	换算关系和说明
时间	分 ［小］时 天［日］	Min H D	1min=60s 1h=60min=3600s 1d=24h=86400s
平面角	［角］秒 ［角］分 度	″ ′ °	1″＝（π/64800）rad 1′=60″＝（π/10800）rad °=60′＝（π/180）rad
旋转速度	转每分	r/min	1r/min=（1/60）s^{-1}
长度	海里	n mile	1n mile=1852m（只用于航程）
速度	节	Kn	1kn=1n mile/h=（1852/3600）m/s （只用于航行）
质量	吨 原子质量单位	t u	$1t=10^3kg$ $1u\ 1.660540\times10^{-27}kg$
体积	升	L，（1）	$1L=1dm^3=10^{-3}\ m^3$
能	电子伏	eV	$1eV\ 1.602177\times10^{-19}J$
级差	分贝	dB	

续表

量的名称	单位名称	单位符号	换算关系和说明
线密度	特［克斯］	tex	$1tex=10^{-6}kg/m$
面积	公顷	Hm^2	$1hm^2=10^4m^2$

注：1.周、月、年（a）为一般常用时间单位。

2.［］内的字是在不致混淆的情况下，可以省略的字。

3.（）内的字为前者的同义语。

4.角度单位度、分、秒的符号不处于数字后时，应加括弧。

5.升的符号中，小写字母l为备用符号。

6.r为“转”的符号。

7.人民生活和贸易中，质量习惯称为重量。

8.公里为千米的俗称，符号为km。

9.10^4称为万，10^8称为亿，10^{12}称为万亿，这类数词的使用不受词头名称的影响，但不应与词头混淆。

2.法定计量单位的使用规则

（1）法定计量单位名称。

1）计量单位的名称，一般是指它的中文名称，用于叙述性文字和口述中，不得用于公式、数据表、图、刻度盘等处。

2）组合单位的名称与其符号表示的顺序一致，遇到除号时，读为“每”字，且“每”只能出现1次。例如：$\frac{J}{mol \cdot K}$或J/（mol·K）的名称应为“焦耳每摩尔开尔文”。书写时亦应如此，不能加任何图形和符号，不要与单位的中文符号相混。

3）乘方形式的单位名称举例：m^4的名称应为“四次方米”而不是“米四次方”。用长度单位米的二次方或三次方表示面积或体积时，其单位名称应为“平方米”或“立方米”，否则仍应为“二次方米”或“三次方米”。

$℃^{-1}$的名称为“每摄氏度”，而不是“负一次方摄氏度”。

s^{-1}的名称应为“每秒”。

（2）法定计量单位符号。

1）计量单位的符号分为单位符号（即国际通用符号）和单位的中文符号（即单位名称的简称），后者便于在知识水平不高的场合下使用，一般推荐使用单位符号。十进制单位符号应置于数据之后。单位符号按其名称或简称读，不得按字母读音。

2）单位符号一般用正体小写字母书写，但是以人名命名的单位符号，第一个字母必须正体大写。单位符号后，不得附加任何标记，也没有复数形式。

组合单位符合书写方式的举例及其说明，见表1－14。

表 1－14　组合单位符号书写方式举例

单位名称	符号的正确书写方式	错误或不适当的书写形式
牛顿米	N · m，Nm 牛 · 米	N－m，mN 牛米，牛－米
米每秒	m/s，m · s^{-1}，$\frac{m}{s}$ 米 · 秒$^{-1}$，米/秒，$\frac{米}{秒}$	ms^{-1} 秒米，米秒$^{-1}$
瓦每开尔文米	W/(K · m)， 瓦/(开 · 米)	W/(开 · 米) W/K/m，W/K · m
每米	m^{-1}，米$^{-1}$	1/m，1/米

注：1.分子为 1 的组合单位的符号，一般不用分子式，而用负数幂的形式。

2.单位符号中，用斜线表示相除时，分子、分母的符号与斜线处于同一行内。分母中包含两个以上单位符号时，整个分母应加圆括号，斜线不得多于 1 条。

3.单位符号与中文符号不得混合使用。但是非物理量单位（如台、件、人等），可用汉字与符号构成组合形式单位；摄氏度的符号℃可作为中文符号使用，如 J/℃可写为焦　/℃。

（3）词头使用方法。

1）词头的名称紧接单位的名称，作为一个整体，其间不得插入其他词。例如：面积单位 km^2 的名称和含义是“平方千米”，而不是“千平方米”。

2）仅通过相乘构成的组合单位在加词头时，词头应加在第一个单位之前。例如：力矩单位 kN·m，不宜写成 N·km。

3）摄氏度和非十进制法定计量单位，不得用 SI 词头构成倍数和分数单位。它们参与构成组合单位时，不应放在最前面。例如：光量单位 1m·h，不应写为 h·1m。

4）组合单位的符号中，某单位符号同时又是词头符号，则应尽量将它置于单位符号的右侧。例如：力矩单位 N·m，不能写成 m·N。温度单位 K 和时间单位 s 和 h，一般也在右侧。

5）词头 h、da、d、c（即百、十、分、厘）一般只用于某些长度、面积、体积和早已习用的场合，例如，m、dB 等。

6）一般不在组合单位的分子分母中同时使用词头。例如：电场强度单位可用 MV/m，不宜用 kV/mm。词头加在分子的第一个单位符号前，例如：热容单位 J/K 的倍数单位 kJ/K，不应写为 J/mK。同一单位中，一般不使用两个以上的词头，但分母中长度、面积和体积单位可以有词头，k 也作为例外。

7）选用词头时，一般应使量的数值处于 0.1～1000 范围内。例如：1401Pa 可写成 1. 401kPa。

8）万（10^4）和亿（10^8）可放在单位符号之前作为数值使用，但不是词头。十、百、千、十万、百万、千万、十亿、百亿、千亿等中文词语，不得放在单位符号前作数值用。例如：“3 千秒$^{-1}$”应读作“三每千秒”，而不是“三千每秒”；对“三千每秒”，只能表示为“3000 秒$^{-1}$”。读音“一百瓦”，应写作“100 瓦”

或“100W”。

9）计算时，为了方便，建议所有量均用 SI 单位表示，词头用 10 的幂代替。这样，所得结果的单位仍为 SI 单位。

三、试验数值统计与修约

单一的测量结果由于材质的不均匀性或测量误差的存在，很多时候不能最佳地反映材料的实际。这时，就必须通过增加受检对象的数量或增加测量的次数来保证测量结果的可靠。有了充足的测量数据，我们就可以利用最基本的统计知识，来分析、判断受检材料的状况。

1.总体、个体与样本的概念

总体是指某一次统计分析工作中，所要研究对象的全体，而个体则为所要研究的全体对象中的一个单位。例如，我们要了解预制构件厂某天 C20 级混凝土抗压强度情况，那么该厂这天生产的 C20 级混凝土的所有抗压强度便构成我们研究的全部对象，也就是构成我们要研究的总体；而这天生产的每一组试件强度，则为我们研究的一个个体。可是，如果我们要研究该厂某一个月中每天所生产混凝土的平均抗压强度逐日变化情况，那么该厂一个月即 30 天中所生产混凝土的抗压强度，便成为我们研究的全部对象，即构成我们研究的总体，而某天所生产混凝土的平均抗压强度，则为我们研究的一个个体。

从上述例子可以看出，什么是总体、什么是个体，并不是一成不变的，而是根据每一次研究的任务而定。

总体的性质由该总体中所有个体的性质而定，所以要了解总体的性质，就必须测定各个个体的性质。很容易理解，要对一个总体的性质了解得很清楚，必须把总体之中每一个个体的性质都加以测定。但是我们知道，在工业技术上常遇到两种主要困难：第一，总体中个体数目繁多，甚至近似无限多，事实上不可能把总体中全部个体都加以测定，如机器零件制造厂每天加工的螺钉等；第二，总体中的个体数目并不很多，但对个体的某种性质的测定是具有破坏性的测定。例如，一台轧钢机每天轧制的工字钢，为数并不多。但要了解每天轧制的工字钢的屈服强度时，却不能将每一根钢材都加以测定，因为一经测定，这根钢材就失去了使用价值。

鉴于上述原因，在工业统计研究中，常抽取总体中的一部分个体，通过对这部分个体的测定结果，来推测总体的性质。被抽取出来的个体的集合体，称为样本（子样）。样本中包含个体的数量，一般称样本容量。而在实践中，用样本的统计性质去推断总体的统计性质，这一过程称为推断。

2.平均值

（1）算术平均值。这是最常用的一种方法，用来了解一批数据的平均水平，度量这些数据的中间位置。

$$\overline{X}=\frac{X_1+X_2+\cdots+X_n}{n}=\frac{X}{n} \qquad (1-18)$$

式中 $\overline{X}$——算术平均值；

X_1，X_2，…，X_n——各个试验数据值；

$\sum X$——各试验数据值的总和；

n——试验数据个数。

（2）均方根平均值。均方根平均值对数据大小跳动反映较为灵敏，计算公式如下：

$$S=\sqrt{\frac{X_1^2+X_2^2+\cdots+X_n^2}{n}}=\sqrt{\frac{X^2}{n}} \tag{1-19}$$

式中 S——各试验数据的均方根平均值；

X_1，X_2，…，X_n——各个试验数据值；

$\sum X_2$——各试验数据值平方的总和；

n——试验数据个数。

（3）加权平均值。加权平均值是各个试验数据和它的对应数的算术平均值，如计算水泥平均强度采用加权平均值。计算公式如下：

$$m=\frac{X_1g_1+X_2g_2+\cdots+X_ng_n}{g_1+g_2+\cdots+g_n}=\frac{Xg}{g} \tag{1-20}$$

式中 m——加权平均值；

X_1，X_2，…，X_n——各试验数据值；

g_1，g_2，…，g_n——试验数据的对应数；

$\sum Xg$——各试验数据值和它的对应数乘积的总和；

$\sum g$——各对应数的总和。

3.误差计算

（1）范围误差。范围误差也叫极差，是试验值中最大值和最小值之差。例如：3 块砂浆试件抗压强度分别为 5.21、5.63、5.72MPa。则这组试件的极差或范围误差为

5.72－5.21=0.51（MPa）

（2）算术平均误差。算术平均误差的计算公式为

$$\delta=\frac{|X_1-\overline{X}|+|X_2-\overline{X}|+\cdots+|X_n-\overline{X}|}{n}$$

$$=\frac{|X-\overline{X}|}{n} \tag{1-21}$$

式中 δ——算术平均误差；

X_1，X_2，X_3，…，X_n——各试验数据值；

$\overline{X}$——试验数据值的算术平均值；

N——试验数据个数。

（3）标准差（均方根差）。只知道试件的平均水平是不够的，要了解数据的波

动情况及其带来的危险性，标准差（均方根差）是衡量波动性（离散性大小）的指标。标准差的计算公式为

$$S=\sqrt{\frac{(X_1-\overline{X})^2+(X_2-\overline{X})^2+\cdots+(X_n-\overline{X})^2}{n-1}}=\sqrt{\frac{(X-\overline{X})^2}{n-1}} \qquad (1-22)$$

式中　S——标准差（均方根差）；

X_1，X_2，X_3，…，X_n——各试验数据值；

X——试验数据值的算术平均值；

n——试验数据个数。

（4）极差估计法。极差是表示数据离散的范围，也可用来度量数据的离散性。极差是数据中最大值和最小值之差：

$$W=X_{max}-X_{min} \qquad (1-23)$$

当一批数据不多时（$n\leqslant 10$），可用极差法估计总体标准离差：

$$\hat{\sigma}=\frac{1}{d_n}W \qquad (1-24)$$

当一批数据很多时（$n>10$），要将数据随机分成若干个数量相等的组，对每组求极差，并计算平均值：

$$\overline{W}=\frac{\sum_{i=1}^{m}W_i}{m} \qquad (1-25)$$

则标准差的估计值近似地用下式计算：

$$\hat{\sigma}=\frac{1}{d_n}\overline{W} \qquad (1-26)$$

式中　d_n——与 n 有关的系数（见表 1－15）；

m——数据分组的组数；

n——每一组内数据拥有的个数；

$\hat{\sigma}$——标准差的估计值；

W、$\overline{W}$——分别为极差、各组极差的平均值。

表 1－15　极差估计法 dn 系数表

n	1	2	3	4	5	6	7	8	9	10
d_n	—	1.128	1.693	2.059	2.326	2.534	2.704	2.847	2.970	3.078
$1/d_n$	—	0.886	0.591	0.486	0.429	0.395	0.369	0.351	0.337	0.325

极差估计法主要出于计算方便，但反映实际情况的精确度较差。

4.变异系数

标准差是表示绝对波动大小的指标，当测量较大的量值，绝对误差一般较大；

测量较小的量值，绝对误差一般较小。因此，要考虑相对波动的大小，即用平均值的百分率来表示标准差，即变异系数。计算式为

$$C_v = \frac{S}{\overline{X}} \times 100 \quad (1-27)$$

式中 C_v——变异系数（%）；

S——标准差；

$\overline{X}$——试验数据的算术平均值。

变异系数可以看出标准偏差不能表示出数据的波动情况。如：

甲、乙两厂均生产 42.5 级矿渣水泥，甲厂某月生产的水泥抗压强度平均值为 39.84MPa，标准差为 1.68MPa；同月，乙厂生产的水泥 28d 抗压强度平均值为 36.2MPa，标准差为 1.62MPa，求两厂的变异系数。

甲厂 $C_v = \frac{1.68}{39.8} \times 100 = 4.22\%$

乙厂 $C_v = \frac{1.62}{36.2} \times 100 = 4.48\%$

从标准差看，甲厂大于乙厂。但从变异系数看，甲厂小于乙厂，说明乙厂生产的水泥强度相对跳动要比甲厂大，产品的稳定性较差。

5.可疑数据的取舍

在一组条件完全相同的重复试验中，当发现有某个过大或过小的可疑数据时，应按数理统计方法给以鉴别并决定取舍。常用方法有三倍标准差法和格拉布斯方法。

（1）三倍标准差法。这是美国混凝土标准 ACT 214—1965 的修改建议中所采用的方法。它的准则是 $X_i - \overline{X} > 3\sigma$ 时，不舍弃。另外，还规定 $X_i - \overline{X} > 2\sigma$ 时则保留，但需存疑；如发现试件制作、养护、试验过程中有可疑的变异时，该试件强度值应予舍弃。

（2）格拉布斯方法。

1）把试验所得数据从小到大排列：X_1，X_2，X_i，…，X_n。

2）选定显著性水平 α（一般 α=0.05），根据 n 及 α 从 T（n，α）（见表 1—16）中求得 T 值。

3）计算统计量 T 值。

当 X_1 为可疑时，则

$$T = \overline{X} - X_1 \ / S$$

当最大值 X_n 为可疑时，则

$$T = X_n - \overline{X} / S$$

式中 $\overline{X}$——试件平均值，$\overline{X} = \frac{1}{n}\sum_{i=1}^{n} X_i$；

X_i——测定值；

n——试件个数；

S——试件标准差，$S=\sqrt{\frac{1}{n-1}\sum_{i=1}^{n}(X_i-\overline{X})^2}$。

4）查表 1－16 中相应于 n 与 α 的 T（n，α）值。

表 1－16　T（n、α）值

α/%	当 n 为下列数值时的 T 值							
	3	4	5	6	7	8	9	10
5.0	1.15	1.46	1.67	1.82	1.94	2.03	2.11	2.18
2.5	1.15	1.48	1.71	1.89	2.02	2.13	2.21	2.29
1.0	1.15	1.49	1.75	1.94	2.10	2.22	2.32	2.41

5）当计算的统计量 $T \geqslant T$（n，α）时，则假设的可疑数据是对的，应予舍弃。当 $T<T$（n，α）时，则不能舍弃。

这样判决犯错误的概率为 α=0.05。相应于 n 及 α=1%～5.0%的 T（n，α）值列于表 1－16。

以上两种方法中，三倍标准差法最简单，但要求较宽，几乎绝大部分数据可不舍弃。格拉布斯方法适用于标准差不能掌握时的情况。

6.数字修约规则

《标准化工作导则　第 1 部分：标准的结构和编写》（GB/T 1.1—2009）中对数字修约规则作了具体规定。在制订、修订标准中，各种测量值、计算值需要修约时，应按下列规则进行。

（1）在拟舍弃的数字中，保留数后边（右边）第一个数小于 5（不包括 5）时，则舍去。保留数的末位数字不变。

例如：将 14.2432 修约后为 14.2。

（2）在拟舍弃的数字中，保留数后边（右边）第一个数字大于 5（不包括 5）时，则进一。保留数的末位数字加一。

例如：将 26.4843 修约到保留一位小数。修约前 26.4843，修约后 26.5。

（3）在拟舍弃的数字中保留数后边（右边）第一个数字等于 5，5 后边的数字并非全部为零时，则进一，即保留数末位数字加一。

例如：将 1.0501 修约到保留小数一位。修约前 1.0501，修约后 1.1。

（4）在拟舍弃的数字中，保留数后边（右边）第一个数字等于 5，5 后边的数字全部为零时，保留数的末位数字为奇数时，则进一；若保留数的末位数字为偶数（包括“0”），则不进。

例如：将下列数字修约到保留一位小数。修约前 0.3500，修约后 0.4；修约前 0.4500，修约后 0.4；修约前 1.0500，修约后 1.0。

（5）所拟舍弃的数字，若为两位以上的数字，不得连续进行多次（包括二次）修约。应根据保留数后边（右边）第一个数字的大小，按上述规定一次修约出结果。

例如：将 15.4546 修约成整数。

正确的修约是：修约前 15.4546，修约后 15。

不正确的修约是：修约前、一次修约、二次修约、三次修约、四次修约结果分别是：15.4546、15.455、15.46、15.5、16。

第 2 单元　建筑识图基本知识

第 1 讲　施工图识读概述

一、施工图的分类及作用

施工图纸一般按专业进行分类，分为建筑、结构、设备（给排水、采暖通风、电气）等几类，分别简称为“建施”、“结施”、“设施”（“水施”、“暖施”、“电施”）。每一种图纸又分基本图和详图两部分。基本图表明全局性的内容，详图表明某一局部或某一构件的详细尺寸和材料做法等。

施工图是设计单位最终的“技术产品”，施工图设计的最终文件应满足四项要求：①能据以编制施工图预算；②能据以安排材料、设备订货和非标准设备的制作；③能据以进行施工和安装；④能据以进行工程验收。施工图是进行建筑施工的依据，对建设项目建成后的质量及效果，负有相应的技术与法律责任。因此，常说“必须按图施工”。即使是在建筑物竣工投入使用后，施工图也是对该建筑进行维护、修缮、更新、改建、扩建的基础资料。特别是一旦发生质量或使用事故，施工图则是判断技术与法律责任的主要依据。

二、施工图纸的编排顺序

一套房屋建筑的施工图按其建筑的复杂程度不同，可以由几张图或几十张图组成，大型复杂的建筑工程的图纸甚至有上百张。因此按照国家标准的规定，应将图纸进行系统的编排。一般一套完整的施工图的排列顺序是：图纸目录、施工总说明、建筑总平面、建筑施工图、结构施工图、给水排水施工图、采暖通风施工图、电气施工图等。其中各专业图纸也应按照一定的顺序编排，其总的原则是全局性图纸在前，局部详图在后；先施工的在前，后施工的在后；布置图在前，构件图在后；重要图纸在前，次要图纸在后。

表 1－17 为施工图图纸目录，它是按照图纸的编排顺序将图纸统一编号，通常放在全套图纸的最前面。

表 1－17　××× 工程施工图目录

序　号	图　号	图　名	备　注
1	总施—1	工程设计总说明	
2	总施—2	总平面图	
3	建施—1	首层平面图	
4	建施—2	二层平面图	
……			
13	结施—1	基础平面图	
14	结施—2	基础详图	
……			
21	水施—1	首层给排水平面图	
……			
28	暖施—1	首层采暖平面图	
……			
30	电施—1	首层电气平面图	
31	电施—2	二层电气平面图	
……			
……			

三、阅读房屋施工图的基本方法

1.读图应具备的基本知识

施工图是根据投影原理，用图纸来表明房屋建筑的设计和构造做法的。因此，要看懂施工图的内容，必须具备以下基本知识：

（1）应熟练掌握投影原理和建筑形体的各种表示方法；

（2）熟悉房屋建筑的基本构造；

（3）熟悉施工图中常用图例、符号、线型、尺寸和比例等的意义和有关国家标准规定。

2.阅读施工图的基本方法与步骤

要准确、快速地阅读施工图纸，除了要具备上面所说的基本知识外，还需掌握一定的方法和步骤。图纸的阅读可分三大步骤进行。

（1）第一步：按图纸编排顺序阅读。

通过对建筑的地点、建筑类型、建筑面积、层数等的了解，对该工程有一个初步的了解；

再看图纸目录，检查各类图纸是否齐全；了解所采用的标准图集的编号及编制单位，将图集准备齐全，以备查看；

然后按照图纸编排顺序，即建筑、结构、水、暖、电的顺序对工程图纸逐一进行阅读，以便对工程有一个概括、全面了解。

（2）第二步：按工序先后，相关图纸对照读。

先从基础看起，根据基础了解基坑的深度，基础的选型、尺寸、轴线位置等，另外还应结合地质勘探图，了解土质情况，以便施工中核对土质构造，保证施工质量；然后按照基础—结构—建筑，并结合设备施工程序进行阅读。

（3）第三步：按工种分别细读。

由于施工过程中需要不同的工种完成不同的施工任务，所以为了全面准确地指导施工，考虑各工种的衔接以及工程质量和安全作业等措施，还应根据各工种的施工工序和技术要求将图纸进一步分别细读。例如砌砖工序要了解墙厚、墙高、门窗洞口尺寸、窗口是否有窗套或装饰线等；钢筋工序则应注意凡是有钢筋的图纸，都要细看，这样才能配料和绑扎……

总之，施工图阅读总原则是，从大到小、从外到里、从整体到局部，有关图纸对照读，并注意阅读各类文字说明。看图时应将理论与实践相结合，联系生产实践，不断反复阅读，才能尽快地掌握方法，全面指导施工。

第 2 讲　建筑施工图识读

一、总平面图

1.总平面图及作用

在画有等高线或坐标方格网的地形图上，画上新建工程及其周围原有建筑物、构筑物及拆除房屋的外轮廓的水平投影，以及场地、道路、绿化等的平面布置图形，即为总平面图。

总平面图是表明新建房屋在基地范围内的总体布置图，是用来作为新建房屋的定位、施工放线、土方施工和布置现场（如建筑材料的堆放场地、构件预制场地、运输道路等），以及设计水、暖、电、煤气等管线总平面图的依据。

2.总平面图的基本内容

（1）总平面图常采用较小的比例绘制，如 1∶500、1∶1000、1∶2000。总平面图上坐标、标高、距离，均以“m”为单位。

（2）表明新建区的总体布局，如拨地范围、各建筑物及构筑物的位置、道路、管网的布置等。

（3）表明新建房屋的位置、平面轮廓形状和层数；新建建筑与相邻的原有建筑或道路中心线的距离；还应表明新建建筑的总长与总宽；新建建筑物与原有建筑物或道路的间距，新增道路的间距等。

（4）表明新建房屋底层室内地面和室外整平地面的绝对标高，说明土方填挖情况、地面坡度及雨水排除方向。

（5）标注指北针或风玫瑰图，用以说明建筑物的朝向和该地区常年的风向频率。

（6）根据工程的需要，有时还有水、暖、电等管线总平面图、各种管线综合布置图、竖向设计图、道路纵横剖面图以及绿化布置图。

3.阅读总平面图的步骤

总平面图的阅读步骤如下：

（1）看图样的比例、图例及相关的文字说明；

（2）了解工程的性质、用地范围和地形、地物等情况；

（3）了解地势高低；

（4）明确新建房屋的位置和朝向、层数等；

（5）了解道路交通情况，了解建筑物周围的给水、排水、供暖和供电的位置，管线布置走向；

（6）了解绿化、美化的要求和布置情况。

当然这只是阅读平面图的基本要点，每个工程的规模和性质各不相同，阅读的详略也各不相同。

二、建筑平面图

1.建筑平面图的形成与作用

建筑平面图是假想用一水平的剖切平面沿房屋的门窗洞口将整个房屋切开，移去上半部分，对其下半部分作出水平剖面图，称为建筑平面图。

建筑平面图是表达了建筑物的平面形状，走廊、出入口、房间、楼梯卫生间等的平面布置，以及墙、柱、门窗等构配件的位置、尺寸、材料和做法等内容的图样。

建筑平面图是建筑施工图中最重要、最基本的图样之一，它用以表示建筑物某一层的平面形状和布局，是施工放线、墙体砌筑、门窗安装、室内外装修的依据。

2.基本内容

（1）通过图名，可以了解这个建筑平面图表示的是房屋的哪一层平面，比例根据房屋的大小和复杂程度而定。建筑平面图的比例宜采用 1∶50、1∶100、1∶200。

（2）建筑物的朝向、平面形状、内部的布置及分隔，墙（柱）的位置、门窗的布置及其编号。

（3）纵横定位轴线及其编号。

（4）尺寸标注。

1）外部三道尺寸：总尺寸、轴线尺寸（开间及进深）、细部尺寸（门窗洞口、墙垛、墙厚等）。

2）内部尺寸：内墙墙厚、室内净空大小、内墙上门窗的位置及宽度等。

3）标高：室内外地面、楼面、特殊房间（卫生间、盥洗室等）楼（地）面、楼梯休息平台、阳台等处建筑标高。

（5）剖面图的剖切位置、剖视方向、编号。

（6）构配件及固定设施的定位，如阳台、雨篷、台阶、散水、卫生器具等，其中吊柜、洞槽、高窗等用虚线表示。

（7）有关标准图及大样图的详图索引。

三、建筑立面图、剖面图

1.建筑立面图

（1）形成与作用

为了表示房屋的外貌，通常将房屋的四个主要的墙面向与其平行的投影面进行投射，所画出的图样称为建筑立面图。

立面图表示建筑的外貌、立面的布局造型，门窗位置及形式，立面装修的材料，阳台和雨篷的做法以及雨水管的位置。立面图是设计人员构思建筑艺术的体现。在施工过程中，立面图主要用于室外装修。

（2）建筑立面图的命名

1）以建筑墙面的特征命名。将反映主要出入口或比较显著地反映房屋外貌特征的墙面，称为"正立面图"。其余立面称为"背立面图"和"侧立面图"。

2）按各墙面朝向命名。如"南立面图"、"北立面图"、"东立面图"和"西立面图"等。

3）按建筑两端定位轴线编号命名。如①～⑨立面图等。

（3）基本内容

1）建筑立面图的比例与平面图的比例一致，常用 1∶50，1∶100，1∶200 的比例尺绘制。

2）室外地面以上的外轮廓、台阶、花池、勒角、外门、雨篷、阳台、各层窗洞口、挑檐、女儿墙、雨水管等的位置。

3）外墙面装修情况，包括所用材料、颜色、规格。

4）室内外地坪、台阶、窗台、窗上口、雨篷、挑檐、墙面分格线、女儿墙、水箱间及房屋最高顶面等主要部位的标高及必要的高度尺寸。

5）有关部位的详图索引，如一些装饰、特殊造型等。

6）立面左右两端的轴线标注。

2.建筑剖面图

（1）形成与作用：建筑剖面图主要用来表达房屋内部沿垂直方向各部分的结构形式、组合关系、分层情况构造做法以及门窗高、层高等，是建筑施工图的基本样图之一。

剖面图通常是假想用一个或多个垂直于外墙轴线的铅垂剖切平面将整幢房屋剖开，经过投射后得到的正投影图，称为建筑剖面图。

剖面图的数量根据房屋的具体情况和施工的实际需要而决定。一般剖切平面选择在房屋内部结构比较复杂、能反映建筑物整体构造特征以及有代表性的部位剖切。

例如楼梯间和门窗洞口等部位。剖面图的剖切符号应标注在底层平面图上，剖切后的方向宜向上、向左。

（2）基本内容

1）剖面图的比例应与建筑平面图、立面图一致，宜采用 1∶50、1∶100、1∶200 的比例尺绘制。

2）表明剖切到的室内外地面、楼面、屋顶、内外墙及门窗的窗台、过梁、圈梁、楼梯及平台、雨篷、阳台等。

3）表明主要承重构件的相互关系，如各层楼面、屋面、梁、板、柱、墙的相互位置关系。

4）标高及相关竖向尺寸，如室内外地坪、各层楼板、吊顶、楼梯平台、阳台、台阶、卫生间、地下室、门窗、雨篷等处的标高及相关尺寸。

5）剖切到的外墙及内墙轴线标注。

6）需另见详图部位的详图索引，如楼梯及外墙节点等。

3.平、立、剖面图的关系

平、立、剖面图是建筑施工图的三种基本图纸，它们所表达的内容既有分工又有紧密的联系。平面图重点表达房屋的平面形状和布局，反映长、宽两个方向的尺寸；立面图重点表现房屋的外貌和外装修，主要尺寸是标高；剖面图重点表示房屋内部竖向结构形式、构造方式，主要尺寸是标高和高度。三种图纸之间有着确定的投影关系，又有统一的尺寸关系，具有相互补充、相互说明的作用。定位轴线和标高数字是它们相互联系的基准。

阅读房屋施工图纸，要运用上述联系，按平→立→剖面图的顺序来阅读；同时，必须注意根据图名和轴线，运用投影对应关系和尺寸关系，互相对照阅读。

四、建筑详图

建筑详图是采用较大比例表示在平、立、剖面图中未交代清楚的建筑细部的施工图样，它的特点是比例大、尺寸齐全准确、材料做法说明详尽。在设计和施工过程中建筑详图是建筑平、立、剖面图等基本图纸的补充和深化，是建筑工程的细部施工；建筑构配件的制作及编制预算的依据。

对于套用标准图或通用详图的建筑构配件和节点，应注明所选用图集名称、编号或页码。

1.建筑详图的图示内容和识图要点

建筑详图的内容、数量以及表示方法，都是根据施工的需要而定的。一般应表达出建筑局部、构配件或节点的详细构造，所用的各种材料及其规格，各部位、各细部的详细尺寸，包括需要标注的标高，有关施工要求和做法的说明等。当表示的内容较为复杂时，可在其上再索引出比例更大的详图。

在建筑详图中，墙身详图、楼梯详图、门窗详图是详图表示中最为基本的内容。

（1）墙身详图

墙身详图与平面图配合，是砌墙、室内外装修、门窗洞口、编制预算的重要依据。识读墙身详图时应从以下几点入手（以图 1－5 为例）。

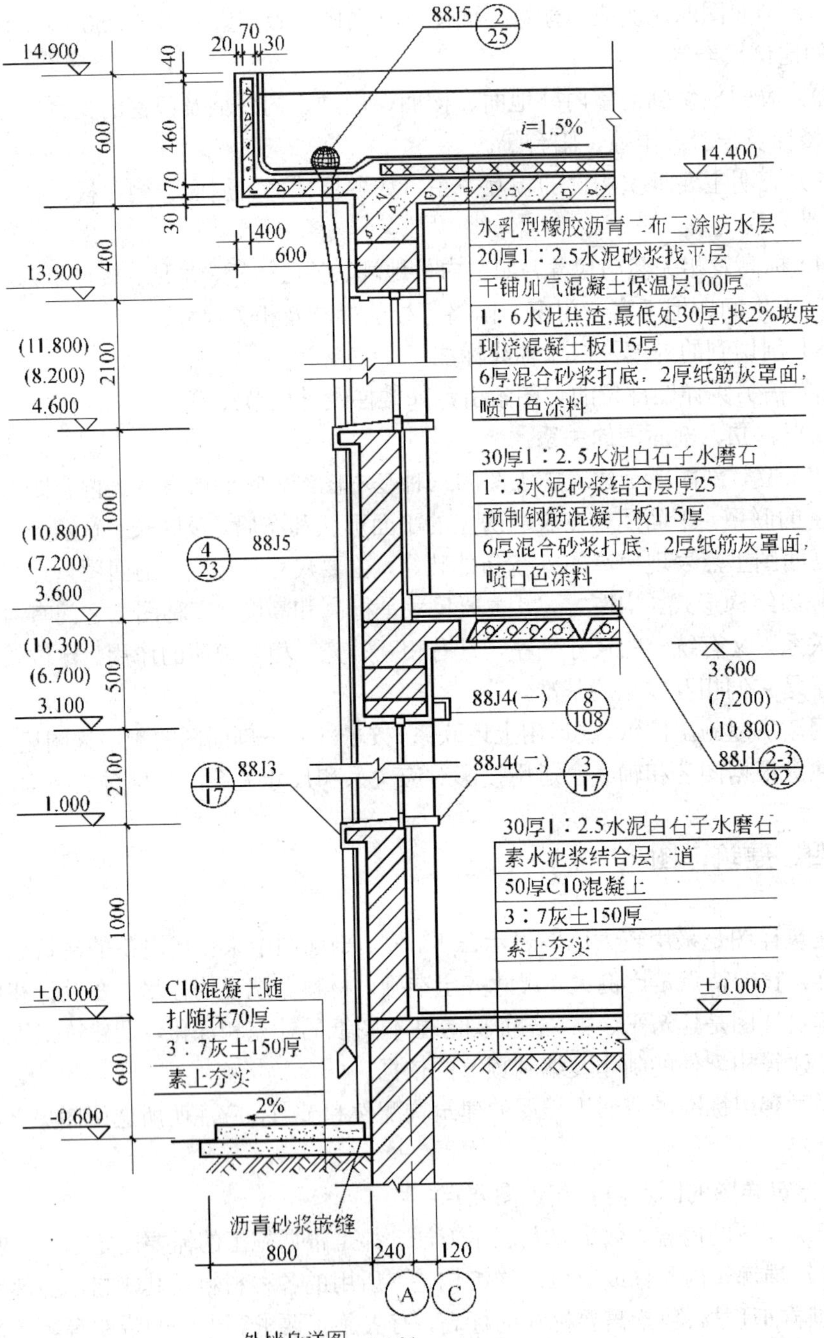

图 1－5　某墙身详图

1）根据墙身的轴线编号，查找剖切位置及投影方向，了解墙体的厚度、材料及与轴线的关系。如该详图是 A 轴、C 轴线上的外墙，墙体材料为黏土砖。墙厚为 360mm，轴线外 240mm，轴线内 120mm，因在各层窗台下留有暖气槽，局部墙厚变为 240mm。

2）看各层梁、板等构件的位置及其与墙身的关系。如图所示，各层窗上设有钢筋混凝土过梁，截面为矩形，过梁抹灰在外侧梁底部作了滴水线，过梁处墙内侧设有窗帘盒；各层楼板支撑在横墙上，平行于外纵墙布置，靠外纵墙处有一现浇板带，楼板层的材料、构造；尺寸见引出的分层说明。

3）看室内楼地面、门窗洞口、屋顶等处的标高，识读标高时要注意建筑标高与结构标高的关系，如图中门窗洞口和屋顶处标高为结构标高，楼地面标高为建筑标高。

4）看墙身的防水、防潮做法：如檐口、墙身、勒脚、散水、地下室的防潮、防水做法。图中在室内地坪高度处，墙身设了钢筋混凝土防潮层；散水与墙身之间用沥青砂浆嵌缝。

5）看详图索引：如图中雨水管及雨水管进水口、踢脚、窗帘盒、窗台板、外窗台等处均引有详图。

（2）楼梯详图：楼梯详图主要表示楼梯的类型、结构形式及梯段、栏杆扶手、防滑条等的详细构造方式、尺寸和材料。楼梯详图一般由楼梯平面图、剖面图和节点大样图组成。一般楼梯的建筑详图与结构详图是分别绘制的，但比较简单的楼梯有时也可将建筑详图与结构详图合并绘制，编入结构施工图中。楼梯详图是楼梯施工的主要依据。

1）楼梯平面图。可以认为是建筑平面图中局部楼梯间的放大，它用轴线编号表明楼梯间的位置，注明楼梯间的长宽尺寸、楼梯级数、踏步宽度、休息平台的尺寸和标高等。

2）楼梯剖面图。主要表明各楼层及休息平台的标高，楼梯踏步数，构件搭接方法，楼梯栏杆的形式及高度，楼梯间门窗洞口的标高及尺寸等。

3）节点大样图。即楼梯构配件大样图，主要表明栏杆的截面形状、材料、高度、尺寸，以及与踏步、墙面的连接做法，踏步及休息平台的详细尺寸、材料、做法等。

节点大样图多采用标准图，对于一些特殊造型和做法的，还须单独绘制详图。

图 1—6、图 1—7 为常见现浇钢筋混凝土板式及梁板式楼梯。

（3）门窗详图：门、窗详图一般由立面图、节点大样图组成。立面图用于表明门、窗的形式，开启方式和方向，主要尺寸及节点索引号等；节点大样是用来表示截面形式、用料尺寸、安装位置、门窗扇与门窗框的连接关系等。

当前，塑钢门窗、铝合金门窗等，国家或地区的标准图集对各种门窗，就其形式到尺寸表示得较为详尽，门窗的生产、加工也趋于规模化、统一化，门窗的加工已从施工过程中分离出来。因此施工图中关于门、窗详图内容的表达上，一般只需注明标准图集的代号即可，以便于预算、订货。

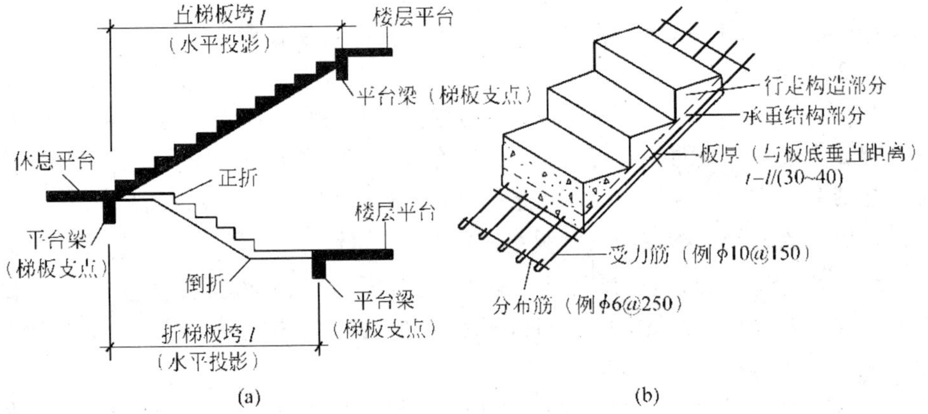

图 1—6 板式楼梯段

（a）梯间剖面图；（b）梯段构造示意

2.标准图集的使用

在房屋建筑中，为了加快设计和施工的进度，提高质量，降低成本，设计部门把各种常见的、多用的建筑物以及各类房屋建筑中各专业所需要的构件、配件，按统一模数设计成几种不同的标准规格，统一绘制出成套的施工图，经有关部门审查批准后，供设计和施工单位直接选用。这种图称为建筑标准设计图，把它们分类、编号装订成册，称为建筑标准设计图集或建筑标准通用图集，简称标准图集或通用图集。

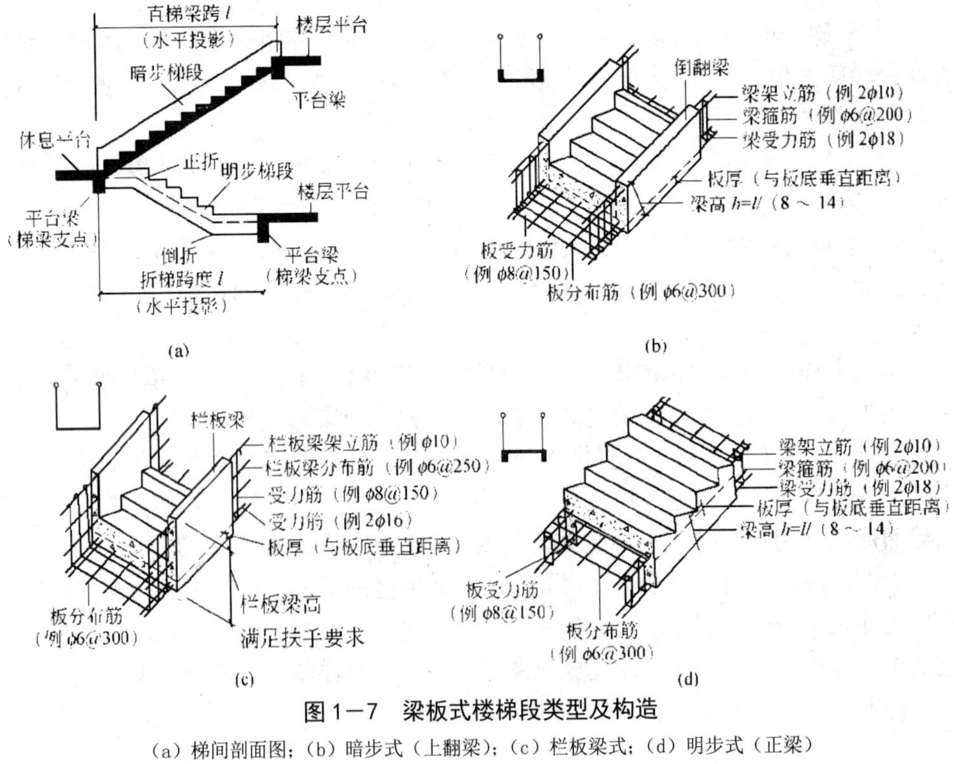

图 1—7 梁板式楼梯段类型及构造

（a）梯间剖面图；（b）暗步式（上翻梁）；（c）栏板梁式；（d）明步式（正梁）

（1）标准图集的分类，详见表 1—18。

表 1－18　常用构件代号

分类	具体内容		
按使用范围	全国通用图集		经国家标准设计主管部门批准的全国通用的建筑标准设计图集
	地区通用图集		经省、市、自治区批准的建筑标准设计图集，可在相应地区范围使用
	单位内部图集		由各设计单位编制的图集，可供单位内部使用
按表达内容	构配件标准图集	建筑配件标准图集	与建筑设计有关的建筑配件详图和标准做法，如门、窗、厕所、水池、栏杆、屋面、顶棚、楼地面、墙面、粉刷等详图或做法
		建筑构件标准图集	与结构设计有关的构件的结构详图。如屋架、梁、板、楼梯、阳台等
	成套建筑标准设计图集		整幢建筑物的标准设计（定型设计），如住宅、小学、商店、厂房等

（2）查阅方法

1）根据施工图中构件、配件所引用的标准图集或通用图集的名称、编号及编制单位，查找所选用的图集；

2）阅读图集的总说明，了解本图集编号和表示方法，以及编制图集的设计依据、适用范围、适用条件、施工要求及注意事项；

3）根据施工图中的索引符号，即可找到所需要的构、配件详图。

例如木门的编号方法是：

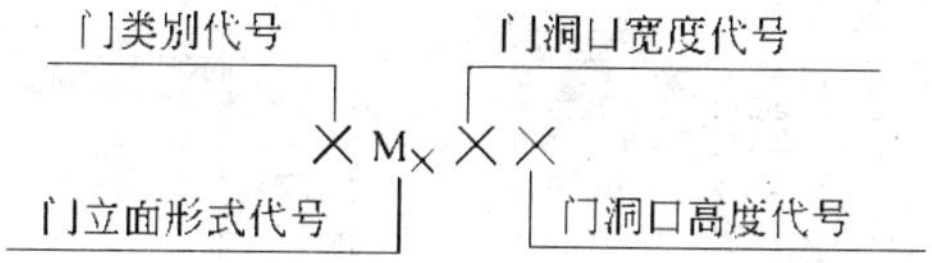

如 $1M_1 37$，其中 $1M_1$ 表示夹板门带玻璃，门宽、高的代号分别为 3 和 7，再由说明可知将宽度和高度代号各乘以 300，即为门的尺寸 900mm×2100 mm。

第 3 讲　结构施工图识读

一、结构施工图概述

1.结构施工图的组成、作用及特点

结构施工图，是结构设计时根据建筑的要求，选择结构类型，进行合理的构件布置，再通过结构计算，确定构件的断面形状、大小、材料及构造，反映这些设计

成果的图样。

结构施工图由结构设计说明、结构平面图、结构详图和其他详图组成。

结构施工图是施工放线、挖基槽、支模板、绑扎钢筋、设置预埋件、浇筑混凝土、安装预制构件、编制预算和施工组织计划的依据。

房屋由于结构形式的不同，结构施工图所反映的内容也有所不同。如混合结构房屋的结构图主要反映墙体、梁或圈梁、门窗过梁、混凝土柱、抗震构造柱、楼板、楼梯以及它们的基础等内容；而钢筋混凝土框架结构房屋的结构图，主要是反映梁、板、柱、楼梯、围护结构以及它们相应的基础等；另外排架结构房屋的结构图主要反映柱子、墙梁、连系梁、吊车梁、屋架、大型屋面板、波形水泥大瓦等结构内容。因此阅读结构施工图时，应根据不同的结构特点进行阅读。

2.结构施工图常用图示方法及符号

（1）常用构件代号。结构构件种类繁多，为了便于绘图、读图，在结施图中用代号来表示构件的名称，常用构件代号见表1－19。

表1－19 常用构件代号

序号	名 称	代号	序号	名 称	代号	序号	名 称	代号
1	板	B	6	密肋板	MB	11	墙板	QB
2	屋面板	WB	7	楼梯板	TB	12	天沟板	TGB
3	空心板	KB	8	盖板或沟盖板	GB	13	梁	L
4	槽形板	CB	9	挡雨板或檐口板	YB	14	屋面梁	WL
5	折板	ZB	10	吊车安全走道	DB	15	吊车梁	DL
16	单轨吊车梁	DDL	29	托架	TJ	42	柱间支撑	ZC
17	轨道连接	DGL	30	天窗架	CJ	43	垂直支撑	CC
18	车挡	CD	31	框架	KJ	44	水平支撑	SC
19	圈梁	QL	32	刚架	GJ	45	梯	T
20	过梁	GL	33	支架	ZJ	46	雨篷	YP
21	连系梁	LL	34	柱	Z	47	阳台	YT
22	基础梁	JL	35	框架柱	KZ	48	梁垫	LD
23	楼梯梁	TL	36	构造柱	GZ	49	预埋件	M
24	框架梁	KL	37	承台	CT	50	天窗端壁	TD
25	框支架	KZL	38	设备基础	SJ	51	钢筋网	W
26	屋面框架梁	WKL	39	桩	Z	52	钢筋骨架	G
27	檩条	LT	40	挡土墙	DQ	53	基础	J
28	屋架	WJ	41	地沟	DG	54	暗柱	AZ

注：1. 预制钢筋混凝土构件、现浇钢筋混凝土构件、钢构件和木构件，一般可直接采用。在绘图中，当需要区别上述构件的材料种类时，可在构件代号前加注材料代号，并在图纸中加以说明。

2. 预应力钢筋混凝土构件的代号，应在构件代号前加注“Y-”，如Y-DL表示预应力钢筋混凝土吊车梁。

（2）钢筋的常用表示方法

1）钢筋的图示方法。

在结构图中，钢筋的图示方法是结构图阅读的主要内容之一。除通常用单根粗实线表示钢筋的立面，用黑圆点表示钢筋的横断面外，还有很多常见的表示方法，见表 1—20。

表 1—20　钢筋的图示方法

图　例	名称及说明	图　例	名称及说明
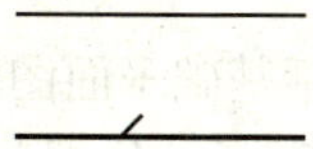	端部无弯钩钢筋 下图表示：长短钢筋投影重叠时短钢筋的端部用斜画线表示	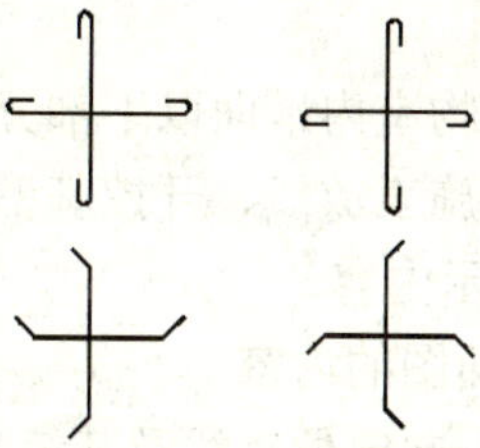 （底层）　（顶层）	结构平面图中配置双层钢筋时，底层钢筋弯钩向上或向左，顶层钢筋弯钩向下或向右
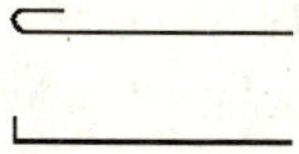	端部是半圆形弯钩或直弯钩的钢筋		
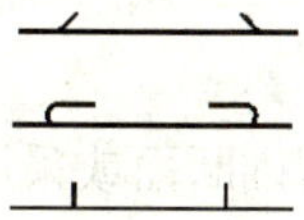	钢筋的搭接 上为无弯钩，中为圆弯钩，下为直弯钩	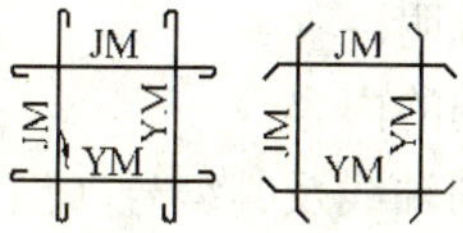 （JM 近面；YM 远面）	结构墙体配双层钢筋时，配筋立面图中远面钢筋弯钩向上或向左，近面弯钩向下或向右
	带丝扣的钢筋端部	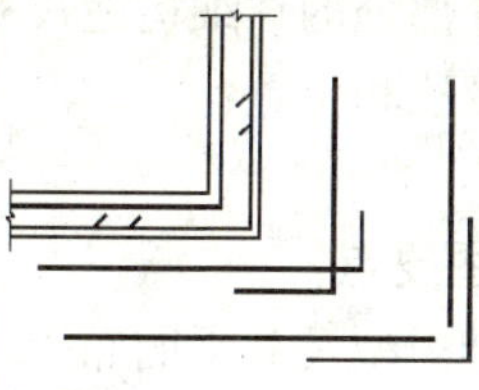	断面图不能表达清楚的钢筋布置，应在断面图增加钢筋大样图
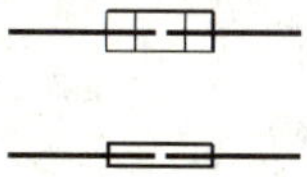	花篮螺丝钢筋接头 机械连接的钢筋接头		
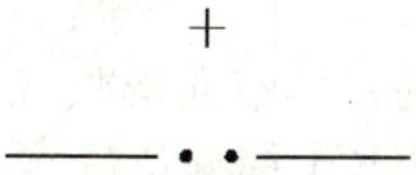	单根预应力钢筋断面 预应力钢筋或钢绞线	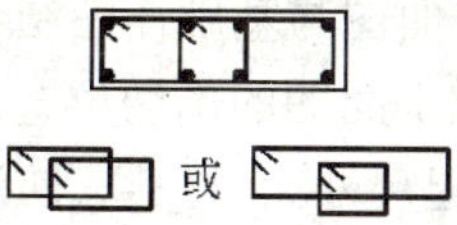	箍筋、环筋等若布置复杂时，可加画钢筋大样及说明
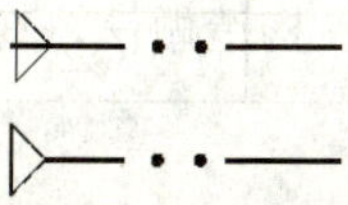	张拉端锚具 固定端锚具		一组相同钢筋、箍筋或环筋可用一根粗线表示，同时要表明起止位置

2）钢筋构造要求。

通常，结构施工图可能不会将钢筋构造要求全部示出。实际施工时，一般按混凝土结构设计规范、建筑抗震设计规范、钢筋混凝土结构构造图集或结构标准设计图集的构造要求，结合结构施工图指导施工。读者可参考上述设计规范、图集，学习识图。

（3）钢结构图：钢结构图的常用表示方法（型钢标注、焊缝代号及标注、螺栓铆钉图例等，见第五节）。

二、基础图

基础图是建筑物室内地面以下部分承重结构的施工图，它包括基础平面图和基础详图。基础图是施工放线、开挖基槽、砌筑基础、计算基础工程量的依据。

1.基础图的图示内容

（1）基础平面图的内容

1）表明横、纵向定位轴线及其编号，应与建筑平面图相一致；

2）表明基础墙、柱、基础底面的形状、大小及其与轴线的关系；

3）基础梁、柱、独立基础等构件的位置及代号，基础详图的剖切位置及编号；

4）其他专业需要设置的穿墙孔洞、管沟等的位置、洞口尺寸、洞底标高等；

5）基础施工说明。

（2）基础详图的内容

1）基础断面图轴线及其编号（当一个基础详图适用于多条基础断面或采用通用图时，可不标注轴线编号）；

2）表明基础的断面形状、所用材料及配筋；

3）标注基础各部分的详细构造尺寸及标高；

4）防潮层的做法和位置；

5）施工说明。

2.基础图的识图要点

（1）查明基础类型及其平面布置，与建筑施工图的首层平面图是否一致。

（2）阅读基础平面图，了解基础边线的宽度。

（3）将基础平面图与基础详图结合阅读，查清轴线位置。

（4）结合基础平面图的剖切位置及编号，了解不同部位的基础断面形状（如条形基础的放脚收退尺寸）、材料、防潮层位置、各部位的尺寸及主要部位标高。

（5）对于独立基础等钢筋混凝土基础，应注意将基础平面图和基础详图结合阅读，弄清配筋情况。

（6）通过基础平面图，查清构造柱的位置及数量。其配筋及构造做法，在基础说明中有详细的阐述，应仔细阅读。

（7）查明留洞位置。

第 4 讲　建筑工程图的审核

一、施工图审核要求

1.建筑施工图中各类专业的关系

整套的建筑工程图包括了建筑设计、结构设计施工图，及水、电、暖、通等设计安装施工图。这些图纸是由不同专业的设计人员依据建筑设计图纸设计的。因为，每一座建筑的设计，首先是由建筑师进行构思，从建筑的使用功能、环境要求、历史意义、社会价值等方面，确定该建筑的造型、外观艺术、平面大小、高度和结构形式。当然，一个建筑师也必须具备一定的结构常识和其他专业的知识，才能与这些专业的工程师相配合。结构工程师在结构设计上，首先应尽量满足建筑师构思的需要及与其他专业设计的配合，使建筑功能得到发挥。比如建筑布置上需要大空间的构造，则结构设计时就不宜在空间中设置柱子，而要设法采用符合大空间要求的结构形式，如预应力混凝土结构、钢结构、网架结构等。再如水、电、暖、通的设计，也都是为满足建筑功能需要配合建筑设计而布置的。这些设施在设计时既要达到实用，同时在造型上也必须达到美观。比如当今建筑中的灯具，不仅是电气专业为照明需要而设计的装置，而且也成了建筑上的一种装饰艺术。

所以，作为施工人员应该了解各专业设计的主次配合关系，审图时要以建筑施工图为“基准”。审图时发现矛盾和问题，要按“基准”来统一。

2.图纸审核的步骤

（1）预审：审核要点：

1）设计图纸与说明是否齐全，有无分期供图的时间表；

2）总平面图与施工图的几何尺寸、平面位置、高程是否一致，各施工图之间的关系是否相符，预埋件是否表示清楚；

3）工程结构、细节、施工作法和技术要求是否表示清楚，与现行规范、规程有无矛盾，是否经济合理；

4）建筑材料质量要求和来源是否有保证；

5）地质勘探资料是否齐全，地基处理方法是否合理；

6）设计地震烈度是否符合当地要求；

7）防火要求是否满足，有无公安消防部门的审批意见；

8）施工安全是否有保证；

9）室内外管线排列位置、高程是否合理；

10）设计图纸的要求与施工现场能否保证施工需要；

11）工程量计算是否正确；

12）对完善设计和施工方案的建议。

（2）专业审查

1）各单位在设计交底的基础上，应分别组织有关人员分专业、分工种细读文件，进一步吃透设计意图，质量标准及技术要求；

2）针对本专业的审查内容，详细核对图纸、提出问题，确定会审重点。

（3）内容会审

1）各单位在专业审查的基础上组织各专业技术人员一起讨论、分析、核对各专业间的图纸，检查相互之间有无矛盾、漏项；

2）提出处理、解决的方法或建议；

3）将提出的问题及建议分别整理成文，监理内部的和施工承包方的应在会审前由监理方汇总后及时提交给设计承包方，以便设计承包方在图纸会审前有所准备。

（4）正式会审

1）施工图会审由总监理工程师发联系单通知业主、设计承包方、施工承包方，指明具体时间、会议地点、会审内容。

2）根据会审内容由总监理工程师或监理工程师组织施工图审查会议，并指定记录员。

3）根据设计图纸交付情况（进度），会议可以以综合或专业进行。

4)对于图纸交付比较齐全的项目，宜采取大会→分组→大会的审查形式审查。首先由设计方解答监理方（包括施工方）提交的问题或建议及一些综合性问题。然后专业分组由设计承包方解答各专业提出的问题或对问题的共同协商解决。最后大会由设计承包方解答或共同协商解决在分组审查中提出的专业交叉或其他新的问题。

5）记录员（监理方）整理会议记录并形成施工图会审记要，经与会单位（必要时相关专业人员）会签后由总监理工程师批准并分发到各有关单位。会审记要应附施工图审查问题清单。

6）需要由设计承包方变更和完善的，由设计承包方与业主联系解决，监理负责督促和检查。

7）对小型项目或分项分部项目，施工图会审可与设计交底结合起来进行。

8）会审记要作为工程项目技术文件归档。

3.图纸审核的技巧

工程开工之前，需识图、审图，再进行图纸会审工作。如果有识图、审图经验，掌握一些要点，则事半功倍。

识图、审图的一般程序是：熟悉拟建工程的功能；熟悉、审查工程平面尺寸；熟悉、审查工程立面尺寸；检查施工图中容易出错的部位有无出错；检查有无改进的地方。

（1）熟悉拟建工程的功能：图纸到手后，首先了解本工程的功能是什么，是车间还是办公楼？是商场还是宿舍？了解功能之后，再联想一些基本尺寸和装修，例如厕所地面一般会贴地砖、作块料墙裙，厕所、阳台楼地面标高一般会低几厘米；车间的尺寸一定满足生产的需要，特别是满足设备安装的需要等。最后识读建筑说明，熟悉工程装修情况。

（2）熟悉、审查工程平面尺寸：建筑工程施工平面图一般有三道尺寸，第一道尺寸是细部尺寸，第二道尺寸是轴线间尺寸，第三道尺寸是总尺寸。检查第一道尺寸相加之和是否等于第二道尺寸、第二道尺寸相加之和是否等于第三道尺寸，并留意边轴线是否是墙中心线，各地标准不一，例如广东省制图习惯是边轴线为外墙外边线。识读工程平面图尺寸，先识建施平面图，再识本层结施平面图，最后识水电空调安装、设备工艺、第二次装修施工图，检查它们是否一致。熟悉本层平面尺寸后，审查是否满足使用要求，例如检查房间平面布置是否方便使用、采光通风是否良好等。识读下一层平面图尺寸时，检查与上一层有无不一致的地方。

（3）熟悉、审查工程立面尺寸：建筑工程建施图一般有正立面图、剖立面图、楼梯剖面图。这些图有工程立面尺寸信息；建施平面图、结施平面图上，一般也标有本层标高；梁表中，一般有梁表面标高；基础大样图、其他细部大样图，一般也有标高注明。通过这些施工图，可掌握工程的立面尺寸。正立面图一般有三道尺寸，第一道是窗台、门窗的高度等细部尺寸，第二道是层高尺寸，并标注有标高，第三道是总高度。审查方法与审查平面各道尺寸一样，第一道尺寸相加之和是否等于第二道尺寸，第二道尺寸相加之和是否等于第三道尺寸。检查立面图各楼层的标高是否与建施平面图相同，再检查建施的标高是否与结施标高相符。建施图各楼层标高与结施图相应楼层的标高应不完全相同，因建施图的楼地面标高是工程完工后的标高，而结施图中楼地面标高仅为结构面标高，不包括装修面的高度，同一楼层建施图的标高应比结施图的标高高几厘米。这一点需特别注意，因有些施工图，把建施图标高标在了相应的结施图上，如果不留意，施工中会出错。

熟悉立面图后，主要检查门窗顶标高是否与其上一层的梁底标高相一致；检查楼梯踏步的水平尺寸和标高是否有错，检查梯梁下竖向净空尺寸是否大于 2.1m，是否会出现碰头现象；当中间层出现露台时，检查露台标高是否比室内低；检查厕所、浴室楼地面是否低几厘米，若不是，检查有无防溢水措施；最后与水电空调安装、设备工艺、第二次装修施工图相结合，检查建筑高度是否满足功能需要。

（4）检查施工图中容易出错的地方有无出错：熟悉建筑工程尺寸后，再检查施工图中容易出错的地方有无出错，主要检查内容如下。

1）检查女儿墙混凝土压顶的坡向是否朝内。

2）检查砖墙下有梁否。

3）检查结构平面中的梁，在梁表中是否全标出了配筋情况。

4）检查主梁的高度有无低于次梁高度的情况。

5）检查梁、板、柱在跨度相同、相近时，有无配筋相差较大的地方，若有，需验算。

6）当梁与剪力墙同一直线布置时，检查有无梁的宽度超过墙的厚度。

7）当梁分别支承在剪力墙和柱边时，检查梁中心线是否与轴线平行或重合，检查梁宽有无突出墙或柱外，若有，应提交设计处理。

8）检查梁的受力钢筋最小间距是否满足施工验收规范要求，当工程上采用带肋的螺纹钢筋时，由于工人在钢筋加工中，用无肋面进行弯曲，所以钢筋直径取值应为原钢筋直径加上约 21mm 肋厚。

9）检查室内出露台的门上是否设计有雨蓬，检查结构平面上雨蓬中心是否与建施图上门的中心线重合。

10）检查设计要求与施工验收规范有无不同。如柱表中常说明：柱筋每侧少于4根可在同一截面搭接。但施工验收规范要求，同一截面钢筋搭接面积不得超过50%。

11）检查结构说明与结构平面、大样、梁柱表中内容以及与建施说明有无存在相矛盾之处。

12）单独基础系双向受力，沿短边方向的受力钢筋一般置于长边受力钢筋的上面，检查施工图的基础大样图中钢筋是否画错。

（5）审查原施工图有无可改进的地方：主要从有利于该工程的施工、有利于保证建筑质量、有利于工程美观三个方面对原施工图提出改进意见。

1）从有利于工程施工的角度提出改进施工图意见。

①结构平面上会出现连续框架梁相邻跨度较大的情况，当中间支座负弯矩筋分开锚固时，会造成梁柱接头处钢筋太密，振捣混凝土困难，可向设计人员建议：负筋能连通的尽量连通。

②当支座负筋为通长时，就造成了跨度小梁宽较小的梁面钢筋太密，无法捣混凝土，可建议在保证梁负筋的前提下，尽量保持各跨梁宽一致，只对梁高进行调整，以便于面筋连通和浇捣混凝土。

③当结构造型复杂，某一部位结构施工难以一次完成时，向设计人员提出：混凝土施工缝如何留置。

④露台面标高降低后，若露台中间有梁，且此梁与室内相通时，梁受力筋在降低处是弯折还是分开锚固，请设计人员处理。

2）从有利于建筑工程质量方面，提出修改施工图意见。

①当设计天花抹灰与墙面抹灰同为1∶1∶6混合砂浆时，可建议将天花抹灰改为1∶1∶4混合砂浆，以增加粘结力。

②当施工图上对电梯井坑、卫生间沉池，消防水池未注明防水施工要求时，可建议在坑外壁、沉池水池内壁增加水泥砂浆防水层，以提高防水质量。

3）从有利于建筑美观方面提出改善施工图。

①若出现露台的女儿墙与外窗相接时，检查女儿墙的高度是否高过窗台，若是，则相接处不美观，建议设计人员处理。

②检查外墙饰面分色线是否连通，若不连通，建议到阴角处收口；当外墙与内墙无明显分界线时，询问设计人员，墙装饰延伸到内墙何处收口最为美观，外墙突出部位的顶面和底面是否同外墙一样装饰。

③当柱截面尺寸随楼层的升高而逐步减小时，若柱突出外墙成为立面装饰线条时，为使该线条上下宽窄一致，建议对突出部位的柱截面不缩小。

④当柱布置在建筑平面砖墙的转角位，而砖墙转角少于 900mm，若结构设计

仍采用方形柱，可建议根据建筑平面将方形改为多边形柱，以免柱角突出墙外，影响使用和美观。

⑤当电梯大堂（前室）左边有一框架柱突出墙面 10～20cm 时，检查右边柱是否出突出相同尺寸，若不是，建议修改成左右对称。

按照“熟悉拟建工程的功能；熟悉、审查工程平面尺寸；熟悉、审查工程的立面尺寸；检查施工图中容易出错的部位有无出错；检查有无需改进的地方”的程序和思路，会有计划、全面地展开识图、审图工作。

二、各专业施工图的审核

1.审核建筑施工图

（1）审核建筑总平面图：建筑总平面图是与城市规划有关的图纸，也是房屋总体定位的依据，尤其是群体建筑施工时，建筑总平面图更具有重要性。对建筑总平面图的审核，施工人员还应掌握大量的现场资料，如建筑区域的目前环境，将来可能发展的情形，建筑功能和建成后会产生的影响等。

建筑总平面图一般应审核的内容如下。

1）通过看图，可对总图上布置的建筑物之间的间距，是否符合国家建筑规划设计的规定，进行审核。比如规范规定前后房屋之间的距离，应为向阳面前房高度的 1.10～1.50 倍，如图 1－8 所示。否则会影响后房的采光、房屋间的通风。尤其在原有建筑群中插入的新建筑，这个问题更应重视。

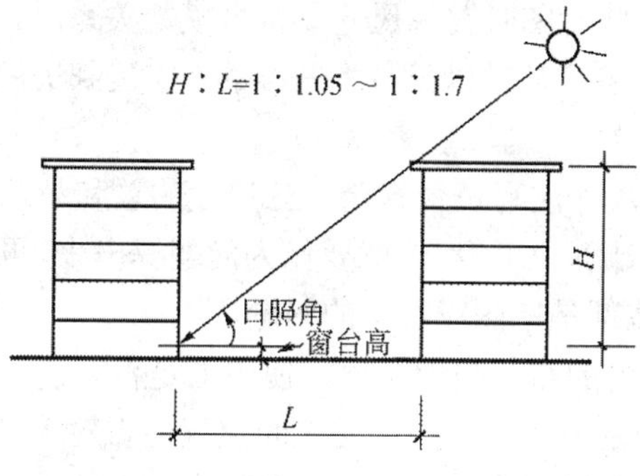

图 1－8 前后房之间距离

2）房屋横向（即非朝向的一边）之间，在总图上布置的相间距离，是否符合交通、防火和为设置管道需开挖沟道的宽度所需距离的要求。通常房屋横向的间距至少应有 3m 大小。

3）根据总平面图结合施工现场查核总图布置是否合理，有无不可克服的障碍，能否保证施工的实施。必要时可会同设计和规划部门重新修改总平面布置图。

4）在建筑总平面图上如果绘有水、电等外线图，则还应了解总平面上所绘的水、电引入线路与现场环境的实际供应水、电线路是否一致。通过审核取得一致。

5）如果总平面图上绘有排水系统，则应结合工程现场查核图纸与实际是否有出入，能否与城市排水干管相连接等。

6）查看设计确定的房屋室内建筑标高零点，即处的相应绝对标高值是多少，以及作为引进城市（或区域）的水准基点在何处。核对它与建筑物所在地方的自然地面是否相适应，与相近的城市主要道路的路面标高是否相适应。所谓能否相适应是指房屋建成后，长期使用中会不会因首层±0.000 地坪太低或过高造成建造不当。必要时就要请城市规划部门前来重新核实。

7）绘有新建房屋管线的总图，可以查看审核这些管道线路走向、距离，是否能更合理些，可从节约材料、能耗、降低造价的角度提出一些合理化建议。这也是审图的一个方面。

（2）审核建筑平面图：建筑平面布置是依据房屋的使用要求、工艺流程等，经过多方案比较而确定的。因此审核图纸必须先了解建设单位的使用目的和设计人员的设计意图，并应掌握一定的建筑设计规范和房屋构造的要求，所以一般主要从以下几方面进行审图。

1）首先应了解建筑平面图的尺寸应符合设计规定的建筑统一模数。建筑模数国家规定以 100mm 作为基本模数，用 Mo 表示。基本模数又分为扩大模数和分模数。扩大模数以 3 的倍数增长，有 3Mo、6Mo、15Mo、30Mo、60Mo 等。分模数有$\frac{1}{10}$Mo、$\frac{1}{5}$Mo、$\frac{1}{2}$Mo。

扩大模数主要用于房屋的开间、进深等；分模数主要用在具体构造、构配件大小的尺寸计算基数。因此看图时发现尺寸不符合模数关系时，就应以审图发现问题提出来，因为构配件的生产都是以模数为基准的，安装到房屋上去，房屋必须也以模数关系相适应。

2）查看平面图上尺寸注写是否齐全，分尺寸的总和与总尺寸是否相符。发现缺少尺寸，但又无法从计算中求得，这就要作为问题提出来。再如尺寸间互相矛盾，又无法得到统一，这些都是审图应看出的问题。

3）审核建筑平面内的布置是否合理，使用上是否方便。比如门窗开设是否符合通风、采光要求，在南方还要考虑房间之间空气能否对流，在夏季能否达到通风凉快。门窗的开、关会不会“打架”；公共房屋的大间只开一扇门能不能满足人员的流动；公用盥洗室是否便于找到，且又比较雅观。走廊宽度是否合适，太宽浪费地方，太窄不便通行。在这方面应当站在房屋使用者的角度，多听听他们的意见，这有利于积累经验并用于审查图纸。如一住宅建成后，两个居室连在一起，须通过一个居室才能进入另一个居室，没有对两个居室分别开门，使家庭使用上很不方便。还有一套住宅，一进门有一小小走廊，连接的是客厅，而设计者把走廊边的厕所门对着客厅开，而不在走廊一侧开，在有客人时家人使用厕所很不雅观。这些都是设计考虑欠周的地方，审图时都可提出来加以改进，使其比较完善。

4）查看较长建筑、公共建筑的楼梯数量和宽度，是否符合人流疏散的要求和防火规定。例如，某一推荐为优秀设计的四层楼宾馆，经评定认为，由于该设计只有一座楼梯，虽然造型很美，但因不符合公共建筑防火安全应有双梯的要求，而没有被评上优秀。

又如，一座施工在建的生产车间，因车间人员少，只设计了一座楼梯，在人流上完全可以满足要求。但在审图时施工方向建设单位和设计人员建议，增加简易安全防火梯，经双方同意在车间另一端增加了一座钢楼梯，作为安全用梯。后来在使用中建设单位反映也很满意。

5）对平面图中的卫生间、开水间、浴室、厨房，须查看一下地面比其他房间低多少厘米，以便施工时在构造上可以采取措施。还有坡向及坡度，如果图上没有标明，其他图上又没有依据可找，这就要在审图时作为问题提出。

6）在看屋顶平面图时，尤其是平屋顶屋面，应查看屋面坡度的大小，沿沟坡度的大小；看落水管的根数能否满足地区最大雨量的需要。因为有的设计图纸不一定是本地区设计部门设计的，对雨量气象不一定了解。曾有过因挑檐高度较小，落水管数量不够，下暴雨时雨水从檐沟边上漫出来的情形。所以虽是屋顶平面图，有时图面看来很简单，但内容却不一定就少。

有女儿墙的屋顶，在多年使用中砖砌女儿墙往往与下面的混凝土圈梁因温差产生收缩的差异而发生裂缝，使建筑渗水并影响美观。曾有施工方在审图中建议在圈梁上每3m设一构造柱，将砖砌女儿墙分隔开，顶上再用压顶连接成整体，最后的使用结果，就比通常砖砌女儿墙好，没有明显裂缝，这是通过审图建议取得的效果。

7）最后还要看看平面图中有哪些说明、索引号、剖切号等标志及相配合的译图，审核它们之间有无矛盾，防止施工返工或修补。如某一工程项目在质量检查中被发现某建筑楼梯间内设置的消火栓箱，由于位置不当而造成墙体削弱，在箱洞一边仅留有 240×120 的砖礅，上面还要支撑一根过梁，过梁上是楼梯平台梁。这240×120的小“柱子”在安装中又受到剔凿，对结构产生极不利的影响，这种情形本应该在审查图纸时提出来解决的，但因为审图不细，在施工检查中才发现，再重新加固处理，增加了不少麻烦。

（3）审查建筑立面图：建筑立面图能反映出设计人员在建筑风格上的艺术构思。这种风格可以反映时代、反映历史、反映民族及地方特色。建筑施工图出来之后，建筑立面图设计人员一般是不太愿意再改动的。

根据经验，审查建筑立面图可从以下几方面着手。

1）从图上了解立面图上的标高和竖向尺寸，并审核两者之间有无矛盾。室外地坪的标高是否与建筑总平面图上标的相一致。相同构造的标高是否一致等。

2）对立面上采用的装饰做法是否合适，也可提出建议。如有些材料或工艺不适合当地的外界条件，如容易污染或在当地环境中会被腐蚀，或材料材质上还不过关等。

3）查看立面图上附带的构件如雨水落管、消防电梯、门上雨篷等，是否有详图或采用什么标准图，如果不明确应作为问题记下来。

4）更高一步地看，可以对设计的立面风格、形式提出我们的看法和建议。如立面外形与所在地的环境是否配合，是否符合该地方的风格。

建筑风格和艺术的审核，需要有一定的水平和艺术观点，但并不是不可以提出意见和建议的。

（4）审查建筑剖面图

1）通过看图纸了解剖面图在平面图上的剖切位置，根据看图与想象审核剖切得是否准确。再看剖面图上的标高与竖向尺寸是否符合，与立面图上所注的尺寸、标高有无矛盾。

2）查看剖面图上屋顶坡度的标注，平屋顶结构的坡度是采用结构找坡还是构造找坡（即用轻质材料垫坡），坡度是否足够等。再有构造找坡的做法是否有说明，均应查看清楚。并可对屋面保温的做法、防水的做法提出建议。比如，在多雨地区屋面保温采用水泥珍珠岩就不太适应，因水分不易蒸发干，做了防水层往往会引起水汽内浸，引起室内顶板发潮等。有些防水材料不过关质量难以保证，这些都可以作为审图的问题和建议提出来。

3）楼梯间的剖面图也是必须阅审的图纸。有不少住宅在设计时因考虑不完善，楼梯平台转弯处，净空高度较小，使用很不方便，人从该处上下有碰撞头部之危险，尤其在搬家时更困难。从设计规定上一般要求净高应大于或等于 2m。

（5）审核施工详图（大样图）

1）阅图时对一些节点或局部处的构造详图必须仔细查看。构造详图有在成套施工图中的，也有采用标准图集上的。

凡属施工图中的详图，必须结合该详图所在建筑施工图中的那张图纸一起审阅。如外墙节点的大样图，就要看是平面或剖面图上哪个部位的。了解该大样图来源后，就可再看详图上的标高、尺寸、构造细部是否有问题，或能否实现施工。

凡是选用标准图集的，先要看选得是否合适，即该标准图与设计图能不能结合上。有些标准图在与设计图结合使用时，连接上可能要做些修改，这都是审阅图纸可以提出来的。

2）审核详图时，尤其标准图要看图上选配的零件、配件目前是否已经淘汰，或已经不再生产，不能不加调查照图下达施工，以防没有货源再重新修改而耽误施工进展。

2.审核结构施工图

（1）审核基础施工图：基础施工图主要是两部分，一是基础平面图，二是构造大样图。

1）在阅审基础平面图时，应与建筑平面图的平面布置、轴线位置进行核对。并与结构平面图核对相应的上部结构，有没有相应的基础。此外，也要对轴线尺寸、总尺寸等进行核对。以便在施工放线时应用无误。

2）对于基础大样图，主要应与基础平面图“对号”。如大样图上基础宽度和平面图上是否一致，基础对轴线是偏心的还是中心的。基础的埋深是否符合地质勘探资料，发现矛盾应及时提出。对埋置过深又没必要的基础设计，也应提出合理化建议，以便降低造价，节省劳动量。

3）如果在老建筑物边上进行新建筑的施工，审核基础施工图时，还应考虑老建筑的基础埋深，必要时应对新建筑基础埋深作适当修改。达到处理好新老建筑相邻基础之间受力关系，防止以后出现问题。

4）在审图时还应考虑基础中有无管道通过，以及图上的标志是否明确，所示构造是否合理。

5）查看基础所有材料是否说明清楚，尤其是材料要求和强度等级，同时要考虑不同品种时施工是否方便或应采取什么措施。比如，某施工图上基础混凝土强度等级为 C15，而上部柱子及地梁用 C20，若施工时不采取措施，就可能造成质量事故。为了不致弄错和施工方便，审图可以提出建议基础混凝土也用 C20，改一下配筋构造，这是审图时可以做到的。

（2）审核主体结构图：主体结构施工图是随结构的类型不同而各异，因此审图的内容也不相同。

1）砖砌体为主的混合结构房屋。对这类房屋的审图主要是掌握砌体的尺寸、材料要求、受力情况。比如，砖墙外部的附墙柱，应该弄清它是与墙共同受力的，还是为了建筑上装饰线条需要的，这在施工时可以不同对待。

除了砌体之外，对楼面结构的楼板是采用空心板还是现浇板这也应了解。空心板采用什么型号，和设计的荷载是否配合，这很重要。图上如果疏忽而施工人员又不查核，具体施工到工程上将会出大问题。

还应审核结构大样图，如住宅的阳台，在住宅中属于重要结构部分。阅图时要查看平衡阳台外倾的内部压重结构是否足够。比如，悬臂挑梁伸入墙内的长度应比挑出长度长些，梁的根部的高度应足够，以保证阳台的刚度。某一住宅的阳台，人走上去有颤动感，经查核挑梁的强度够了但刚度不够，这样用户居住在里面会缺乏安全感。

2）钢筋混凝土框架结构类型的房屋。对该类房屋图纸的识读，主要应掌握柱网的布置，主次梁的分布，轴线位置，梁号和断面尺寸，楼板厚度，钢筋配置和材料强度等级。

审核结构平面和建筑平面相应位置处的尺寸、标高、构造有无矛盾之外。一般楼层的结构标高和建筑标高是不一样的。结构标高要加上楼地面构造厚度才是建筑标高。

在阅读结构构件图时，更应仔细一些。如图上的钢筋根数、规格、长度和锚固要求。有的图上锚固长度并未注写，看图时就应记下来以便统一提出解决，否则在现场凭经验施工，往往会违反了施工规范的要求。

总之，对结构施工图的审核应持慎重态度。因为建筑的安全使用，耐久年限都与结构牢固密切相关。不论是材料种类、强度等级、使用数量，还是构造要求都应阅后记牢。阅读审核结构施工图，需要相关人员在理论知识上、经验积累上、总结教训上的能力都加以提高。这样才能在看图上领会得快，发现问题切合实际，从而保证房屋建筑设计和施工质量的完善。

3.给水与排水施工图的审核

（1）给水施工图的审核

1）从设计总平面图中查看供水系统水源的引入点在何处。查看管道的走向、管径大小、水表和阀门井的位置以及管道埋深。审核总入口管径与总设计用水量是否配合，以及当地的平均水压力与选用的管径是否合适。由于水质的洁净程度要考虑水垢沉积减小管径流量的发生，所以进水总管应在总用水量基础上适当加大一些管径。再有要看给水管道与其他管道或建筑、地物有无影响和妨碍施工之处，是否需要改道等，在审阅图纸时可以事先提出。

2）从给水管道平面布置图、系统（轴测）图中，了解给水干管、立管、支管的连接、走向、管径大小、接头、弯头、阀门开关的数量，还可看出水平管的标高与位置，所用卫生器具的位置、数量。在审核中主要应查看管道设置是否合理，水表设计放置的位置是否便于查看。要进行局部修理（分层或分户）时，是否有可控制的阀门。配置的卫生器具是否经济合理，质量是否可靠。

南方地区民用住宅的屋顶上都设有水箱，作为调节水压不足时上面几层住户的用水。进出水箱的水管往往暴露在外，有的在设计上又忽略了管道的保温，造成冬季冻裂浸水。所以审图时也要看设计上是否考虑了保温。

3）对于大型公共建筑、高层建筑、工业建筑的给水施工图，还应查阅有无单独的消防用水系统，而它不能混在一般用水管道中。它应有单独的阀门井、单独管道、单用阀门，否则必须向设计提出。同时图上设计的阀门井位置，是否便于开启、便于检修，周围有无障碍等也应审核，以保证消防时紧急使用。

（2）排水施工图的审核

1）要了解建筑物排出总管的位置及与外线或化粪池的联系。通过室内排水管道平面布置图与系统（轴测）图的阅读，从中知道排水管的管径、标高、长度以及弯头、存水弯头、地漏等零部件数量。此外，由于排水管压力很小，须知道坡度的大小。

2）要了解所用管道的材料和与排水系统相配合的卫生器具。审图中可以对所用材料的利弊提出问题或建议，供设计或使用单位参考。

3）根据使用情况可审核管径大小是否合适。如一些公用厕所，由于使用条件及人员的多杂，其污水总立管的管径不能按通常几个坑位来计算，有时设计臓100的管径往往需要加大到臓150，使用上才比较方便，不易被堵塞。

对于带水的房间，审查它是否有地漏装置，假如没有则可建议设置。

4）对排水的室外部分进行审阅。主要是管道坡度是否注写，坡度是否足够。有无检查用的窨井、窨井的埋深是否足够。还应注意窨井的位置，是否会污染环境及影响易受污染的地下物（如自来水管、燃气管、电缆等）。

4.供暖与通风施工图的审核

（1）供暖施工图的审核

供暖施工图可分为外线图和建筑内部施工图两部分。

1）外线图（即室外热网施工图）主要是从热源供暖到房屋入口处的全部图纸。在这部分施工图上主要了解供热热源在外线图上的位置；其次是供热线路的走向，管道地沟的大小、埋深，保温材料和它的做法；以及热源供给单位工程的个数，管沟上膨胀穴的数量。

对外线图主要审核管径大小、管沟大小是否合理。如管沟的大小是否方便修理；沟内管子间距离是否便于保温操作；使用的保温材料性能包括施工性能是否良好，施工中是否容易造成损耗过大。这可根据施工经验，提出保温热耗少的材料和不易操作损耗多的材料的建议。

2）建筑内部供热施工图，主要了解暖气的入口及立管、水平管的位置走向；各类管径的大小、长度，散热器的型号和数量；以及弯头、接头、管堵、阀门等零件数量。

审核主要是看它系统图是否合理，管道的线路应使热损失最小；较长的房屋室内是否有膨胀管装置；过墙处有无套管，管子固定处应采用可移动支座。有些管子（如通过楼梯间的）因不住人应有保温措施减少热损失。这些都是审图时可以提出的建议。

（2）通风施工图的审核：通风施工图分为外线和建筑内部两部分。

1）外线图阅读时主要掌握了解空调机房的位置，所供空调的建筑的数量。供风管道的走向、架空高度、支架形式、风管大小和保温要求。

审核内容为依据供风量及备用量计算风管大小是否合适；风管走向和架空高度与现场建筑物或外界存在的物件有无碰撞的矛盾，周围有无电线影响施工和长期使用、维修；所用保温材料和做法选得是否恰当。

2）室内通风管道图，主要了解建筑物通风的进风口和回风口的位置，回风是地下走还是地上走；还应了解风道的架空标高，管道形式和断面大小，所用材料和壁厚要求；保温材料的要求和做法；管道的吊挂点和吊挂形式及所用材料。

主要审核通风管标高和建筑内其他设施有无矛盾；吊挂点的设置是否足够，所用材料能否耐久；所用保温材料在施工操作时是否方便；还应考虑管道四周有没有操作和维修的余地。通过审核提出修改意见和完善设计的建议，可以使工程做得更合理。

5.电气施工图的审核

电气施工图以用电量和电压高低不同来区分，一般工业用电电压为 380V，民用用电电压为 220V，因此我们审核电气施工图按此分别进行。这里只介绍一般的审阅图纸要点。

（1）一般民用电气施工图的审核：首先，要看总图，了解电源入口，并看设计说明了解总的配电量。这时应根据设计时与建设单位将来可能变更的用电量之差额来核实进电总量是否足够，避免施工中再变更。通常从发展的角度出发，设计的总配电量应比实际的用电量大一个系数。比如目前民用住宅中家用电器的增加，如果原设计总量没有考虑余地，线路就要进行改造，这将是一种浪费。这是审核电气图纸首先要考虑的。

其次，电流用量和输导线的截面是否配合，一般都是输电导线应留有可能增加电流量的余地。以上两点审核的要点要掌握。

再次，主要是从图纸上了解线路的走向，线是明线还是暗线，暗线使用的材料是否符合规范要求。对于一座建筑上的电路先应了解总配电盘设计放置在何处，位置是否合理，使用时是否方便；每户的电表设在什么位置，使用观看是否方便合理；一些电气器具（灯、插座）等在房屋内设计的位置是否合理，施工或以后使用是否方便。如一大门门灯开关设置在外墙上，这就不合理，因为易被雨水浸湿而漏电，应装在雨篷下的门侧墙上，并采用防雨拉线开关，这样才合理，也符合安全用电。

再次，也可以从审图中提出合理化建议，如缩短线路长度、节约原材料等，使设计达到更完善的地步。

（2）工业电气施工图的审核：工业电气施工图比民用电气施工图要复杂一些，因此，审图时要仔细以避免差错。在看图时要将动力用电和照明用电在系统图上分开审，重点应审动力用电施工图。

首先应了解所用设备的总用电量，同时也应了解实际的设备与设计的设备用电量是否有变化。在核实总用电量后，再看所用导线截面积是否足够和留有余地。

其次应了解配变电系统的位置，以及由总配电盘至分配电盘的线路。作为一个工厂一般都设厂用变电所，分到车间里则有变电室（小车间是变电柜）。审图时从分系统开始，由小到大扩展，这可减少工作量。由分系统到大系统再到变电所到总图，这样便于核准总电量。如能在审阅各系统的电气施工图时达到准确，就可以在这系统内先进行施工了。

再次，对系统内的电气线路，则要查看是明线还是暗线；是架空绝缘线，还是有地下小电缆沟；线路是否可以以最短距离到达设备使用地点；暗管交错走时是否重叠，地面厚度能不能盖住。具体的一些问题还要与土建施工图核对。

三、不同专业施工图之间的校核

要通过施工形成一座完整的建筑，为了使设计的意图能在施工中实现，那么各种专业施工图必须做到互相配合。这种配合既包括设计也包括施工。因此除了各种专业施工图要进行自审之外，各专业施工图之间还应进行互相校对审核。否则很容易在施工中出现这样或那样的问题和矛盾。事先在图上解决矛盾有利于加快施工进度，减少损耗，保证工程质量。

1.建筑施工图与结构施工图的校核

由于建筑设计和结构设计的规范不同，构造要求不同，虽同属土建设计，但有时也会发生矛盾。一般常见的矛盾和需要校核的内容如下。

（1）校核建筑施工图的总说明和结构施工图的总说明，有无不统一的地方。总说明的要求和具体每张施工图上的说明要点，有无不一致的地方。

（2）校核建筑与结构在轴线、开间、进深这些基本尺寸上是否一致。

（3）校核建筑施工图的标高与结构施工图标高之差值，是否与建筑构造层厚度一致。如某楼层建筑标高为 3.000m，结构标高为 2.950m，其差值为 5cm。从详图上或剖面图引出线上所标出的楼面构造做法，假如为 30mm 厚细石混凝土找平层，20mm 厚 1∶2.5 水泥砂浆面层，总厚为 50mm（即 5cm），那么差值与构造厚度相同，这称为一致。如果是不一致，这就是矛盾，就要提请设计解决。当出现建筑和结构二者标高不配合的情形，假如降低结构标高，就会使结构构造或其他设施与结构发生矛盾。所以审图必须全面考虑并设想修正的几个方案。

（4）审核和核对建筑详图和相配合的结构详图，查对它们的尺寸、造型细部及与其他构件的配合。举一个小例子，比如设计的窗口建筑上绘有一周线条的窗套，那么相应查一下窗口上的过梁是否有相应的出檐，可以使窗套形成周圈，否则过梁应加以修改达到一致。

2.土建与给水、排水施工图的相互校核

它们之间的校核，主要是标高、上下层使用的房间是否相同，管道走向有无影响，外观上做些什么处理等。

如给水、排水的出入口的标高是否与土建结构适应，有无相碍的地方；基础的留洞，是否影响结构；管子过墙碰不碰地梁，这都是给水、排水出入口要遇到的问题。

上下层的房间有不同的使用，尤其是住宅商店遇到比较多。上面为住宅的厨房或厕所，下面的位置正好是商店中间部位，这就要在管道的走向上做处理，建筑上应做吊顶天棚进行装饰。审图中处理结合得好的，施工中及完工后都很完美；处理不好或审图校核疏忽，就会留下缺陷。曾有一栋房屋，在验收时才发现一根给水管由于上下房间不同，立在了无用水的下层房间边墙正中间，损害了房间的完美，后来只能重新改道修正。如果校核时仔细些，就不会出现修改重做的麻烦。

有些建筑，给水排水管集中在一个竖向管井中通过。校核时要考虑土建图上留出的通道尺寸是否足够，日后人员进入维修有无操作余地，管道的内部排列是否合理等。通过校核不仅对施工方便，对日后使用也有利。

总之通过校核，可以避免最常见的通病（即管子过墙、过板在土建施工完后开墙凿洞），提高施工水平做到文明施工。

3.土建与供暖施工图之间的校核

当供暖管道从锅炉房出来后，与土建工程就有关联。一般要互相校核的是：

（1）管道与土建暖气沟的配合。如管道标高与暖气沟的埋深有无矛盾；暖气沟进入建筑物时，入口处位置对房屋结构的预留口是否一致，对结构有无影响，施工时会不会产生矛盾等。

（2）供暖管道在房屋建筑内部的位置与建筑上的构造有无矛盾。如水平管的标高在门窗处通过，会不会使门窗开启发生碰撞。

（3）散热器放置的位置，建筑上是否留槽，留的凹槽与所用型号、数量是否配合。

其他如管道过墙、过板的预留孔洞等的校核与给水、排水相仿。

4.土建与通风施工图的互相校核

通风工程所用的管道比较粗大，在与土建施工图进行校核时，主要看过墙、过楼板时预留洞是否在土建图上有所标志。以及结构图上有无措施保证开洞后的结构安全。

其次是通风管道的标高与相关建筑的标高能否配合。比如通风管道在建筑吊顶内通过，则管道的底标高应高于吊顶龙骨的上标高，才能使吊顶施工顺利进行。再有，有的建筑图上对通风管通过的局部地方未作处理，施工后有外露于空间的现象，审阅校核时应考虑该部位是否影响建筑外观美，要不要建议建筑上采取一些隐蔽式装饰处理的办法进行解决。

标高位置的协调很重要，在施工中曾发生过通风管向室内送风的风口，由于标高无法改变，送风口正好碰在结构的大梁侧面，梁上要开洞加强处理的情形。因此在校核时凡发现风管通过重要结构时，一定要核查结构上有没有加强措施，否则就应该作为问题在会审时提出来。

5.土建与电气施工图之间的校核

一般民用建筑采用明线安装的线路，仅在过墙、过楼板等处解决留洞问题，其他矛盾不甚明显。而当工程采用暗线并埋置管线时，它与土建施工的矛盾就会经常遇到，比如在楼板内为下层照明要预埋电线管，审图时就应考虑管径的大小和走向所处的位置。在现浇混凝土楼板内如果管子太粗，底下有钢筋垫起，就会使管子不能盖没；或者管子不粗但有交错的双层管，也会使楼板厚度内的混凝土难以覆盖。这就要电气设计与结构设计会同处理，统一解决矛盾。在管子的走向上有时对楼板结构产生影响。如管径较粗，管子埋在板跨之中，虽然浇注的混凝土能够盖住，但正好在混凝土受压区，中间放一根薄壁管对结构受力很不力。又如管子沿板的支座走，等于把板根断掉；这对现浇的混凝土板也是不利的。再有，管子向上穿过空心板，管子排列太密，要穿过时必然要断掉空心板的肋，切断预应力钢筋，这也是不允许的。这些情况都作了相应的处理才使施工顺利进行。在砖砌混合结构中，砖墙或柱断面较小的地方，也不宜在其上穿留暗线管道。在总配电箱的安设处，箱子上面部分要看结构上有无梁、过梁、圈梁等构造。管线上下穿通对结构有无影响，需要土建采取什么措施等。从建筑上来看有些电气配件或装置，会不会影响建筑的外观美，要不要作些装饰处理。

总之以上介绍都属于土建施工图与电气施工图应进行互相校核的地方。

归结起来，作为土建施工人员应能看懂水、暖、通、电的施工图。作为安装施工人员也要会看土建施工图。只有这样才能在互相校核中发现问题，统一矛盾。

四、图纸审核到会审的程序

施工图从设计院完成后，由建设单位送到施工单位。施工单位在取得图纸后就要组织阅图和审图。其步骤大致是：第一步，先由各专业施工部门进行阅图自审；

第二步，在自审的基础上由主持工程的负责人组织土建和安装专业进行交流阅图情况和进行校核，把能统一的矛盾双方统一，不能由施工自身解决的，汇集起来等待设计交底；第三步，会同建设单位，邀请设计院进行交底会审，把问题在施工图上统一，做成会审纪要。设计部门在必要时再补充修改施工图。这样施工单位就可以按着施工图、会审纪要和修改补充图来指导施工生产了。

1.各专业工种的施工图自审

自审人员一般由施工员、预算员、施工测量放线人员、木工和钢筋翻样人员等自行先学习图纸。先是看懂图纸内容，对不理解的地方，有矛盾的地方，以及认为是问题的地方记在学图记录本上，作为工种间交流及在设计交底时提问用。

2.工种间的学图审图后进行交流

目的是把分散的问题可以进行集中，在施工单位内自行统一的问题先进行统一矛盾解决问题，留下必须由设计部门解决的问题由主持人集中记录，并根据专业不同、图纸编号的先后不同编成问题汇总。

3.图纸会审

会审时，先由该工程设计主持人进行设计交底。说明设计意图，应在施工中注意的重要事项。设计交底完毕后，再由施工单位把汇总的问题提出来，请设计部门答复解决。解答问题时可以分专业进行，各专业单项问题解决后，再集中起来解决各专业施工图校对中发现的问题。这些问题必须要建设单位（俗称甲方）、施工单位（俗称乙方）和设计单位（俗称丙方）三方协商取得统一意见，形成决定写成文字（称为“图纸会审纪要”的文件）。

一般图纸会审的内容包括。

（1）是否无证设计或越级设计，图纸是否经设计单位正式签署。

（2）地质勘探资料是否齐全。

（3）设计图纸与说明是否齐全，有无分期供图的时间表。

（4）设计时采用的抗震裂度是否符合当地规定的要求。

（5）总平面图与施工图的几何尺寸、平面位置、标高是否一致。

（6）防火、消防是否满足规定的要求。

（7）施工图中所列各种标准图册，施工单位是否具备。

（8）材料来源有无保证，能否代换；图中所要求的条件能否满足；新材料、新技术、新工艺的应用有无问题。

（9）地基的处理方法是否合理，建筑与结构构造是否存在不能施工，不便施工的技术问题，或容易导致质量、安全、工期、工程费用增加等方面的问题。

（10）施工安全、环境卫生有无保证。

第3单元　资料员法律法规知识

第1讲　法律体系和法的形式

一、法律体系

法律体系是指将一国的全部现行法律规范，按一定标准和原则（主要是根据所调整社会关系性质的不同）划分为不同的法律部门，也称为部门法体系。我国法律体系包括：宪法、民法、商法、经济法、行政法、劳动法与社会保障法、自然资源与环境保护法、刑法、诉讼法。

1.宪法

宪法是整个法律体系的基础，主要表现形式是《中华人民共和国宪法》。

2.民法

民法是调整作为平等主体的公民之间、法人之间、公民和法人之间的财产关系和人身关系的法律，主要由《中华人民共和国民法通则》（下称《民法通则》）和单行民事法律组成₃单行法律主要包括合同法、担保法、专利法、商标法、著作权法、婚姻法等。

3.商法

商法是调整平等主体之间的商事关系或商事行为的法律，主要包括公司法、证券法、保险法、票据法、企业破产法、海商法等。我国实行“民商合一”的原则，商法虽然是一个相对独立的法律部门，但民法的许多概念、规则和原则也通用于商法。

4.经济法

经济法是调整国家在经济管理中发生的经济关系的法律。包括建筑法、招标投标法、反不正当竞争法、税法等。

5.行政法

行政法是调整国家行政管理活动中各种社会关系的法律规范的总和。主要包括行政处罚法、行政复议法、行政监察法、治安管理处罚法等。

6.劳动法与社会保障法

劳动法是调整劳动关系的法律，主要是《中华人民共和国劳动法》；社会保障法是指调整关于社会保险和社会福利关系的法律规范的总称，包括社会保险法、安全生产法、消防法等。

7.自然资源与环境保护法

自然资源与环境保护法是关于保护环境和自然资源，防治污染和其他公害的法律。自然资源法主要包括土地管理法、节约能源法等；环境保护方面的法律主要包括环境保护法、环境影响评价法、环境噪声污染防治法等。

8.刑法

刑法是规定犯罪和刑罚的法律，主要是《中华人民共和国刑法》。一些单行法律、法规的有关条款也可能规定刑法规范。

9.诉讼法

诉讼法（又称诉讼程序法），是有关各种诉讼活动的法律，其作用在于从程序上保证实体法的正确实施。诉讼法主要包括民事诉讼法、行政诉讼法、刑事诉讼法。

二、法的形式

根据《中华人民共和国宪法》和《中华人民共和国立法法》及其有关规定，我国法的形式主要包括：

1.宪法

当代中国法的渊源主要是以宪法为核心的各种制定法。宪法是每一个民主国家最根本的法的渊源，其法律地位和效力是最高的。我国的宪法是由我国的最高权力机关——全国人民代表大会制定和修改的，一切法律、行政法规和地方性法规都不得与宪法相抵触。

2.法律

法律是指全国人大及其常委会制定的规范性文件。法律的效力低于宪法，高于行政法规、地方性法规等。

3.行政法规

行政法规是指最高国家行政机关（国务院）制定的规范性文件，如《建设工程质量管理条例》、《建设工程安全生产管理条例》、《安全生产许可证条例》等。行政法规的效力低于宪法和法律。

4.地方性法规

地方性法规是指省、自治区、直辖市以及省、自治区人民政府所在地的市和经国务院批准的较大的市的人民代表大会及其常委会，在其法定权限内制定的法律规范性文件，如《江苏省建筑市场管理条例》、《北京市招标投标条例》等。地方性法规具有地方性，只在本辖区内有效，其效力低于法律和行政法规。

5.行政规章

行政规章是由国家行政机关制定的法律规范性文件，包括部门规章和地方政府规章。

部门规章是由国务院各部、委制定的法律规范性文件，如《工程建设项目施工招标投标办法》、《建筑业企业资质管理规定》、《危险性较大的分部分项工程安全管理办法》等。部门规章的效力低于法律、行政法规。

地方政府规章是由省、自治区、直辖市以及省、自治区人民政府所在地的市和国务院批准的较大的市的人民政府所制定的法律规范性文件。地方政府规章的效力低于法律、行政法规，低于同级或上级地方性法规。

6.最高人民法院司法解释规范性文件

最高人民法院对于法律的系统性解释文件和对法律适用的说明，对法院审判有约束力，具有法律规范的性质，在司法实践中具有重要的地位和作用。在民事领域，最高人民法院制定的司法解释文件有很多，例如《关于贯彻执行（中华人民共和国民法通则）若干问题的意见（试行）》、《关于审理建设工程施工合同纠纷案件适用法律问题的解释》等。

三、建筑法

《中华人民共和国建筑法》（以下简称《建筑法》）于1997年11月1日由中华人民共和国第八届全国人民代表大会常务委员会第二十八次会议通过，于1997年11月1曰发布，自1998年3月1日起施行，根据2011年4月22日第十一届全国人大常委会第20次会议《关于修改〈中华人民共和国建筑法〉的决定》进行修正，并于2011年7月1日起施行。

1.从业资格的规定

《建筑法》的立法目的在于加强对建筑活动的监督管理，维护建筑市场秩序，保证建筑工程的质量和安全，促进建筑业健康发展。从事建筑活动的专业技术人员，应当依法取得相应的执业资格证书，并在执业资格证书许可范围内从事建筑活动。

2.建筑工程承包的规定

建设工程的发包方式主要有两种：招标发包和直接发包。《建筑法》第19条规定："建筑工程依法实行招标发包，对不适用于招标发包的可以直接发包"。

建筑工程实行公开招标的，发包单位应当依照法定程序和方式，在具备相应资质条件的投标者中，择优选定中标者。建筑工程实行招标发包的，发包单位应当将建筑工程发包给依法中标的承包单位。建筑工程实行直接发包的，发包单位应当将建筑工程发包给具有相应资质条件的承包单位。

3.建筑工程监理的规定

建设工程监理是指工程监理单位接受建设单位的委托，代表建设单位进行项目管理的过程。根据《建筑法》的有关规定，建设单位与其委托的工程监理单位应当订立书面委托合同。工程监理单位应当根据建设单位的委托，客观、公正地执行监理业务。建设单位和工程监理单位之间是一种委托代理关系，适用《民法通则》有关代理的法律规定。

工程监理在本质上是项目管理，是代表建设单位而进行的项目管理。其内容包括三控制、三管理、一协调：即进度控制、质量控制、成本控制、安全管理、合同管理、信息管理和沟通协调。

但是由于监理单位是接受建设单位的委托代表建设单位进行项目管理的，其权限将取决于建设单位的授权。因此，其监理的内容也将不尽相同。因此，《建筑法》第33条规定："实施建筑工程监理前，建设单位应当将委托的工程监理单位、监理的内容及监理权限，书面通知被监理的建筑施工企业”。

4.关于工伤保险和意外伤害保险

《建筑法》2011 年修正实施的条款只有一条，现介绍如下：第四十八条建筑施工企业应当依法为职工参加工伤保险缴纳工伤保险费。鼓励企业为从事危险作业的职工办理意外伤害保险，支付保险费。

第 2 讲　建设工程质量法规

为了加强对建设工程质量的管理，保证建设工程质量，保护人民生命和财产安全，《中华人民共和国建筑法》（下称《建筑法》）对建设工程质量管理做出了规定，同时国务院根据《建筑法》的规定又制定了《建设工程质量管理条例》。另外，国家有关职能部门还先后出台了一系列保障建设工程质量安全的政策法规，如《房屋建筑工程和市政基础工程竣工验收暂行规定》、《房屋建筑工程和市政基础设施竣工验收备案管理暂行办法》、《房屋建筑工程质量保修办法》、《实施工程建设强制性标准监督规定》等。

《建设工程质量管理条例》第 2 条规定：“凡在中华人民共和国境内从事建设工程的新建、扩建、改建等有关活动及实施对建设工程质量监督管理的，必须遵守本条例。”

一、建设工程质量管理的基本制度

1.工程质量监督管理制度

建设工程质量必须实行政府监督管理。政府对工程质量的监督管理主要以保证工程使用安全和环境质量为主要目的，以法律、法规和强制性标准为依据，以地基基础、主体结构、环境质量和与此有关的工程建设各方主体的质量行为为主要内容，以施工许可制度和竣工验收备案制度为主要手段。

2.工程竣工验收备案制度

《建设工程质量管理条例》确立了建设工程竣工验收备案制度。该项制度是加强政府监督管理，防止不合格工程流向社会的一个重要手段。结合《建设工程质量管理条例》和《房屋建筑工程和市政基础设施工程竣工验收备案管理暂行办法》的有关规定，建设单位应当在工程竣工验收合格后的 15 天内到县级以上人民政府建设行政主管部门或其他有关部门备案。

3.工程质量事故报告制度

建设工程发生质量事故后，有关单位应当在 24 小时内向当地建设行政主管部门和其他有关部门报告。对重大质量事故，事故发生地的建设行政主管部门和其他有关部门应当按照事故类别和等级向当地人民政府和上级建设行政主管部门和其他有关部门报告。

4.工程质量检举、控告、投诉制度

《建筑法》与《建设工程质量管理条例》均明确，任何单位和个人对建设工程的质量事故、质量缺陷都有权检举、控告、投诉。工程质量检举、控告、投诉制度是为了更好地发挥群众监督和社会舆论监督的作用，是保证建设工程质量的一项有效措施。

二、建设单位的质量责任和义务

《建设工程质量管理条例》第二章明确了建设单位的质量责任和义务。

（1）建设单位应当将工程发包给具有相应资质等级的单位，不得将工程肢解发包。

（2）建设单位应当依法对工程建设项目的勘察、设计、施工、监理以及与工程建设有关的重要设备、材料等的采购进行招标。

（3）建设单位不得对承包单位的建设活动进行不合理干预。

（4）施工图设计文件未经审查批准的，建设单位不得使用。

（5）对必须实行监理的工程，建设单位应当委托具有相应资质等级的工程监理单位进行监理。

（6）建设单位在领取施工许可证或者开工报告之前，应当按照国家有关规定办理工程质量监督手续。

（7）涉及建筑主体和承重结构变动的装修工程，建设单位要有设计方案。

（8）建设单位应按照国家有关规定组织竣工验收，建设工程验收合格的，方可交付使用。

三、勘察设计单位的质量责任和义务

《建设工程质量管理条例》第三章明确了勘察、设计单位的质量责任和义务。

（1）勘察、设计单位应当依法取得相应资质等级的证书，并在其资质等级许可的范围内承揽工程，不得转包或违法分包所承揽的工程。

（2）勘察、设计单位必须按照工程建设强制性标准进行勘察、设计，注册执业人员应当在设计文件上签字，对设计文件负责。

（3）设计单位应当根据勘察成果文件进行建设工程设计。

（4）除有特殊要求的建筑材料、专用设备、工艺生产线等外，设计单位不得指定生产厂、供应商。

四、施工单位的质量责任和义务

《建设工程质量管理条例》第四章明确了施工单位的质量责任和义务。

（1）施工单位应当依法取得相应资质等级的证书，并在其资质等级许可的范围内承揽工程。

（2）施工单位不得转包或违法分包工程。

（3）总承包单位与分包单位对分包工程的质量承担连带责任。

（4）施工单位必须按照工程设计图纸和施工技术标准施工，不得擅自修改工程设计，不得偷工减料。

（5）施工单位必须按照工程设计要求、施工技术标准和合同约定，对建筑材料、建筑构配件、设备和商品混凝土进行检验，未经检验或检验不合格的，不得使用。

（6）施工人员对涉及结构安全的试块、试件以及有关材料，应在建设单位或工程监理单位监督下现场取样，并送具有相应资质等级的质量检测单位进行检测。

（7）建设工程实行质量保修制度，承包单位应履行保修义务。

五、工程监理企业的质量责任和义务

《建设工程质量管理条例》第五章明确了工程监理单位的质量责任和义务。

（1）工程监理企业应当依法取得相应资质等级的证书，并在其资质等级许可的范围内承担工程监理业务，不得转让工程监理业务。

（2）工程监理企业不得与被监理工程的施工承包单位以及建筑材料、建筑构配件和设备供应单位有隶属关系或者其他利害关系。

（3）工程监理企业应当依照法律、法规以及有关技术标准、设计文件和建设工程承包合同，代表建设单位对施工质量实施监理，并对施工质量承担监理责任。

六、建设工程质量保修

建设工程质量保修制度是指建设工程在办理竣工验收手续后，在规定的保修期限内，因勘察、设计、施工、材料等原因造成的质量缺陷，应当由施工承包单位负责维修、返工或更换，由责任单位负责赔偿损失。建设工程实行质量保修制度是落实建设工程质量责任的重要措施。《建筑法》、《建设工程质量管理条例》、《房屋建筑工程质量保修办法》对该工程质量保修做出了具体的规定。

七、建设工程质量的监督管理

1.工程质量监督管理部门

（1）建设行政主管部门及有关专业部门

1）我国实行国务院建设行政主管部门统一监督管理。

2）各专业部门按照国务院确定的职责分别对其管理范围内的专业工程进行监督管理。

3）县级以上人民政府建设行政主管部门在本行政区域内实行建设工程质量监

督管理，专业部门按其职责对本专业建设工程质量实行监督管理。

（2）国家发展与改革委员会

（3）工程质量监督机构

2.工程质量监督管理职责

（1）国务院建设行政主管部门的基本职责：国务院建设行政主管部门和国务院铁路、交通、水利等有关部门应当加强对有关建设工程质量的法律、法规和强制性标准执行情况的监督检查。

（2）县级以上地方人民政府建设行政主管部门的基本职责：县级以上地方人民政府建设行政主管部门和其他有关部门应当加强对有关建设工程质量的法律、法规和强制性标准执行情况的监督检查。

（3）工程质量监督机构的基本职责

1）办理建设单位工程建设项目报监手续，收取监督费；

2）依照国家有关法律、法规和工程建设强制性标准，对建设工程的地基基础、主体结构及相关的建筑材料、构配件、商品混凝土的质量进行检查；

3）对于被检查实体质量有关的工程建设参与各方主体的质量行为及工程质量文件进行检查，发现工程质量问题时，有权采取局部暂停施工等强制性措施，直到问题得到改正；

4）对建设单位组织的竣工验收程序实施监督，察看其验收程序是否合法，资料是否齐全，实体质量是否存有严重缺陷；

5）工程竣工后，应向委托的政府有关部门报送工程质量监督报告；

6）对需要实施行政处罚的，报告委托的政府部门进行行政处罚。

第3讲　建设工程安全生产法规

建设工程安全生产涉及的法律法规有：《中华人民共和国安全生产法》（以下简称《安全生产法》）、《建设工程安全生产管理条例》、《安全产生产许可证条例》、《建筑施工企业安全生产许可证管理规定》及《危险性较大的分部分项工程安全管理办法》等。

一、安全生产法

《中华人民共和国安全生产法》是为了加强安全生产工作，防止和减少生产安全事故，保障人民群众生命和财产安全，促进经济社会持续健康发展而制定的。由中华人民共和国第九届全国人民代表大会常务委员会第二十八次会议于2002年6月29日通过公布，自2002年11月1日起施行。

2014年8月31日第十二届全国人民代表大会常务委员会第十次会议通过全国

人民代表大会常务委员会关于修改《中华人民共和国安全生产法》的决定，自 2014 年 12 月 1 日起施行。

《安全生产法》的立法目的在于为了加强安全生产监督管理，防止和减少生产安全事故，保障人民群众生命和财产安全，促进经济发展。对生产经营单位的安全生产保障、从业人员的安全生产权利义务、安全生产的监督管理、生产安全事故的应急救援与调查处理、法律责任等主要方面做出了规定。

二、建设工程安全生产管理条例

《安全生产管理条例》的立法目的在于加强建设工程安全生产监督管理，保障人民群众生命和财产安全。《建筑法》和《安全生产法》是制定该条例的基本法律依据。《安全生产管理条例》分为 8 章，共包括 71 条，分别对建设单位、施工单位、工程监理单位以及勘察、设计和其他有关单位的安全责任做出了规定。

《建设工程安全生产管理条例》第 2 条规定："在中华人民共和国境内从事建设工程的新建、扩建、改建和拆除等有关活动及实施对建设工程安全生产的监督管理，必须遵守本条例。"本条例所称建设工程，是指土木工程、建筑工程、线路管道和设备安装工程及装修工程。

1.建设工程安全生产管理制度

（1）安全生产责任制度：安全生产责任制度是指将各种不同的安全责任落实到负责有安全管理责任的人员和具体岗位人员身上的一种制度。这种制度是建筑生产中最基本的安全管理制度，是所有安全规章制度的核心，是安全第一、预防为主方针的具体体现。

（2）群防群治制度：群防群治制度是职工群众进行预防和治理安全的一种制度。这一制度也是"安全第一、预防为主"的具体体现，同时也是群众路线在安全工作中的具体体现，是企业进行民主管理的重要内容。这一制度要求建筑企业职工在施工中应当遵守有关生产的法律、法规和建筑行业安全规章、规程，不得违章作业；对于危及生命安全和身体健康的行为有权提出批评、检举和控告。

（3）安全生产教育培训制度：安全生产教育培训制度是对广大建筑干部职工进行安全教育培训，提高安全意识，增加安全知识和技能的制度。安全生产，人人有责。只有通过对广大职工进行安全教育、培训，才能使广大职工真正认识到安全生产的重要性、必要性，才能使广大职工掌握更多更有效的安全生产的科学技术知识，牢固树立安全第一的思想，自觉遵守各项安全生产和规章制度。

（4）安全生产检查制度：安全生产检查制度是上级管理部门或企业自身对安全生产状况进行定期或不定期检查的制度。通过检查可以发现问题，查出隐患，从而采取有效措施，堵塞漏洞，把事故消灭在发生之前，做到防患于未然，是"预防为主"的具体体现。通过检查，还可总结出好的经验加以推广，为进一步搞好安全工作打下基础。安全检查制度是安全生产的保障。

（5）伤亡事故处理报告制度：施工中发生事故时，建筑企业应当采取紧急措施减少人员伤亡和事故损失，并按照国家有关规定及时向有关部门报告的制度。事故处理必须遵循一定的程序，做到三不放过（事故原因不清不放过、事故责任者和群众没有受到教育不放过，没有防范措施不放过）。通过对事故的严格处理，可以总结出教训，为制定规程、规章提供第一手素材，做到亡羊补牢。

（6）安全责任追究制度：建设单位、设计单位、施工单位、监理单位，由于没有履行职责造成人员伤亡和事故损失的，视情节给予相应处理；情节严重的，责令停业整顿，降低资质等级或吊销资质证书；构成犯罪的，依法追究刑事责任。

2.建设单位的安全责任

（1）向施工单位提供资料的责任：建设单位应当向施工单位提供施工现场及毗邻区域内供水、排水、供电、供气、供热、通信、广播电视等地下管线资料，气象和水文观测资料，相邻建筑物和构筑物、地下工程的有关资料，并保证资料的真实、准确、完整。

建设单位提供的资料将成为施工单位后续工作的主要参考依据。这些资料如果不真实、准确、完整，并因此导致了施工单位的损失，施工单位可以就此向建设单位要求赔偿。

（2）依法履行合同的责任：建设单位不得对勘察、设计、施工、工程监理等单位提出不符合建设工程安全生产法律、法规和强制性标准规定的要求，不得压缩合同约定的工期。

建设单位与勘察、设计、施丁、工程监理等单位都是完全平等的合同双方的关系，其对这些单位的要求必须要以合同为根据并不得触犯相关的法律、法规。

（3）提供安全生产费用的责任：《安全生产管理条例》第 8 条规定：“建设单位在编制工程概算时，应当确定建设工程安全咋业环境及安全施工措施所需费用。”

（4）不得推销劣质材料设备的责任：建设单位不得明示或者暗示施工单位购买、租赁、使用不符合安全施工要求的安全防护用具、机械设备、施工机具及配件、消防设施和器材。

（5）提供安全施工措施资料的责任：建设单位在申请领取施工许可证时，应当提供建设工程有关安全施工措施的资料。

依法批准开工报告的建设工程，建设单位应当自开工报告批准之日起 15 日内，将保证安全施工的措施报送建设工程所在地的县级以上地方人民政府建设行政主管部门或者其他有关部门备案。

（6）对拆除工程进行备案的责任：《安全生产管理条例》第 11 条规定，建设单位应当将拆除工程发包给具有相应资质等级的施工单位。

建设单位应当在拆除工程施工 15 日前，将下列资料报送建设工程所在地的县级以上地方人民政府建设行政主管部门或者其他有关部门备案：

①施工单位资质等级证明；

②拟拆除建筑物、构筑物及可能危及毗邻建筑的说明；

③拆除施工组织方案；

④堆放、清除废弃物的措施。

实施爆破作业的，应当遵守国家有关民用爆炸物品管理的规定。

3.工程监理单位的安全责任

（1）审查施工方案的责任：《建设工程安全生产管理条例》第 14 条第 1 款规定：工程监理单位应当审查施工组织设计中的安全技术措施或者专项施工方案是否符合工程建设强制性标准。

（2）安全生产的监理责任：工程监理单位和监理工程师应当按照法律、法规和工程建设强制性标准实施监理，并对建设工程安全生产承担监理责任。

《建设工程安全生产管理条例》第 14 条第 2 款规定：工程监理单位在实施监理过程中，发现存在安全事故隐患的，应当要求施工单位整改；情况严重的，应当要求施工单位暂时停止施工，并及时报告建设单位。施 1：单位拒不整改或者不停止施工的，工程监理单位应当及时向有关主管部门报告。

4.施工单位的安全责任

（1）总承包单位和分包单位的安全责任：《建设工程安全生产管理条例》第 24 条规定，建设工程实行施工总承包的、由总承包单位对施丁一现场的安全生产负总责。总承包单位应当自行完成建设工程主体结构的施工。

总承包单位依法将建设工程分包给其他单位的，分包合同中应当明确各自的安全生产方面的权利、义务。总承包单位和分包单位对分包工程的安全生产承担连带责任。分包单位应当接受总承包单位的安全生产管理，分包单位不服从管理导致生产安全事故的，由分包单位承担主要责任。

（2）施工单位安全生产责任制度：《建设工程安全生产管理条例》第 21 条规定，施工单位主要负责人依法对本单位的安全生产工作全面负责。施工单位应当建立健全安全生产责任制度和安全生产教育培训制度，制定安全生产规章制度和操作规程，保证本单位安全生产条件所需资金的投入，对所承担建设工程进行定期和专项安全检查，并做好安全检查记录。

施工单位的项目负责人应当由取得相应执业资格的人员担任，对建设工程项目的安全施工负责，落实安全生产责任制度、安全生产规章制度和操作规程，确保安全生产费用的有效使用，并根据工程的特点组织制定安全施工措施，消除安全事故隐患，及时、如实报告生产安全事故。

（3）施工单位安全生产基本保障措施：

1）安全生产费用应当专款专用。《建设工程安全生产管理条例》第 22 条规定，施工单位对列入建设工程概算的安全作业环境及安全施工措施所需费用，应当用于施工安全防护用具及设施的采购和更新、安全施工措施的落实、安全生产条件的改善，不得挪作他用。

2）安全生产管理机构及人员的设置。《建设工程安全生产管理条例》第 23 条规定，施工单位应当设立安全生产管理机构，配备专职安全生产管理人员。

专职安全生产管理人员负责对安全生产进行现场监督检查。发现安全事故隐患，应当及时向项目负责人和安全生产管理机构报告；对违章指挥、违章操作的，应当立即制止。

3）编制安全技术措施及专项施工方案的规定。《建设工程安全生产管理条例》第 26 条规定，施工单位应当在施工组织设计中编制安全技术措施和施工现场临时用电方案，对下列达到一定规模的危险性较大的分部分项工程编制专项施工方案，并附具安全验算结果，经施工单位技术负责人、总监理工程师签字后实施，由专职安全生产管理人员进行现场监督：

①基坑支护与降水工程；

②土方开挖工程；

③模板工程；

④起重吊装工程；

⑤脚手架工程；

⑥拆除、爆破工程；

⑦国务院建设行政主管部门或者其他有关部门规定的其他危险性较大的工程。

对上述工程中涉及深基坑、'地下暗挖工程、高大模板工程的专项施工方案，施工单位还应当组织专家进行论证、审查。

施工单位还应当根据施工阶段和周围环境及季节、气候的变化，在施工现场采取相应的安全施工措施。施工现场暂时停止施工的，施工单位应当做好现场防护，所需费用由责任方承担，或按照合同约定执行。

4）对安全施工技术要求的交底。《建设工程安全生产管理条例》第 27 条规定、建设工程施工前，施工单位负责项目管理的技术人员应当对有关安全施工的技术要求向施工作业班组、作业人员做出详细说明，并由双方签字确认。

5）危险部位安全警示标志的设置。《建设工程安全生产管理条例》第 28 条规定，施工单位应当在施工现场入口处、施工起重机械、临时用电设施、脚手架、出入通道口、楼梯口、电梯井口、孔洞口、桥梁口、隧道口、基坑边沿、爆破物及有害危险气体和液体存放处等危险部位，设置明显的安全警示标志。安全警示标志必须符合国家标准。

6）对施工现场生活区、作业环境的要求。《建设工程安全生产管理条例》第 29 条规定，施工单位应当将施工现场的办公、生活区与作业区分开设置，并保持安全距离；办公、生活区的选址应当符合安全性要求。职工的膳食、饮水、休息场所等应当符合卫生标准。施工单位不得在尚未竣工的建筑物内设置员工集体宿舍。

7）环境污染防护措施。《建设工程安全生产管理条例》第 30 条规定，施工单位因建设工程施工可能造成损害的毗邻建筑物、构筑物和地下管线等，应当采取专项保护措施。

施工单位应当遵守有关环境保护法律、法规的规定，在施工现场采取措施，防止或减少粉尘、废气、废水、同体废物、噪声、振动和施工照明对人和环境的危害和污染。

8）消防安全保障措施。消防安全是建设工程安全生产管理的重要组成部分，是施工单位现场安全生产管理的工作要点之一。《建设工程安全生产管理条例》第 31 条规定，施工单位应当在施工现场建立消防安全责任制度，确定消防安全责任人，制定用火、用电、使用易燃易爆材料等各项消防安全管理制度和操作规程，设置消防通道、消防水源，配备消防设施和灭火器材，并在施工现场入口处设置明显标志。

9）劳动安全管理规定。《建设工程安全生产管理条例》第 32 条规定，施工单位应当向作业人员提供安全防护用具和安全防护服装，并书面告知危险岗位的操作规程和违章操作的危害。

作业人员有权对施工现场的作业条件、作业程序和作业方式中存在的安全问题提出批评、检举和控告，有权拒绝违章指挥和强令冒险作业。

在施工中发生危及人身安全的紧急情况时，作业人员有权立即停止作业或者在采取必要的应急措施后撤离危险区域。

《建设工程安全生产管理条例》第 33 条规定，作业人员应当遵守安全施工的强制性标准、规章制度和操作规程，正确使用安全防护用具、机械设备等。

《建设工程安全生产管理条例》第 38 条规定，施工单位应当为施工现场从事危险作业的人员办理意外伤害保险。

意外伤害保险费由施工单位支付。实行施工总承包的，由总承包单位支付意外伤害保险费。意外伤害保险期限自建设工程开工之日起至竣工验收合格止。

10）安全防护用具及机械设备、施工机具的安全管理。《建设工程安全生产管理条例》第 34 条规定，施工单位采购、租赁的安全防护用具、机械设备、施工机具及配件，应当具有生产（制造）许可证、产品合格证，并在进入施工现场前进行查验。

施工现场的安全防护用具、机械设备、施工机具及配件必须由专人管理，定期进行检查、维修和保养，建立相应的资料档案，并按照国家有关规定及时报废。

《建设工程安全生产管理条例》第 35 条规定，施工单位在使用施工起重机械和整体提升脚手架、模板等自升式架设设施前，应当组织有关单位进行验收，也可以委托具有相应资质的检验检测机构进行验收；使用承租的机械设备和施工机具及配件的，由施工总承包单位、分包单位、出租单位和安装单位共同进行验收。验收合格的方可使用。

（4）安全教育培训制度

1）特种作业人员培训和持证上岗。《建设工程安全生产管理条例》第 25 条规定，垂直运输机械作业人员、安装拆卸工、爆破作业人员、起重信号工、登高架设作业人员等特种作业人员，必须按照国家有关规定经过专门的安全作业培训，并取得特种作业操作资格证书后，方可上岗作业。

2）安全管理人员和作业人员的安全教育培训和考核。《建设工程安全生产管理条例》第 36 条规定，施工单位的主要负责人、项目负责人、专职安全生产管理人员应当经建设行政主管部门或者其他有关部门考核合格后方可任职。

施工单位应当对管理人员和作业人员每年至少进行一次安全生产教育培训，

其教育培训情况记录进个人工作档案。安全生产教育培训考核不合格的人员，不得上岗。

3）作业人员进入新岗位、新工地或采用新技术时的上岗教育培训。《建设工程安全生产管理条例》第 37 条规定，作业人员进入新的岗位或者新的施工现场前，应当接受安全生产教育培训。未经教育培训或者教育培训考核不合格的人员，不得上岗作业。

施工单位在采用新技术、新工艺、新设备、新材料时，应当对作业人员进行相应的安全生产教育培训。

5.勘察、设计单位的安全责任

（1）勘察单位的安全责任：

1）勘察单位应当按照法律、法规和工程建设强制性标准进行勘察，提供的勘察文件应当真实、准确，满足建设工程安全生产的需要。

2）勘察单位在勘察作业时，应当严格按照操作规程，采取措施保证各类管线、设施和周边建筑物、构筑物的安全。

（2）设计单位的安全责任：

1）设计单位应当按照法律、法规和工程建设强制性标准进行设计，防止因设计不合理导致安全生产事故的发生。

2）设计单位应当考虑施工安全操作和防护的需要，对涉及施工安全的重点部位和环节在设计文件中注明，并对防范安全生产事故提出指导意见。

3）采用新结构、新材料、新工艺的建设工程和特殊结构的建设工程，设计单位应当在设计中提出保障施工作业人员安全和预防生产安全事故的措施建议。

4）设计单位和注册建筑师等注册执业人员应当对其设计负责。

6.建设工程相关单位的安全责任

（1）机械设备和配件供应单位的安全责任：《建设工程安全生产管理条例》第 15 条规定，为建设工程提供机械设备和配件的单位，应当按照安全施工的要求配备齐全有效的保险、限位等安全设施和装置。

（2）机械设备、施工机具和配件出租单位的安全责任：《建设工程安全生产管理条例》第 16 条规定，出租的机械设备和施工工具及配件，应当具有生产（制造）许可证，产品合格证。

出租单位应当对出租的机械设备和施工工具及配件的安全性能进行检测，在签订租赁协议时，应当出具检测合格证明。禁止出租检测不合格的机械设备和施工工具及配件。

（3）起重机械和自升式架设设施的安全管理：

1）在施工现场安装、拆卸施工起重机械和整体提升脚手架、模板等自升式架设设施，必须由具有相应资质的单位承担。

2）安装、拆卸施工起重机械和整体提升脚手架、模板等自升式架设设施，应当编制拆装方案、制定安全施工措施，并由专业技术人员现场监督。

3）施工起重机械和整体提升脚手架、模板等自升式架设设施安装完毕后，安装单位应当自检，出具自检合格证明，并向施工单位进行安全使用说明，办理验收手续并签字。

4）施工起重机械和整体提升脚手架、模板等自升式架设设施的使用达到国家规定的检验检测期限的，必须经具有专业资质的检验检测机构检测。经检测不合格的，不得继续使用。

5）检验检测机构对检测合格的施工起重机械和整体提升脚手架、模板等自升式架设设施，应当出具安全合格证明文件，并对检测结果负责。

三、安全生产许可证的管理规定

《安全生产许可证条例》第 2 条规定："国家对矿山企业、建筑施工企业和危险化学品、烟花爆竹、民用爆破器材生产企业（以下统称企业）实行安全生产许可制度。企业未取得安全生产许可证的，不得从事生产活动。"

《建筑施工企业安全生产许可证管理规定》第 2 条规定：国家对建筑施工企业实行安全生产许可制度；建筑施工企业未取得安全生产许可证的，不得从事建筑施工活动。

1.安全生产许可证的申请

建筑施工企业从事建筑施工活动前，应当依照《建筑施工企业安全生产许可证管理规定》向省级以上建设主管部门申请领取安全生产许可证。建筑施工企业申请安全生产许可证时，应当向建设主管部门提供下列材料：

（1）建筑施工企业安全生产许可证申请表；

（2）企业法人营业执照；

（3）与申请安全生产许可证应当具备的安全生产条件相关的文件、材料。

2.安全生产许可证的有效期

安全生产许可证的有效期为 3 年。安全生产许可证有效期满需要延期的，企业应当于期满前 3 个月向原安全生产许可证颁发管理机关申请办理延期手续。

3.安全生产许可证的变更与注销

建筑施工企业变更名称、地址、法定代表人等，应当在变更后 10 日内，到原安全生产许可证颁发管理机关办理安全生产许可证变更手续。

建筑施工企业破产、倒闭、撤销的，应当将安全生产许可证交回原安全生产许可证颁发管理机关予以注销。

第 4 讲 其他相关法律法规

一、招投标法

《中华人民共和国招标投标法》（以下简称《招标投标法》）的立法目的在于规范招标投标活动，保护国家利益、社会公共利益和招标投标活动当事人的合法权益，提高经济效益，保证项目质量。

依据《招标投标法》，我国陆续发布了一系列规范招标投标活动的部门规章，主要有《工程建设项目招标范围和规模标准规定》、《评标委员会和评标办法暂行规定》、《工程建设项目勘察设计招标投标办法》、《工程建设项目施工招标投标办法》、《工程建设项目货物招标投标办法》等。

1.招标投标活动的基本原则及适用范围

（1）招标投标活动的基本原则：《招标投标法》第 5 条规定："招标投标活动应当遵循公开、公平、公正和诚实信用的原则。"

（2）必须招标的项目范围和规模标准

1）必须招标的工程建设项目范围

根据《招标投标法》第 3 条规定，在中华人民共和国境内进行下列工程建设项目包括项目的勘察、设计、施工、监理以及与工程建设有关的重要设备、材料等的采购，必须进行招标：

①大型基础设施、公用事业等关系社会公共利益、公众安全的项目；

②全部或者部分使用国有资金投资或者国家融资的项目；

③使用国际组织或者外国政府贷款、援助资金的项目。

2）必须招标项目的规模标准

根据《工程建设项目招标范围和规模标准规定》的规定，上述各类工程建设项目包括项目的勘察、设计、施工、监理以及与工程建设有关的重要设备、材料等的采购，达到下列标准之一的，必须进行招标：

①施工单项合同估算价在 200 万元人民币以上的；

②重要设备、材料等货物的采购，单项合同估算价在 100 万元人民币以上的；

③勘察、设计、监理等服务的采购，单项合同估算价在 50 万元人民币以上的；

④单项合同估算价低于第 1、2、3 项规定的标准。但项目总投资额在 3000 万元人民币以上的。

3）可以不进行招标的工程建设项目

《工程建设项目施工招标投标办法》第 12 条的规定，工程建设项目有下列情形之一的，依法可以不进行施工招标：

①涉及国家安全、国家秘密或者抢险救灾而不适宜招标的；

②属于利用扶贫资金实行以工代赈需要使用农民工的；

③施工主要技术采用特定的专利或者专有技术的；

④施工企业自建自用的工程，且该施工企业资质等级符合工程要求的；

⑤在建工程追加的附属小型工程或者主体加层工程，原中标人仍具备承包能力的；

⑥法律、行政法规规定的其他情形。

2.招标程序

根据《招标投标法》和《工程建设项目施工招标投标办法》的规定，招标程序如下：

①成立招标组织，由招标人自行招标或委托招标；

②编制招标文件和标底（如果有）；

③发布招标公告或发出投标邀请书；

④对潜在投标人进行资质审查，并将审查结果通知各潜在投标人；

⑤发售招标文件；

⑥组织投标人踏勘现场，并对招标文件答疑；

⑦确定投标人编制投标文件所需要的合理时间；

⑧接受投标书；

⑨开标、评标；

⑩定标、签发中标通知书，签订合同。

3.投标的要求和程序

（1）投标的要求：《建筑法》规定：承包建筑工程的单位应当持有依法取得的资质证书，并在其资质等级许可的范围内承揽工程。禁止建筑施工企业超越本企业资质登记许可的业务范围或以任何形式用其他施工企业的名义承揽工程。

（2）投标程序

1）组织投标机构；

2）编制投标文件；

3）送达投标文件。

4.关于投标的禁止性规定

根据《招标投标法》第 32 条、第 33 条的规定，投标人不得实施以下不正当竞争行为：

1）投标人之间串通投标；

2）投标人与招标人之间串通招标投标；

3）投标人以行贿的手段谋取中标；

4）投标人以低于成本的报价竞标；

5）投标人以非法手段骗取中标。

二、合同法

1.合同法的调整范围

（1）合同法所称合同的含义：《中华人民共和国合同法》（以下简称《合同法》）

所称合同是指平等主体的自然人、法人、其他组织之间设立、变更、终止民事权利义务关系的协议。这里所说的民事权利义务关系，主要是指债权关系，即债权合同。

（2）不受合同法调整的合同类型：目前，部分合同虽称之为“合同（协议）”，但却不受合同法调整，主要有以下几类：

1）有关身份关系的合同。如婚姻合同（婚约）适用《婚姻法》、收养合同适用《收养法》等专门法。

2）有关政府行使行政管理权的行政合同。政府依法进行社会管理活动，属于行政管理关系，适用各行政管理法，不适用合同法。

3）劳动合同。在我国劳动者与用人单位之间的劳动合同适用《劳动法》、《劳动合同法》等专门法。

4）政府间协议。国家或者特别地区之间协议适用国际法，如国家之间各类条约、协定、议定书等。

2.合同法的基本原则

《合同法》的基本原则包括：平等原则、自愿原则、公平原则、诚实信用原则、不得损害社会公共利益原则。

3.合同的形式

合同的形式指订立合同的当事人达成一致意思表示的表现形式。

《合同法》第 10 条规定：当事人订立合同，有书面形式、口头形式和其他形式。法律、行政法规规定采用书面形式的，应当采用书面形式；当事人约定采用书面形式的，应当采用书面形式。

《合同法》第 36 条规定，法律、行政法规规定或者当事人约定采用书面形式订立合同，当事人未采用书面形式但一方已经履行主要义务，对方接受的，该合同成立。

4.合同的要约与承诺

合同的订立要经过两个必要的程序，即要约与承诺。

（1）要约

1）要约的概念：要约是希望和他人订立合同的意思表示，该意思表示应当符合下列规定：

①内容具体确定；

②表明经受要约人承诺，要约人即受该意思表示约束。

要约是一种法律行为。它表现为在规定的有效期限内，要约人要受到要约的约束。受要约人若按时和完全接受要约条款时，要约人负有与受要约人签订合同的义务。否则，要约人对由此造成受要约人的损失应承担法律责任。

2）要约邀请：《合同法》第 15 条规定：要约邀请是希望他人向自己发出要约的意思表示。寄送价目表、拍卖公告、招标公告、招股说明书、商业广告等为要约邀请。商业广告的内容符合要约规定的，视为要约。

3）要约生效：《合同法》第 16 条规定：“要约到达受约人时生效。采用数据电文形式订立合同，收件人指定特定系统接收数据电文的，该数据电文进入该特定系统的时间，视为到达时间；未指定特定系统的，该数据电文进入收件人的任何系统的首次时间，视为到达时间。”

4）要约撤回与要约撤销：要约的撤回，是指在要约发生法律效力之前，要约人使其不发生法律效力而取消要约的行为。《合同法》第17条规定：“要约可以撤回。撤回要约的通知应当在要约到达受要约人之前或者与要约同时到达受要约人。”

要约的撤销，是指在要约发生法律效力之后，要约人使其丧失法律效力而取消要约的行为，《合同法》第18条规定：“要约可以撤销。撤销要约的通知应当在受要约人发出承诺通知之前到达受要约人”

为了保护当事人的利益，有下列情形之一的，要约不得撤销：

①要约人确定了承诺期限或者以其他形式明示要约不可撤销；

②受要约人有理由认为要约是不可撤销的，并已经为履行合同作了准备工作。

5）要约失效：《合同法》第20条规定，有下列情形之一的，要约失效：

①拒绝要约的通知到达要约人；

②要约人依法撤销要约；

③承诺期限届满，受要约人未作出承诺；

④受要约人对要约的内容作出实质性变更。

（2）承诺

1）承诺的概念：承诺是受要约人同意要约的意思表示。

承诺也是一种法律行为。承诺必须是要约的相对人在要约有效期限内以明示的方式作出，并送达要约人；承诺必须是承诺人作出完全同意要约的条款，方为有效。如果受要约人对要约中的某些条款提出修改、补充、部分同意，附有条件或者另行提出新的条件，以及迟到送达的承诺，都不被视为有效的承诺，而被称为新要约。

2）承诺方式：《合同法》第22条规定：承诺应当以通知的方式作出，但根据交易习惯或者要约表明可以通过行为作出承诺的除外。

“通知”的方式，是指承诺人以口头形式或书面形式明确告知要约人完全接受要约内容作出的意思表示。“行为”的方式，是指承诺人依照交易习惯或者要约的条款能够为要约人确认承诺人接受要约内容作出的意思表示。

3）承诺期限：《合同法》第23条规定：承诺应当在要约确定的期限内到达要约人。要约没有确定承诺期限的，承诺应当依照下列规定到达：

①要约以对话方式作出的，应当即时作出承诺，但当事人另有约定的除外；

②要约以非对话方式作出的，承诺应当在合理期限到达。

要约以信件或者电报作出的，承诺期限自信件载明的日期或者电报交发之日开始计算。信件未载明日期的，自投寄该信件的邮戳日期开始计算。要约以电话，传真等快速通信方式作出的，承诺期限自要约到达受要约人时开始计算。

4）承诺生效：《合同法》第25条规定：承诺生效时合同成立。

承诺生效与合同成立是密不可分的法律事实。承诺生效，是指承诺发生法律效力，也即承诺对承诺人和要约人产生法律约束力。承诺人作出有效的承诺，在事实上合同已经成立，已经成立的合同对合同当事人双方具有约束力。

5）承诺撤回、超期和延误

①承诺撤回承诺的撤回，是指承诺人主观上欲阻止或者消灭承诺发生法律效力的意思表示。《合同法》第 27 条规定：“承诺可以撤回。撤回承诺的通知应当在承诺通知到达要约人之前或者与承诺通知同时到达要约人。”

②承诺超期承诺超期是指受要约人主观上超过承诺期限而发出的承诺。《合同法》第 28 条规定：“受要约人超过承诺期限发出承诺的，除要约人及时通知受要约人该承诺有效的以外，为新要约（承诺无效）。”

③承诺延误承诺延误是指受要约人发出的承诺由于外界原因而延迟到达要约人。《合同法》第 29 条规定：“受要约人在承诺期限内发出承诺，按照通常情形能够及时到达要约人，但因其他原因承诺到达要约人时超过承诺期限的，除要约人及时通知受要约人因承诺超过期限不接受该承诺的以外，该承诺有效。”

5.合同的一般条款

合同的一般条款，即合同的内容。《合同法》第 12 条规定，合同的内容由当事人约定，一般包括以下条款：

（1）当事人的名称或者姓名和住所；

（2）标的；

（3）数量；

（4）质量；

（5）价款或者报酬；

（6）履行期限、地点和方式；

（7）违约责任；

（8）解决争议的方法。当事人可以参照各类合同的示范文本订立合同。

6.合同的效力

合同生效需要具备一定的条件。这些条件的欠缺可能导致所订立的合同成为无效合同、效力待定合同或可变更、可撤销合同。

当事人可以约定合同生 f[的时间或条件。如果未满足所附条件的要求，即使具备了合同生效的要件，合同也不会生效。如果约定了终止的时间或条件，满足了该时间或条件的要求，也不因符合合同生效要件而继续有效，合同将终止。

（1）合同成立：合同成立是指当事人完成了签订合同过程，并就合同内容协商一致。合同成立不同于合同生效。合同生效是法律认可合同效力，强调合同内容合法性。因此，合同成立体现了当事人的意志，而合同生效体现国家意志。

1）合同成立的一般要件

①存在订约当事人；

②订约当事人对主要条款达成一致；

③经历要约与承诺两个阶段。

《合同法》第 13 条规定，“当事人订立合同，采取要约、承诺方式。”当事人就订立合同达成合意，一般应经过要约、承诺阶段。若只停留在要约阶段，合同根本未成立。

2）合同成立时间

确定合同成立时间，遵守如下规则：

①承诺生效时合同成立。

②当事人采用合同书形式订立合同的，自双方当事人签字或者盖章时合同成立。各方当事人签字或者盖章的时间不在同一时间的，最后一方签字或者盖章时合同成立。

③当事人采用信件、数据电文等形式订立合同的，可以在合同成立之前要求签订确认书。签订确认书时合同成立。此时，确认书具有最终正式承诺的意义。

2）合同成立地点

确定合同成立地点，遵守如下规则：

①承诺生效的地点为合同成立的地点。采用数据电文形式订立合同的，收件人的主营业地为合同成立的地点；没有主营业地的，其经常居住地为合同成立的地点。当事人另有约定的，按照其约定。

②当事人采用合同书形式订立合同的，双方当事人签字或者盖章的地点为合同成立的地点。

（2）合同生效：合同生效需要具备以下要件：

①订立合同的当事人必须具有相应民事权利能力和民事行为能力；

②意思表示真实；

③不违反法律、行政法规的强制性规定，不损害社会公共利益；

④具备法律所要求的行式。

《合同法》第44条规定：依法成立的合同，自成立时生效；法律、行政法规规定应当办理批准、登记等手续生效的，依照其规定。

7.合同的履行

合同履行是指合同当事人双方依据合同条款的规定，实现各自享有的权利，并承担各自负有的义务。合同的履行，就其实质来说，是合同当事人在合同生效后，全面地、适当地完成合同义务的行为。

合同当事人履行合同时，应遵循以下原则：

①全面、适当履行的原则；

②遵循诚实信用的原则；

③公平合理，促进合同履行的原则；

④当事人一方不得擅自变更合同的原则。

三、劳动法

《中华人民共和国劳动法》（以下简称《劳动法》）的立法目的在于保护劳动者的合法权益，调整劳动关系，建立和维护适应社会主义市场经济的劳动制度，促进经济发展和社会进步。

《劳动法》第 2 条规定：在中华人民共和国境内的企业、个体经济组织（以下统称用人单位）和与之形成劳动关系的劳动者，适用本法；国家机关、事业组织、社会团体和与之建立劳动合同关系的劳动者，依照本法执行。

1.劳动保护的规定

（1）劳动安全卫生：劳动安全卫生，又称劳动保护，是指直接保护劳动者在劳动中的安全和健康的法律保障。根据《劳动法》的有关规定，用人单位和劳动者应当遵守如下有关劳动安全卫生的法律规定：

①用人单位必须建立、健全劳动安全卫生制度，严格执行国家劳动安全卫生规程和标准，对劳动者进行劳动安全卫生教育，防止劳动过程中的事故，减少职业危害。

②劳动安全卫生设施必须符合国家规定的标准。新建、改建、扩建工程的劳动安全卫生设施必须与主体工程同时设计、同时施工、同时投入生产和使用。

③用人单位必须为劳动者提供符合国家规定的劳动安全卫生条件和必要的劳动防护用品，对从事有职业危害作业的劳动者应当定期进行健康检查。

④从事特种作业的劳动者必须经过专门培训并取得特种作业资格。

⑤劳动者在劳动过程中必须严格遵守安全操作规程。劳动者对用人单位管理人员违章指挥、强令冒险作业，有权拒绝执行；对危害生命安全和身体健康的行为，有权提出批评、检举和控告。

（2）女职工和未成年工特殊保护

1）女职工的特殊保护：根据我国《劳动法》的有关规定，对女职工的特殊保护规定主要包括：

①禁止安排女职工从事矿山井下、国家规定的第四级体力劳动强度的劳动和其他禁忌从事的劳动。

②不得安排女职工在经期从事高处、低温、冷水作业和国家规定的第二级体力劳动强度的劳动。

③不得安排女职工在怀孕期间从事国家规定的第三级体力劳动强度的劳动和孕朗禁忌从事的劳动。对怀孕 7 个月以上的女职工，不得安排其延长工作时间和夜班劳动。

④女职工生育享受不少于 90 天的产假。

⑤不得安排女职 T 在哺乳未满一周岁的婴儿期间从事国家规定的第三级体力劳动强度的劳动和哺乳期禁忌从事的其他劳动，不得安排其延长工作时间和夜班劳动。

2）未成年工特殊保护：所谓未成年工，是指年满 16 周岁未满 18 周岁的劳动者。根据我国《劳动法》的有关规定，对未成年工的特殊保护规定主要包括：

①不得安排未成年工从事矿山井下、有毒有害、国家规定的第四级体力劳动强度的劳动和其他禁忌从事的劳动。

②用人单位应当对未成年工定期进行健康检查。

2.劳动合同

（1）劳动合同的概念：劳动合同是指劳动者与用人单位确立劳动关系，明确双方权利和义务的书面协议。

我国《劳动法》对劳动合同作出了明确规定。为了完善劳动合同制度，明确劳动合同双方当事人的权利和义务，保护劳动者的合法权益，构建和发展和谐稳定的劳动关系，2007 年 6 月 29 日全国人大常务委员会通过了《中华人民共和国劳动合同法》（以下简称《劳动合同法》），2012 年 12 月 28 日又通过局部修订条款。

（2）劳动合同的类型：根据《劳动合同法》的规定，劳动合同分为同定期限劳动合同、无同定期限劳动合同和以完成一定工作任务为期限的劳动合同。

1）固定期限劳动合同：固定期限劳动合同，是指用人单位与劳动者约定合同终止时间的劳动合同。用人单位与劳动者协商一致，可以订立固定期限劳动合同。

2）无固定期限劳动合同：无固定期限劳动合同，是指用人单位与劳动者约定无确定终止时间的劳动合同。用人单位与劳动者协商一致，可以订立无固定期限劳动合同。

有下列情形之一，劳动者提出或者同意续订、订立劳动合同的，除劳动者提出订立固定期限劳动合同外，应当订立无固定期限劳动合同：

①劳动者在该用人单位连续工作满十年的；

②用人单位初次实行劳动合同制度或者国有企业改制重新订立劳动合同时，劳动者在该用人单位连续工作满十年且距法定退休年龄不足十年的；

③连续订立二次固定期限劳动合同，且劳动者没有本法第三十九条和第四十条第一项、第二项规定的情形，续订劳动合同的。

用人单位自用工之日起满一年不与劳动者订立书面劳动合同的，视为用人单位与劳动者已订立无固定期限劳动合同。

3）以完成一定工作任务为期限的劳动合同：以完成一定工作任务为期限的劳动合同，是指用人单位与劳动者约定以某项工作的完成为合同期限的劳动合同。用人单位与劳动者协商一致，可以订立以完成一定工作任务为期限的劳动合同。

（3）劳动合同的订立

1）劳动关系与劳动合同的确定：根据《劳动合同法》的有关规定，劳动关系与劳动合同的确定应符合以下规定：

①用人单位自用工之日起即与劳动者建立劳动关系。用人单位应当建立职工名册备查；

②建立劳动关系，应当订立书面劳动合同；

③已建立劳动关系，未同时订立书面劳动合同的，应当自用工之日起一个月内订立书面劳动合同；

④用人单位与劳动者在用工前订立劳动合同的，劳动关系自用工之日起建立。

2）劳动合同的内容：《劳动合同法》第十七条规定：劳动合同应当具备以下条款。

①用人单位的名称、住所和法定代表人或者主要负责人；

②劳动者的姓名、住址和居民身份证或者其他有效身份证件号码；

③劳动合同期限；

④工作内容和工作地点；

⑤工作时间和休息休假；

⑥劳动报酬；

⑦社会保险；

⑧劳动保护、劳动条件和职业危害防护；

⑨法律、法规规定应当纳入劳动合同的其他事项。

劳动合同除前款规定的必备条款外，用人单位与劳动者可以约定试用期、培训、保守秘密、补充保险和福利待遇等其他事项。

3）劳动合同的试用期

根据《劳动合同法》第 19 条规定，劳动合同的试用期应符合以下规定：

①劳动合同期限三个月以上不满一年的，试用期不得超过一个月；劳动合同期限一年以上不满三年的，试用期不得超过二个月；三年以上固定期限和无固定期限的劳动合同，试用期不得超过六个月。

②同一用人单位与同一劳动者只能约定一次试用期。

③以完成一定工作任务为期限的劳动合同或者劳动合同期限不满三个月的，不得约定试用期。

④试用期包含在劳动合同期限内。劳动合同仅约定试用期的，试用期不成立，该期限为劳动合同期限。

劳动者在试用期的工资不得低于本单位相同岗位最低档工资或者劳动合同约定工资的百分之八十，并不得低于用人单位所在地的最低工资标准。

3.劳动争议的处理

劳动争议，又称劳动纠纷，是指劳动关系当事人之间关于劳动权利和义务的争议。我国《劳动法》第 77 条明确规定："用人单位与劳动者发生劳动争议，当事人可以依法申请调解、仲裁、提起诉讼，也可以协商解决。"2008 年 5 月 1 日开始施行的《中华人民共和国劳动争议调解仲裁法》（以下简称《劳动争议调解仲裁法》）第 5 条进一步规定，"发生劳动争议，当事人不愿协商、协商不成或者达成和解协议后不履行的，可以向调解组织申请调解；不愿调解、调解不成或者达成调解协议后不履行的，可以向劳动争议仲裁委员会申请仲裁；对仲裁裁决不服的，除本法另有规定的外，可以向人民法院提起诉讼。"

（1）协商：劳动争议发生后，当事人首先应当协商解决。协商是一种简便易行、最有效、最经济的方法，能及时解决争议，消除分歧，提高办事效率，节省费用。协商一致的，当事人可以形戍和解协议，但和解协议不具有强制执行力，需要当事人自觉履行。

根据《劳动争议调解仲裁法》第 4 条的规定，"发生劳动争议，劳动者可以与用人单位协商，也可以请工会或者第三方共同与用人单位协商，达成和解协议。”

（2）调解：劳动争议发生后，当事人可以向本单位劳动争议调解委员会申请调解。经调解达成协议的，由劳动争议调解委会制作调解书。调解协议书由双方当事人签名或者盖章，经调解员签名并加盖调解组织印章后生效，对双方当事人具有约束力，当事人应当履行。

《劳动法》第 80 条规定：在用人单位内，可以设立劳动争议调解委员会。劳动争议调解委员会由职工代表、用人单位代表和工会代表组成。劳动争议调解委员会主任由工会代表担任。

（3）仲裁

劳动争议发生后，当事人任何一方都可以直接向劳动争议仲裁委员会申请仲裁。当事人申请劳动争议仲裁，应当在法律规定的仲裁时效内提出。

《劳动法》第 82 条规定：提出仲裁要求的一方应当自劳动争议发生之日起 60 日内向劳动争议仲裁委员会提出书面申请。仲裁裁决一般应在收到仲裁申请的 60 日内作出。对仲裁裁决无异议的，当事人必须履行。

《劳动法》第 83 条规定：当事人对仲裁裁决不服的，可自收到仲裁裁决书之日起 15 日内向人民法院提起诉讼。一方当事人在法定期限内不起诉又不履行仲裁裁决的，另一方当事人可以申请人民法院强制执行。

第2部分

资料员岗位专业基础知识

第1单元　房屋建筑构造基本知识

第1讲　建筑物分类及等级划分

一、建筑物分类

用建筑材料构筑的空间和实体，供人们居住和进行各种活动的场所称为建筑物，如民用建筑、工业建筑等；为某种使用目的而建造的、人们一般不直接在其内部进行生产和生活活动的工程实体或附属建筑设施称为构筑物，如水池、水塔、支架、烟囱等。

建筑物分类的方法很多，大体可以从使用性质、结构类型、施工方法、建筑层数（高度）、承重方式及建筑工程等级等几个方面进行区分。

1.按使用性质分

（1）民用建筑：不以生产为目的，专门提供人们居住生活（住宅、宿舍、别墅等）和公共活动（办公楼、影剧院、医院、体育场馆、商场等）的建筑。

（2）工业建筑：以生产为主要目的，包括生产车间、仓储用房、动力设施用房等的建筑物。

（3）农业建筑：以农业生产为主要目的，包括饲养、种植等生产用房和机械、种子等储存用房。由于农业建筑的构造方法与民用建筑、工业建筑的构造基本一样，故本书不再另行介绍。

2.按特点分

民用建筑还可以按建造和使用特点进行分类。

（1）大量性民用建筑：大量性民用建筑包括一般的居住建筑和小型公共建筑，如住宅、托儿所、幼儿园、商场及中小学校教学楼等。其特点是与人们日常生活密切相关，而且建造量大、类型多，一般多采用标准设计（一图多用）。

（2）大型性民用建筑：这类建筑多建造于大中城市，均为比较重要的公共建筑，如大型机场、火车站、会堂、纪念馆、博物馆、购物中心、大型办公楼等。这类建筑建筑面积大、功能复杂、形状特殊、建筑艺术要求也比较高，往往会形成地标性的建筑。此类建筑均需要单独设计。

3.按结构类型分

结构类型指的是房屋承重构件的类型，主要依据其选材和传力方式的不同而区分。目前大体分为以下几种类型：

（1）砖木结构：这类房屋的主要承重构件采用砖石、木材做成。其中竖向承重构件的墙体、柱子采用砖石砌筑，水平承重构件的楼板、屋架则采用木材。这类房屋的建造量少，层数多在 3 层左右，主要用于别墅建筑中。

（2）砌体结构：这类房屋竖向承重构件的墙体、柱子采用各种类型的砌体材料（如烧结普通砖、烧结多孔砖、蒸压灰砂砖、蒸压粉煤灰砖、砌块、石材）通过砌筑砂浆砌筑而成，水平承重构件的楼板、屋顶板则采用钢筋混凝土浇筑（预制）而成。这类房屋的建造量大，高度也由于材料的改变而不同。例如，240mm 厚的实心砖墙体在 8 度抗震设防烈度地区的允许建造高度，在设计基本地震加速度为0.20g时为18m、6层，而设计基本地震加速度为0.3g 时只有15m、5 层；190 mm 的多孔砖在 8 度抗震设防烈度地区的允许建造高度，在设计基本地震加速度为 0.20g 时为 15 mm、5 层，而设计基本地震加速度为 0.3g 时只有12m、4 层。

（3）钢筋混凝土结构：这类房屋的竖向承重构件和水平承重构件均采用钢筋混凝土制作。钢筋混凝土结构的

类型很多，主要有钢筋混凝土框架结构、钢筋混凝土板墙结构、钢筋混凝土筒体结构、钢筋混凝土板柱结构等类型。建造高度和层数也由于选用材料的不同而改变。如钢筋混凝土框架结构在 8 度抗震设防烈度地区的允许建造高度，在设计基本地震加速度为 0.20g 时为 40m，而设计基本地震加速度为 0.30g 时为 35m；钢筋混凝土板墙结构在 8 度抗震设防烈度地区的允许建造高度，在设计基本地震加速度为 0.20g 时为 100m，而设计基本地震加速度为 0.30g 时为 80m。

（4）钢结构：这类房屋的主要承重构件均采用钢材制成，有钢框架结构、钢筒体结构、钢框架－钢支撑结构（剪力墙板）等类型。《高层民用建筑钢结构技术规程》（JGJ 99-2015）中指出：钢框架结构在 8 度抗震设防烈度地区的允许建造高度为 90m，钢筒体结构在 8 度抗震设防烈度地区的允许建造高度则为 260m。

（5）混合结构：这类房屋的主要承重构件则由钢材和钢筋混凝土两种材料组合而成，是高层建筑所特

有的一种结构，其类型有钢框架－混凝土剪力墙、钢框架－混凝土核心筒、钢框筒－混凝土核心筒等类型。《高层民用建筑钢结构技术规程》（JGJ 99-2015）中指出：钢框架－混凝土剪力墙结构在 8 度抗震设防烈度地区的允许建造高度为 100m，钢框筒－混凝土核心筒结构在 8 度抗震设防烈度地区的允许建造高度则为

150m。

4.按施工方法分

通常建筑物的施工方法有以下 4 种形式。

（1）装配式：除基础外，房屋地坪以上的主要承重构件，如墙体、楼板、楼梯、屋顶板、隔墙、门窗等均在加工厂制作成预制构（配）件，在施工现场进行吊装、焊接、安装和处理节点。这类房屋以大板建筑、砌块建筑为代表。

（2）现浇（现砌）式：这类房屋的主要承重构件均在施工现场用手工或机械浇筑和砌筑而成，它以滑升模板为代表。

（3）部分现浇、部分装配式：这类建筑的施工特点是内墙采用现场浇筑混凝土，而外墙及楼板、屋顶板、楼梯、隔墙等均采用预制构件。它是一种混合施工的方法，以大模建筑为代表。

（4）部分现砌、部分装配式：这类房屋的施工特点是墙体采用现场砌筑墙体，而楼板、屋顶板、楼梯均采用预制构件，门窗等均采用预制配件，这是一种既有现砌又有预制的施工方法。它以砌体结构为代表。

5.按建筑层数及高度分

房屋层数与高度两者密不可分，有的房屋以层数为准，如住宅；有的房屋以高度为准，如公共建筑。

建筑层数是房屋的实际层数，指层高在 2.2mm 以上的层数，层高在 2.2 mm 及以下的设备层、结构转换层和超高层建筑的安全避难层不计入建筑层数内。

坡屋顶的建筑高度是室外地坪至房屋檐口部分的垂直距离。平屋顶的建筑高度是室外地坪至房屋屋面面层的垂直距离。屋顶上的水箱间、电梯机房、排烟机房和楼梯出口等不计入建筑高度。

《建筑设计防火规范》（GB 50016-2014）中规定：9 层及 9 层以下的住宅建筑和建筑高度在 24m 及 24m 以下的公共建筑为多层建筑；10 层及 10 层以上的住宅建筑和建筑高度在 24m 以上的公共建筑为高层建筑。

《民用建筑设计通则》（GB 50352-2005）中规定：1～4 层的住宅为低层住宅；4～7 层的住宅为多层住宅；7～10 层的住宅为中高层住宅；10 层及 10 层以上的住宅为高层住宅。该规范还规定建筑高度超过 100 m 的民用建筑为超高层建筑。

《高层建筑混凝土结构技术规程》（JGJ 3-2010）中规定：10 层及 10 层以上或房屋高度超过 28m 的住宅建筑以及房屋高度大于 24m 的其他民用建筑为高层建筑。高层建筑按使用性质、火灾危险性、疏散和扑救难度又可以分为一类高层建筑和二类高层建筑（表 2－1）。

6.按承重方式分

通常房屋的承重方式有以下 3 种。

（1）墙承重式：用墙体支承楼板及屋顶板，并承受上部传来的荷载，如砌体结构。

（2）骨架承重式：用柱、梁、板组成的骨架承重，墙体只起围护和分隔作用，如框架结构。

（3）空间结构：采用空间网架、悬索、各种类型的壳体承受屋面水平荷载，墙柱承受竖直荷载的结构为空间结构，如体育馆、展览馆等建筑。

表2－1　高层建筑分类

名称	一类	二类
居住建筑	十九层及十九层以上的住宅	十层至十八层的住宅
公共建筑	(1)医院； (2)高级旅馆； (3)建筑高度超过50 m或24 m以上部分的任一楼层的建筑面积超过1000 m^2 的商业楼、展览馆、综合楼、电信楼、财贸金融楼； (4)建筑高度超过50 m或24 m以上部分的任一楼层的建筑面积超过1500 m^2 的商住楼； (5)中央级和省级(含计划单列市)广播电视楼； (6)局级和省级(含计划单列市)电力调度楼； (7)省级(含计划单列市)邮政楼、防灾指挥调度楼； (8)藏书超过100万册的图书馆、书库； (9)重要的办公楼、科研楼、档案楼； (10)建筑高度超过50 m的教学楼和普通的旅馆、办公楼、科研楼、档案楼等	(1)除一类建筑以外的商业楼、展览楼、综合楼、电信楼、财贸金融楼、商住楼、图书馆、书库； (2)省级以下的邮政楼、防灾指挥调度楼、广播电视楼、电力调度楼； (3)建筑高度不超过50 m的教学楼和普通的旅馆、办公楼、科研楼、档案楼等

二、建筑物的划分等级

1.耐久等级

建筑物耐久等级的指标是设计使用年限。建筑物的设计使用年限，系指不需要进行结构大修和更换结构构件可正常使用的年限。设计使用年限的长短是依据建筑物的性质决定的。影响建筑寿命长短的主要因素是结构构件的选材和结构体系。

《民用建筑设计通则》（GB 50352-2005）中对建筑物的设计使用年限的规定见表2－2。

表2－2　设计使用年限分类

类别	设计使用年限/年	示例
1	5	临时性建筑
2	25	易于替换结构构件的建筑
3	50	普通建筑和构筑物
4	100	纪念性建筑和特别重要的建筑

2.建筑物的耐火等级

建筑物的耐火等级是根据建筑物构件的燃烧性能和耐火极限确定的。共分为4级，各级建筑物所用构件的燃烧性能和耐火极限，不应低于规定的级别和限额（表2—3）。

表2—3 建筑物构件的燃烧性能和耐火极限

构件名称		不同耐火等级下的燃烧性能与耐火极限/h			
		一级	二级	三级	四级
墙	防火墙	非燃烧体 4.00	非燃烧体 4.00	非燃烧体 4.00	非燃烧体 4.00
	承重墙、楼梯间、电梯井的墙	非燃烧体 3.00	非燃烧体 2.50	非燃烧体 2.50	非燃烧体 0.50
	非承重外墙、疏散走道两侧的隔墙	非燃烧体 1.00	非燃烧体 1.00	非燃烧体 0.50	非燃烧体 0.25
	房间隔墙	非燃烧体 0.75	非燃烧体 0.50	难燃烧体 0.50	非燃烧体 0.25
柱	支承多层的柱	非燃烧体 3.00	非燃烧体 2.50	非燃烧体 2.50	非燃烧体 0.50
	支承单层的柱	非燃烧体 2.50	非燃烧体 2.00	非燃烧体 2.00	燃烧体
梁		非燃烧体 2.00	非燃烧体 1.50	非燃烧体 1.00	难燃烧体 0.50
楼板		非燃烧体 1.50	非燃烧体 1.00	非燃烧体 0.50	难燃烧体 0.25
屋顶承重构件		非燃烧体 1.50	非燃烧体 0.50	燃烧体	燃烧体
疏散楼梯		非燃烧体 1.50	非燃烧体 1.00	非燃烧体 1.00	燃烧体
吊顶（包括吊顶搁栅）		非燃烧体 0.25	非燃烧体 0.25	难燃烧体 0.15	燃烧体

注：引自《建筑设计防火规范》(GB 50016—2014)。

构件的耐火极限：对任一建筑构件按时间一温度标准曲线进行耐火试验，从受到火的作用时起，到失去支持能力（木结构）或完整性被破坏（砌体结构），或失去隔火作用（钢结构）时为止的这段时间，用小时表示。

构件的燃烧性能可分为3类，即：非燃烧体、难燃烧体、燃烧体。

（1）非燃烧体：用非燃烧材料做成的构件。非燃烧材料系指在空气中受到火烧或高温作用时不起火、不微燃、不炭化的材料，如金属材料和无机矿物材料。

（2）难燃烧体：用难燃烧材料做成的构件，或用燃烧材料做成而用非燃烧材料做保护层的构件，难燃烧材料系指在空气中受到火烧或高温作用时难起火、难燃烧、难碳化，当火源移走后燃烧或微燃立即停止的材料。如沥青混凝土，经过防火处理的木材等。

（3）燃烧体：用燃烧材料做成的构件。燃烧材料系指在空气中受到火烧或高温作用时立即起火或燃烧,且火源移走后仍继续燃烧或微燃的材料，如木材。

3.建筑物的工程等级

建筑物的工程等级是以其复杂程度为依据，共分 6 级，其具体特征详见表 2—4。

表 2—4 建筑物的工程等级

工程等级	工程主要特征	工程范围举例
特级	1. 列为国家重点项目或以国际性活动为主的特高级大型公共建筑 2. 有全国性历史意义或技术要求特别复杂的中小型公共建筑 3. 30 层以上建筑 4. 高大空间有声、光等特殊要求的建筑物	国宾馆、国家大会堂、国际会议中心、国际体育中心、国际贸易中心、国际大型航空港、国际综合俱乐部、重要历史纪念建筑、国家级图书馆、博物馆、美术馆、剧院、音乐厅、三级以上人物等
一级	1. 高级大型公共建筑 2. 有地区性历史意义或技术要求复杂的中、小型公共建筑 3. 16 层以上、29 层以下或超过 50m 高的公共建筑	高级宾馆、旅游宾馆、高级招待所、别墅、省级展览馆、博物馆、图书馆、科学实验研究楼（包括高等院校）、高级会堂、高级俱乐部、大于 300 床位医院、疗养院、医疗技术楼、大型门诊楼、大中型体育馆、室内游泳馆、室内滑冰馆、大城市火车站、航运站、候机楼、摄影棚、邮电通信楼、综合商业大楼、高级餐厅、四级人防、五级平战结合人防等
二级	1. 中高级、大中型公共建筑 2. 技术要求较高的中小型建筑 3. 16 层以上、29 层以下住宅	大专院校教学楼、档案楼、礼堂、电影院、部、省级机关办公楼，300 床位以下（不含 300 床位）医院，疗养院，地、市级图书馆，文化馆，少年宫，俱乐部，排演厅，报告厅，风雨操场，大中城市汽车客运站，中等城市火车站，邮电局，多层综合商场，风味餐厅，高级小住宅等
三级	1. 中级、中型公共建筑 2. 7 层以上（含 7 层）、15 层以下有电梯的住宅或框架结构的建筑	重点中学、中等专业学校、教学楼、实验楼、电教楼、社会旅馆、饭馆、招待所、浴室、邮电所、门诊所、百货楼、托儿所、幼儿园、综合服务楼、1~2 层商场、多层食堂、小型车站等
四级	1. 一般中小型公共建筑 2. 7 层以下无电梯的住宅、宿舍及砌体建筑	一般办公楼、中小学教学楼、单层食堂、单层汽车库、消防车库、消防站、蔬菜门市部、楼站、杂货店、阅览室、理发室、水冲式公共厕所等
五级	1～2 层单功能、一般小跨度结构建筑	1～2 层单功能、一般小跨度结构建筑

第 2 讲 建筑物的构造组成

一、民用建筑的组成

建筑物的基本功能主要有两个，即承载功能和围护功能。建筑物要承受作用在它上面的各种荷载，包括建筑物的自重、人和家具设备等使用荷载、雪荷载、风荷载、地震作用等，这是建筑物的承载功能；为了给在建筑物中从事各种生产、生活活动的人们提供一个舒适、方便、安全的空间环境，避免或减少各种自然气候条件和各种人为因素的不利影响，建筑物还应具有良好的保温、隔热、防水、防潮、隔声、防火的功能，这是建筑物的围护功能。针对建筑物的承载和围护两大基本功能，建筑物的系统组成也就相应形成了建筑承载系统和建筑围护系统两大组成部分。建筑承载系统是由基础、墙体结构、柱、楼板结构层、屋顶结构层、楼梯结构构件等组成的一个空间整体结构，用以承受作用在建筑物上的全部荷载，满足承载功能；建筑围护系统则主要通过各种非结构的构造做法，建筑物的内、外装修以及门窗的设置等，应形成一个有机的整体，用以承受各种自然气候条件和各种人为因素的作用，满足保温、隔热、防水、防潮、隔声、防火等围护功能。

一般民用建筑由基础、墙或柱、楼地面、楼梯、屋顶、门窗等构配件组成，如图 2－1 所示。

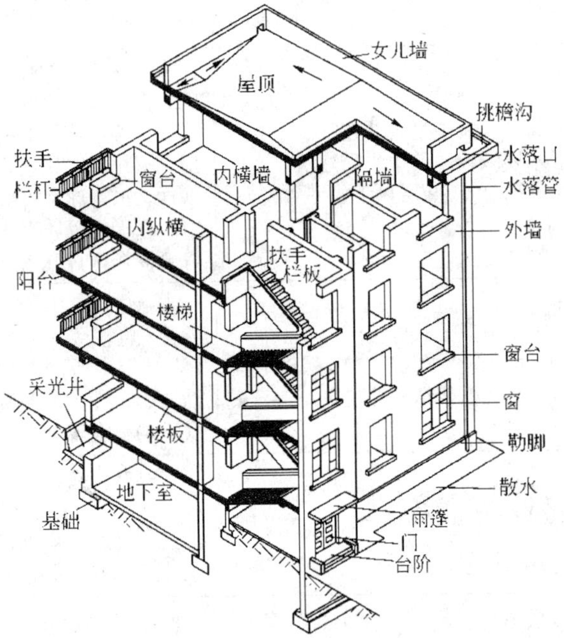

图 2－1　房屋的构造组成

（1）基础：基础是建筑物底部埋在自然地面以下的部分，承受建筑物的全部荷载，并把荷载传给下面的土层——地基。

基础应该坚固、稳定、耐水、耐腐蚀、耐冰冻，不应早于地面以上部分先遭受破坏。

（2）墙和柱：对于墙承重结构的建筑而言，墙承受屋顶和楼地层传给它的荷载，并把这些荷载连同自重传给基础；同时，外墙也是建筑物的围护构件，抵御风、雨、雪、温差变化等对室内的影响，内墙是建筑物的分隔构件，把建筑物的内部空间分隔成若干相互独立的空间，避免使用时的互相干扰。

柱是框架或排架结构的主要承重构件，和承重墙一样，承受屋顶和楼板及吊车传来的荷载，它必须具有足够的强度和刚度。当建筑物采用柱作为垂直承重构件时，墙填充在柱间，仅起围护和分隔作用。

墙和柱应坚固、稳定并耐火，墙还应自重轻，满足保温（隔热）、隔声等使用要求。

（3）楼地面：楼地面包括楼板和室内地坪。楼板是水平方向的承重结构，并用来分隔楼层之间的空间。它支承着人和家具、设备的荷载，并将这些荷载传递给墙或柱，它应有足够的强度和刚度及隔声、防火、防水、防潮等性能。室内地坪是指房屋底层的地坪，应具有均匀传力、防潮、耐磨、易清洁等性能。

（4）楼梯：楼梯是楼房建筑中联系上下各层的垂直交通设施，供人们上下楼层和紧急疏散时使用。

楼梯应坚固、安全，有足够的疏散能力。

（5）屋顶：屋顶是建筑物顶部的承重和围护部分，它承受作用在其上的风、雨、雪、人等的荷载并将荷载传给墙或柱，抵御各种自然因素（风、雨、雪、严寒、酷热等〉的影响；同时，屋顶形式对建筑物的整体形象起着很重要的作用。

屋顶应有足够的强度和刚度，并能防水、排水、保温（隔热）。屋顶的构造形式应与建筑物的整体形象相适应。

（6）门窗：门的主要作用是供人们进出和搬运家具、设备，在紧急时疏散用，有时兼起采光、通风作用。窗的作用主要是采光、通风和供人眺望。

门要求有足够的宽度和高度，窗应有足够的面积；据门窗所处的位置不同，有时还要求它们能防风沙、防火、保温、隔声。

除此以外，还有一些附属部分，如阳台、雨篷、台阶、烟囱等。组成房屋的各部分各自起着不同的作用，但归纳起来有两大类，即承重结构和围护构件。墙、柱、基础、楼板、屋顶等属于承重结构。墙、屋顶、门窗等属于围护构件。有些部分既是承重结构也是围护构件，如墙和屋顶。

二、工业建筑的组成

1.单层厂房的构造组成

（1）单层厂房的构造组成

单层厂房的骨架结构是由支承竖向和水平荷载作用的构件所组成。厂房依靠各种结构构件合理地连接为一体，组成一个完整的结构空间以保证厂房的坚固、耐久。我国广泛采用钢筋混凝土排架结构，其结构构件的组成如图2－2所示。

1）承重结构。

①横向排架由基础、柱、屋架组成，主要是承受厂房的各种荷载。

②纵向联系构件：由吊车梁、圈梁、连系梁、基础梁等组成，与横向排架构成骨架，保证厂房的整体性和稳定性。纵向构件主要承受作用在山墙上的风荷载及吊

车纵向制动力，并将这些力传递给柱子。

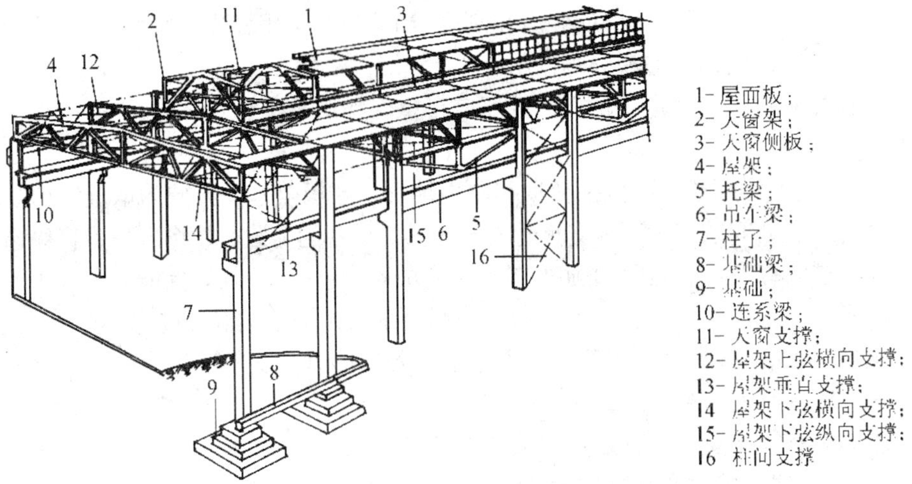

图 2—2 单层厂房构造组成

③支撑系统构件设置在屋架之间的称为屋架支撑；设置在纵向柱列之间的称为柱间支撑系统。支撑构件主要传递水平风荷载及吊车产生的水平荷载，保证厂房空间刚度和稳定性。

2）围护结构。

单层厂房的外围护结构包括外墙、屋顶、地面、门窗、天窗、地沟、散水、坡道、消防梯、吊车梯等。

（2）排架结构厂房

1）排架结构厂房是将厂房承重柱的柱顶与屋架或屋面梁作铰接连接，而柱下端则嵌固于基础中，构成平面排架，各平面排架再经纵向结构构件连接组成为一个空间结构。它是目前单层厂房中最基本、应用最普遍的结构形式。

2）钢架结构厂房

钢架结构的基本特点是柱和屋架（横梁）合并为同一个钢性构件。柱与基础的连接通常为铰接（也有作固接的）。钢筋混凝土钢架与钢筋混凝土排架相比，可节约钢材约 10%，节约混凝土约 20%。一般常采用预制装配式钢筋混凝土钢架或预应力混凝土钢架，也有选用钢架的。一般重型单层厂房多采用钢架结构。

钢筋混凝土钢架常用于跨度不大于 18m 厂房跨度（超过 18m 的数量不多），一般檐高不超过 10m，无吊车或吊重 10 t 以下的车间（图 2—3）。

图 2—3 钢架结构厂房

（a）门式钢架；（b）锯齿形钢架

3）空间结构厂房。

屋面为空间结构体系充分发挥了建筑材料的强度潜力和提高结构的稳定性，使结构由单向受力的平面结构成为多向受力的空间结构体系。一般常见的有折板结构、网格结构、薄壳结构、悬索结构等。

2.多层厂房的构成及特点

（1）多层厂房的特点

1）一般多层厂房的特点。与单层厂房相比，一般多层厂房具有以下特点。

①建筑物占地面积小。多层厂房不仅节约用地，而且还降低了基础和屋顶的工程量，缩短了厂区道路管线的长度，节约建设投资和维护管理费用。

②厂房进深较小。一般不需设天窗，屋面雨雪排除方便，屋顶构造简单，屋顶面积较小，有利于保温隔热、节省能源。

③交通运输面积大。由于多层厂房同时有水平方向和垂直方向的运输系统（如电梯间、楼梯间、坡道等）。交通运输的建筑面积和空间增大了。

④由于多层厂房在楼层上要布置设备，受梁板结构经济合理性的制约，厂房柱网尺寸较小，使得厂房的通用性具有相对的局限性。

⑤楼层上布置荷载大、设备大、振动大的工艺适应性差，且结构计算和构造处理复杂。

2）多层通用厂房的特点。多层通用厂房是专门为出租或出售而建造的，没有固定工艺要求的通用性强的多层厂房，也叫单元厂房（分单元租售）或工业大厦，多层通用厂房具有以下特点。

①有多种单元类型以满足不同厂家的需要，单元面积一般为 150～1500m^2。

②具有较大的柱距、跨度及层高，以利于生产工艺的灵活布置与改进。

③有明确的楼面、地面允许使用荷载。

④房内各单元留有水、电、气接口，并分户计量。

⑤各单元设有独立的厕浴等卫生措施。

⑥厂房仅做简单的内装修，厂家租购后做二次装修。

⑦厂房有完整的消防设施。

（2）多层厂房的适用范围

1）生产工艺垂直布置的企业。这类企业的原材料大部分为粒状和粉状的散料或液体。经一次提升（或升高）后，可利用原料的自重自上而下传送加工，直至产品成型，如面粉厂、造纸厂、啤酒厂、乳品厂和化工厂的某些生产车间。

2）设备、原料及产品重量较轻的企业〔楼面荷载小于 2t/m^2，单件垂直运输小于 3t。

生产上要求在不同层高上操作的企业，如化工厂的大型蒸馏塔、碳化塔等设备，高度比较大，生产又需在不同层高上进行。

3）生产工艺对生产环境有特殊要求的企业。由于多层厂房每层空间较小，容易解决生产所要求的特殊环境（如恒温恒湿、净化洁净、无尘无菌等）。如仪表、电子、医药及食品类企业。

4）建筑用地紧张或城建规划需要。

第 3 讲　室内环境要求及抗震

一、采光

由于我国国土面积庞大，各地光气候差别较大。为保证人们生活、工作或生产活动具有适宜的光环境，建筑物内部使用空间的天然光照度应满足使用、安全、舒适、美观等要求。国家标准中将我国划分为Ⅰ～Ⅴ个光气候区，采光设计时，各光气候区取不同的光气候系数 K，详见《建筑采光设计标准》（GB/T 50033-2013）的有关规定。

1.采光均匀度

采光均匀度为工作面上的最低采光系数与平均采光系数之比。顶部采光Ⅰ～Ⅳ级采光均匀度需在 0.7 以上，对顶部采光Ⅴ级和侧面采光无要求。

2.眩光

眩光是在视野中由于亮度的分布或范围不适宜，或存在极端的亮度对比，以致引起人们不舒适和降低物体可见度的视觉条件。眩光会影响人的注意力，增加视觉疲劳，降低视度，甚至丧失视力。采光设计中，减小窗户眩光的主要措施有：

①作业区应减少或避免直射阳光；

②工作人员的视觉背景不宜为窗口；

③降低窗户亮度或减少天空视域，可采用室内外遮阳设施；

④窗户结构的内表面或窗户周围的内墙面，宜采用浅色粉刷。

二、通风

建筑物室内的二氧化碳，各种异味，饮食操作的油烟气，建筑材料和装饰材料释放的有毒、有害气体等在室内积聚，形成了空气污染。室内空气污染物主要有甲醛、氨、氡、二氧化碳、二氧化硫、氮氧化物、可吸入颗粒物、挥发性有机物、细菌、苯等。这些污染导致人们患上各种慢性病，引起传染病传播，专家称这些慢性病为“建筑物综合征”或“建筑现代病”。这些病的普遍性和危害性，已引起世界各国对空气环境健康的关注。

为保证人们生活、工作或生产活动具有适宜的空气环境，采用自然或机械方法，对建筑物内部使用空间进行换气，使空气质量满足卫生、安全、舒适等要求。

三、建筑节能保温

严寒与寒冷地区的民用建筑为了保证冬季室内的气温、湿度、气流速度和室内热辐射在一定允许范围内，建筑围护结构内表面温度不低于室内露点温度，必须进行建筑保温设计。建筑保温就是减少由室内（高温）流向室外（低温）的热流。

建筑物自身（围护结构）的节能保温措施主要包括体形系数、建筑朝向、外围护结构（墙体、地面、屋面、门窗）的保温隔热性能、窗墙面积比以及外门窗的气密性、建筑物遮阳等。

1.建筑保温的综合处理措施

（1）控制体形系数：体形系数是指一栋建筑物的外表面积 F0 与其所包围的体积 V0 之比。如果建筑外表面凹凸过多，体形系数变大，则建筑物传热耗热量增大。

（2）合理布置建筑朝向：建筑应朝向正南，建筑立面应避开当地冬季主导风向。

（3）防止冷风渗透：冬季通过外围护结构缝隙的冷风渗透使建筑物热损失增大。应提高窗户密封性；建筑立面避开冬季主导风向；设置避风措施；利用地形、树木来挡风。

（4）合理选择窗墙面积比：窗墙面积比（窗墙比）是指窗洞口面积与房间立面单元墙面积之比。为了利用太阳能，南向窗墙比最大，北向窗墙比最小，东、西向窗墙比介于其间。

2.建筑围护结构保温设计

（1）最小传热阻：为了控制围护结构内表面温度不低于室内露点温度，保证内表面不结露，围护结构的传热阻不能小于某个最低限度值，这个最低限度称为“最小传热阻”。

（2）围护结构主体部位保温构造：

围护结构保温构造分两类：单一材料保温和复合材料保温。单一材料结构如空心板、空心砌块、加气混凝土等，既能承重，又能保温。复合保温结构由保温层和承重层复合而成。复合结构按保温层所处的位置可分为内保温（保温层在室内一侧）、外保温（保温层在室外一侧）和中间保温（保温层夹在中间）三种。外保温的优点较多，包括：

①减小热桥处的热损失；

②有利于防止保温层内部产生凝结水；

③房间的热稳定性好；

④降低墙或屋顶主要部分的温度应力起伏；

⑤有利于旧房节能改造。外保温是我国建筑节能的发展方向。

（3）围护结构特殊部位的保温设计：

1）窗户的保温：可以选用木材、塑料和塑钢窗框；使用断热金属窗框。寒冷地区，可采用多层窗；使用新型节能窗户，如低辐射玻璃窗窗、中空玻璃窗等。

2）热桥保温：热桥是热量容易通过的地方（如钢或钢筋混凝土骨架、圈梁、过梁、板材的肋部等），热桥处内表面温度低于主体。对热桥应进行内表面温度验算和保温处理。

3）其他异常部位保温：外墙角、外墙与内墙交角、楼地板或屋顶与外墙交角等应加强保温。靠近外墙 0.5～1.0m 宽的地面散热最大，因此，外墙周边地板采用局部保温措施。

四、建筑防热

我国南方地区，夏季气候炎热，高温持续时间长，太阳辐射强度大，相对湿度高。建筑物在强烈的太阳辐射和高温、高湿气候的共同作用下，通过围护构件将大量的热传入室内。室内生活和生产也产生大量的余热。这些从室外传入和室内自身的热量，使室内气候条件变化，引起过热，影响生活和生产（图 2—4）。

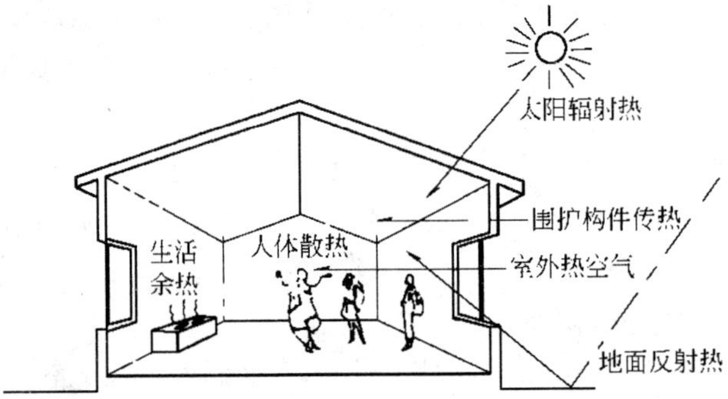

图 2—4 室内过热原因

建筑防热设计就是为了尽量减少传入室内的热量并使室内的热量尽快散出。防热设计宜根据当地气候特点，采用围护结构隔热、自然通风、窗户遮阳、绿化等综合措施。隔热就是减少由室外（高温）流向室内（低温）的热流。

夏季防热的建筑物应符合下列规定：

（1）建筑物的夏季防热应采取绿化环境、组织有效自然通风、外围护结构隔热和设置建筑遮阳等综合措施；

（2）建筑群的总体布局，建筑物的平面空间组织、剖面设计的门窗和设置，应有利于组织室内通风；

（3）建筑物的东、西向窗户，外墙和屋顶应采取有效的遮阳和隔热措施；

（4）建筑物的外围护结构，应进行夏季隔热设计，并应符合有关节能设计标准的规定。

五、隔声

噪声指由频率和强度都不同的各种声音杂乱地组合产生的声音。城市噪声来自交通噪声、工厂噪声、施工噪声和社会生活噪声。其中交通噪声的影响最大，范围最广。噪声的危害是多方面的。噪声可以使人听力衰退，严重的可导致噪声性耳聋；噪声会引起多种疾病，会影响人的正常生活，使劳动生产率降低等。利用噪声、吸声降噪和消声等技术措施可以有效地控制室内噪声。使用隔声墙或楼板等构件、隔声罩、隔声间、隔声幕等技术能降低噪声级 20～50 db。对于内部为清水砖墙或抹灰墙面以及水泥或水磨石地面等坚硬材料的房间，如在室内天花板或墙面上布置吸声材料或吸声结构，可使混响声减弱。这时，人们主要听到的是直达声，那种被噪声“包围”的感觉将明显减弱。这种利用吸声原理降低噪声的方法称为“吸声降噪”。吸声降噪只能降低混响声，而对直达声无效，因此，吸声降噪效果不大于 15 db。

在空调系统的管道中使用消声器，可以降低沿管道传播的风机噪声和控制气流噪声，使空调房间达到允许的噪声标准，这就是空调系统的消声设计。消声器分为阻性消声器（中高频消声）、抗性消声器（中高频消声）、阻抗复合消声器（宽频消声）和微穿孔板消声器（宽频消声）四类。消声器的选择应根据系统所需消声量的频谱特性来确定。此外，选用消声器还应考虑所处的环境。例如在潮湿或净化要求较高的环境中，就不宜采用以多孔吸声材料制作的消声器。

六、抗震

地震中建筑物的破坏是造成地震灾害的主要原因。建筑抗震设计的基本要求是要减轻建筑物在地震时的破坏避免人员伤亡、减少经济损失。建筑物的抗震性能是指建筑物抵御地震破坏的综合能力。为提高建筑物的抗震性能，可以从以下几方面着手。

（1）地基必须选好，土质坚实，地下水埋深较深，地震时地基不致开裂、塌陷或液化。在不宜建设的地基上建筑，必须首先做好地基处理。

（2）建筑物平、立面要力求整齐，高度不要超过规定，避免过于空旷，尽可能使开间小，隔墙多，以增加水平抗剪能力。如有特殊要求，必须事先采取措施。

（3）建筑材料要有足够的强度，联结部位或薄弱环节要加强，增加建筑物的整体性能，同时必须保证施工质量。

第 4 讲　地基与基础

一、地基

地基是基础下面承受荷载的那部分土体或岩体。当土层承受建筑物荷载作用后，土层在一定范围内产生附加应力和变形，该附加应力和变形随着深度的增加向周围土中扩散并逐渐减弱。所以，地基是有一定深度和范围的，只能将受建筑物影响在土层中产生附加应力和变形所不能忽略的那部分土层称为地基。地基按构成层次可划分为持力层和下卧层（如图 2－5 所示）。

（1）持力层：当地基由两层及两层以上土层组成时，通常将直接与基础底面接触的土层称为持力层。

（2）下卧层：在地基范围内持力层以下的土层称为下卧层（当下卧层的承载力低于持力层的承载力时，称为软弱下卧层）。

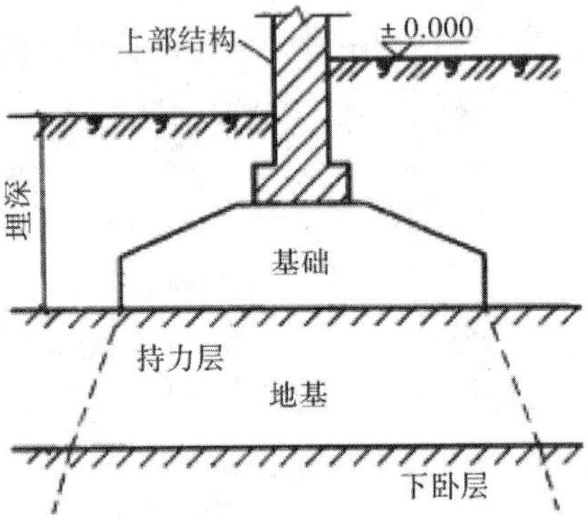

图 2－5　地基与基础示意图

二、基础

1.基础

基础是将结构所承受的各种作用传递到地基上的结构组成部分，它是建筑物的地面以下的组成部分。

2.基础埋深

基础埋深是指从室外设计地面到基础底面的垂直距离，如图 2－6 所示。

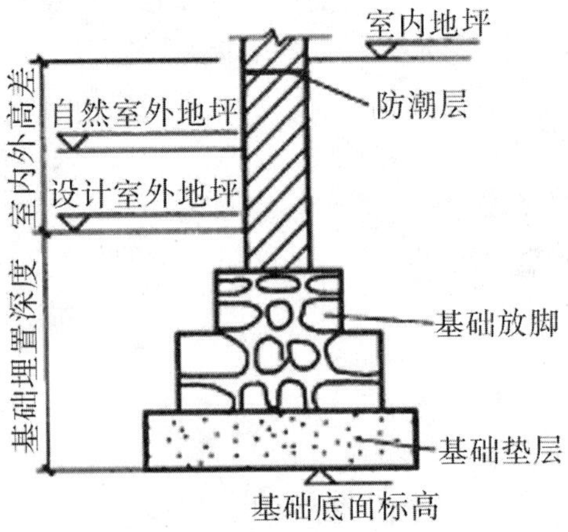

图 2－6　基础的埋深

室外地坪分为自然地坪和设计地坪，自然地坪是指施工建造场地的原有地坪，设计地坪是指按设计要求，工程竣工后室外场地经过挖填后的地坪。

在满足地基稳定和变形要求的前提下，基础宜浅埋，一般民用建筑的基础应优先考虑浅基础，除岩石地基外，基础埋深不宜小于 0.5m。否则，地基受到建筑物荷载作用后，四周土层可能因遭受挤压而变得松散，使基础失去稳定性。另外，基础容易受到地表面的各种侵蚀、雨水冲刷、机械破坏而导致基础暴露，从而影响建筑安全。

3.基础宽度

基础的宽度由工程设计计算决定。柔性基础底面的宽度不包括垫层的宽度。

4.大放脚

基础墙加大加厚的部分，用烧结砖、混凝土、灰土等刚性材料制作的基础均应做大放脚。

5.基础与地基的区别

基础是建筑物的组成部分，而地基不是建筑物的组成部分。基础将承受的上部结构的荷载传给地基。

三、地下室

1.地下室分类

地下室按使用功能分，分为普通地下室和防空地下室；按顶板标高分，分为半地下室（埋深为地下室净高的 1/3～1/2）和全地下室（埋深为地下室净高的 1/2 以上）；按结构材料分，分为砖混结构地下室和钢筋混凝土结构地下室。

2.地下室的组成

地下室由墙体、顶板、底板、门窗、楼（电）梯五大部分组成。

（1）墙体：地下室的外墙应按挡土墙设计，如用钢筋混凝土或素混凝土墙，应按计算确定，其最小厚度除应满足结构要求外，还应满足抗渗厚度的要求，其最小厚度不应低于 250mm，外墙应作防潮或防水处理。

（2）顶板：顶板可用预制板、现浇板，或者预制板上作现浇层（装配整体式楼板）。在无采暖的地下室顶板上，即首层地板处应设置保温层，以便首层房间使用舒适。

（3）底板：底板处于最高地下水位以上，并且无压力产生作用的可能时，可按一般地面工程处理；

如底板处于最高地下水位以下时，底板不仅承受上部垂直荷载，还承受地下水的浮力荷载，

因此应采用钢筋混凝土底板，并双层配筋，底板下垫层上还应设置防水层，以防渗漏。

（4）门窗：普通地下室的门窗与地上房间、门窗相同，地下室外窗如在室外地坪以下时，应设置采光井和防护篦，以便室内采光、通风和室外行走安全。防空

地下室一般不允许设窗，如需开窗，应设置暂时堵严措施。防空地下室的外门应按防空等级要求，设置相应的防护构造。

（5）楼（电）梯：楼（电）梯可与地面上房间结合设置，层高小或用作辅助房间的地下室可设置单跑楼梯，防空要求的地下室至少要设置两部楼梯通向地面的安全出口，并且必须有个是独立的安全出口；这个安全出口周围不得有较高建筑物，以防空袭倒塌时堵塞出口，影响疏散。

第 5 讲 墙体

一、墙体的作用

1.承重作用

墙体承受楼板、屋顶传来的竖向荷载，水平的风荷载、地震作用，还有墙体的自重，并传给下面的基础。

2.围护作用

墙体抵御自然界风、雪、雨的侵袭，防止太阳辐射和噪声的干扰，起到保温、隔热、隔声等作用。

3.分隔作用

墙体可以将空间分为室内和室外空间，也可以将室内分成若干个小空间或小房间。各使用空间相对独立，可以避免或减小相互之间的干扰。

4.装修作用

墙面装修是建筑装修的重要部分，对整个建筑物的装修效果影响很大。墙体的作用不一定是单一的，根据所处的位置可以兼有几种作用。

二、墙体的分类

墙体按所处位置可以分为外墙和内墙。墙体按布置方向又可以分为纵墙和横墙。另外，根据墙体与门窗的位置关系，平面上窗洞口间的墙体可以称为窗间墙，立面上窗洞口之间的墙体可以称为窗下墙。不同位置的墙体名称如图 2－7、图 2－8 所示。

按受力情况可以将墙体分为承重墙和非承重墙两种。承重墙直接承受楼板及屋顶传下来的荷载。在混合结构中，非承重墙可以分为自承重墙和隔墙。自承重墙仅承受自身重量，并把自重传给基础。隔墙则把自重传给楼板层或附加的小梁。

按照构造方式墙体可以分为实体墙、空体墙和组合墙二种。实体墙由单一材料组成，如砖墙、砌块墙等。空体墙也是由单一材料组成，可由单一材料砲成内部空腔，也可用具有孔洞的材料建造墙，如空斗砖墙、空心砌块墙等。组合墙由两种以上材料组合而成，例如混凝土、加气混凝土复合板材墙。其中混凝土起承重作用，加气混凝土起保温隔热作用。墙体构造形式如图 2—9 所示。

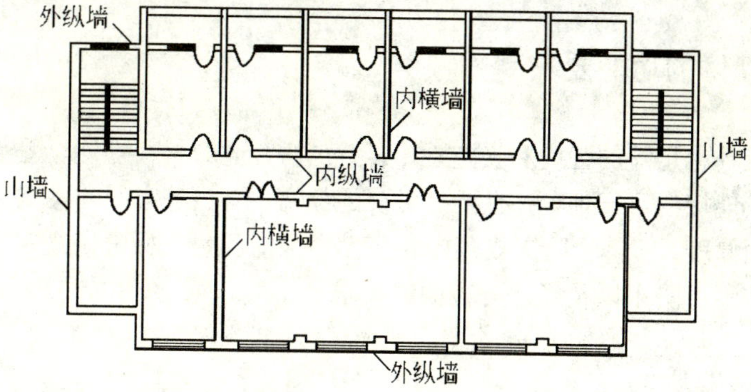

图 2—7　墙体按水平位置和方向分类

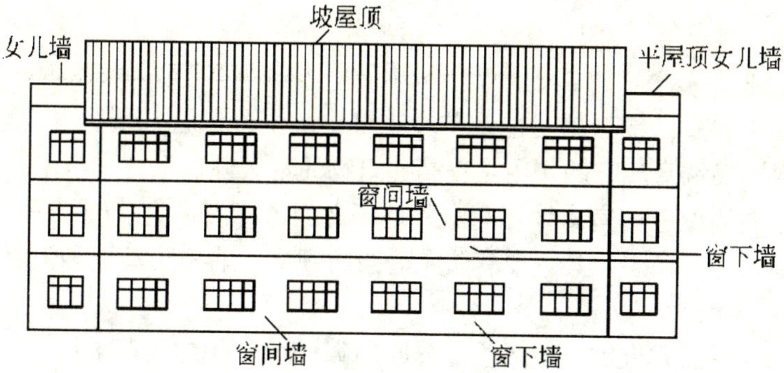

图 2—8　墙体按垂直位置分类

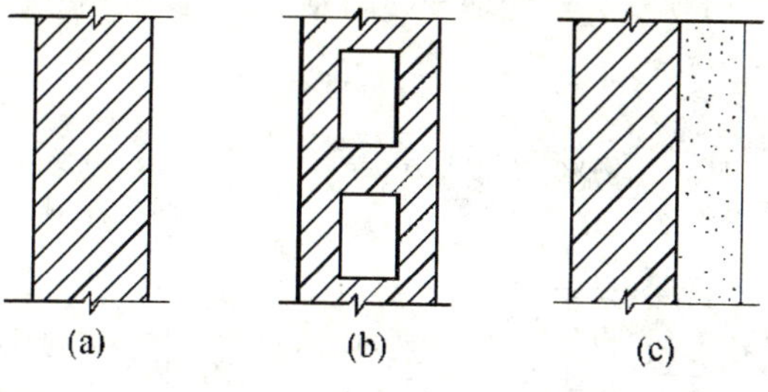

图 2—9　墙体构造形式

(a) 实体墙；(b) 空体墙；(c) 组合墙

按施工方法和构造可分为叠砌墙、板筑墙和装配式墙。叠砌墙包括实砌砖墙、空斗墙和砌块墙等，是各种材料制作的块材（如黏土砖、空心砖、灰砂砖、石块、小型破块等），用砂梁等股结材料破筑而成，也叫块材墙。板筑墙是在施工时，先在墙体部位竖立模板，然后在模板内夯筑或浇筑材料夯实而成的墙体。如夯土墙、灰砂土筑墙以及滑模、大模板施工的混凝土墙体等。装配式墙是在预制厂生产的墙体构件，运到施工现场进行机械安装的墙体，包括板材墙、组合墙等。装配式墙的特点是机械化程度高，施工速度快、工期短。

三、墙体的功能要求

墙体应具有足够的强度和稳定性，其中包括合适的材料性能、适当的截面形状和厚度以及连接的可靠性，并且要有必要的保温、隔热等方面的性能。墙体选用的材料及截面厚度，应符合防火规范中相应燃烧性能和耐火极限所规定的要求，并满足隔声、防潮、防水以及经济等方面的要求。

四、砖墙构造

墙身的细部构造一般指在墙身上的细部做法，其中包括防潮层、勒脚、散水、明沟、窗台、过梁等。

1.防潮层

在墙身中设置防潮层的目的是防止土壤中的水分沿基础墙上升及勒脚部位的地面水进入影响墙身。它的作用是提高建筑物的耐久性，保持室内干燥。

防潮层的高度应在室内地坪与室外地坪之间，标高多为 - 0.07～ - 0.06m，以地面垫层中部为最理想，其主要有防水砂浆防潮层、油毡防潮层和混凝土防潮层。

2.勒脚

外墙墙身下部靠近室外地坪的部分叫勒脚。勒脚的作用是防止地面水、屋檐滴下的雨水的侵蚀，从而保护墙面，保证室内干燥，提高建筑物的耐久性；同时，还有美化建筑外观的作用。勒脚经常采用抹水泥砂浆、水刷石或加大墙厚的办法做成。勒脚的高度一般为室内地坪与室外地坪的高差，也可以根据立面的需要而提高勒脚的高度尺寸（图 2—10）。

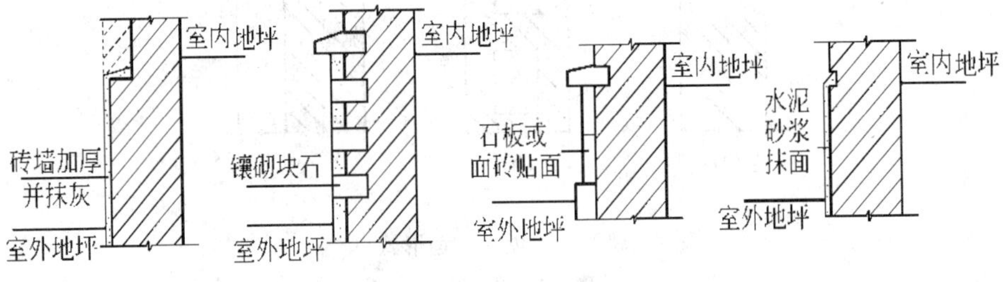

图 2—10　勒脚

3.散水与明沟

散水指的是靠近勒脚下部的排水坡；明沟是靠近勒脚下部设置的排水沟。它们的作用都是为了迅速排除从屋檐滴下的雨水，防止因积水渗入地基而造成建筑物的下沉。散水的宽度应稍大于屋檐的挑出尺寸，且不应小于 600mm。散水坡度一般在 5%左右，外缘高出室外地坪 20～50mm 较好。散水的常用材料为混凝土、砖、炉渣等（图 2－11）。当散水采用混凝土时，宜按 20～30m 间距设置伸缩缝。散水与外墙之间宜设缝，缝宽可为 20～30mm，缝内应填沥青类材料。

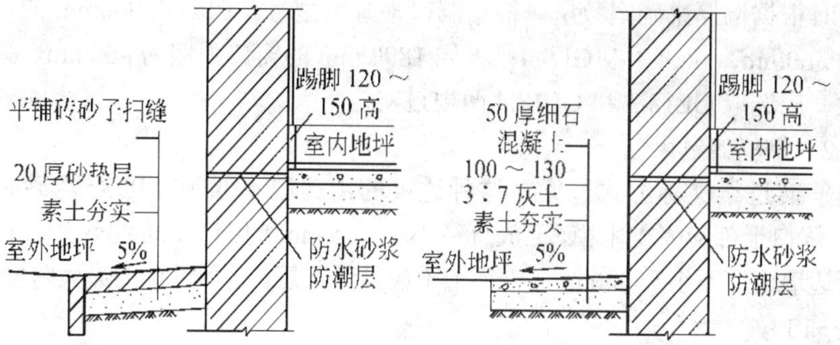

图 2－11　散水（单位：mm）

明沟是将积水通过明沟引向下水道，一般在年降雨量为 900mm 以上的地区才选用。沟宽一般在 200mm 左右，沟底应有 5%左右的纵坡。明沟的材料可以用砖、混凝土等。

4.窗台

窗洞口的下部应设置窗台。窗台根据窗子的安装位置可形成内窗台和外窗台。外窗台是为了防止在窗洞底部积水，并流向室内；内窗台则是为了排除窗上的凝结水，以保护室内墙面及存放东西、摆放花盆等。窗台高度一般取 900mm（窗台高度低于 800mm，住宅窗台低于 900mm 时，应采取防护措施）。窗台的净高或防护栏杆的高度均应从可踏面起算，以保证净高达到 900mm 的要求。窗台的底面檐口处，应做成锐角形或半圆凹槽（称为“滴水”），以便于排水，减少对墙面的污染。

5.过梁

为承受门窗洞口上部的荷载，并把它传到门窗两侧的墙上，以免门窗框被压坏或变形，所以在其上部要加设过梁。过梁上的荷载一般呈三角形分布，为计算方便，可以把三角形折算成 1/3 洞口宽度，过梁只承受其上部 1/3 洞口宽度的荷载，因而过梁的断面不大，梁内配筋也较少（图 2－12）。过梁一般分为钢筋混凝土过梁、砖砌平拱、钢筋砖过梁等几种。

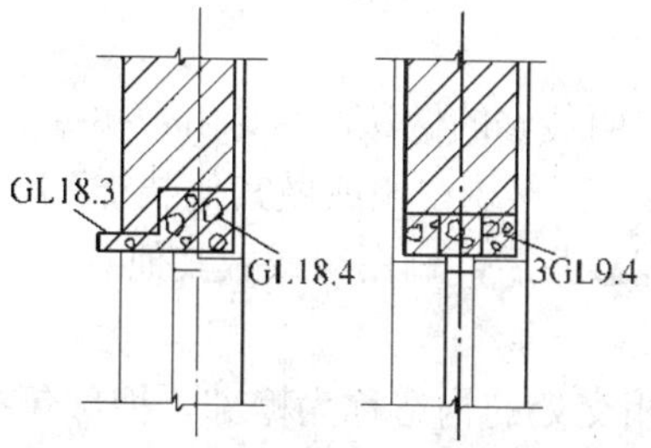

图 2－12　过梁

GL—过梁；18—洞口宽度；4—荷载等级和截面形式

（1）预制钢筋混凝土过梁

预制钢筋混凝土过梁是采用比较普遍的一种过梁。图 2－12 所列矩形截面的过梁主要用于内墙和外墙的里皮；小挑檐过梁和大挑檐过梁主要用于外墙的外侧。选用过梁时根据墙厚来确定数量，根据洞口来确定型号。例如宽 900mm 的门洞口，墙厚为 360mm，应选 3 根 GL9.4；再如 1800 mm 的窗口外墙为 360mm，采用大挑檐过梁，应选取 GL18.3 和 GL18.4 两根过梁。

（2）钢筋砖过梁

钢筋砖过梁又称苏式过梁。这种过梁的用砖应不低于 MU7.5，砂浆不低于 M12.5，洞口上部应先支木模，上放直径不小于 5 mm 的钢筋，间距不大于 120mm，伸入两边墙内应不小于 240mm。钢筋上下应抹砂浆层。这种过梁的最大跨度为 1.5 m（图 2－13）。

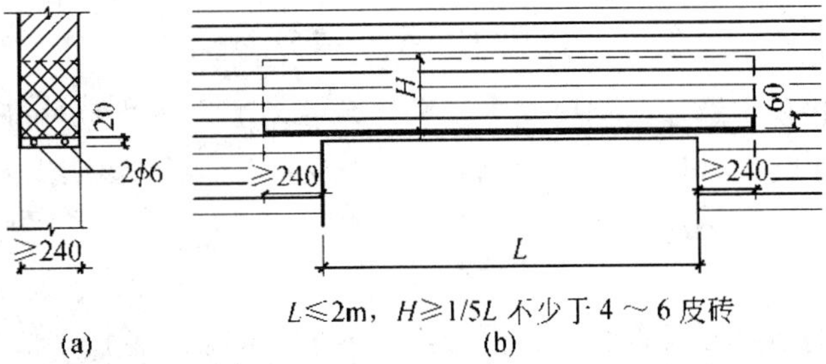

图 2－13 钢筋砖过梁

（3）砖砌平拱

这种过梁是采用竖砌的砖作为拱券。这种券是水平的，故称平拱。砖应不低于 MU7.5，砂浆不低于 M2.5。这种平拱的最大跨度为 1.2m（ 图 2－14）。

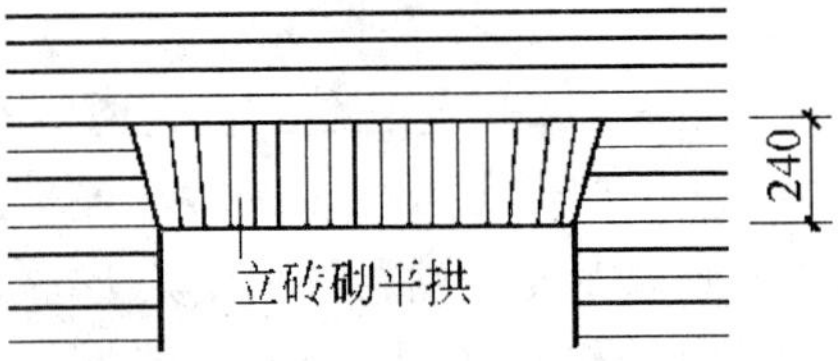

图 2－14 砖砌平拱

6.窗套与腰线

窗套与腰线都是立面装修的做法。窗套由带挑檐的过梁、窗台和窗边挑出立砖构成，外抹水泥砂浆后，可再刷白浆或做其他装饰。腰线是指过梁和窗台形成的上下水平线条，外抹水泥砂浆后，刷白浆或做其他装饰（图 2－15）。

7.檐部

墙身上部与屋檐相交处的构造称为檐部。檐部包括女儿墙、挑檐板和斜板挑檐等。

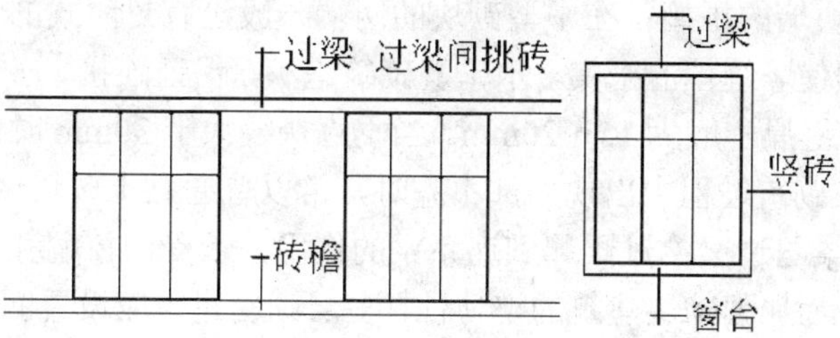

图2—15 窗套与腰线

8.烟道与通风道

在住宅或其他民用建筑中，为了排除炉灶的烟气或其他污浊空气，常在墙内设置烟道和通风道。烟道和通风道分为现场砌筑或预制构件进行拼装两种做法。

砖砌烟道和通风道的断面尺寸应根据排气量来决定，但不应小于 120mm×120mm。烟道和通风道除单层房屋外，均应有进气口和排气口。烟道的排气口在下，距楼板 1m 左右较合适；通风道的排气口应靠上，距楼板底 300mm 较合适。烟道和通风道不能混用，以避免串气（图2—16）。

混凝土烟风道及烟风道。一般为每层一个预制构件，上下拼接而成，其断面形状如图2—17所示。

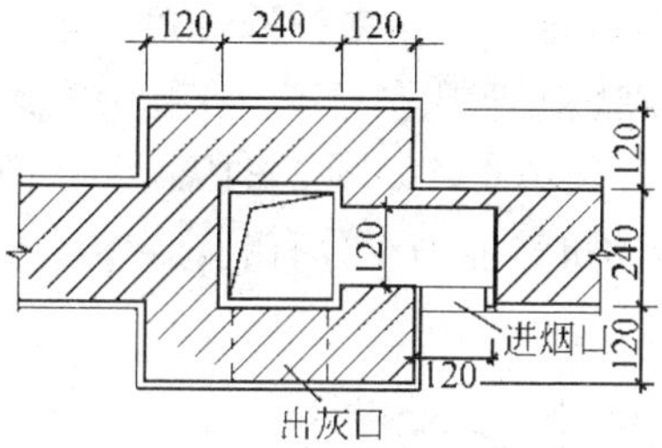

图2—16 砖砌烟道

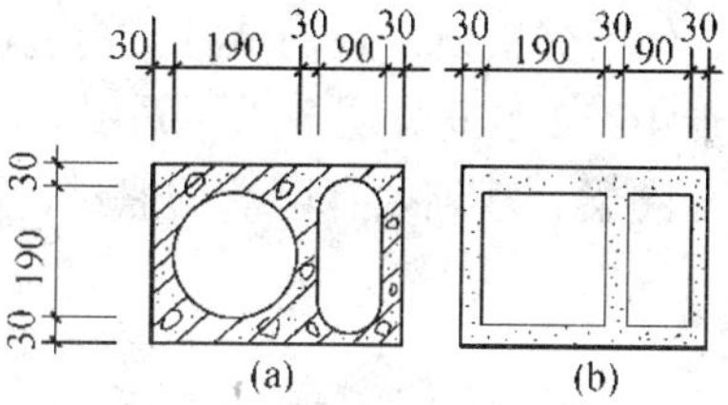

图2—17 预制烟风道

五、砌块墙体构造

砌块墙体是指利用预制厂生产的块材所砌筑的墙体。其优点是采用胶凝材料并能充分利用工业废料和地方材料加工制作，且制作方便，施工简单，不需大型的起重运输设备，具有较大的灵活性。

1.砌块的组合

砌块的组合是根据建筑设计作砌块的初步试排工作，即按建筑物的平面尺寸、层高，对墙体进行合理的分块和搭接，以便正确选定砌块的规格、尺寸。在设计时，不仅要考虑到大面积墙面的错缝、搭接、避免通缝，而且还要考虑内、外墙的交接、咬砌，使其排列有致。此外，应尽量多使用主要砌块，并使其占砌块总数的70%以上。

2.砌块墙的构造

砌块墙和砖墙一样，在构造上应增强其墙体的整体性与稳定性。

（1）砌块墙的拼接：在中型砌块的两端一般设有封闭式的包浆槽，在砌筑、安装时，必须使竖缝填灌密实，水平缝砌筑饱满，保证连接。一般砌块采用 M5 级砂浆砌筑，灰缝厚一般为 15～20mm。当垂直灰缝大于 30mm 时，须用 C20 细石混凝土灌实。在砌筑过程中出现局部不齐时，常以普通黏土砖填嵌。

（2）圈梁与过梁：过梁起到连系梁的作用，承受门窗洞孔上部荷载，同时又是调节砌块。为加强砌块建筑的整体性，多层砌块建筑应设置圈梁。当圈梁与过梁位置接近时，往往将圈梁和过梁一并考虑。为方便施工，可采用 U 形预制砌块代替模板，在凹槽内配制钢筋，并现浇混凝土，如图 2－18 所示。预制圈梁之间一般采用焊接，以提高其整体性。

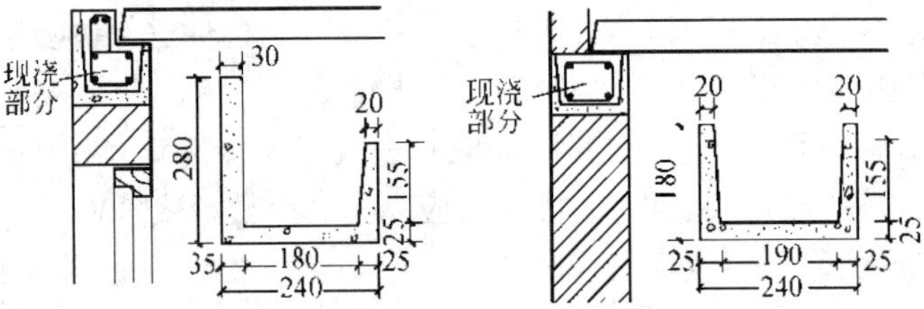

图 2－18　砌块现浇圈梁

（3）构造柱：为加强砌块的整体性刚度和变性能力，常在外墙转角和必要的内、外墙交接处设置构造柱。构造柱多利用空心砌块上下孔洞对齐，在孔中配置不小于 1Φ12 钢筋分层插入，并用 C20 细石混凝土分层填实，如图 2－19 所示，构造柱与圈梁、基础须有可靠的联结，这对提高墙体的抗震能力十分有利。

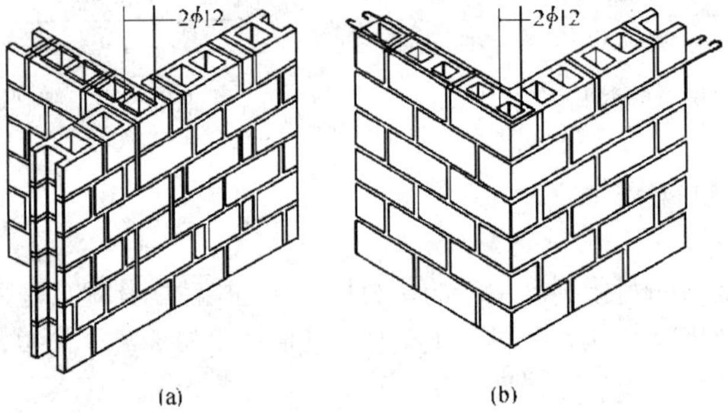

图 2－19　砌块墙构造柱

（a）内外墙交接处构造柱；（b）外墙转角处构造柱

六、隔墙

非承重的内墙通常称为隔墙，起着分隔房间的作用。根据所处位置的不同，隔墙应具有自重轻、隔声以及防火、防潮、防水等要求。

1.砌筑隔墙

砌筑隔墙是指利用普通砖、多孔砖、空心砌块以及各种轻质砌块等砌筑的墙体。

2.骨架隔墙

骨架隔墙有木骨架隔墙和金属骨架隔墙。

木骨架隔墙根据饰面材料的不同有板条抹灰隔墙、装饰板隔墙和镶板隔墙等多种。木骨架由上槛、下槛、墙筋、斜撑及横撑等构成。隔墙饰面是在木骨架上铺设的各种饰面材料，常用板条抹灰、装饰吸声板、钙塑板、纸面石膏板、水泥刨花板、水泥石膏板以及各种胶合板、纤维板等。当板条搭接接缝长达 600 mm 时，必须使接缝位置错开。

金属骨架隔墙为金属骨架外铺顶面板而制成的隔墙。它具有节约木材、重量轻、强度高、刚度大、结构整体性强及拆装方便等特点。骨架由各种形式的薄壁型钢加工而成。

3.条板隔墙

条板隔墙是指采用各种轻质材料制成的各种预制轻型板材安装而成的隔墙。常见的板材有加气混凝土条板、石膏条板、钢丝网夹芯水泥条板等。普通条板的安装、固定主要靠各种黏结砂浆或胶粘剂进行黏结，待安装完毕，再在表面进行装修。

钢丝网架水泥聚苯乙烯夹芯板（简称 GSJ 板）墙体是三维空间焊接的钢丝网架和内填阻燃型聚苯乙烯泡沫塑料板整板（或条板）构成的网架芯板，经现场安装并双面抹灰形成的墙体构件。

4.屏风式隔墙

屏风式隔墙通常是不隔到顶，使空间通透性强。隔墙与顶棚保持一段距离，起到分隔空间和遮挡视线作用，形成大空间中的小空间。常用于办公室、餐厅、展览馆以及门诊部的诊室等公共建筑中。厕所、淋浴间等也多采用这种形式。隔墙高一般为 1050 mm、1350 mm、1500mm、1800mm 等，可根据不同使用要求进行选用。

从构造上，屏风式隔墙有固定式和活动式两种。固定式构造又可分为立筋骨架式和预制板式。预制板式隔墙借预埋铁件与周围墙体、地面固定。而立筋骨架式屏风隔墙则与隔墙相似，它可以在骨架侧铺钉面板，也可镶嵌玻璃。玻璃可以是磨砂玻璃、彩色玻璃、菱花玻璃等。活动式屏风隔墙可以引动放置。最简单的支撑方式是在屏风扇下安装一金属支撑架。支架可以直接放在地面上，也可以在支架下安装橡胶滚动轮或滑动轮，移动起来更加方便。

5.镂空式隔墙

镂空花格式隔墙是公共建筑门厅、客厅等处分隔空间常用的一种形式。有竹、木制的隔墙，也有混凝土预制构件制成的隔墙，形式多样。隔墙与地面、顶棚的固定也根据材料不同而不同，可用钉、焊等方式联结。

6.玻璃隔墙

玻璃隔墙有玻璃砖隔墙和空透式隔墙两种。玻璃砖隔断是采用玻璃砖砌筑而成，既分隔空间，又透光。常用于公共建筑的接待室、会议室等处。透空玻璃隔墙是采用普通平板玻璃、磨砂玻璃、刻花玻璃、压花玻璃、彩色玻璃以及各种颜色的有机玻璃等嵌入木框或金属框的骨架中，具有透光性。当采用普通玻璃时，玻璃隔墙具可视性，主要用于幼儿园、医院病房、精密车间走廊以及仪器仪表控制室等处。如果采用彩色玻璃、压花玻璃或彩色有机玻璃制作隔墙，除遮挡视线外，还具有丰富的装饰性，可用于餐厅、会客室、会议室等。

第 6 讲 楼板及阳台、雨棚

一、楼板和室内地坪的组成

为满足多种要求，楼板和室内地坪都由若干层次组成，各层起不同的作用，如图 2－20 所示。

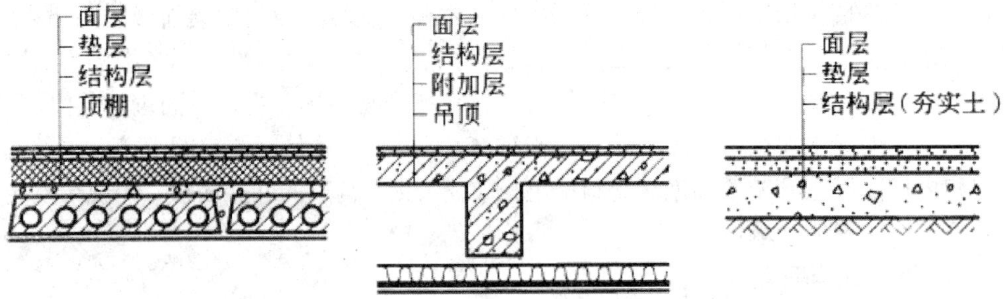

图 2－20 楼板和室内地坪的组成

（1）结构层：结构层是楼板和室内地坪的承重部分，承受作用其上的荷载，并将荷载传至墙、柱或直接传给土壤。

（2）垫层：垫层是结构层和面层的中间层，起着隔声、吸声、保温、防水、敷设管线等功能。

（3）楼、地面层：楼、地面层即楼板面和地面面层，起着保护结构层、分布荷载、室内装饰作用。

（4）顶棚层：顶棚层是在楼板层的结构层之下，有保护结构层、安装灯具、敷设管线、装饰室内顶部空间等功能。

二、楼板的类型

楼板根据其所用材料的不同，可分为木楼板、砖拱楼板、钢筋混凝土楼板、压型钢板组合楼板等，如图 2－21 所示。

（1）木楼板：木楼板由木梁和木地板组成。这种楼板的构造虽然简单，自重也较轻，但防火性能不好，不耐腐蚀，又由于木材昂贵，故一般工程中应用较少，当前只应用于等级较高的建筑中。

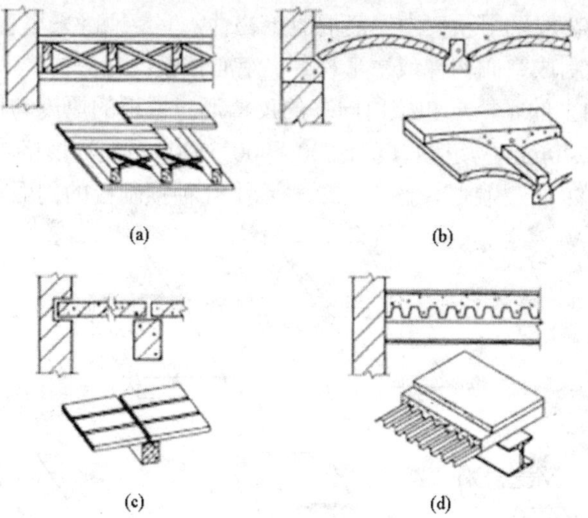

图 2－21　楼板的类型

（a）木楼板 （b）砖拱楼板（c）钢筋混凝土楼板（d）压型钢板混合楼板

（2）砖拱楼板：这种楼板采用钢筋混凝土倒 T 形梁密排，其间填以普通黏土砖或特制的拱壳砖砌筑成拱形，故称为砖拱楼板。这种楼板虽比钢筋混凝土楼板节省钢筋和水泥，但是自重大，作地面时使用材料多，并且顶棚成弧拱形，一般应作吊顶棚，故造价偏高。此外，砖拱楼板的抗震性能较差，故在要求进行抗震设防的地区不宜采用。

（3）钢筋混凝土楼板：钢筋混凝土楼板坚固，耐久，刚度大，强度高，防火性能好，当前应用比较普遍。钢筋混凝土楼板按施工方法可以分为现浇钢筋混凝土楼板和装配式钢筋混凝土楼板两大类。

现浇钢筋混凝土楼板一般为实心板，经常与现浇梁一起浇筑，形成现浇梁板。现浇梁板常见的类型有肋楼板、井字梁楼板和无梁楼板等。装配式钢筋混凝土楼板，除极少数为实心板以外，绝大部分采用圆孔板和槽形板（分为正槽形与反槽形两种）。装配式钢筋混凝土楼板一般在板端都伸有钢筋，现场拼装后用混凝土灌缝，以加强整体性。

（4）压型钢板组合楼板：压型钢板组合楼板是一种新型的楼板形式，它利用钢板作永久性模板且又起受弯构件的作用，既提高了楼板的强度和刚度，又加快了施工进度，同时还可利用压型钢板的肋间空隙敷设管线等，是现在大力推广的一种新型建筑楼板。

三、预制楼板

预制钢筋混凝土楼板分为普通钢筋混凝土楼板和预应力钢筋混凝土楼板两大类。

目前，我国普遍采用预应力钢筋混凝土构件，少量地区采用普通钢筋混凝土构件。楼板大多预制成空心构件或槽形构件。空心楼板又分为方孔和圆孔两种；槽形板又分为槽口向上的正槽形和槽口向下的反槽形。楼板的厚度与楼板的长度有关，但大多为 120～240mm，楼板宽度有 600、900、1200 mm 等规格。楼板的长度应符合 300mm 模数的“三模制”，图 2－22 表示了几种预制板的剖面。

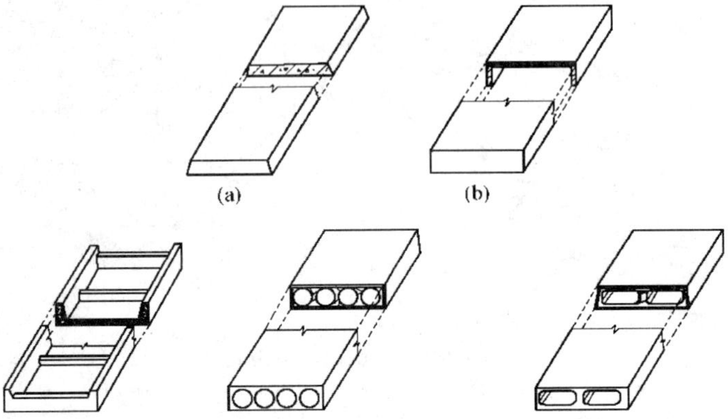

图 2－22　预制板的类型

（a）实心板；（b）正槽形板；（c）反槽形板；（d）圆孔板；（e）方孔板

四、阳台构造

阳台是楼房中挑出于外墙面或部分挑出于外墙面的平台。阳台按其与外墙的相对位置关系可分为凸阳台、凹阳台、半凸半凹阳台，如图 2－23 所示。

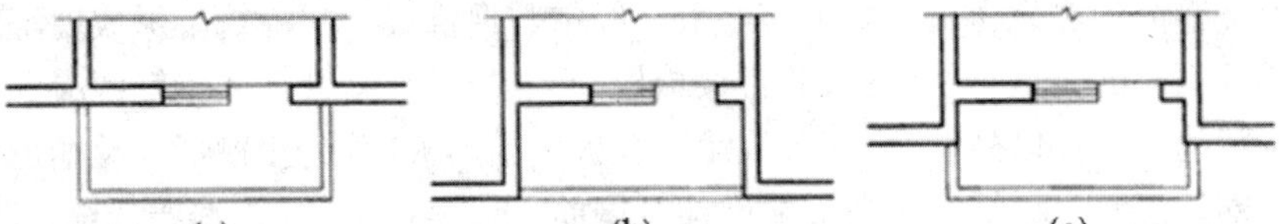

图 2－23　阳台的平面形式

（a）凸阳台　（b）凹阳台　（c）半凸半凹阳台

阳台的挑出长度为 1.5m 左右。当挑出长度超过 1.5m 时，应做凹阳台或采取可靠的防倾覆措施。阳台的栏杆或栏板的高度常取 1050mm（图 2－24），通常有以下几种类型：

（1）钢筋混凝土栏板：钢筋混凝土栏板有现浇和预制两种。现浇钢筋混凝土栏板通常与阳台（或边梁）整浇在一起。预制混凝土栏板可预留钢筋与阳台板的后浇混凝土挡水边坎浇筑在一起，浇筑前应将阳台板与栏板接触处凿毛，或与阳台板上的预埋件焊接。若是预制的钢筋混凝土栏杆，也可预留插筋插入阳台板的预留孔内，然后用水泥砂浆填实牢固。

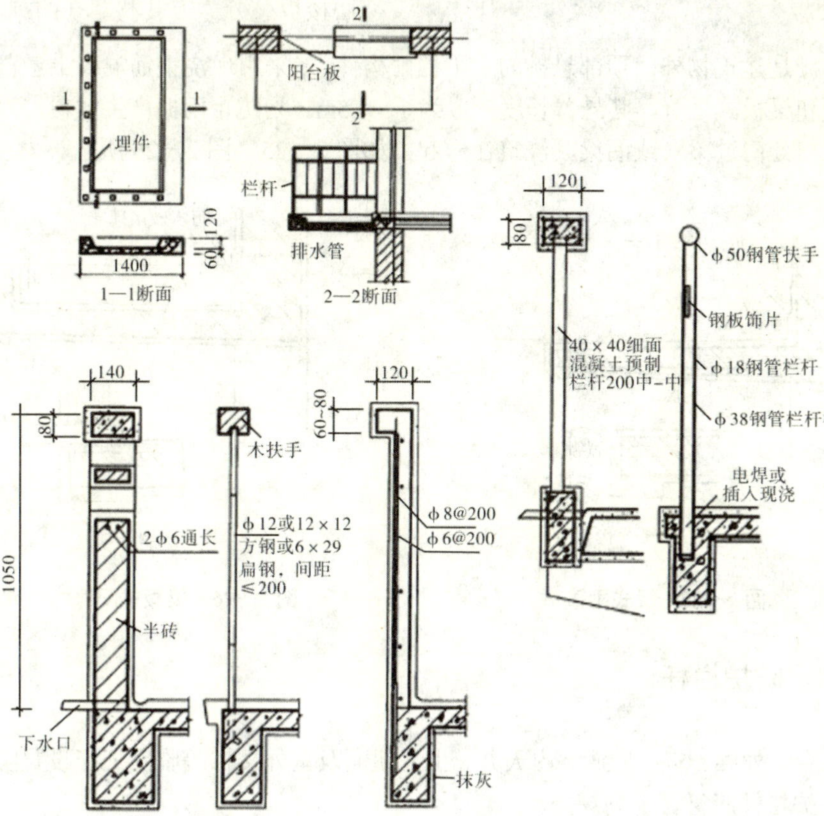

图 2－24　阳台栏杆、栏板

（2）金属栏杆：金属栏杆一般用方钢、圆钢、扁钢或钢管等焊接成各种形式的漏花。空花栏杆的垂直杆件之间的距离不大于 130mm。金属栏杆可与阳台板顶面预埋通长扁钢焊接，也可采用预留孔洞插接等办法。金属栏杆要注意进行防锈处理。

（3）组合式栏杆：混凝土与金属组合式栏杆中的金属栏杆可与混凝土栏板内的预埋件焊接。

阳台通常用钢筋混凝土制作，它分为现浇和预制两种。现浇阳台要注意钢筋的摆放，注意区分是悬挑构件还是一般梁板式构件，并注意锚固。预制阳台一般均做成槽形板。支撑在墙上的尺寸应为 100～120mm。

预制阳台的锚固应通过现浇板缝或用板缝梁来进行连接。图 2－25 和图 2－26 介绍了这两种做法。

阳台板上面应预留排水孔，其直径应不小于 32mm，伸出阳台外应有 80～100mm，排水坡度为 1%～2%。板底面抹灰，喷白浆。

五、雨棚构造

雨棚是建筑物外门顶部悬挑的水平挡雨构件。多采用现浇钢筋混凝土悬臂梁板，有板式和梁板式之分，其悬臂长度一般为1～1.5m。为防止雨棚产生倾覆，常将雨棚与入口处门过梁（或圈梁）浇筑在一起，如图2－25、图2－26所示。

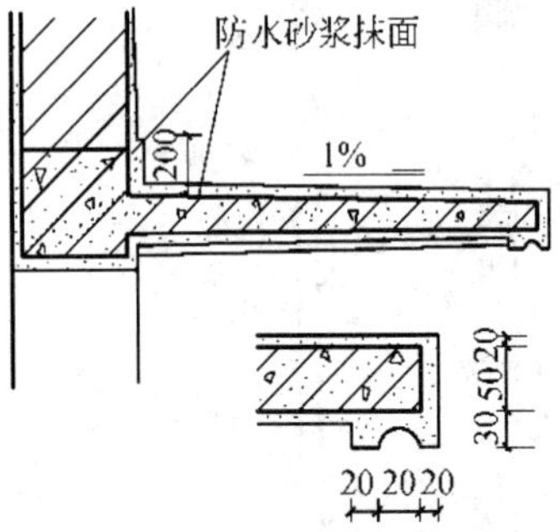

图2－25 板式雨篷

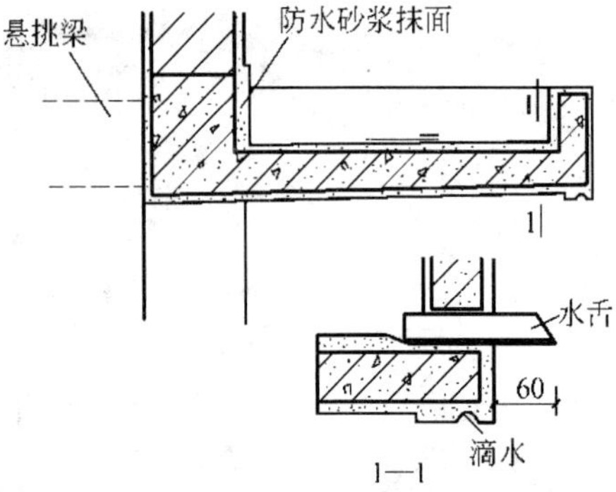

图2－26 梁板式雨篷

六、防护栏杆

阳台、外廊、室内回廊、内天井、上人屋面及室外楼梯等临空处应设置防护栏杆。防护栏杆应符合下列规定。

（1）栏杆应以坚固、耐久的材料制作，并能承受规定的水平荷载。

（2）临空高度在24m以下时，栏杆高度不应低于1.05m，临空高度在24m及24m以上（包括中高层住宅）时，栏杆高度不应低于1.10 m；封闭阳台栏杆亦应满足上述要求。栏杆高度应从楼地面或屋面至栏杆扶手顶面的垂直高度计算，如底部有宽度大于或等于0.22m，且高度小于或等于0.45m的可踏部位，应从可踏部位顶面起计算。

（3）栏杆离楼面或屋面0.10m高度内不宜留空。

（4）住宅、托儿所、幼儿园、中小学及少年儿童专用活动场所的栏杆高度必须有防止少年儿童攀登的构造，当采用垂直杆件做栏杆时，其杆件净距不应大于0.11m。

（5）文化娱乐建筑、商业服务建筑、体育建筑、园林景观建筑等允许少年儿童进入活动的场所，当采用垂直杆件做栏杆时，其杆件净距不应大于0.11m。

第 7 讲　屋顶及屋面防水构造

一、屋顶的组成

1.屋顶承重结构

坡屋顶的屋顶承重结构包括屋架、檩条、椽条等部分。平屋顶的屋顶承重结构包括钢筋混凝土屋面板、加气混凝土屋面板等。

2.屋面部分

坡屋顶的屋面包括瓦、挂瓦条、顺水条和防水卷材等部分；平屋顶的屋面则包含防水层、保温层、找平层、找坡层、面层（保护层）等。

3.屋面坡度

（1）平屋面：

1）卷材防水屋面：卷材防水屋面包括采用合成高分子防水卷材、高聚物改性沥青防水卷材和石油沥青防水卷材制作的屋面。用于平屋顶时材料的坡度宜为 2%，结构找坡不应小于 3%。屋面最大坡度不宜超过 25%，当坡度超过 25%时，应采取防止卷材下滑的措施。水落管周围 500mm 范围内的坡度应不小于 5%。

2）涂膜防水屋面：涂膜防水屋面包括沥青基防水涂料、合成高分子防水涂料和高聚物改性沥青防水涂料。屋面坡度超过 25%时，应选择成膜时间较短的材料。

3）保温隔热屋面：保温隔热屋面包括保温屋面和隔热屋面两大部分。保温屋面指的是在卷材防水屋面、涂膜防水屋面和刚性防水屋面中加入保温层的做法；隔热屋面即在屋面上层安装建筑材料进行房顶防晒隔热，使最顶楼层不会受太阳辐射而温度过高，提高最顶楼层舒适度。排水坡度与上述屋面要求相同。

（2）瓦屋面：瓦屋面包括平瓦（水泥瓦、陶瓦）屋面，排水坡度为≥20%；玻纤胎沥青瓦（油毡瓦）屋面，排水坡度为≥20%；金属板屋面，排水坡度为≥10%。

二、平屋面防水构造

屋面渗漏是房屋建筑中最突出的质量问题之一。房屋屋面防水设计对提高建筑物的质量极为重要，在进行屋面防水设计时，应按建筑物的性质、重要程度、建筑结构特点、使用功能要求和防水耐用年限划分防水等级，按照不同等级，进行不同的设防，并确定设防构造层次和防水材料选用的限制。防水等级较高的建筑要求多道设防，并要求屋面防水层的耐久性较好，或按规定同时选取两种或两种以上防水方案，参见表 2－5。

屋面防水按防水层的材料性质可分为刚性防水、柔性防水和涂膜防水等。

表 2—5 屋面防水等级和设防要求

项目	屋面防水等级			
	Ⅰ级	Ⅱ级	Ⅲ级	Ⅳ级
建筑物类别	特别重要或对防水有特殊要求的建筑	重要的建筑和高层建筑	一般的建筑	非永久性的建筑
防水层合理使用年限	25 年	15 年	10 年	5 年
设防要求	三道或三道以上防水设防	三道防水设防	一道防水设防	一道防水设防
防水层选用材料	宜选用合成高分子防水卷材、高聚物改性沥青防水卷材、金属板材、合成高分子防水涂料、细石防水混凝土等材料	宜选用高聚物改性沥青防水卷材、合成高分子防水卷材、金属板材、合成高分子防水涂料、高聚物改性沥青防水涂料、细石防水混凝土、平瓦、油毡瓦等材料	宜选用高聚物改性沥青防水卷材、合成高分子防水卷材、三毡四油沥青防水卷材、金属板材、合成高分子防水涂料、高聚物改性沥青防水涂料、细石防水混凝土、平瓦、油毡瓦等材料	可选用二毡三油沥青防水卷材、高聚物改性沥青防水涂料等材料

1.屋面柔性防水层

柔性防水层屋面是指用柔性防水材料做防水层的屋面。由于柔性防水材料弹性好，耐候性强，防水效果好，可适应微小变形，经济适用，故在屋面防水设计中使用广泛。

柔性防水屋面的构造层次包括结构层、找坡层、找平层、结合层、防水层和保护层，如图 2—27 所示。

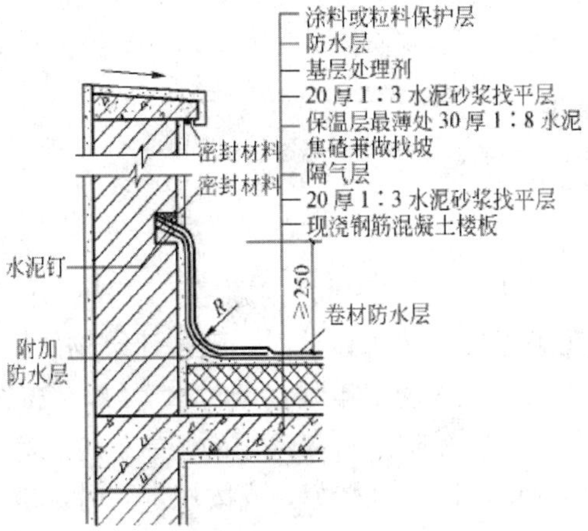

图 2—27 女儿墙柔性防水屋面（单位：mm）

（1）结构层：通常为预制或现浇钢筋混凝土屋面板，要求有足够的强度和刚度。

（2）找坡层：当屋顶采用材料找坡时，应选用轻质材料形成所需要的排水坡度。通常是在结构层上铺 1∶6 或 1∶8 的水泥焦碴或水泥膨胀蛭石。屋顶也可采用结构找坡。

（3）找平层：一般采用 20mm 厚 1∶3 水泥砂浆。当下部为松散材料时，找平层厚度应加大到 30～35mm，分层施工。

（4）结合层：视防水层材料而定，做法如前所述。

（5）防水层：一般应选择改性沥青防水卷材或高分子防水卷材，卷材厚度应满足屋面防水等级的要求。

（6）保护层：当屋面为不上人屋面时，保护层可根据卷材的性质选择浅色涂料（如银色着色剂）、或绿豆砂、蛭石或云母等颗粒状材料；当屋面为上人屋面时，通常应采用 40 mm 厚 C20 细石混凝土或 20～25mm 厚 1∶2.5 水泥砂浆，但应做好分格和配筋处理，并用油膏嵌缝。还可以选择大阶砖、预制混凝土薄板等块材。

2.屋面涂膜防水层

涂膜防水屋面又称涂料防水屋面，主要是用于防水等级为Ⅲ级、Ⅳ级的屋面防水，也可作为Ⅰ级、Ⅱ级屋面多道防水设防中的一道防水层。

涂膜防水屋面的构造层次包括结构层、找坡层、找平层、结合层、防水层和保护层。其中结构层、找坡层、找平层和保护层的做法与柔性防水屋面相同。结合层主要采用与防水层所用涂料相同的材料经稀释后打底，防水层的材料和厚度根据屋面防水等级确定（图 2－28）。

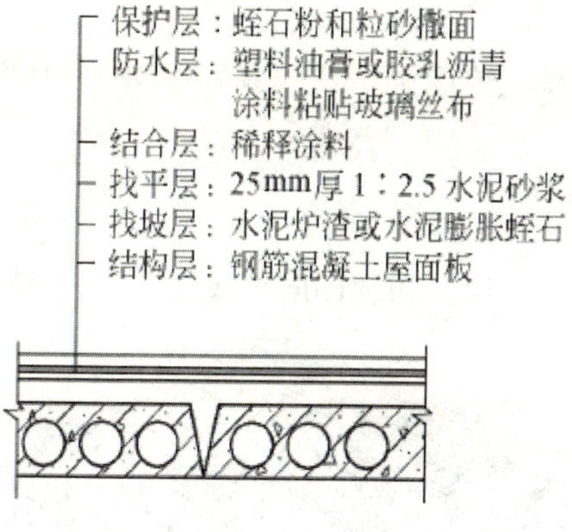

图 2－28 涂膜防水屋面构造

涂膜防水屋面的泛水构造与柔性防水屋面基本相同，但屋面与垂直墙面交接处应加铺附加卷材，加强防水。

涂膜防水只能提高构件表面的防水能力，当基层由于温度变形或结构变形而开裂时，也会引起涂膜防水层的破坏，出现渗漏。因此，涂膜防水层在大面积屋面和结构敏感部位，也需要设分格缝，其构造如图 2－29 所示。

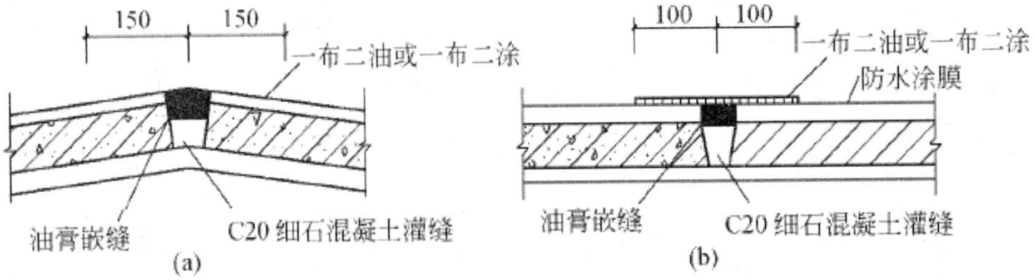

图 2—29 涂膜防水层分格缝构造

（a）屋脊分格缝；（b）屋面分格缝

3.屋面复合防水层

卷材与涂料复合使用时，涂膜防水层宜设置在卷材防水层的下面。复合防水层屋面各层构造要求同本节第一条和第二条的规定。防水卷材的粘结质量应符合表 2—6 的规定。

表 2—6 防水卷材的粘结质量

项目	自粘聚合物改性沥青防水卷材和带自粘层防水卷材	高聚物改性沥青防水卷材胶粘剂	合成高分子防水卷材胶粘剂
粘结剥离强度(N/10mm)	≥10 或卷材断裂	≥8 或卷材断裂	≥15 或卷材断裂
剪切状态下的粘合强度(N/10mm)	≥20 或卷材断裂	≥20 或卷材断裂	≥20 或卷材断裂
浸水 168h 后粘结剥离强度保持率（%）	—	—	≥70

注：防水涂料作为防水卷材粘结材料复合使用时，应符合相应的防水卷材胶粘剂规定。

三、坡屋顶的组成

坡屋顶主要由结构层、屋面和顶棚层组成（图 2—30）。

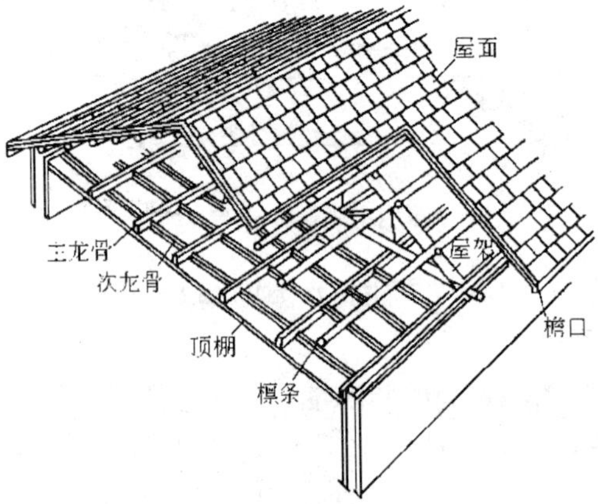

图 2—30 坡屋顶基本构造组成

结构层：承受屋顶荷载并将荷载传递给墙或柱，一般由屋架或大梁、檩条、椽子等组成。

屋面层是屋顶上的覆盖层，直接承受风雨、冰冻和太阳辐射等大自然气候的作用。它包括屋面盖料和基层（如挂瓦条、屋面板等）。

顶棚层是屋顶下面的遮盖部分，使室内上部平整，有一定光线反射，起保温隔热和装饰作用。其构造做法与楼板层的顶棚层相同。

附加层是根据不同情况而设置的保温层、隔热层、隔气层、找平层、结合层等。

第 8 讲　楼梯、电梯及台阶、坡道

一、楼梯

楼梯一般由梯段、平台、栏杆扶手三部分组成，如图 2－31 所示。

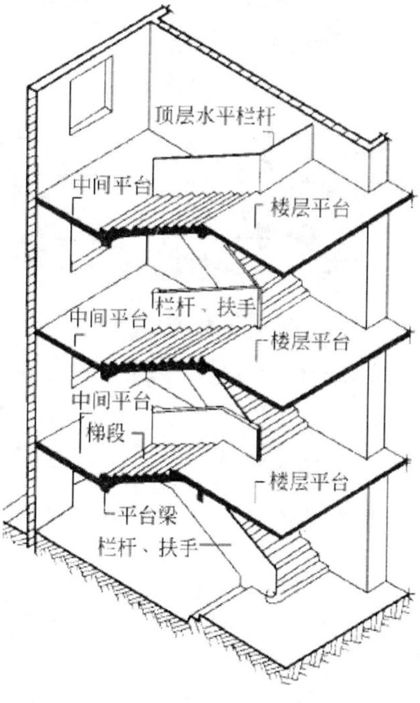

图 2－31　楼梯的组成

1.梯段

梯段俗称梯跑，是联系两个不同标高平台的倾斜构件。通常为板式梯段，也可以由踏步板和梯斜梁组成梁板式梯段。为了减轻行走的疲劳，梯段的踏步步数一般不宜超过 18 级，但也不宜少于 3 级，因为步数太少不易被人们察觉，容易摔倒。

2.楼梯平台

按平台所处位置和标高不同，有中间平台和楼层平台之分。两楼层之间的平台称为中间平台，供人们行走时调节体力和改变行进方向。而与楼层地面标高齐平的平台称为楼层平台，除起着与中间平台相同的作用外，还用来分配从楼梯到达各楼层的人流。

3.栏杆扶手

栏杆扶手是设在梯段及平台边缘的安全保护构件。水平护身栏杆的高度应不小于 1050 mm，当梯段宽度不大时，可只在梯段临空面设置。楼梯段的宽度大于1650mm 时，应增设靠墙扶手；楼梯的宽度超过 2200mm 时，还应增宽中间扶手。

楼梯按结构材料的不同，有钢筋混凝土楼梯、木楼梯、钢楼梯等。钢筋混凝土楼梯因其坚固、耐久、防火，故应用比较普遍。

楼梯按梯段数量可分为直跑式、双跑式、三跑式、多跑式及弧形和螺旋式等形式。双跑楼梯是最常用的一种。楼梯的平面类型与建筑平面有关。当楼梯的平面为矩形时，适合做成双跑式；接近正方形的平面，可以做成三跑式或多跑式；圆形的平面可以做成螺旋式楼梯。有时楼梯的形式还要考虑建筑物内部的装饰效果，如建筑物正厅的楼梯常常做成双分式和双合式等形式，如图 2－32 所示。

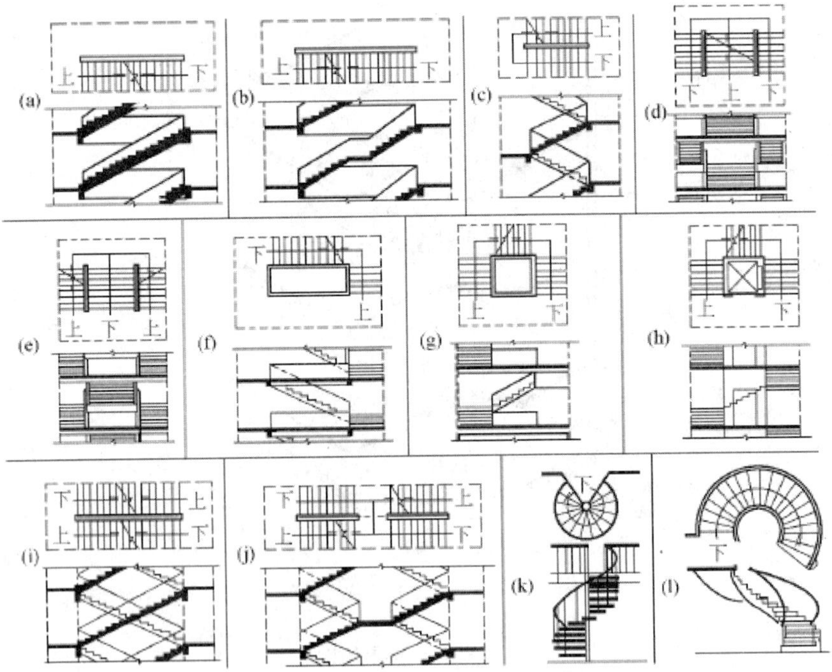

图 2－32 楼梯的类型

（a）直行单跑楼梯；（b）直行多跑楼梯；（c）平行双跑楼梯；（d）平行双分楼梯；（e）平行双合楼梯；（f）折行双跑楼梯；（g）折行三跑楼梯；（h）设电梯折行三跑楼梯；（i），（j）交叉跑（剪刀）楼梯；（k）螺旋形楼梯；（l）弧形楼梯

二、楼梯细部构造

1.踏步

踏步由踏面和踢面构成。为了增加踏步的行走舒适感，可将踏步突出 20mm 做成凸缘或斜面。底层楼梯的第一个踏步常做成特殊的样式，以增加美感。栏杆或栏板也有变化，以增加多样化。楼梯踏步的最小高宽和最大高度应符合表 2—7 的规定。

2.栏杆

是为保护行人安全而设置的围护设施。在阳台、外廊、室内回廊、回天井、上人屋面及室外楼梯等临空处均应设置栏杆。

（1）栏杆应以坚固耐久的材料制作，并且能承受荷载规范规定的水平荷载。

（2）临空高度在 24m 以下时，栏杆的高度不应低于 1.05m，临空高度在 24 m 及 24m 以上时，栏杆高度不应低于 1.10m；栏杆高度应从楼地面或屋面至栏杆扶手顶面垂直高度计算，如底部有宽度不小于 0.22m，且高度低于或等于 0.45m 的可踏部位，应从可踏部位顶面起计算。

（3）栏杆离楼面或屋面 0.1m 高度内不宜留空。

表 2—7　楼梯踏步最小宽度和最大高度（单位：m）

楼梯类别	最小宽度	最大高度
住宅共用楼梯	0.26	0.175
幼儿园、小学校等楼梯	0.26	0.15
电影院、剧场、体育馆、商场、医院、旅馆和大中学校等楼梯	0.28	0.16
其他建筑楼梯	0.26	0.17
专用疏散楼梯	0.25	0.18
服务楼梯、住宅套内楼梯	0.22	0.20

注：无中柱螺旋楼梯和弧形楼梯离内侧扶手中心 0.25 m 处的踏步宽度不应小于 0.22 m。

（4）住宅、托儿所、幼儿园、中小学及少年儿童专用活动场所的栏杆必须采用防止少年儿童登踏的构造，当采用垂直杆件做栏杆时，其杆件净距不应大于 0.11m。

（5）文化娱乐建筑、商业服务建筑、体育建筑、园林景观建筑等允许少年儿童进入活动的场所，当采用垂直杆件做栏杆时，其杆件净距也不应大于 0.11m。在商场等建筑中，少年儿童活动的空间，单做了垂直栏杆时，杆件间的净距也不应大于 0.11m。

3.扶手

扶手设在栏杆顶部。扶手一般采用木材、塑料、圆钢管等材料。扶手的断面大小应考虑人的手掌尺寸，并注意断面的美观。其宽度应在 60～80mm 之间，高度应在 80～120mm 之间。木扶手与栏杆的固定常用木螺丝拧在栏杆上部的铁板上；塑料扶手是卡在铁板上；圆钢管扶手则直接焊于栏杆表面上。

三、台阶

1.台阶的形式

台阶一般用于室外，由踏步和平台组成。平台表面应向外倾斜约 1%～4%坡度，以利于排水。台阶踏步的高宽比应较楼梯平缓，每级高度一般为 100～150mm ，踏面宽度为 300～400mm。

建筑物的台阶应采用具有抗冻性能好和表面结实耐磨的材料，如混凝土、天然石、缸、砖等。普通砖的抗水性和抗冻性较差，用来砌筑台阶，整体性差，容易损坏。若表面用水泥砂浆抹面，虽有帮助，但也很容易剥落。大量的民用建筑中采用混凝土台阶最广泛，如图 2－33（a）所示。台阶的基础，一般情况下较为简单，只要挖去腐殖土做一层垫层即可。

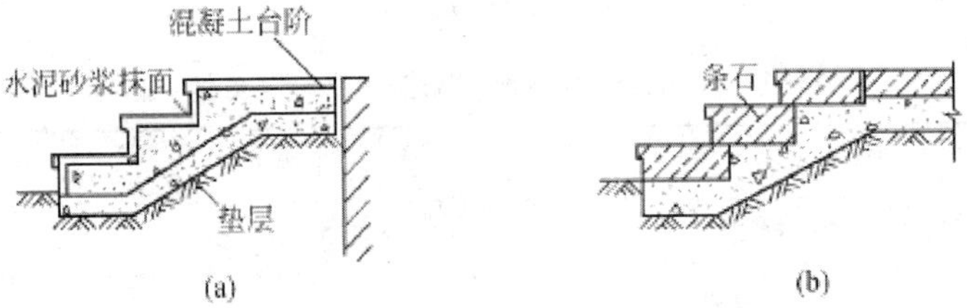

图 2－33 台阶的构造类型

（a）混凝土台阶；（b）天然石台阶

2.台阶的构造

室外台阶应坚固耐磨，具有较好的耐久性、抗冻性和抗水性。

台阶按材料不同，有混凝土台阶、石砌台阶和钢筋混凝土台阶等，如图 2－34 所示。其中，混凝土台阶应用最为普遍。

台阶应考虑防滑和抗风化问题。其面层材料应选择防滑和耐久的材料。

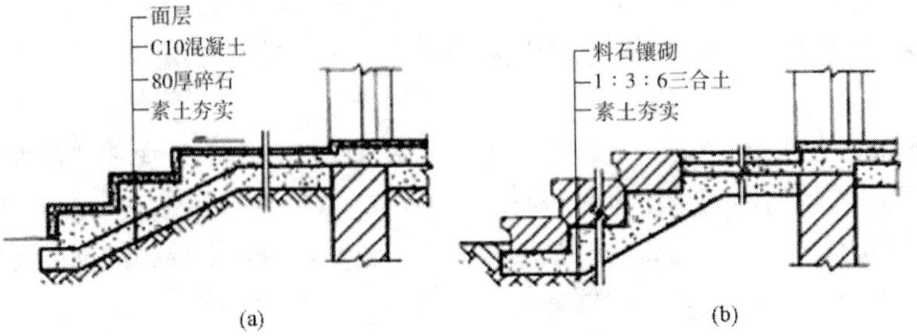

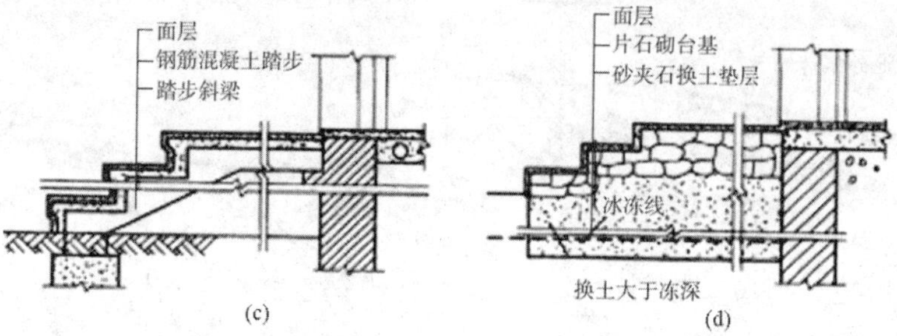

图 2－34　台阶的构造

（a）混凝土台阶（b）石砌台阶 （c）钢筋混凝土架空台阶 （d）换土地基台阶

台阶垫层做法与地面垫层做法类似，一般情况下，采用素土夯实后，按台阶形状尺寸做 C10 混凝土垫层或灰土、三合土或碎石垫层。严寒地区的台阶还需考虑地基土冻胀因素，可用含水率低的砂石垫层换土至冰冻线以下。

单独设立的台阶应与主体分离，中间设沉降缝，以保证相互间的自由沉降。

四、坡道

1.坡道的形式

为便于车辆上下，室外门前常作坡道。坡道多为单面形式，极少出现三面坡。大型公共建筑还常将可通行汽车的坡道与踏步结合，形成大台阶。

室外门前为便于车辆进出（如医院室内地坪高差不大，为便于病人车辆通行）常做坡道，也有台阶和坡道同时应用者，如图 2－35 所示。

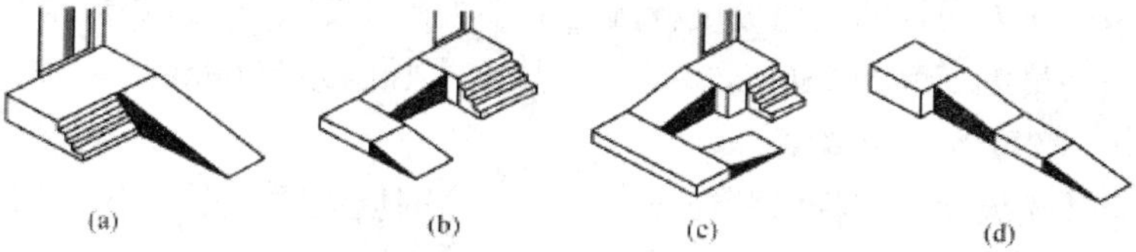

图 2－35　坡道的形式

（a）椅子形坡道；（b）L 形坡道；（c）U 形坡道；（d）一字形多段式坡道

坡道的坡度与使用要求、面层材料和做法有关。坡道的坡度一般为 1∶6～1∶12。面层光滑的坡道，坡度不宜大于 1∶10；面层采用粗糙材料和设防滑条的坡道，坡度可稍大，但不应大于 1∶6；锯齿形坡道的坡度可加大至 1∶4。

轮椅坡道的坡度不宜大于 1∶12，宽度不应小于 900mm；坡道在转弯处应设休息平台，其深度不小于 1500mm。无障碍坡道在坡道的起点和终点应留有深度不小于 1500mm 的轮椅缓冲地带。

与台阶一样，坡道也应采用耐久、耐磨和抗冻性好的材料，其构造与台阶类似，多采用混凝土材料。坡道对滑要求较高或坡度较大时可设置防滑条或将面层做成锯齿形，如图 2－36 所示。

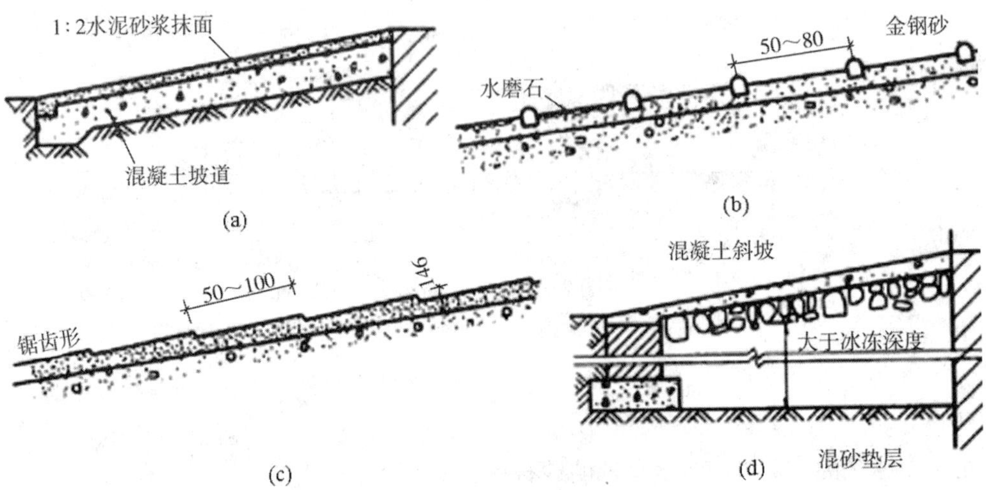

图 2—36　坡道的构造

（a）混凝土坡道　（b）防滑条坡道　（c）锯齿形坡道　（d）换土地基坡道

五、残疾人坡道构造

坡道是最适合残疾人轮椅通过的设施，它还适合于借助拐杖和导盲棍通过的残疾人。其坡度必须较为平缓，还必须保证一定的宽度。对于残疾人使用的坡道有以下规定。

1.坡道的坡度

我国将残疾人通行的坡道坡度标准定为不大于 1/12 ，同时还规定与之相匹配的每段坡道的最大高度为 750mm，最大坡段水平长度为 9000mm。

2.坡道的宽度及平台宽度

为便于残疾人使用轮椅顺利通过，建筑入口的坡道宽度不应小于 1200mm，室内坡道的最小宽度应不小于 1000mm，室外坡道的最小宽度应不小于 1500mm。图 2—37 表示室外坡道所应具有的最小尺度。

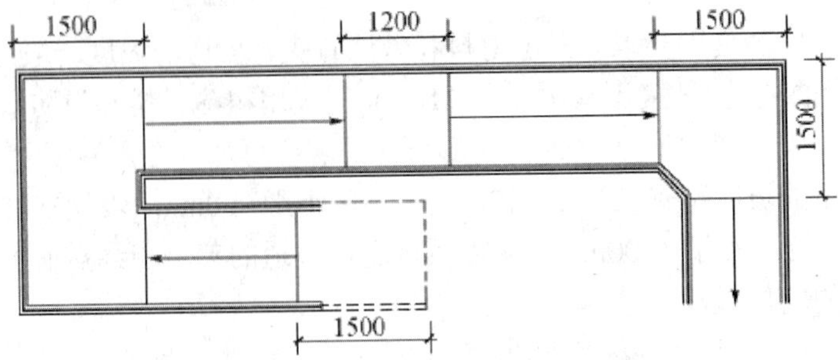

图 2—37　室外坡道的最小尺度

3.导盲块的设置

导盲块又称地面提示块，一般设置在有障碍物、需要转折和存在高差等场所，利用其表面上的特殊构造形式，向视力残疾者提供触摸信息，提示行走、停步或需改变行进方向等。如图 2－38 所示为常用的导盲块的两种形式。图 2－38 中已经标明了导盲块在楼梯中的位置，同样在坡道上也适用。

4.构件边缘处理

凡有凌空处的构件边缘都应该向上翻起，包括楼梯段和坡道的凌空一面、室内外平台的凌空边缘等，这样可以防止拐杖或导盲棍等工具向外滑出，对轮椅也是一种制约。图 2－39 给出相关尺寸。

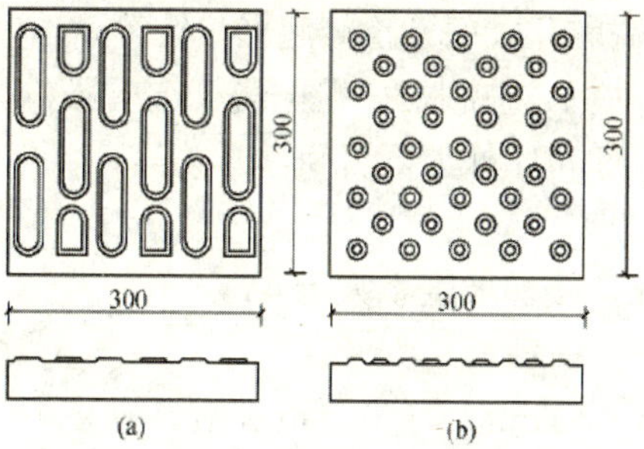

图 2－38　地面提示块示意

（a）地面提示行进块材；（b）地面提示停步块材

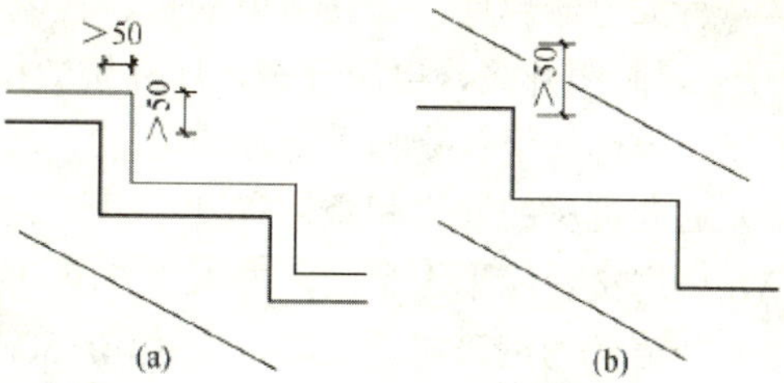

图 2－39　构件边缘处理图

（a）立缘；（b）踢脚板

六、电梯

电梯一般多用于高层建筑中，但某些级别较高或有特殊需要的建筑，也可设置电梯。电梯不得计作安全出口。电梯由下列几部分组成（如图 2－40 所示）。

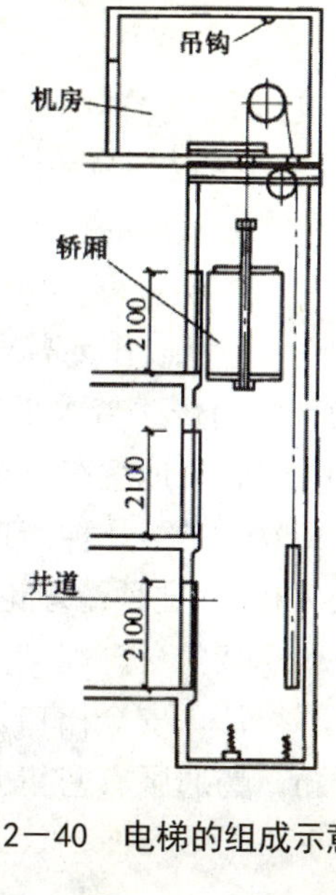

图 2－40　电梯的组成示意图/mm

（1）电梯井道：不同性质的电梯，其井道根据需要有各种井道尺寸，以配合各种电梯轿厢。井道壁多为钢筋混凝土井壁或框架填充墙井壁。

（2）电梯机房：机房和井道的平面相对位置允许机房任意向一个或两个相邻方向伸出，并满足机房有关设备安装的要求。

（3）井道地坑：井道地坑坑底标高与底层标高差不小于 1.4m，此空间作为轿厢下缓冲器的空间。具体尺寸需根据电梯选型和电梯生产厂家要求决定。

（4）组成电梯的有关部件

1）轿厢是直接载人、运货的厢体。

2）井壁导轨和导轨支架是支承、导引轿厢上下升降的轨道。

3）牵引轮及其钢支架、钢丝绳、平衡锤、轿厢开关门、检修起重吊钩等。

4）有关电器部件。如交流电动机、直流电动机、控制柜、继电器、选层器、动力开关、照明开关、电源开关、厅外层数指示灯和厅外上下召唤盒开关等。

（5）电梯与建筑物相关部位构造

1）通向机房的通道和楼梯宽度不小于 1.2 m，楼梯坡度不大于 45°。

2）机房楼板应平坦整洁，能承受 6kPa 的均布荷载。

3）井道壁为钢筋混凝土时，应预留 150mm×150mm×150 mm 孔洞、垂直中距 2m，以便安装支架。

4）框架上应预埋铁板，铁板后面的焊件与梁中钢筋焊牢。每层中间加圈梁一道，并需设置预埋铁板。

5）电梯为两台并列时，中间可不用隔墙而按一定的间隔旋转钢筋混凝土梁或型钢过梁，以便安装支架。

6）安装导轨支架可分为预留孔插入式和预埋铁件焊接式两种方式。

七、扶梯和自动人行道

自动扶梯的运行原理是采取机电系统技术，由电动机变速器以及安全制动器所组成的推动单元拖动两条环链，而每级踏板都与环链连接，通过轧轮的滚动，踏板便沿主构架中的轨道循环运转，而在踏板上面的扶手带以相应速度与踏板同步运转。

（1）自动扶梯的倾角一般为 30°，梯级可以由下向上运行（上升）或由上向下运行（下降）。在机械停止运转时，还可以作为普通楼梯使用。

自动人行道的倾角为 0°～12°，由传送带水平运行。

自动扶梯的提升高度通常为 3～10m；速度在 0.45～0.75 m/s 之间，常用速度为 0.5～0.6 m /s；倾角有 27.3°、30°、35°几种，其中 30°为常用角度；宽度一般有 600mm、800mm、900mm、1200mm 几种；理论载客量可达 4000～10000 人•次/h。

（2）自动扶梯和自动人行道不得计作安全出口。自动扶梯和自动人行道的出入口前畅通区的宽度不应小于 2.5 m，畅通区有密集人流穿行时，其宽度应加大。

（3）自动扶梯和自动人行道与平行墙面间、扶手与楼板开口边缘及相邻平行梯的扶手带的水平距离不应小于 0.5m。

（4）自动扶梯的梯级或自动人行道的踏板或胶带上空，垂直净高度不应小于 2.3m。

（5）倾斜式自动人行道距楼板开洞处净高应大于或等于 2.0m。出口处扶手带转向端距前面障碍物水平距离大于或等于 2.5m。

（6）自动扶梯扶手带外缘与墙壁或其他障碍物之间的水平距离不得小于 80mm。相互邻近平行或交错设置的自动扶梯，扶手带的外缘间的距离不得小于 120 mm。

（7）自动人行道地沟排水应符合下列规定：

1）室内自动人行道按有无集水可能设置；

2）室外自动扶梯无论全露天或在雨篷下，其地沟均需设置全长的下水排放系统。

（8）自动扶梯或自动人行道在露天运行时，宜加顶棚和围护。

第 9 讲　变形缝构造

一、墙体变形缝构造

伸缩缝应保证建筑构件在水平方向自由变形，沉降缝应满足构件在垂直方向自由沉降变形，防震缝主要是防地震水平波的影响，但三种缝的构造基本相同。变形缝的构造要点是：将建筑构件全部断开，以保证缝两侧自由变形。砖混结构变形处，可采用单墙或双墙承重方案，框架结构可采用悬挑方案。变形缝应力求隐蔽，如设置在平面形状有变化处，还应在结构上采取措施，防止风雨对室内的侵袭。

变形缝的形式因墙厚不同处理方式可以有所不同（图 2－41）。其构造在外墙与内墙的处理中，可以因位置不同而各有侧重。缝的宽度不同，构造处理不同（图 2－42）。

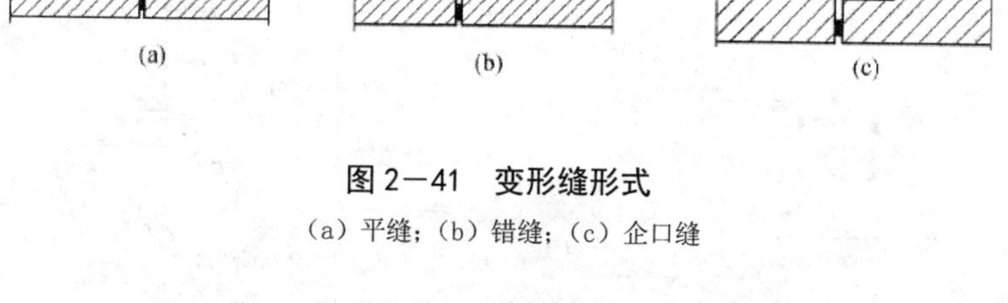

图 2－41　变形缝形式

（a）平缝；（b）错缝；（c）企口缝

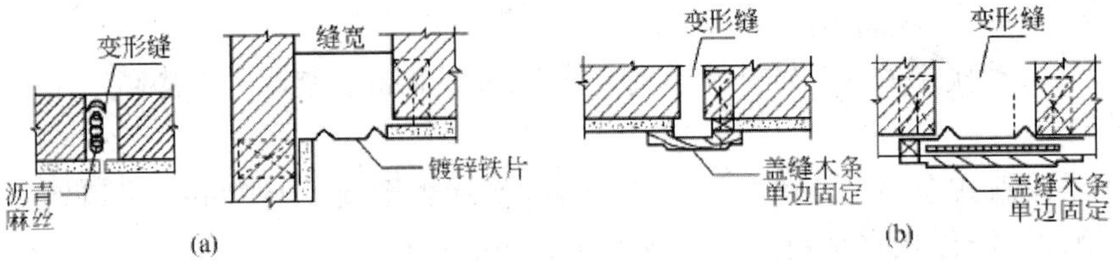

图 2－42　变形缝构造

（a）外墙；（b）内墙

外墙变形缝为保证自由变形，并防止风雨影响室内，应用浸沥青的麻丝填嵌缝隙，当变形缝宽度较大时，缝口可采用镀锌铁皮或铅板盖缝调节；内墙变形缝着重应表面处理，可采用木条或金属盖缝，仅一边固定在墙上，允许自由移动。墙体变形缝的处理如图 2－43～图 2－46 所示。

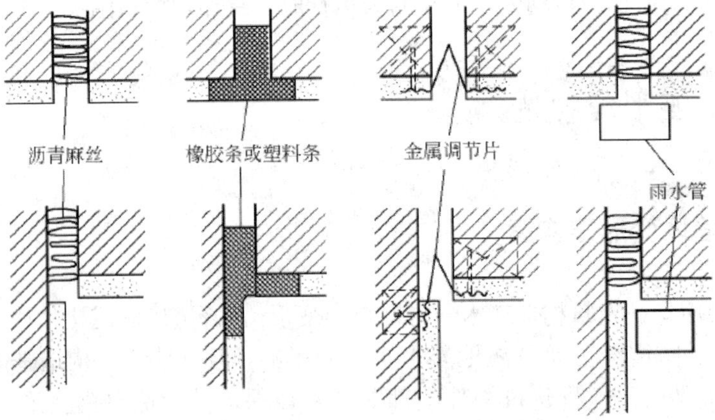

图 2－43　外墙伸缩缝处理图

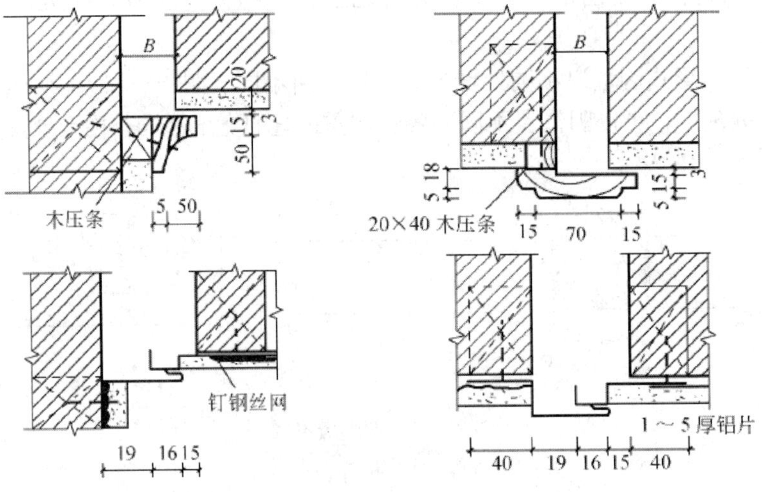

图 2－44　内墙伸缩缝处理（单位：mm）

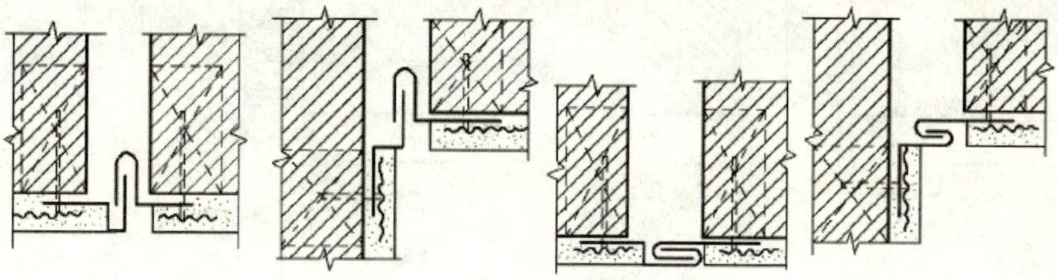

图 2－45　沉降缝处理

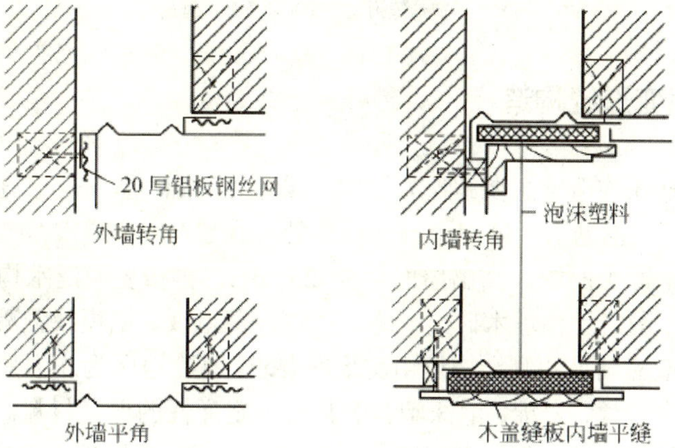

图 2－46　防震缝处理

二、地面变形缝构造

地面变形缝包括温度伸缩缝、沉降缝和防震缝。其设置的位置和大小应与墙面、屋面变形缝一致，大面积的地面还应适当增加伸缩缝。构造上要求从基层到饰面层脱开，缝内常用可压缩变形的玛碲脂、金属调节片、沥青麻丝等材料做封缝处理。为了美观，还应在面层和顶棚加设盖缝板，盖缝板应不妨碍构件之间的变形需要（伸缩、沉降）。此外，金属调节片要做防锈处理，盖缝板形式和色彩应和室内装修协调。图 2－47 为地面变形构造。顶棚的缝隙盖板一般为木质或金属，木盖板一半固定在一侧以保证两侧结构的自由伸缩和沉降。

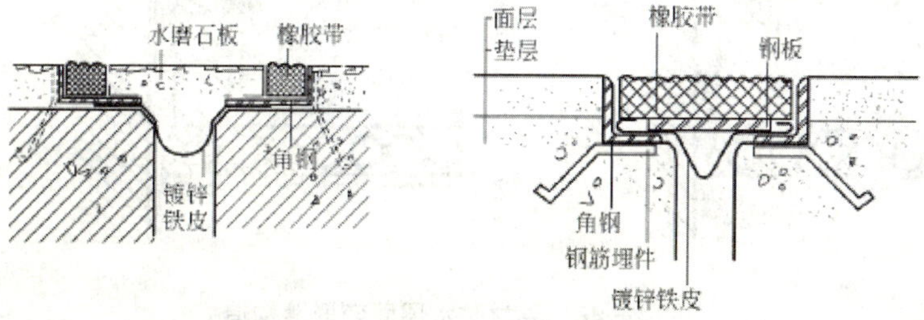

(a)

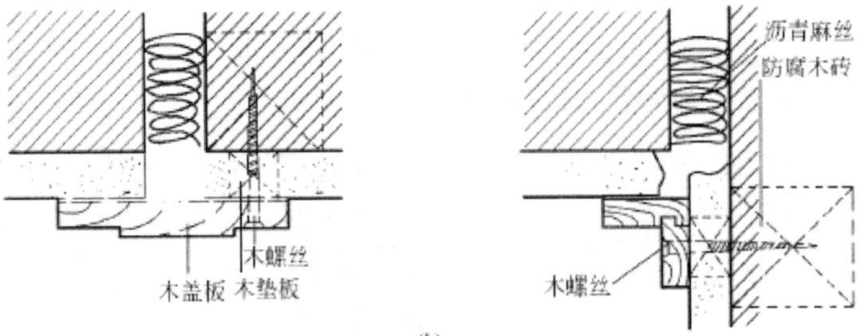

(b)

图 2－47　楼地面变形缝构造

（a）地面变形缝构造；（b）顶棚变形缝构造

三、屋顶变形缝构造

屋顶变形缝在构造上主要解决好防水、保温等问题。屋顶变形缝一般设于建筑物的高低错落处，也见于两侧屋面同一标高处。不上人屋顶通常在缝的一侧或两侧加砌矮墙或做混凝土凸缘，高出屋面至少 250mm，再按屋面泛水构造要求将防水层沿矮墙上卷，固定于预埋木砖上，缝口用镀锌薄钢板、铝板或混凝土板覆盖。盖板的形式和构造应满足两侧结构自由变形的要求。寒冷地区为加强变形缝处的保温，缝中应填塞沥青麻丝、岩棉、泡沫塑料等具有一定弹性的保温材料。上人屋面因使用要求一般不加砌矮墙，但应做好防水，以避免渗漏。平屋顶变形缝构造如图 2－48、图 2－49 与图 2－50 所示。

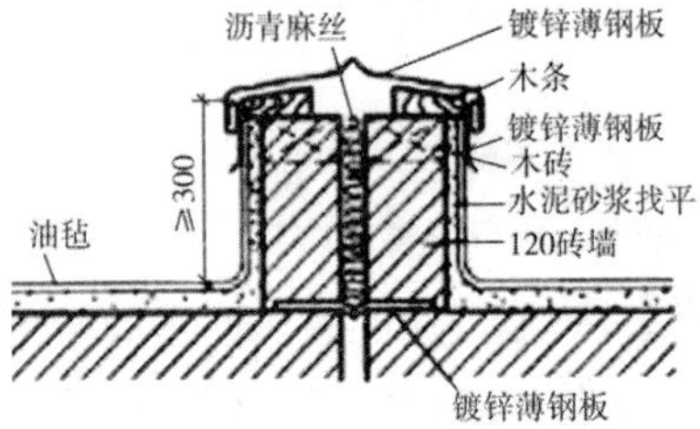

(a)

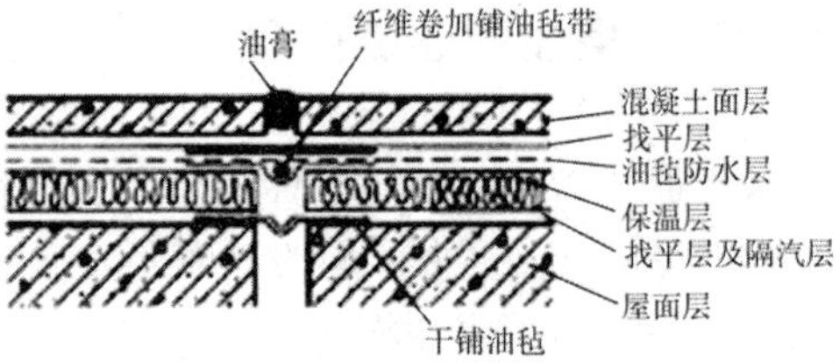

(b)

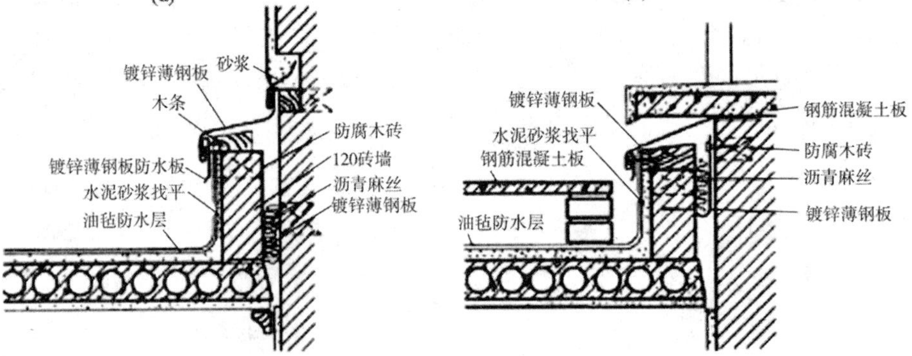

(c)

图 2－48　卷材防水屋面变形缝构造

（a）不上人屋顶平接变形缝　（b）上人屋顶平接变形缝　（c）高低错落处屋顶变形缝

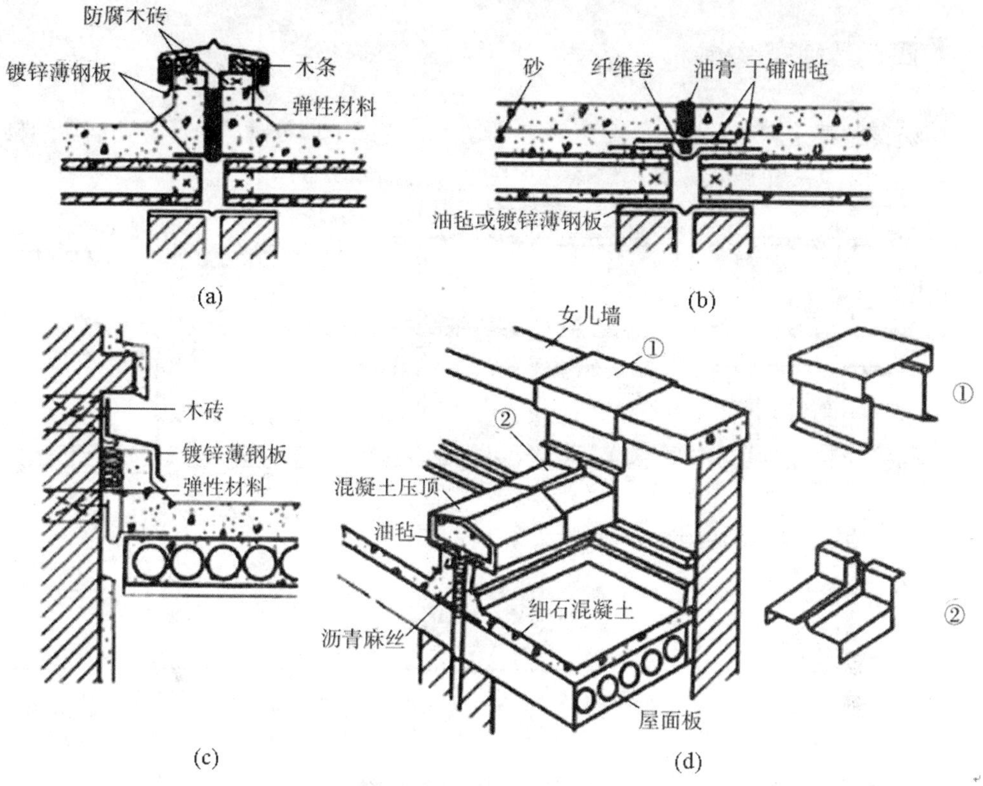

图 2—49　风性防水屋面变形缝构造

（a）不上人屋顶平接变形缝　（b）上人屋顶平接变形缝　（c）高低错落处屋顶变形缝　（d）变形缝立体图

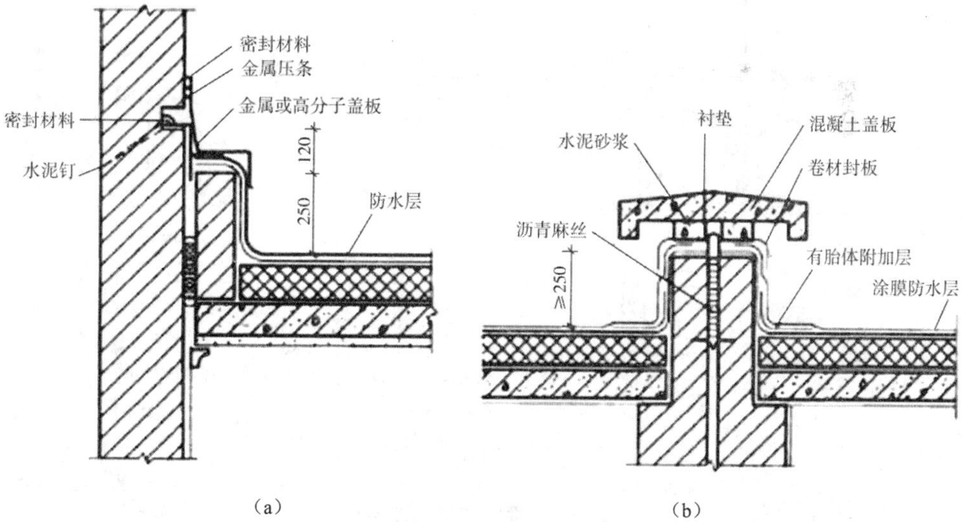

图 2—50　涂膜防水屋顶变形缝构造

（a）高低跨变形缝　（b）变形缝防水构造

四、基础变形缝

沉降缝要求将基础断开，缝两侧一般可为双墙或单墙处理，变形缝处墙体结构平面图如图 2－51 所示，其构造做法如图 2－52 所示。

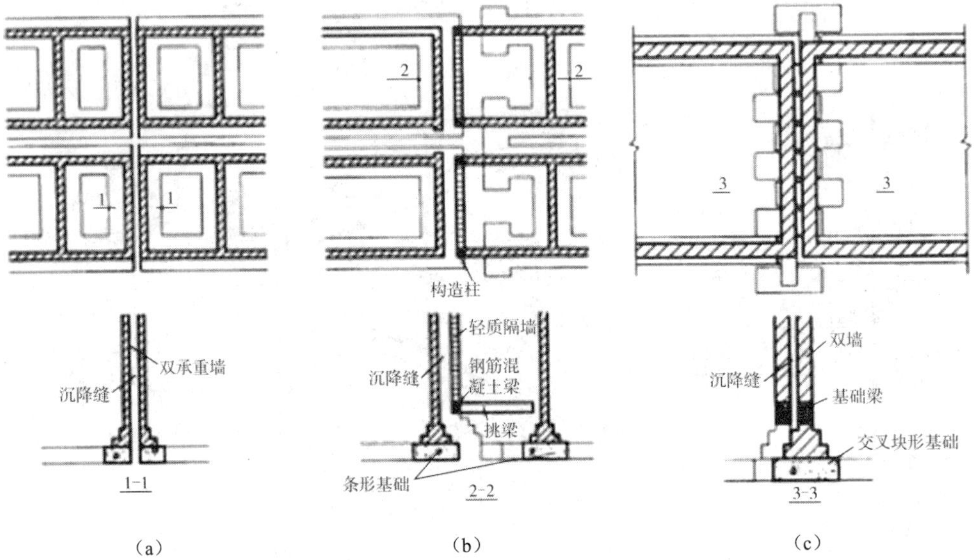

图 2－51　基础沉降缝两侧结构布置

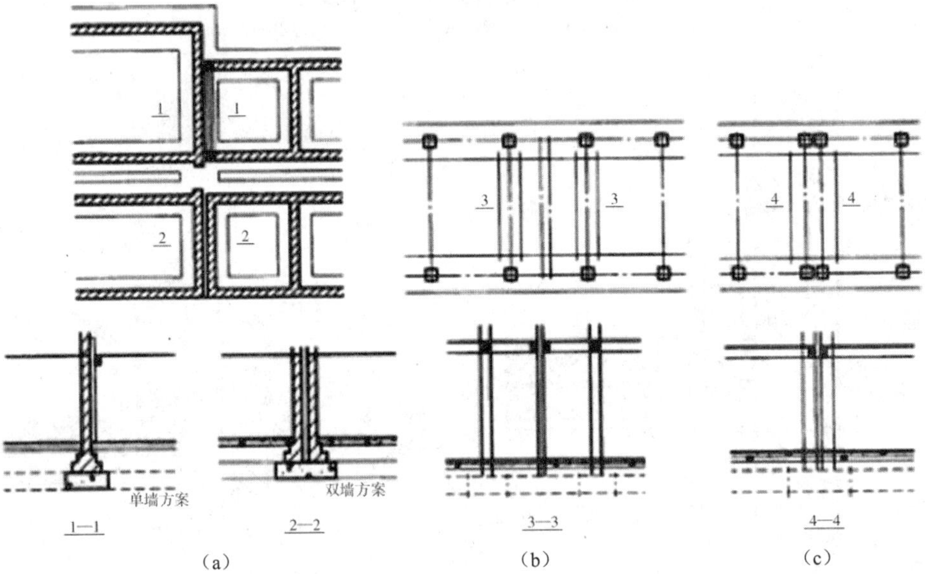

图 2－52　伸缩缝两侧结构布置

（1）双墙基础方案：一种做法是设双墙双条形基础，地上独立的结构单元都有封闭连续的纵横墙，结构空间刚度大，但基础偏心受力，并在沉降时相互影响。另一种做法是设双墙挑梁基础，其特点是保证一侧墙下条形基础正常均匀受压，另一侧采用纵向墙悬挑梁，梁上架设横向托墙梁，再做横墙。这种方案适用于基础埋深相差较大或新旧建筑物相毗邻的情况。

（2）单墙基础方案：单墙基础方案也叫挑梁式方案，即一侧墙体正常做条形受压基础，而另一侧也做正常条形受压基础，两基础之间互不影响，用上部结构出挑实现变形缝的要求宽度。这种做法尤其适用于新旧建筑毗连时，处理时应注意旧建筑与新建筑的沉降不同对楼地面标高的影响，一般要计算新建筑的预计沉降量。

第 10 讲　地下防水构造

地下室由于经常受到下渗地表水、土壤中的潮气和地下水的侵蚀，因此，防潮、防水问题便成了地下室设计中所要解决的一个重要问题。当最高地下水位低于地下室地坪且无滞水可能时，地下水不会直接侵入地下室。地下室外墙和底板只受到地下水的侧压力和浮力。水压力大小与地下水高出地下室地坪的高度有关，高差愈大，压力愈大。这时，对地下室必须采取防水处理。

图 2－53 为地下室防潮、防水与地坪及地下水位的关系。

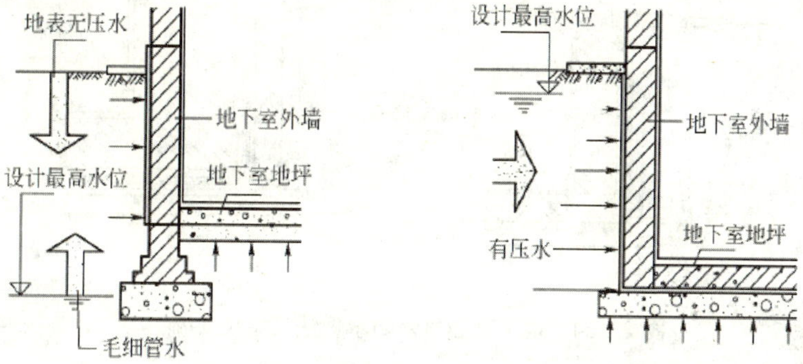

图 2－53　地下室防潮、防水与地下水位的关系

一、地下防水构造

根据防水材料与结构基层的位置关系，有内防水和外防水两种。防水构造层设置于结构外侧的称为外防水，防水构造层设置于主体结构内侧的称为内防水。外防水方式中，由于防水材料置于迎水面，对防水较为有利。将防水材料置于结构内表面（背水面）的内防水做法，对防水不太有利，但施工简便，易于维修，多用于修缮工程。

地下室防水做法根据材料不同有沥青卷材防水、高分子卷材防水、防水混凝土防水、涂料防水、防水砂浆防水、防水板材防水等。一般地下室防水工程设计，外墙主要考虑抗水压或自防水作用，再做卷材外防水（迎水面处理）。地下工程的钢筋混凝土结构，应采用防水混凝土，并根据防水等级的要求采用其他防水措施。地下室最高水位高于地下室地面时，地下室设计应该考虑整体钢筋混凝土结构，保证防水效果。

1.沥青卷材防水

卷材防水属于柔性防水。沥青卷材是以沥青胶为胶结材料的一层或多层防水层。根据卷材与墙体的关系，可分为内防水和外防水。

沥青卷材外防水的具体做法是先在外墙外侧抹20mm厚1∶3水泥砂浆找平层，其上刷冷底子油一道，然后铺贴卷材防水层，并与从地下室地坪底板下留出的卷材防水层逐层搭接。防水层的层数应根据地下室最高水位到地下室地坪的距离来确定。当高差不大于3m时用三层；3～6m时用四层；6～12m时用五层；大于12m时用六层。防水层应高出最高水位 300mm，其上用一层油毡贴至散水底。防水层外面砌半砖保护墙一道，并于保护墙与防水层之间用水泥砂浆填实。砌筑保护墙时，先在底部干铺油毡一层，并沿保护墙长度每隔 5～8m 设一通高断缝，以便使保护墙在土的侧压力作用下，能紧紧压住卷材防水层。最后在保护墙外 0.5m 范围内回填2∶8 灰土或炉渣（图 2－54)。这一方式对防水较为有利。

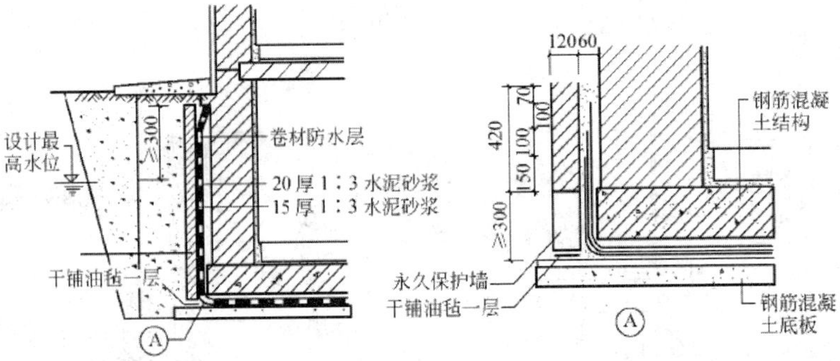

图 2－54　地下室卷材外防水做法（单位：mm）

沥青卷材内防水的做法如图 2－55 所示。

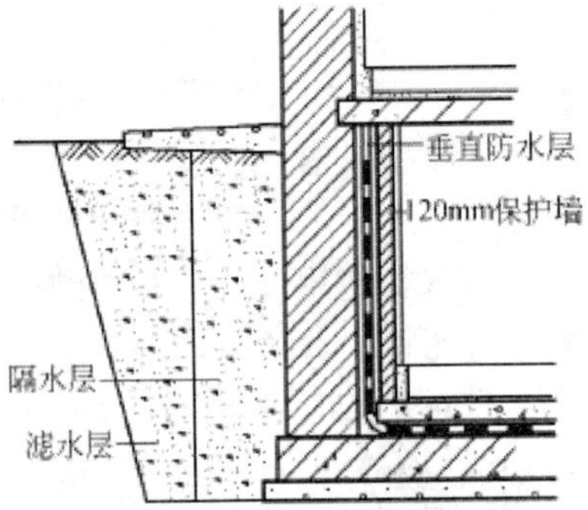

图 2－55　地下室卷材内防水做法

地下室水平防水层的做法，先是在垫层上作水泥砂浆找平层，找平层上涂冷底子油，底面防水层就铺贴在找平层上。最后做好基坑回填隔水层（黏土或灰土）和滤水层（砂），并分层夯实。传统的纸胎油毡沥青卷材由于强度低，耐久性差，一般仅用于标准较低的建筑。近年来发展起来的各种改性沥青卷材在原有的基础上提高了耐候性和弹性，如 SBS 改性沥青卷材，可以在 80℃高温耐热 5h，－20℃低温时，可以在直径为 20mm 的小棍上缠绕而不断裂，温度适应性能好，且断裂伸长率不小于 30%，施工采用熔焊施工，使得防水层黏结牢固，具有很好的整体性和耐久性，而且造价也较低。

2.高分子卷材防水

地下室防水工程，由于要承受较大水压力以及建筑基础和地下室结构可能产生一定的荷载冲击力，因而，防水材料拉伸强度要高、拉断延伸率要大，能承受一定的荷载冲击力，适应防水基层的伸缩及开裂变形。以高分子合成材料构成的防水层比沥青卷材能更好地满足防水材料的弹性要求。我国目前采用的高分子防水卷材主要是三元乙丙橡胶卷材。有 A 型和 B 型两种，它是冷作业，单层施工（地下室防水加附加层）。它能充分适应基层伸缩开裂变形，是一种耐久性极好的弹性卷材，其断裂伸长率不小于 450%，拉伸强度是 SBS 改性沥青卷材的 2～3 倍。

3.防水混凝土防水

防水混凝土分为普通防水混凝土和掺外加剂防水混凝土两类，是在普通混凝土的基础上，从“骨料级配”法发展而来，通过调整配合比或掺外加剂等手段，改善混凝土自身的密实性，使其具有抗渗能力大于 P6（6 kg/cm^2）的混凝土。混凝土防水结构是由防水混凝土依靠其材料本身的憎水性和密实性来达到防水目的，它既是承重、围护结构，又有可靠的防水性能。这种防水做法简化了施工，加快了工程进度，改善了劳动条件。防水混凝土适用于防水等级为 1～4 级的地下整体式混凝土结构。不适用于环境温度高于 80℃或处于耐侵蚀系数小于 0.8 的侵蚀性介质中使用的地下工程。结构厚度不应小于 250 mm；裂缝宽度不得大于 0.2mm，并不得贯通；钢筋保护层厚度迎水面不应小于 50mm。防水混凝土的抗渗等级取决于工程埋置深度（表 2－8）。

表 2－8　防水混凝土设计抗渗等级

工程埋置深度/m	设计抗渗等级
＜10	P6
10～20	P8
20～30	P10
30～40	P12

注：1.本表适用于 N、V 级围岩（土层及软弱围岩）；

2.山岭隧道防水混凝土的抗渗等级可按铁道部门的有关规范执行。

防水混凝土的施工为现场浇注，浇注时应尽可能少留施工缝。对于施工缝应进行防水处理，通常采用 BW 膨胀橡胶止水条填缝。该止水条为膨胀率 100%的聚氨酯材料，具有较好的自粘性、耐候性（-20℃～150℃）、耐压性（耐水压 0.6～1.5 MPa）。混凝土面层应附加防水砂浆抹面防水。

4.涂料防水

涂料防水适用于受侵蚀性介质作用或受振动作用的地下工程主体迎水面或背水面涂刷涂料的防水做法。涂料防水层包括无机防水涂料和有机防水涂料。无机防水涂料可选用水泥基防水涂料、水泥基渗透结晶型涂料。有机涂料可选用反应型、水乳型、聚合物水泥防水涂料。无机防水涂料宜用于结构主体的背水面，有机防水涂料宜用于结构主体的迎水面。用于背水面的有机防水涂料应具有较高的抗渗性，且与基层有较强的黏结性。潮湿基层宜选用与潮湿基面黏结力大的无机涂料或有机涂料，或采用先涂水泥基类无机涂料而后涂有机涂料的复合涂层；埋置深度较深的重要工程、有振动或有较大变形的工程宜选用高弹性防水涂料；有腐蚀性的地下环境宜选用耐腐蚀性较好的反应型、水乳型、聚合物水泥涂料并做刚性保护层。

防水涂料可采用外防外涂、外防内涂两种做法。水泥基防水涂料的厚度宜为 1.5～2.0 mm；水泥基渗透结晶型防水涂料的厚度不应小于 0.8mm；有机防水涂料根据材料的性能厚度宜为 1.2～2.0 mm。有机防水涂料施工完后应及时做好保护层。

5.防水板材防水

常用的防水板材防水有防水塑料防水板防水和金属板防水。

塑料防水板防水适用于铺设在初期支护与二次衬砌间的防水做法。塑料防水板应符合下列规定：幅宽宜为 2～4m ；厚度宜为 1～2mm ；耐刺穿性好；耐久性、耐水性、耐腐蚀性、耐菌性好。铺设防水板前应先铺缓冲层。局部设置防水板防水层时，其两侧应采取封闭措施。

金属板防水适用于抗渗性能要求较高的地下工程的防水做法。金属板的拼接应采用焊接，竖向金属板的垂直接缝应相互错开。金属板防水层应采取防锈措施。

地下室防水作为隐蔽工程，应先验收，后回填，并加强施工现场的管理，以保证防水层的质量，避免后期补救工作给使用带来的不便。

二、地下建筑防潮构造

地下室的防潮层是在地下室外墙外面设置防潮层。具体做法是在外墙外侧先抹 20mm 厚的 1∶2.5 水泥砂浆（高出散水 300 mm 以上），然后涂冷底子油一道和热沥青两道（至散水底），最后在其外侧回填隔水层。隔水层为低渗透性的土壤，如黏土、灰土等。地下室顶板和底板中间位置应设置水平防潮层，使整个地下室防潮层连成整体，以达到防潮目的。

因此地下室所有墙均应设两道水平防潮层：一道设于地下室地坪附近，另一道设于室内外地坪之间，以防止土中潮气和地面雨水因毛细管作用沿墙体上升而影响结构。当地下室的内墙为砖墙时，墙身与底板相交处也应做水平防潮层。图 2－56 为地下室防潮构造做法。

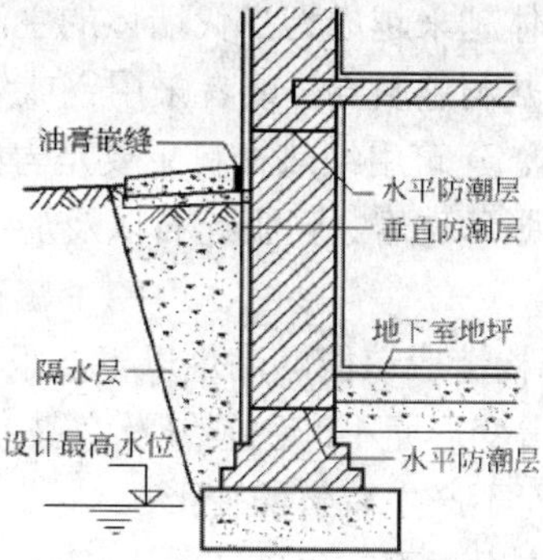

图 2－56　为地下室防潮构造做法

第 11 讲　墙体保温节能构造

为提高建筑物的保温性能，合理设计围护结构的构造方案极为重要。墙体保温有以下几种类型。

一、单一材料的保温构造

墙体是建筑外围护结构的主体。我国长期以烧结黏土砖为主要墙体材料，这对能源和土地资源都是严重的浪费。现在不少地区注重发展多孔砖，按节能要求改进孔型、尺寸，如图 2－57 所示。

加气混凝土生产厂在我国分布甚广。充分利用加气混凝土保温性能较好的条件，按节能要求较过去增加使用厚度 5～10cm，用于框架填充墙及低层建筑承重墙。有的工程则在横墙用砖墙或混凝土墙承重的条件下，外墙全用加气混凝土包覆（图 2－58），效果颇佳。

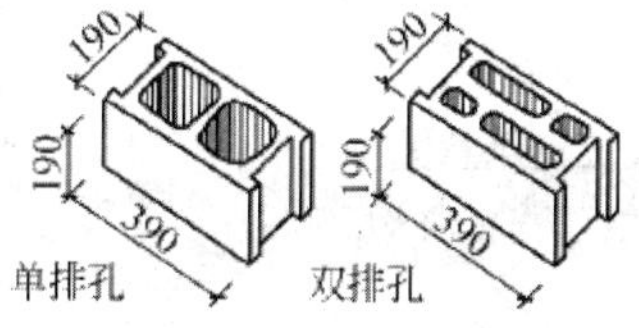

图 2－57　小型砌块（单位：mm）

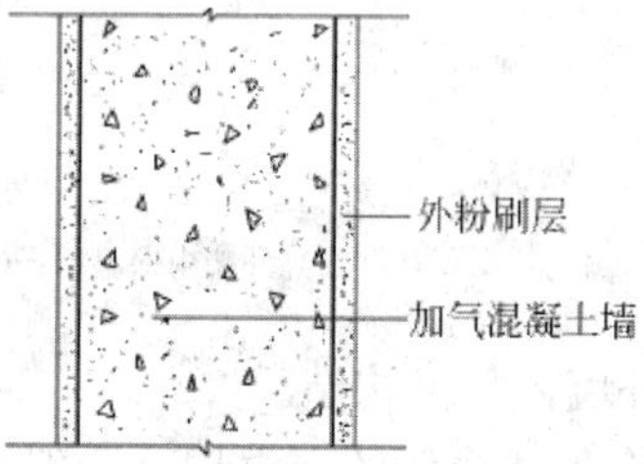

图 2－58　加气混凝土墙

二、复合材料的保温构造

作承重用的单一材料墙体，往往难以同时满足较高的保温、隔热要求，因而，在节能的前提下，复合墙体越来越成为当代墙体的主流。复合墙体一般用砖或钢筋混凝土作承重墙，并与绝热材料复合；或者采用钢或钢筋混凝土框架结构，用薄壁材料夹以绝热材料作墙体。建筑用绝热材料主要是岩棉、矿渣棉、玻璃棉、泡沫聚苯乙烯、泡沫聚氨酯、膨胀珍珠岩、膨胀蛭石以及加气混凝土等，而复合做法则有多种多样。

建筑外墙面的保温层构造应该能够满足以下要求：

（1）适应基层的正常变形而不产生裂缝及空鼓；

（2）长期承受自重而不产生有害的变形；

（3）承受风荷载的作用而不产生破坏；

（4）在室外气候的长期反复作用下不产生破坏；

（5）罕遇地震时不从基层上脱落；

（6）防火性能符合国家有关规定；

（7）具有防止水渗透的功能；

（8）各组成部分具有物理——化学稳定性，所有的组成材料彼此相容，并具有防腐性。

图 2－59 以空心砌块的砌体墙为例，列出了保温层在建筑外墙上面与基层墙体的相对位置。它们分别是：保温层设在外墙的内侧，称作内保温；设在外墙的外侧，称作外保温；设在外墙的夹层空间中，称作夹层保温。以下将就这三种情况下常用的外墙保温构造方法，结合对“热桥”部分的处理，分别加以介绍。

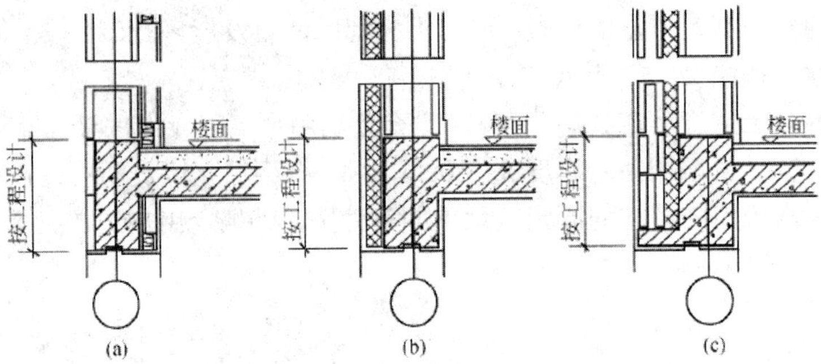

图 2－59 外墙保温层设置位置示意图

（a）外墙内保温层；（b）外墙外保温层；（c）外墙夹层保温

1.外墙内保温构造

做在外墙内侧的保温层，一般有以下几种构造方法。

（1）硬质保温制品内贴。具体做法是在外墙内侧用胶贴剂粘贴增强石膏聚苯复合保温板等硬质建筑保温制品，然后在其表面抹粉刷石膏，并在里面压入中碱玻纤涂塑网格布（满铺），最后用腻子嵌平，做涂料（图 2－60）。

由于石膏的防水性能较差，因此在卫生间、厨房等较潮湿的房间内不宜使用增强聚苯石膏板。

（2）保温层挂装。具体做法是先在外墙内侧固定衬有保温材料的保温龙骨，在龙骨的间隙中填入岩棉等保温材料，然后在龙骨表面安装纸面石膏板（图 2－61）。

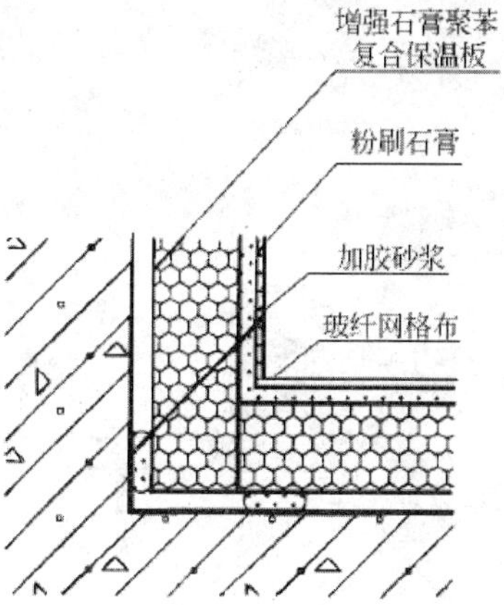

图 2－60　外墙硬质保温板内贴

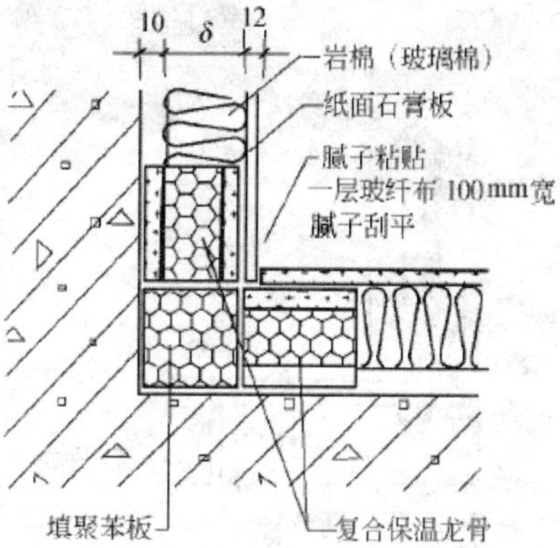

图 2－61　外墙保温层挂装（单位：mm）

外墙内保温的优点是不影响外墙外饰面及防水等构造的做法，但需要占据较多的室内空间，减少了建筑物的使用面积，而且用在居住建筑上，会给用户的自主装修造成一定的麻烦。

2.外墙外保温构造

外墙外保温比起内保温来，其优点是可以不占用室内使用面积，而且可以使整个外墙墙体处于保温层的保护之下，冬季不至于产生冻融破坏。但因为外墙的整个外表面是连续的，不像内墙面那样可以被楼板隔开。同时外墙面又会直接受到阳光照射和雨雪的侵袭，所以外保温构造在对抗变形因素的影响和防止材料脱落以及防火等安全方面的要求更高。

常用外墙外保温构造有以下几种。

（1）保温浆料外粉刷。具体做法是先在外墙外表面做一道界面砂浆，然后粉刷胶粉聚苯颗粒保温浆料等保温砂浆。如果保温砂浆的厚度较大，应当在里面钉入镀锌钢丝网，以防止开裂（但满铺金属网时应有防雷措施）。保护层及饰面用聚合物砂浆加上耐碱玻纤布，最后用柔性耐水腻子嵌平，涂表面涂料（图 2－62）。

在高聚物砂浆中夹入玻纤网格布是为了防止外粉刷空鼓、开裂。注意玻纤布应该做在高聚物砂浆的层间，而不应该先贴在聚苯板上。其中保护层中的玻纤布在门窗洞口等易开裂处应加铺一道，或者改用钉入法固定的镀锌钢丝网来加强。

（2）外贴保温板材。用于外墙外保温的板材最好是自防水及阻燃型的，如阻燃性挤塑型聚苯板和聚氨酯外墙保温板等，可以省去做隔蒸汽层及防水层等的麻烦，又较安全。而且外墙保温板黏结时，应用机械锚固件辅助连接，以防止脱落。一般挤塑型聚苯板每平方米需加钉 4 个钉；发泡型聚苯板每平方米需加钉 1.5 个钉。此外，出于高层建筑进一步的防火方面的需要，在高层建筑 60 m 以上高度的墙面上，窗口以上的一截保温应用矿棉板来做。

外贴保温板材的外墙外保温构造的基本做法是用黏结胶浆与辅助机械锚固方

法一起固定保温板材，保护层用聚合物砂浆加上耐碱玻纤布，饰面用柔性耐水腻子嵌平，涂表面涂料（图 2－63）。

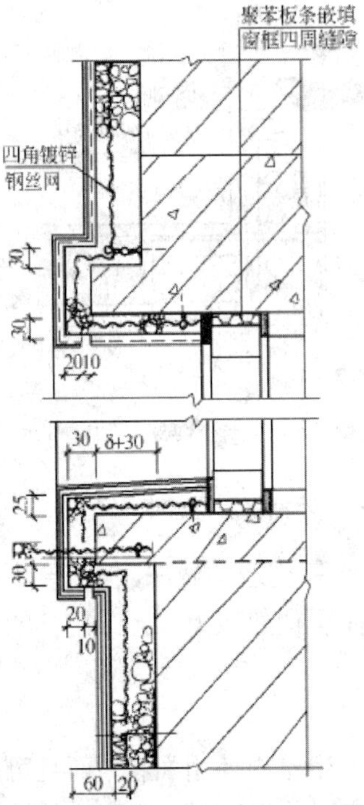

图 2－62　外墙保温砂浆外粉刷（单位：mm）

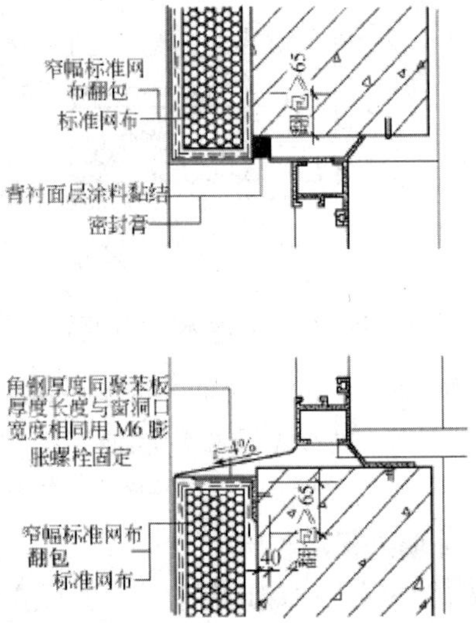

图 2－63　外墙硬质保温板外贴

图 2－64 是一种将结构构件和保温、装饰一体化设计的方法。图中的挤塑型聚苯板被做成可以插接的模板，装配后在里面现浇钢筋混凝土墙板。调整跨越内外两层模板的塑料固定件的型号，还可以按照结构要求改变钢筋混凝土墙体的厚度。同时，固定件插入聚苯模板中的部分又可以作为墙筋来固定内外装饰面板。这种构造虽然材料费用较高，但工业化程度高，施工方便，可以节省大量现场人工，保温效果也非常好。

对于例如砌体墙上的圈梁、构造柱等热桥部位，可以利用砌块厚度与圈梁、构造柱的最小允许截面厚度尺寸之间的差，将圈梁、构造柱与外墙的某一侧做平，然后在其另一侧圈梁、构造柱部位墙面的凹陷处填入一道加强保温材料，如聚苯保温板等，厚度以与墙面做平为宜（图 2－65）。当加强保温材料做在外墙外侧时，考虑适应变形及安全的因素，聚苯保温板等应该用钉加固。

（3）外加保温砌块墙。这种做法适用于低层和多层的建筑，可以全部或局部在结构外墙的外面再贴砌一道墙，砌块选用保温性能较好材料来制作，例如加气混凝土砌块、陶粒混凝土砌块等。图 2－66 是某多层节能试点工程住宅所采用的外墙保温构造。其承重墙用粉煤灰砖砌筑，不承重的外纵墙用粉煤灰加气混凝土砌块砌筑，在山墙的粉煤灰砖砌体外面再贴砌一道加气混凝土砌块墙。两层砌体之间的拉结可以通过在砌块的灰缝中伸出锚固件来解决。

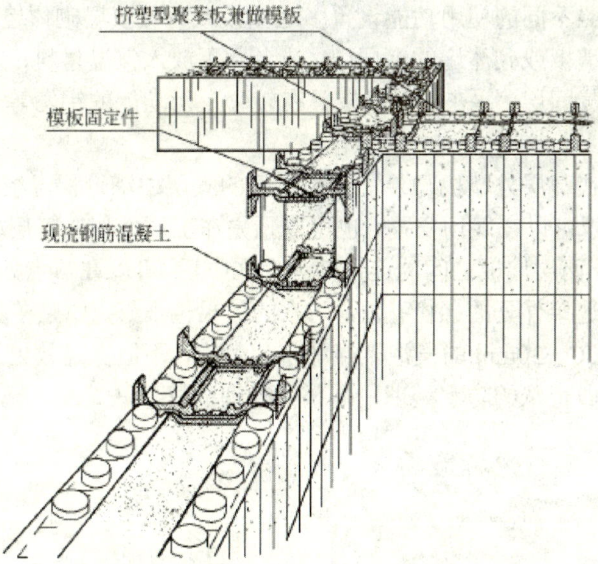

图 2－64　保温层及现浇混凝土外墙组合

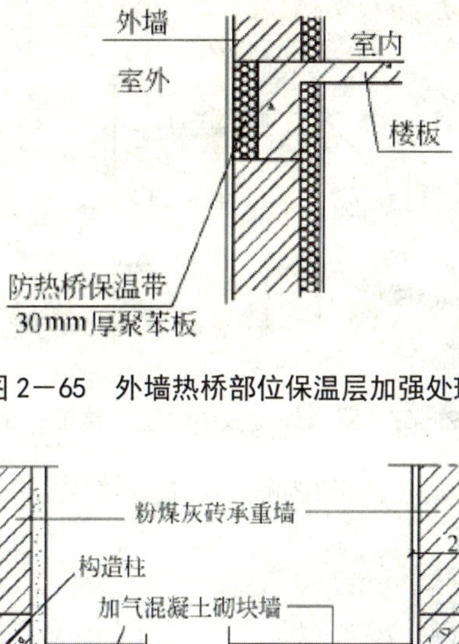

图 2－65　外墙热桥部位保温层加强处理

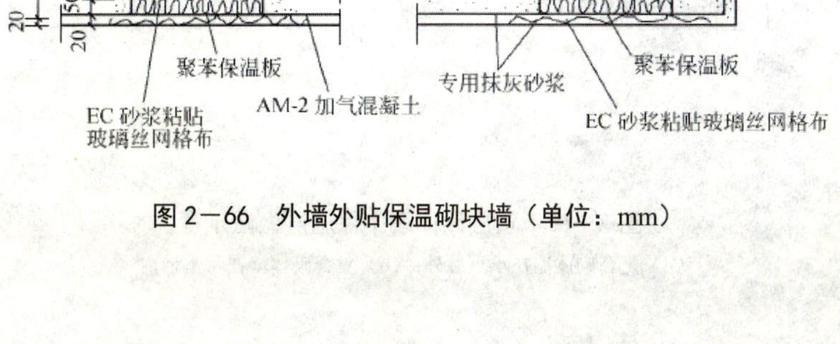

图 2－66　外墙外贴保温砌块墙（单位：mm）

3.外墙夹层保温构造

建筑物中按照不同的使用功能设置多道墙板或者做双层砌体墙，外墙保温材料可以放置在这些墙板或砌体墙的夹层中，或者并不放入保温材料，只是封闭夹层空间形成静止的空气间层，并在里面设置具有较强反射功能的铝箔等，起到阻挡热量外流的作用。

图 2－67 是在基层外墙板与装饰面板之间的夹层中铺钉保温板的实例。类似这样的做法，保温板可以在现场安置，也可以预先在工厂叠加在基层板上后，再运到现场安装。由于在两层墙板之间的连接件处存在热桥，可以在节点处喷发泡聚氨酯，这样同时堵塞了连接件处的螺栓孔洞，防水的效果也很好。如果在基层板上不放保温板，完全用约 20～30mm 的发泡聚氨酯来代替它，不但保温效果不会受影响，基层板缝也可不用做特殊的防水处理，是整体处理的好方法。

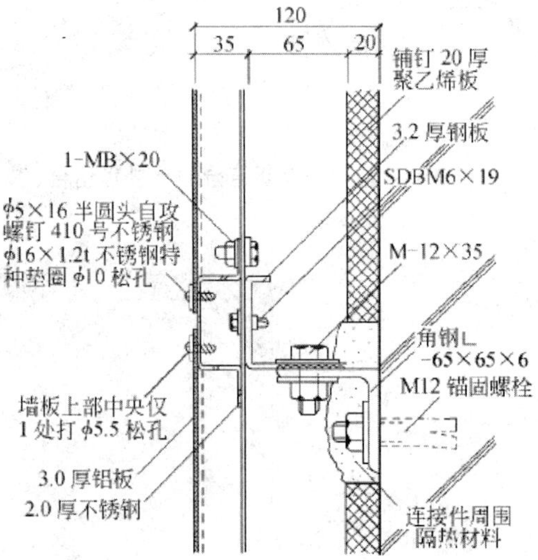

图 2－67　双层外墙板中保温（单位：mm）

图 2－68 是在双层砌块墙体的中间夹层中放置保温材料的例子。

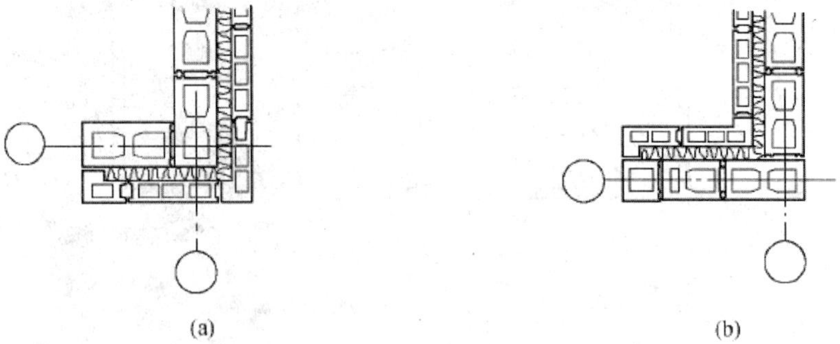

图 2－68　双层砌体墙中保温层做法示意

（a）复合砌体墙在承重墙外；（b）复合砌体墙在承重墙内

三、围护结构交角处的保温构造

为了改善围护结构交角处的热工状况，在热工设计中可采用局部保温措施。在采暖设计中，应尽可能将采暖系统的立管（或横管）布置在交角处，以提高该处的温度。

图 2－69 是加气混凝土复合墙板外墙角的保温处理。局部保温材料是聚苯乙烯泡沫塑料。为了防止雨水和冷风侵入两块板材的接缝，在缝口内附加有防水砂浆。类似的方法可用于内墙与外墙交角的局部保温（图 2－70）。

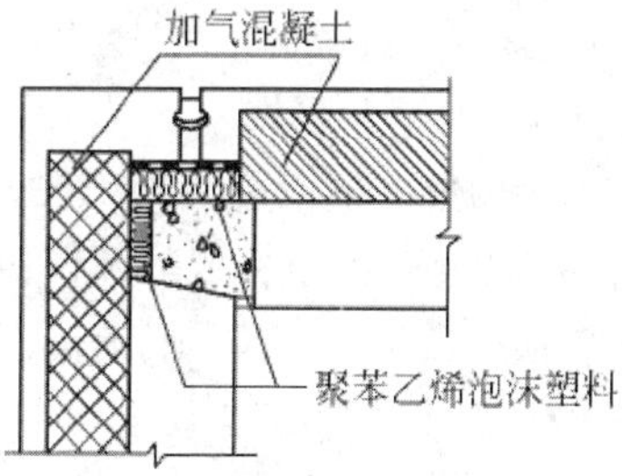

图 2－69　复合墙板外墙角局部保温

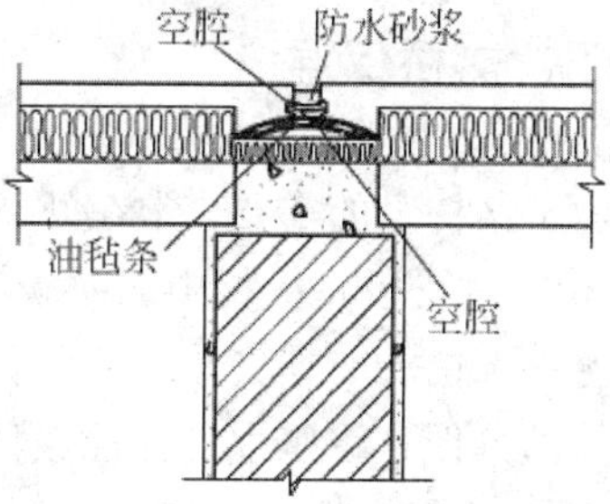

图 2－70　外墙与内墙交角保温

屋顶与外墙交角的保温处理，有时比内外墙交角要复杂得多。有时平屋顶保温层只做到外墙内侧，这对保温来说是不够的。最低限度应该将保温层延伸到外墙外皮以外一定长度。图 2－71 将该屋顶的水泥珍珠岩保温层延伸到外墙皮以外约 20mm 处，使钢筋混凝土檐口板在墙头部分被保护起来。同时还用聚苯乙烯泡沫塑料，增强外墙板端部的保温能力，该交角内表面就不易出现结露现象。

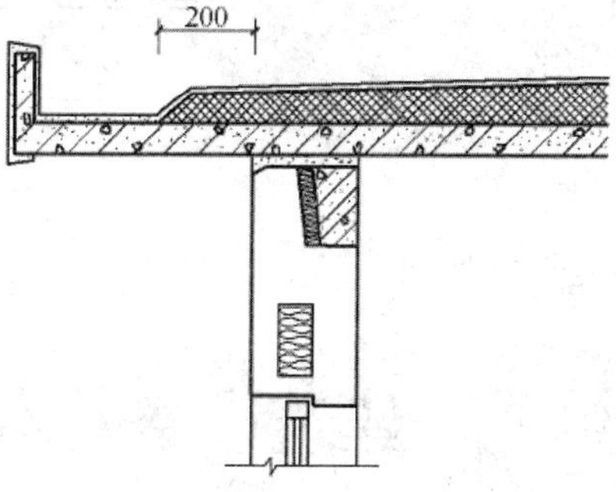

图 2－71　屋顶与外墙交角保温

图 2－72 是楼板与外墙交角处用聚苯乙烯泡沫塑料进行保温处理的实例。当然，用其他高效保温材料，也是可以的，例如矿棉毡、岩棉、水泥珍珠岩等填入缝内均可。

与不采暖楼梯间墙相交的楼板边侧，为防止室内交角附近结露，也应适当保温，图 2－73 中是用钢丝网固定聚苯乙烯泡沫塑料的做法。但也可用各种保温砂浆保温。

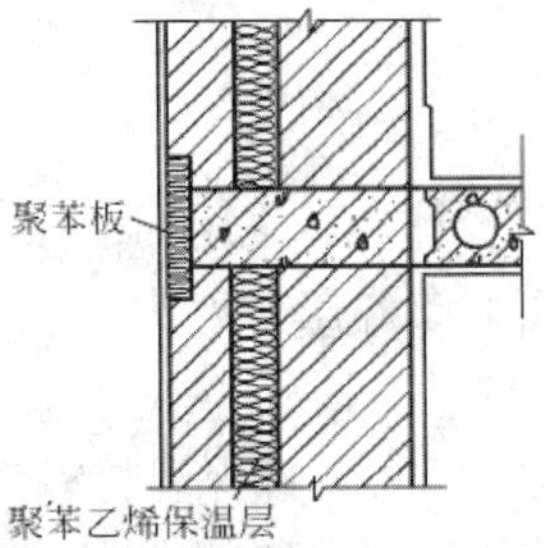

图 2－72 楼板与外墙交角保温

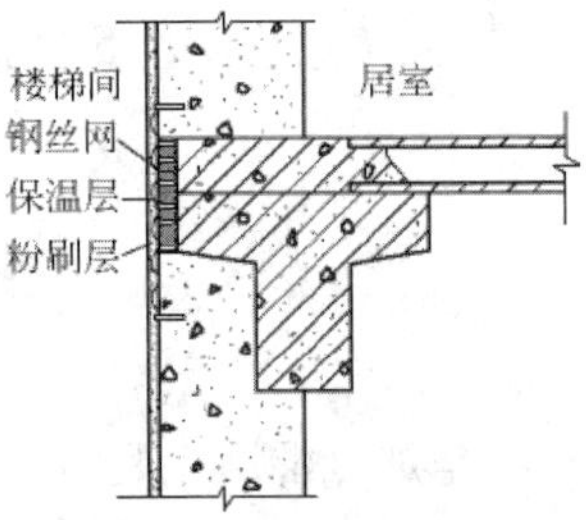

图 2－73 楼板与不采暖楼梯间墙交角保温

四、热桥保温

由于结构上的需要，常在外墙中出现一些嵌入构件，如钢筋混凝土柱、梁、垫块、圈梁、过梁以及板材中的肋条等。在寒冷地区，热量很容易从这些部位传出去。因此这些部位的热损失比相同面积主体部分的热损失要多。所以它们的内表面温度比主体部分低。这些保温性能较低的部位通常称为"热桥"或"冷桥"。在热桥部位最容易产生凝结水。

为了防止热桥部位内表面出现结露，应采取局部保温措施。图 2－74 所示为寒冷地区外墙中钢筋混凝土过梁部位的保温处理，将过梁截面做成 L 形，在外侧附加保温材料；对框架柱，当柱子位于外墙内侧时，这时可不必另作保温处理，只有当柱的外表面与外墙面平齐或突出外墙时，才对柱外侧作保温处理（图 2－75）。

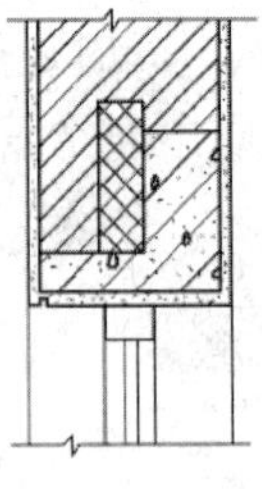

图 2－74 过梁部位保温处理

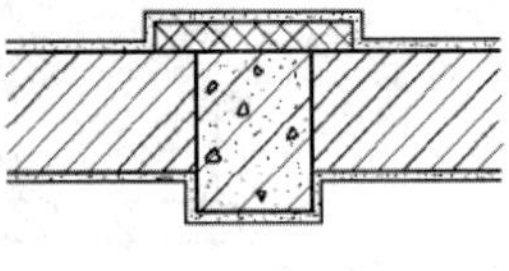

图 2－75 柱子局部保温处理

第 2 单元 建筑设备基本知识

第 1 讲 建筑给水系统

从室外第一个水表井或接管点算起向室内延伸，称为建筑给水，也称室内给水。包括生活给水系统、生产给水系统、消防给水和热水供应系统等。其任务就是选择经济、合理、安全、卫生、适用的先进给水系统，将水自城镇给水管网（或热力管网）通过管道输送至室内到生活、生产和消防用水设备处，并满足各用水点（配水点）对水质、水量、水压的要求。

一、建筑给水系统的分类及组成

1.建筑给水系统的分类

建筑给水系统按供水对象可分为生活、生产和消防三类基本的给水系统。

（1）生活给水系统。为满足民用建筑和工业建筑内的饮用、盥洗、洗涤、淋浴等日常生活用水需要所设的给水系统，称为生活给水系统，其水质必须满足国家规定的生活饮用水水质标准。生活给水系统的主要特点是用水量不均匀、用水有规律性。

（2）生产给水系统。为满足工业企业生产过程用水需要所设的给水系统，称为生产给水系统，如锅炉用水、原料产品的洗涤用水、生产设备的冷却用水、食品的加工用水、混凝土加工用水等。生产给水系统的水质、水压因生产工艺不同而异，应满足生产工艺的要求。生产给水系统的主要特点是用水量均匀、用水有规律性、水质要求差异大。

（3）消防给水系统。为满足建筑物扑灭火灾用水需要而设置的给水系统，称为消防给水系统。消防给水系统对水质的要求不高，但必须根据《建筑设计防火规范》要求，保证足够的水量和水压。消防给水系统的主要特点是对水质无特殊要求、短时间内用水量大、压力要求高。

生活、生产和消防这三种给水系统在实际工程中可以单独设置，也可以组成共用给水系统，如生活-生产共用的系统、生活-消防共用的给水系统、生活-生产-消防共用的给水系统等。

采用何种系统，通常根据建筑物内生活、生产、消防等各项用水对水质、水量、水压、水温的要求及室外给水系统的情况，经技术、经济比较后确定。

2.建筑给水系统的组成

建筑给水系统的组成如图 2－76 所示。

（1）引入管指穿越建筑物承重墙或基础的管道，是室外给水管网与室内给水管网之间的联络管段，也称进户管，如图 2－77 所示。

根据建筑特点，引人管引入室内的位置有以下不同：

1）用水点分布不均匀——宜从建筑物用水量最大处和不允许断水处引入。

2）用水点分布均匀——从建筑的中间引入。

3）—般设 1 条引入管；当不允许断水或消火栓数大于 10 个时，从建筑不同侧引入 2 条，同侧引人时，间距大于 15m。

（2）水表结点指装设在引入管上的水表及其前后的闸门、泄水装置等。

（3）管网系统指室内给水水平管或垂直干管、立管、支管等。

（4）给水附件指给水管路上的阀门，止回阀及各种配水龙头。

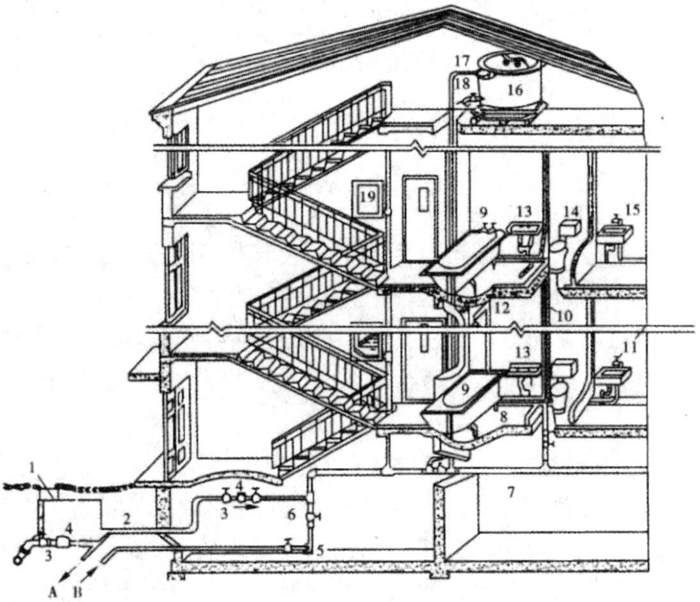

图 2－76　室内给水系统图

1—阀门井；2—引入管；3—闸阀；4—水表；5—水泵；6—止回阀；7—干管；8—支管；9—浴盆；10—立管；11—水龙头；12—淋浴器；13—洗脸盆；14—大便器；15—洗漆盆；16—水箱；17—进水管；18—出水管；19—消火栓；A—入储水池；B—来自储水池

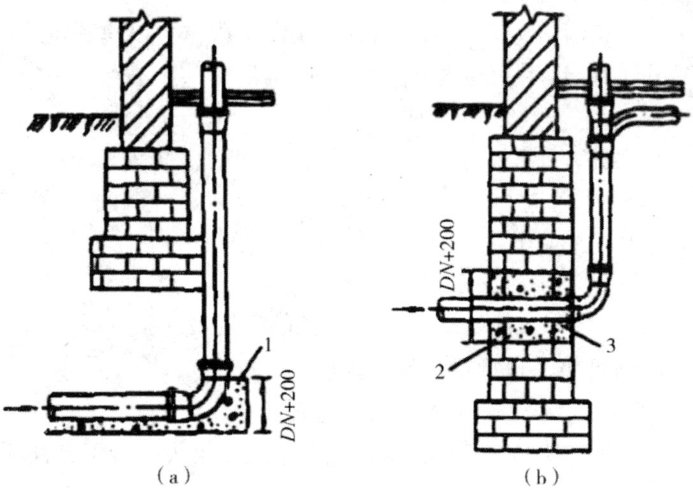

图 2－77　引入管进建筑物

(a) 从基础中穿过；(b) 从浅基础下穿过

1 一 C5.5 混凝土支座；2—黏土；3—M5 水泥砂浆封口

（5）升压和储水设备在室外给水管网压力不足或室内对安全供水、水压稳定有要求时，需设置各种附属设备，如水箱、水泵、气压给水装置、水池等升压和储水设备。

（6）消防给水设备按照建筑物的防火要求及规范，需要设置消防给水时，配置有消火栓、自动喷水灭火设备等装置。

二、建筑给水系统的给水方式

建筑给水方式是建筑给水系统的供水方案。是根据建筑物的性质、高度、建筑物内用水设备、卫生器具对水质、水压和水量的要求和用水点在建筑物内的分布情况以及用户对供水安全、可靠性的要求等因素，结合室外管网所能提供的水质、水量和水压情况，经技术经济比较综合评判后而确定的给水系统布置形式。

1．直接给水方式

室外给水管网的水量、水压在一天的任何时间内均能满足建筑物内最不利配水点用水要求时，不设任何调节和增压设施的给水方式称为直接给水方式，如图 2－78 所示。即建筑物内部给水系统直接在室外管网压力的作用下工作，这是最简单的给水方式。

这种给水方式的优点是给水系统简单，投资省，安装维修方便，可充分利用室外管网的水压，节约能源；缺点是系统内无调节、无储备水量，外部给水管网停水时，内部给水管网也随即断水，影响使用。适用于室外给水管网的水量、水压全天都能满足用水要求的建筑。

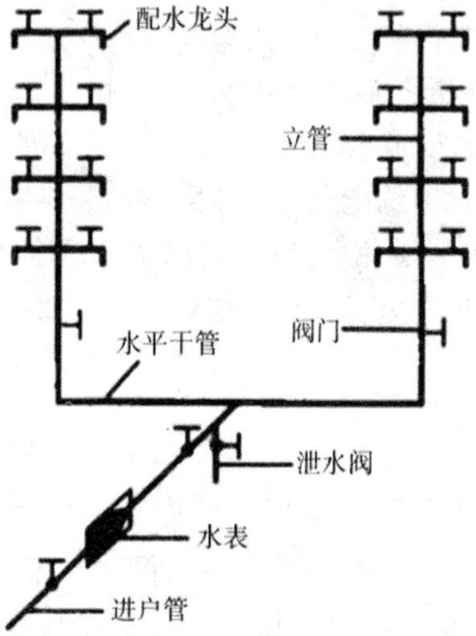

图 2－78　直接给水方式

2．单设水箱的给水方式

室外管网在一天中的某个时刻有周期性的水压不足，或者室内某些用水点需要稳定压力的建筑物可设屋顶水箱。当室外管网压力大于室内管网所需压力时（一般在夜间），水进入屋顶水箱，此时水箱储水；当室外管网压力不足，不能满足室内管网所需压力时（一般在白天），此时水箱便供水。

这种供水方式适用于多层建筑，下面几层与室外给水管网直接连接，利用室外管网水压供水，上面几层则靠屋顶水箱调节水量和水压，由水箱供水（图 2－79）。

这种给水方式的特点是水箱储备一定量的水，在室外管网压力不足时不中断室内用水，供水较可靠，且充分利用室外管网水压，节省能源，安装和维护简单，投资较省。但需设高位水箱，增加了结构荷载，并给建筑立面处理带来一定的难度；若管理不当，水箱的水质易受到污染。

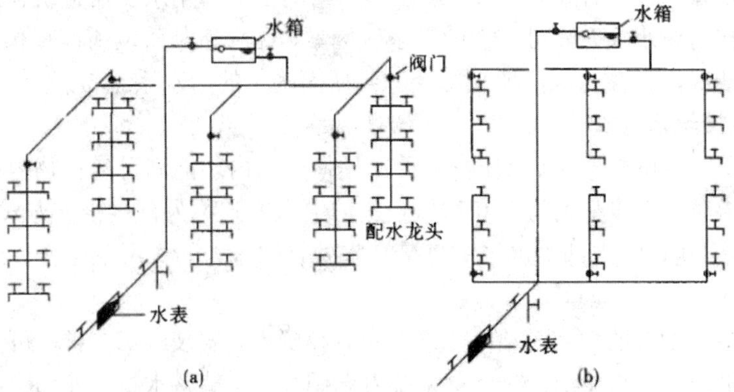

图 2－79　单设水箱的给水方式

3．单设水泵的给水方式

当室外管网水压经常性不足时，水泵向室内给水系统供水的给水方式，如图 2－80 所示。当室内用水量大而且均匀时，可用恒速水泵供水；室内用水量不均匀时，宜采用一台或者多台变速水泵运行，以提高水泵的工作效率，降低电耗。为充分利用室外管网的压力，节约电能，当水泵与室外管网直接连接时，应设旁通管，并征得供水部门的同意。以避免水泵直接从室外管网抽水而造成室外管网压力大幅度波动，影响其他用户用水。设置贮水池时也一定要防止二次污染。

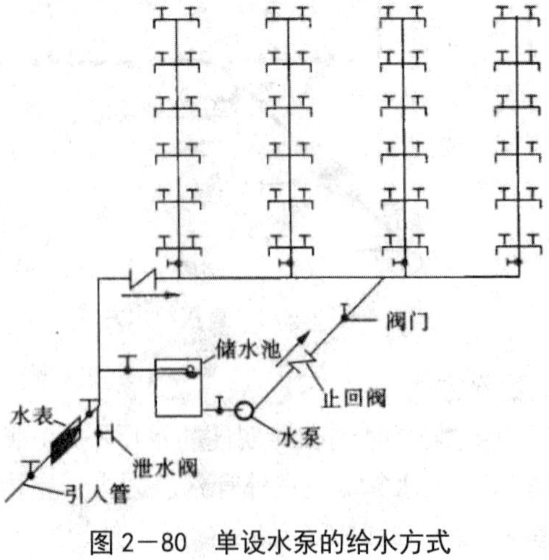

图 2－80　单设水泵的给水方式

一般情况下，应在系统中设置贮水池，采用水泵与室外管网间接连接的方式。

这种供水方式的优点是系统简单，供水可靠，无高位水箱荷载，维护管理简单，经常运行费用低；缺点是系统内无调节，对动力保证要求较高，能源消耗高；当采用变频调速技术时，一次性投入较高，维护也相对复杂。

4．水泵和水箱联合给水方式

当允许水泵直接从室外管网抽水时，且室外给水管网的水压低于或周期性低于建筑物内部给水管网所需水压，而且建筑物内部用水量又很不均匀时，宜采用水箱和水泵联合给水方式，如图 2－81 所示。

这种给水方式由于水泵可及时向水箱充水，使水箱容积大为减小；又因为水箱的调节作用，水泵的出水量稳定，可以使水泵在高效率下工作。水箱如采用自动液位控制（如水位继电器等装置），可实现水泵启闭自动化。因此，这种方式技术上合理、供水可靠，虽然费用较高，但其长期运行效果是经济的。

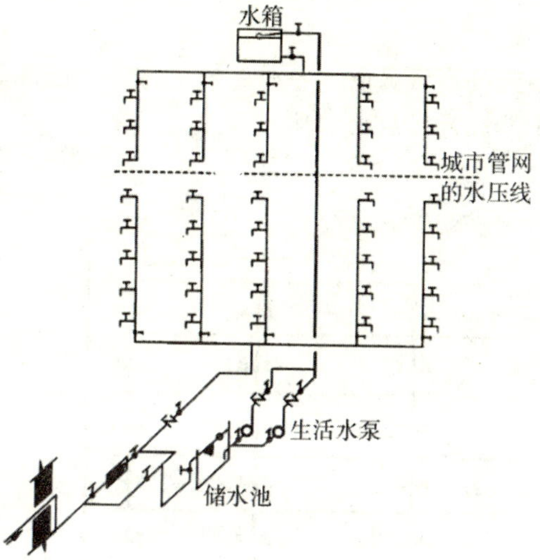

图 2－81　水泵和水箱联合给水方式

5．气压给水方式

气压给水是利用密闭压力容器内空气的可压缩性，储存、调节和压送水量的给水装置，其作用相当于高位水箱和水塔，如图 2－82 所示。

水泵从贮水池或室外给水管网抽水，加压后送至供水系统和气压罐内；停泵时，由气压罐向室内给水系统供水；气压罐具有调节、储存水量并控制水泵运行的功能。

这种给水方式的优点是设备可设在建筑物的任何位置，便于隐藏，水质不易受污染，投资省建设周期短，便于实现自动控制等；缺点是给水压力波动较大，管理及运行费用较高，而且可调节性较小。适用于室外管网水压经常性不足，不宜设置高位水箱或水塔的建筑（如隐蔽的国防工程、地震区建筑、建筑艺术要求较高的建筑等）。

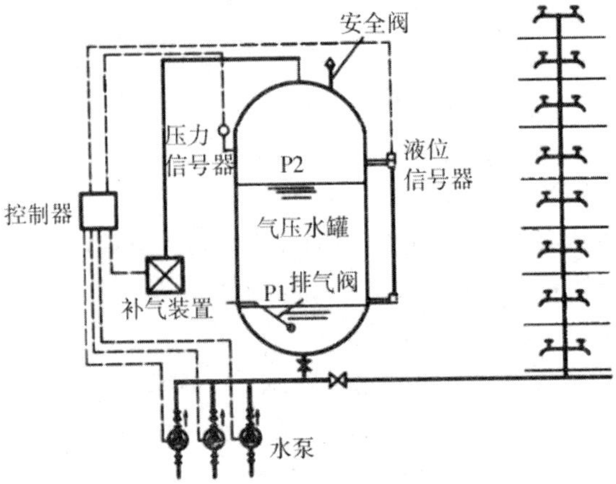

图 2—82　气压给水方式

6．分区给水方式

建筑物层数较多或高度较大时，室外管网的水压只能满足较低楼层的用水要求，而不能满足较高楼层用水要求，见图 2—83。

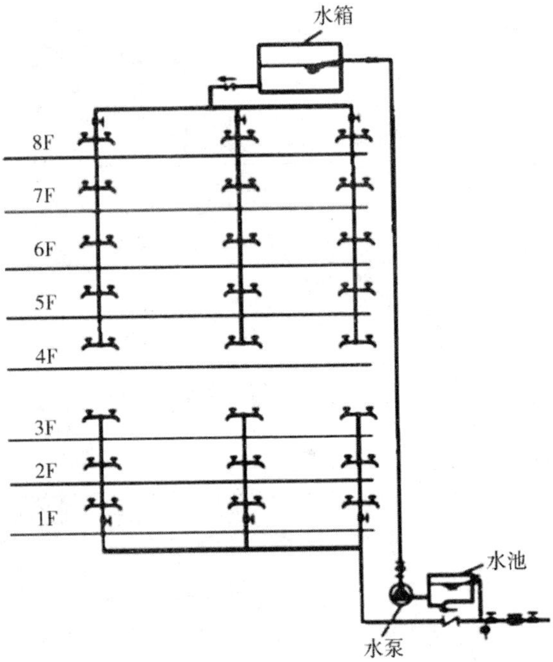

图 2—83　分区给水方式

这种给水方式将建筑物分成上下两个供水区（若建筑物层数较多，可以分成两个以上的供水区域），下区直接在城市管网压力下工作，上区由水箱、水泵联合供水。

这种给水方式适用于多层、高层建筑中，室外给水管网提供的水压能满足建筑下层用水要求，此方式对低层设有洗衣房、澡堂、大型餐厅和厨房等用水量大设施的建筑物尤其有经济意义。

7．分质给水方式

根据不同用途所需的不同水质，分别设置独立的给水系统。图 2－84 所示为饮用水和杂用水分质给水系统，一套系统是由市政提供的自来水为生活饮用水，输送到生活饮用水的用水点；另一套系统是将自来水在水处理装置中进行处理，成为杂用水水源，然后由杂用水管道输送到杂用水用水点。

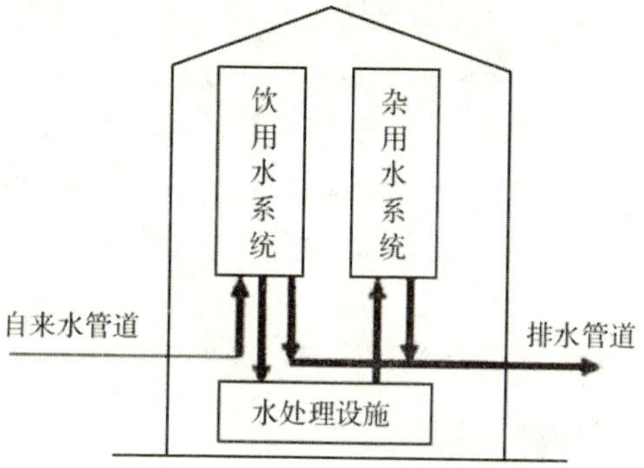

图 2－84　分质给水方式

第 2 讲　建筑排水系统

一、建筑排水系统的分类及组成

1.建筑排水系统的分类

建筑排水系统的任务，就是将建筑物内卫生器具和生产设备产生的污废水、降落在屋面上的雨雪水加以收集后，顺畅地排放到室外排水管道系统中，便于排入污水处理厂或综合利用。

根据系统接纳的污废水类型，建筑排水系统可分为三大类：

（1）生活排水系统

生活排水系统排除居住建筑、公共建筑及工厂生活间的污废水。

有时，由于污废水处理、卫生条件或杂用水水源的需要，把生活排水系统又进一步分为排除冲洗便器的生活污水排水系统和排除盥洗、洗涤废水的生活废水排水系统。生活废水经过处理后，可作为杂用水，用来冲洗厕所、浇洒绿地和道路、冲洗汽车等。

（2）生产排水系统

生产排水系统排除工艺生产过程中产生的污废水。为便于污废水的处理和综合利用，按污染程度可分为生产污水排水系统和生产废水排水系统。生产污水污染较重，需要经过专门处理，达到排放标准后排放；生产废水污染较轻，如机械设备冷却水，生产废水可作为杂用水水源，也可经过简单处理后（如降温）回用或排人水体。

（3）屋面雨水排水系统

专门排除屋面雨水、雪水的系统。雨水、雪水较清洁，可以直接排入水体或城市雨水系统。

2.建筑排水系统的组成

室内排水的主要任务是将自卫生器具和生产设备排出的污水迅速地排到室外排水—管道系统中去，并为室外污水的处理和综合利用提供条件。同时，还应考虑减小管道内的气压波动，使其尽量稳定，以防止系统中存水弯的水封被破坏，否则室外排水管道中的有害气体、臭气、有害虫类将通过排水管进入室内，污染室内工作和生活环境。

建筑内部排水系统的基本组成部分为：卫生器具或生产设备的受水器、排水管道、清通部件和通气管道，见图 2－85（在有些排水系统中，根据需要还设有污废水的提升设备和局部处理构筑物）。

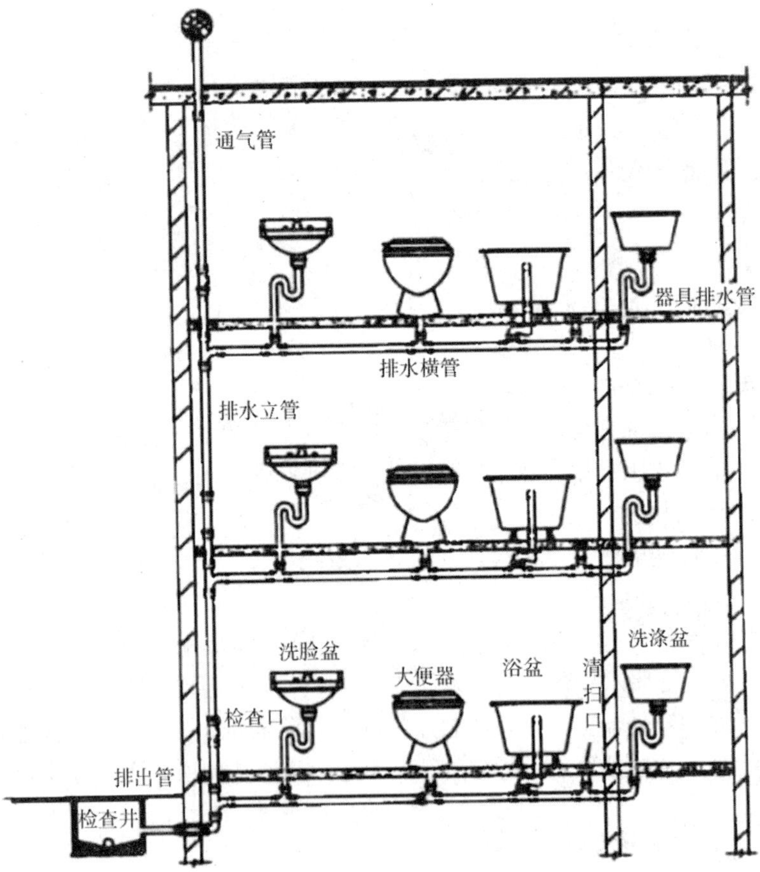

图 2－85　建筑排水系统

（1）污水和废水收集器具

污水和废水收集器具是排水系统的起端，用来承受用水和将使用后的废水、废物排泄到排水系统中的容器，主要指各种卫生器具、收集和排除工业废水的设备等。

（2）水封装置

水封装置设置在污水、废水收集器具的排水口下方，或器具本身构造设置有水封装置，其作用是阻挡排水管道中的臭气和其他有害、易燃气体及虫类进入室内造成危害。

1）水封的作用

水封是利用一定高度的静水压力来抵抗排水管内气压变化，防止管内气体进入室内的措施。水封设在卫生器具排水口下，通常用存水弯来实施。水封有管式、瓶式和筒式等多种形式。常用的管式存水弯有 P 形和 S 形和 U 形。见图 2－86。国内外一般将水封高度定为 50～100mm。水封底部应设清通口，以利于清通。S 形存水弯用于和排水横管垂直连接的场所；P 形存水弯用于和排水横管或排水立管水平直角连接的场所；瓶式存水弯及带通气装置的存水弯一般明设在洗脸盆或洗涤盆等卫生器具的排出管上，形式较美观；存水盒与 S 形存水弯相同，安装较灵活，便于清掏。一般可两个卫生器具合用一个存水弯，或多个卫生器具共用一个。

（2）水封破坏

因静态和动态原因造成存水弯内水封高度减少，不足以抵抗管道内允许的压力变化值时（±25mmH_2O），管道内气体进入室内的现象叫水封破坏。在一个排水系统中，只要有一个水封破坏，整个排水系统的平衡就被打破。水封的破坏与水封的强度有关。水封强度是指存水弯内水封抵抗管道系统内压力变化的能力，其值与存水弯内水量损失有关。水封水量损失越多，水封强度越小，抵抗管内压力波动的能力越弱。

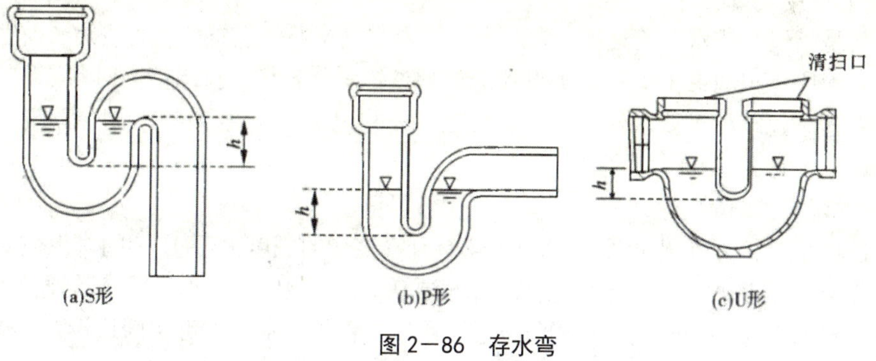

图 2－86　存水弯

（3）排水管道

排水管由器具排水管、排水横支管、排水立管、埋设在地下的排水干管和排出室外的排出管等组成，其作用是将污（废）水迅速安全地排出室外。

（4）通气管

通气管是指在排水管系中设置的与大气相通的管道。设置通气管目的是能向排水管内补充空气，使水流畅通，减少排水管内的气压变化幅度，防止卫生器具水封被破坏，并能将管内臭气排到大气中去。如图 2－87 所示，通气管道有以下几种类型：

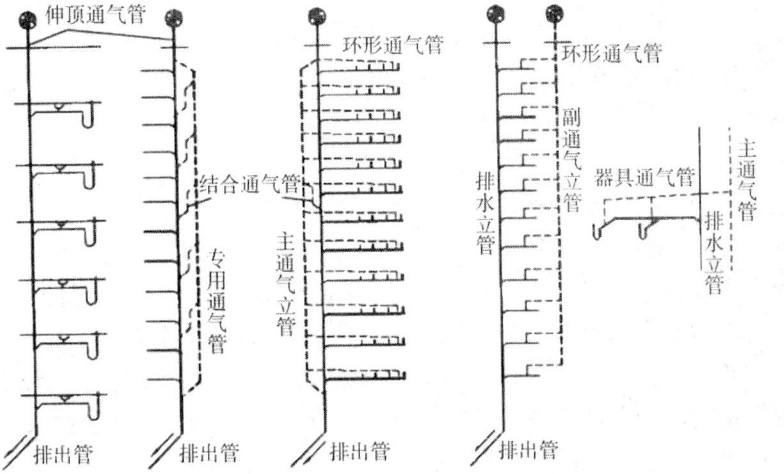

图 2－87　建筑排水系统通气方式示意图

1）伸顶通气管

污水立管顶端延伸出屋面的管段称为伸顶通气管，用于通气及排除臭气，为排水管系最基本的通气方式。生活排水管道或散发有害气体的生产污水管道均应设置伸顶通气管。伸顶通气管应高出屋面 0.3m 以上，如果有人停留的平屋面，应大于 2m，且应大于最大积雪厚度。伸顶通气管不允许或不可能单独伸出屋面时，可设置汇合通气管。

2）专用通气管

其是指仅与排水立管连接，为污水立管内空气流通而设置的垂直管道。当生活排水立管所承担的卫生器具排水设计流量超过排水立管最大排水能力时，应设专用通气立管。建筑标准要求较高的多层住宅、公共建筑、10 层及以上高层建筑宜设专用通气立管。

3）环形通气管

适用于连接 4 个及 4 个以上卫生器具且横支管的长度大于 12m 的排水横支管以及连接 6 个及 6 个以上大便器的污水横支管，也适用于设有卫生器具的通气管。设置环形通气管的同时应设置通气立管，通气立管与排水立管可用同边设置（称主立管），也可分开设置（称副通气管）。

4）器具通气管。其是指卫生器具存水弯出口端一定高度处接至主通气立管的管段，可防止卫生器具产生自虹吸现象和噪声。对卫生安静要求高的建筑物，生活污水管宜设器具通气管。

5）结合通气管。其是指排水立管与通气立管的连接管段。其作用是，当上部横支管排水，水流沿立管向下流动，水流前方空气被压缩，通过它释放被压缩的空气至通气立管。设有专用通气立管或主通气立管时，应设置结合通气管。

通气管管径一般应比相应排水管管径小 1～2 级，其最小管径见表 2－9，当通气立管长度大于 50m 时，通气管管径应与排水立管相同。伸顶通气管管径宜与排水立管相同。

表 2－9 通气管最小管径

通气管名称	排水管管径（mm）						
	40	50	75	90	110	125	160
器具通气管	40	40	—	—	50	—	—
环形通气管	—	40	40	40	50	50	—
通气立管	—	—	—	—	75	90	110

（5）清通设备

污水中含有杂质，容易堵塞管道，为了清通建筑内部排水管道，保障排水畅通，需在排水系统中设置清扫口、检查口、室内埋地横干管上的检查井等清通构筑物。

1）清扫口。清扫口一般设在排水横管上，用于单向清通排水管道，尤其是各层横支管连接卫生器具较多时，横支管起点均应装设清扫口，如图 2－88（a）所示。当连接 2 个及 2 个以上的大便器或 3 个及 3 个以上的卫生器具的污水横管、水流转角小于 135° 的污水横管时，均应设置清扫口。清扫口安装不应高出地面，必须与地面平齐。

2）检查口。检查口是一个带盖板的短管，拆开盖板可清通管道，如图 2－88（b）所示。检查口通常设置在排水立管上及较长的水平管段上，在建筑物的底层和设有卫生器具的二层以上建筑的最高层排水立管上必须设置，其他各层可每隔两层设置一个；立管如装有乙字管，则应在该层乙字管上部装设检查口；检查口设置高度一般以从地面至检查口中心 1m 为宜。

3）室内检查井。对于不散发有害气体或大量蒸汽的工业废水排水管道，在管道转弯、变径、坡度改变、连接支管处，可在建筑物内设检查井如图 2－88（c）所示。对于生活污水管道，因建筑物通常设有地下室，故在室内不宜设置检查井。

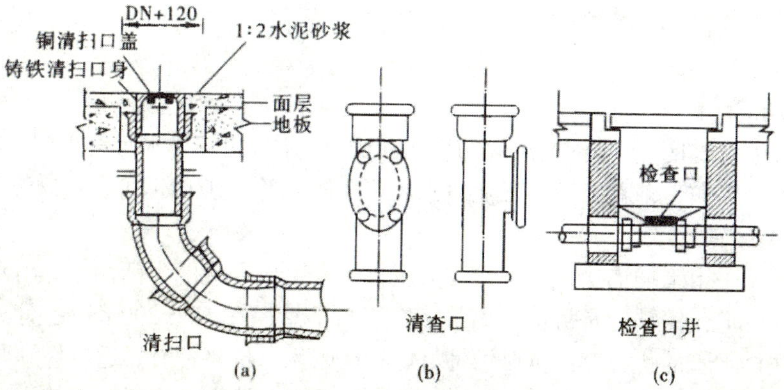

图 2－88 清通设备

（6）提升设备

各种建筑的地下室中的污废水不能自流排至室外检查井，须设置污、废水提升设备。建筑内部污废水提升包括污水泵的选择、污水集水池（进水间）容积的确定和污水泵房设计，常用的污水泵有潜水泵、液下泵和卧式离心泵。

（7）局部处理构筑物

当室内污水未经处理不允许直接排入城市排水系统或水体时需设置局部处理构筑物。常用的局部水处理构筑物有化粪池、隔油井和降温池，如图 2－89 所示。

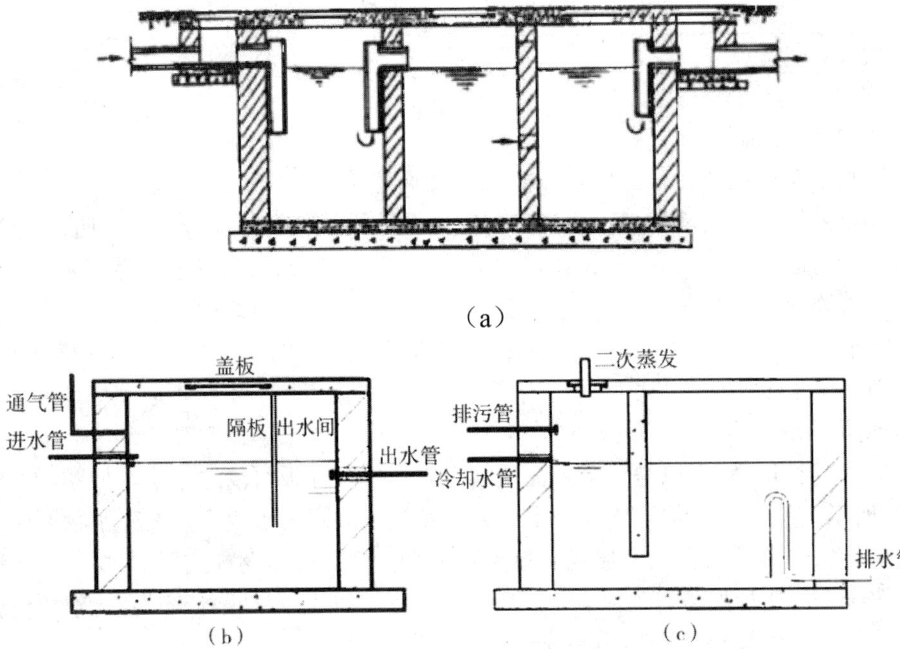

图 2－89　污水局部处理构筑物

（a）化粪池；（b）隔油井；（c）降温池

二、建筑排水系统管材、管件及排水器具

1.排水管材

按管道设置地点、条件及污水的性质和成分，建筑内部排水管材主要有塑料管、铸铁管、钢管和带釉陶土管。工业废水还可用陶瓷管、玻璃钢管、玻璃管等。

（1）铸铁管

铸铁管采用承插连接，不承受较大压力，常用于一般的生活污水、雨水、工业废水排水管道。铸铁管是目前使用最多的管材，管径在 50～200mm 之间。

铸铁排水管的优点有：抗腐蚀性好、经久耐用、价格便宜、适宜埋地敷设；但缺点是：性脆、重量大、施工比钢管困难。常用于建筑物内生活污水管道、室外雨水管道及工业建筑中振动不大的生产污废水排水管道。

（2）塑料管

常用塑料管有聚氯乙烯（UPVC）管、聚丙烯（PP-R）管、聚乙烯（PE）管等，目前在建筑内使用的排水塑料管是硬聚氯乙烯塑料管（简称 UPVC 管）。

硬聚氯乙烯塑料管（简称 UPVC 管），具有质量轻、不结垢、耐腐、外壁光滑、易切割粘接、便于安装、投资省和节能的优点。但塑料管也有强度低、耐温性差（使用温度在-5~+50℃之间）、立管易产生噪声、暴露于阳光下管道易老化、防火性能差等缺点。

（3）钢管

钢管主要用作洗脸盆、小便器、浴盆等卫生器具与横支管间的连接短管，管径规格为 32mm、40mm、50mm。在工厂车间内振动较大的地点也可用钢管代替铸铁管。

（4）带釉陶土管

带釉陶土管耐酸碱腐蚀，主要用于排放腐蚀性工业废水；室内生活污水埋地管也可用陶土管。

2.排水附件

（1）地漏

地漏装在地面，是地面与排水管道系统连接的排水器具，排除的是地面水，用于淋浴间、盥洗间、卫生间、水泵房等装有卫生器具处。地漏的用处很广，不但具有排泄污水的功能，装在排水管道端头或管道接点较多的管段可代替地面清扫口起到清掏作用。

地漏安装时，应放在易溅水的卫生器具附近的地面最低处，一般要求其箅子顶面低于地面 5～10mm。地漏的样式较多，一般有以下几种：普通地漏、高水封地漏、多用地漏、双箅杯式水封地漏、防回流地漏，常见地漏及特点见表 2－10。

表 2－10　几种常见类型的地漏

地漏形式	图示	特点
扣碗式（或称钟罩式）地漏	目前已被新的结构形式的地漏所取代	水封较浅，一般为 25~30mm，易发生水封被破坏或水面蒸发等现象，使用时须经常加水。这种地漏施工不当易造成地面漏水，因为地漏本身无任何防水设施。在积存污物较多时，易造成堵塞，且不易清除

续表

地漏形式	图示	特点
高水封地漏	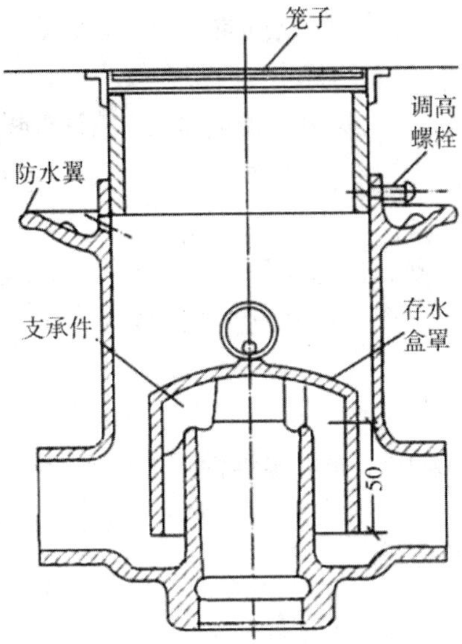	或称地漏存水盒。其水封高度不小于5mm，并设防水翼坏；地漏盖为盒状，可随地面的不同作法，根据所需要的安装高度进行调节。施工时，将翼环放在结构板面，板面以上的厚度，可随建筑所要求的面层作法调整盖面标高 这种地漏还附有单侧和双侧通道，可按实际情况选用
多通道式地漏	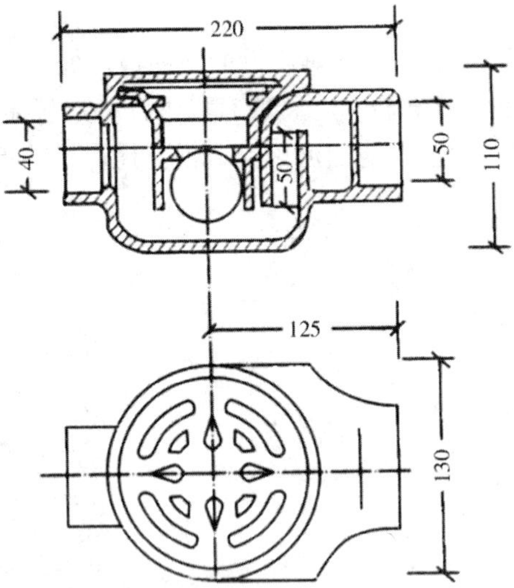	它一般埋设在楼板的面层内，高度为110mm，有单通道、双通道、三通道等多种形式，水封高度为50mm，一般内装塑料球以防回流。三通道地漏提供多种用途，除能排泄地面水外，还可连接洗脸盆或洗衣机的排出水，其侧向通道还可连接浴盆的排水。其缺点是所连接的排水横支管均为暗设，维修较麻烦

续表

地漏形式	图示	特点
双篦杯式水封地漏	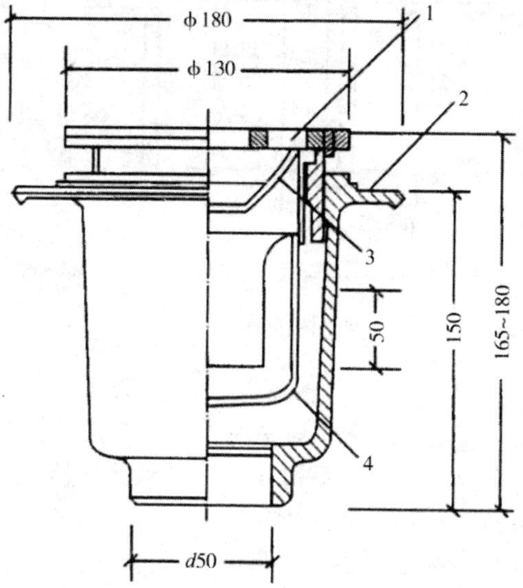	内部水封盒采用塑料制造，形如杯子，水封高度6mm，易清洗、较卫生。地漏内的排水孔分布合理、排泄量大、排水快，采用双篦有利于阻流污物。这种地漏另附有塑料密封盖，可防止施工时水泥、砂石等从篦子进入排水管道。平时用户不需使用地漏时，也可利用塑料盖将地漏盖死
防回流地漏	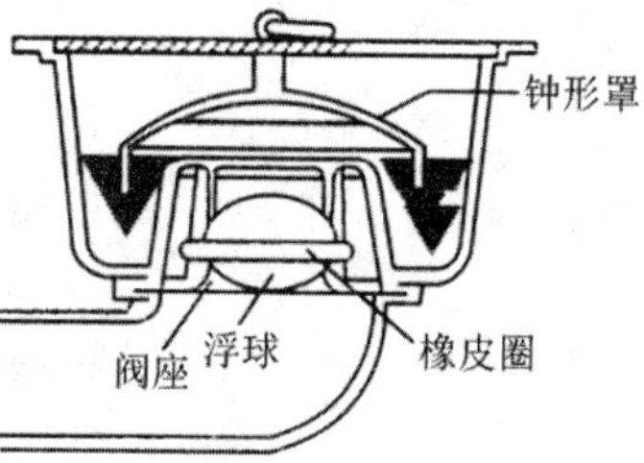	适用于地下室或深层地面（如电梯井、地下通道）的排水，地漏内设防回流装置，可防止排水干管排水不畅水面升高所导致的污水回流。一般有附浮球的钟罩形地漏或塑料球的单通道地漏，也可采用一般地漏附回流止回阀

（2）隔油具

厨房或配餐间的洗肉、鱼、碗等的含油脂污水，从洗涤池排入下水道前，需先进行初步的隔油处理。这种隔油装置简称隔油具（见图 2－90），它装在室内靠近水池的台板下面，经过一定时间可打开隔油具将浮积在上面的油脂清除掉。也可几个水池连接横管上设一公用的隔油具，但应注意隔油具前段管道不要太长。即使在室外设有公用隔油池时，也不可忽视室内设置隔油具的作用。

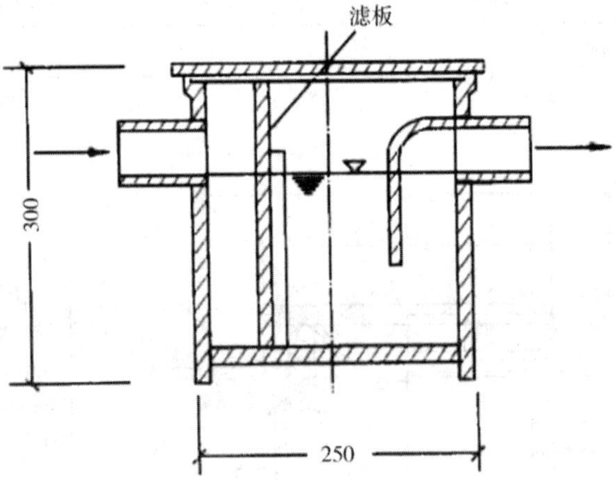

图 2－90 隔油具

（3）滤毛器

理发室、游泳池、浴室的排水往往夹杂有毛发等絮状物，堆积多时易造成管道阻塞，故上述场所的排水管应先经滤毛器后再与室外排水管连接。滤毛器一般为钢制，内设孔径为 3mm 或 5mm 的滤网，并应进行防腐处理。为了方便定期清除，其设置位置必须考虑能打开盖子、便于清掏，适用地面（如淋浴室地面）排水的滤毛器见图 2－91。

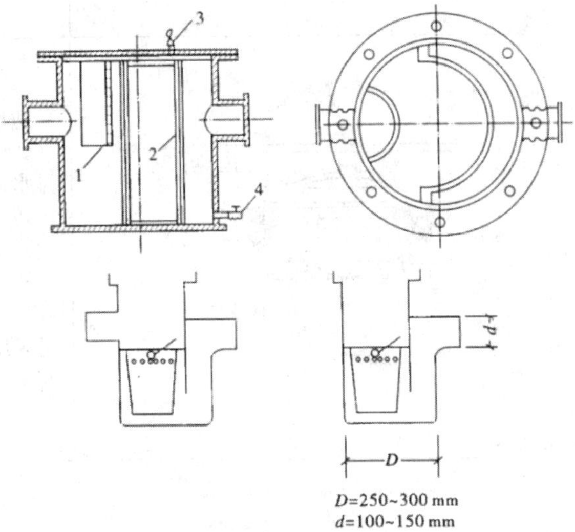

图 2－91 滤毛器

3.排水器具

排水器具是建筑排水系统的重要组成部分，人们对其功能和质量的要求越来越高。排水器具一般采用表面光滑、耐腐蚀、耐磨损、耐冷热、便于清扫、有一定强度的材料制造，如陶瓷、搪瓷生铁、复合材料等。排水器具正向着冲洗功能强、节水消声、便于控制、造型新颖、色彩协调等方面发展。

排水器具可分为：便溺器具、盥洗器具、淋浴器具、洗涤器具。

（1）便溺器具

便溺用器具设置在卫生间和公共厕所，用来收集生活污水。便溺器具包括便器和冲洗设备。

1）大便器

大便器有坐式大便器和蹲式大便器两种，坐式大便器都自带存水弯，一般用于卫生间。蹲式大便器一般用于普通住宅、集体宿舍、公共建筑物的公用厕所和防止接触传染的医院内厕所，蹲式大便器比坐式大便器的卫生条件好，但蹲式大便器不带存水弯，设计安装时需另外配置存水弯。坐式大便器按冲洗的水力原理分为冲洗式和虹吸式两种，见图 2－92。

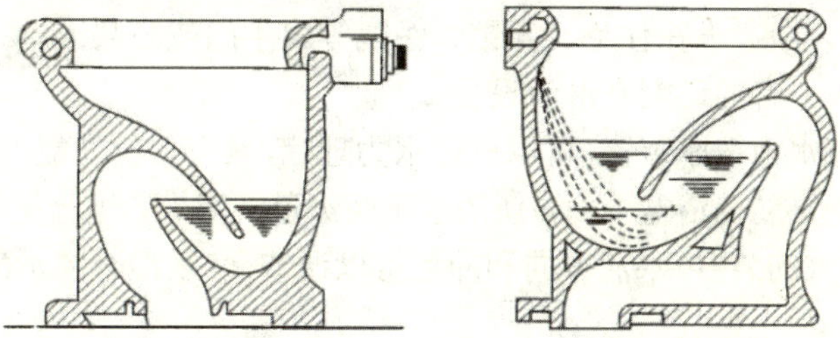

(a)冲洗式坐便器　　(b)虹吸式坐便器

图 2－92　坐便器

2）小便器

设于公共建筑的男厕所内，有的住宅卫生间内也需设置。小便器有挂式、立式两类。其中立式小便器用于标准高的建筑。小便器的冲洗设备常采用按钮式自闭式冲洗阀，既满足冲洗要求，又节约冲洗水量。

3）大便槽

大便槽用于学校，火车站、汽车站、游乐场等人员较多的场所，代替成排的蹲式大便器。大便槽造价低，便于采用集中自动冲洗水箱和红外线数控冲洗装置（见图 2－93），既节水又卫生，在使用频繁的建筑物中，大便槽最宜采用自动冲洗水箱进行定时冲洗。

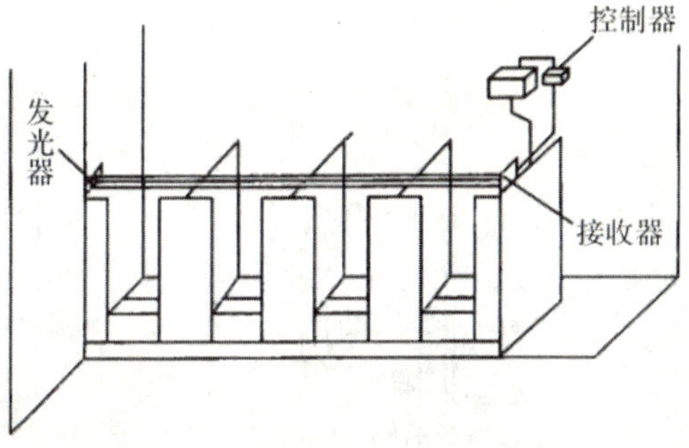

图 2－93　光电数控冲洗大便槽

4）小便槽

小便槽用于工业企业、公共建筑和集体宿舍等建筑的卫生间。小便槽的冲洗设备常采用多孔管冲洗，多孔管口径 2mm，与墙成 45° 安装，可设置高位水箱或手动阀。多孔管常采用塑料管和不锈钢管。

（2）盥洗及洗浴器具

1）洗脸盆。洗脸盆一般用于洗脸、洗手和洗头，设置在盥洗室、浴室、卫生间及理发室内。洗脸盆的高度及深度适宜，盥洗时不用弯腰、较省力，使用不溅水，可用流动水盥洗比较卫生。洗脸盆有长方形、椭圆形和三角形，安装方式有墙架式、柱脚式和台式。

2）盥洗槽用瓷砖、水磨石等材料现场建造的卫生设备。设置在同时有多人使用的地方，如集体宿舍、车站、工厂生活间等。

3）浴盆。浴盆设在住宅、宾馆、医院等卫生间或公共浴室。浴盆配有冷热水管或混合龙头。有的还配有淋浴设备。

一种装有水力按摩装置，可以进行水力理疗，具有保健功能的浴盆叫旋涡浴盆，其附带的旋涡泵装在浴盆下面，使浴水不断经过洗浴者，进行循环。有的进水口还附有挟带，空气的装置，水流方向和冲力可以调节，气水混合的水流不断接触人体，起按摩作用。

4）淋浴器。淋浴器多用于工厂、学校、机关、部队公共浴室和集体宿舍、体育馆内。

与浴盆相比，淋浴器具有占地面积小，设备费用低，耗水量小，清洁卫生，避免疾病传染的优点。

（5）净身盆。净身盆与大便器配套安装，供便溺后洗下身用，更适合妇女和痔疮患者使用。一般用于宾馆高级客房的卫生间内，也用于医院、工厂的妇女卫生室内。

（3）洗涤器具

1）洗涤盆。常设置在厨房或公共食堂内，用来洗涤碗碟、蔬菜等（图 2－94）。洗涤盆有单格和双格之分，材质为陶瓷、水磨石、不锈钢等。

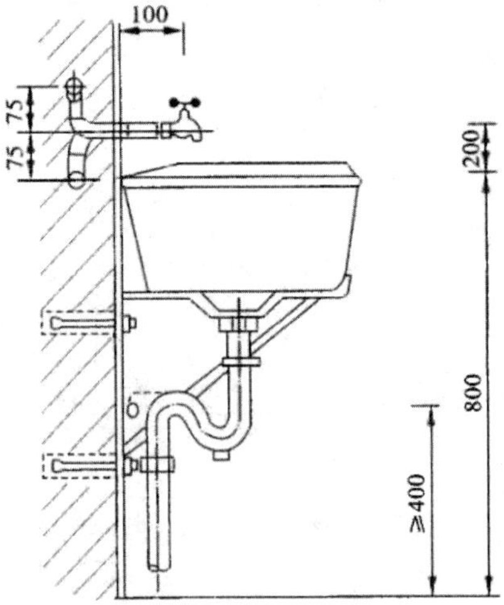

图 2－94　洗涤盆安装图

2）化验盆

化验盆通常都是陶瓷制品，设置在工厂、科研机关和学校的化验室或实验室内，盆内已带水封，排水管上不需装存水弯，也不需盆架，用木螺丝直接固定在实验台上。盆的出口配有橡皮塞。可根据使用要求设置单联、双联或三联鹅颈龙头。

3）污水盆

污水盆设置在公共建筑的厕所、盥洗室内，供洗涤拖把、打扫厕所或倾倒污水用。污水盆的深度为 400～500mm，多为水磨石或水泥砂浆抹面的钢筋混凝土制品。

三、建筑雨水排水系统

降落在屋面的雨水和雪，特别是暴雨，在短时间内会形成积水，需要设置屋面雨水排水系统，有组织地将屋面雨水及时排除，否则会造成四处溢流或屋面漏水，形成水患，影响人们的生活和生产活动。屋面雨水的排除系统按雨水管道的位置分为外排水系统和内排水系统。

1.外排水系统

雨水外排水是指屋面不设雨水斗，雨水管道设置在建筑物外部的排水方式。外排水系统分为檐沟外排水系统和天沟外排水系统。

（1）檐沟外排水

檐沟外排水是由檐沟和水落管组成，见图 2－95。雨水沿屋面集流、引入檐沟，在檐沟内设雨水收集口，将雨水引入雨水斗，经落水管、连接管等排出。水落管多用镀锌铁皮管或者铸铁管，镀锌铁皮管为方形，断面尺寸一般为 80mm×100mm 或者 80mm×120mm，铸铁管管径为 75mm 或者 100mm。根据降雨量和管道的通水能力确定 1 根水落管服务的屋面面积，再根据屋面形状和面积确定水落管的间距。

檐沟外排水系统各部分均设于室外，排水系统简单，不影响室内使用，不会因本排水系统的设置而产生室内水患。适用于一般屋面构造简单的建筑屋面排水，如普通住宅、一般公共建筑和小型单跨厂房等。

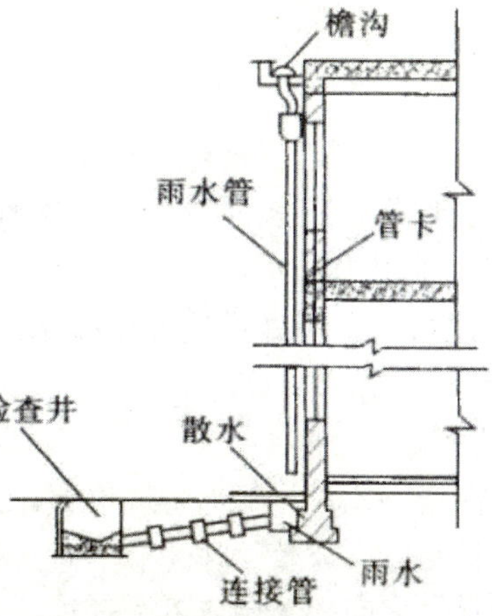

图 2－95　檐沟外排水

（2）天沟外排水

该系统由天沟、雨水斗、雨水立管、检查井等组成，见图 2－96。天沟设置在两跨中间并坡向端墙（山墙、女儿墙）。降落到屋面的雨水沿屋面汇集到天沟，沿天沟流至建筑物端墙处进入雨水斗，经立管排至地面或雨水井。

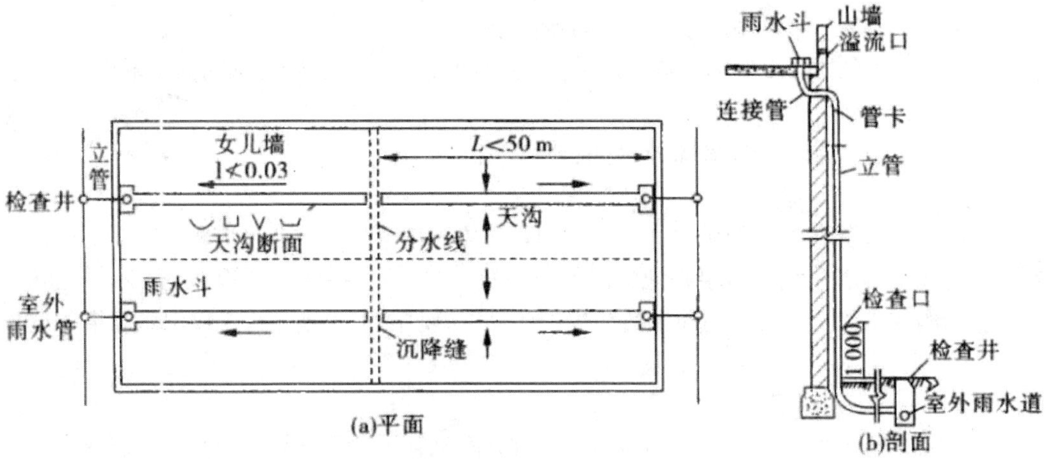

图 2－96　天沟外排水

天沟外排水系统优点是雨水系统各部分均设置于室外，室内不会由于雨水系统的设置而产生水患。但也有缺点，一是天沟必须有一定的坡度，才可达到天沟排水要求，这需增大隔热层厚度，从而增大屋面负荷；另外，天沟防水很重要，一旦天沟漏水，则影响房屋的使用。天沟外排水一般适用于大型屋面排水，特别是多跨的厂房屋面多采用天沟外排水系统排水。

天沟外排水方式在屋面不设雨水斗，管道不穿过屋面，排水安全可靠，不会因施工不善造成屋面漏水或检查井冒水，且节省管材，施工简便，有利于厂房内空间利用，也可减小厂区雨水管道的埋深。但因天沟有一定的坡度，而且较长，排水立管在山墙外也存在着屋面垫层厚、结构负荷增大，晴天屋面堆积灰尘多、雨天天沟排水不畅，寒冷地区排水立管可能冻裂的缺点。

2.内排水系统

内排水是指屋面设雨水斗，建筑物内部有雨水管道的雨水排水系统。对于跨度大、特别长的多跨工业厂房，在屋面设天沟有困难的锯齿形或壳形屋面厂房及屋面有天窗的厂房应考虑采用内排水形式。对于建筑立面要求高的高层建筑、大屋面建筑及寒冷地区的建筑，在墙外设置雨水排水立管有困难时，也可考虑采用内排水形式。

（1）内排水系统的组成

雨水内排水是指屋面设雨水斗，雨水管道设置在建筑物内部的排水方式。该系统由雨水斗、连接管、悬吊管、立管、排出管、埋地干管和检查井组成，见图 2－97。降落到屋面上的雨水沿屋面流入雨水斗，经连接管、悬吊管进入排水立管，再经排出管流入雨水检查井或经埋地干管排至室外雨水管道。

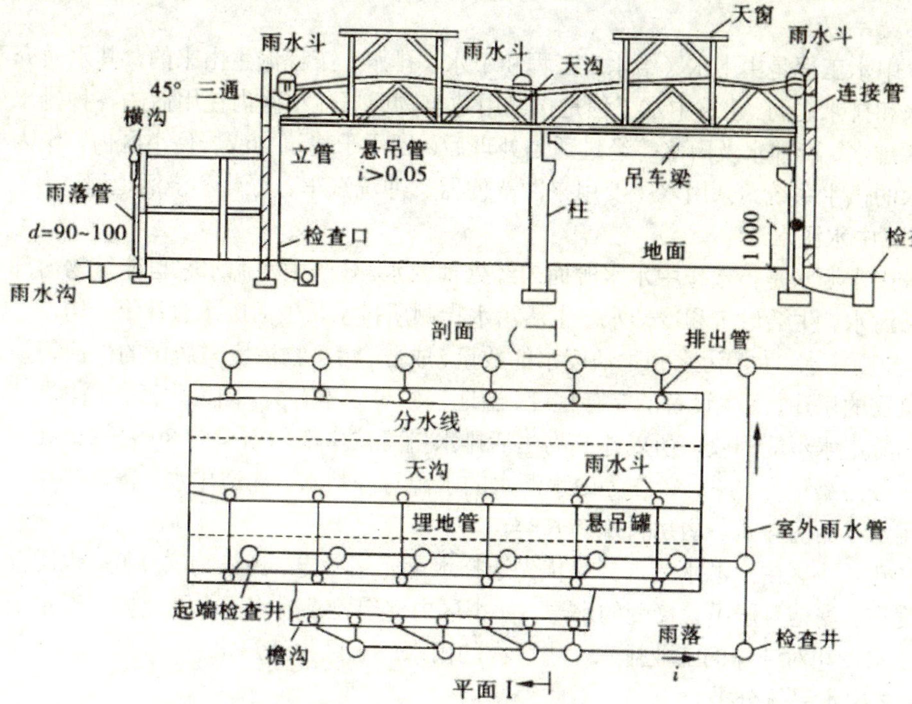

图 2—97　屋面内排水系统

（2）内排水系统的分类

按每根立管接纳的雨水斗的个数，内排水系统分为单斗和多斗雨水排水系统。单斗系统一般不设悬吊管，多斗系统中悬吊管将雨水斗和排水立管连接起来。因为对单斗雨水排水系统的水力工况已经作了一些实验研究，获得了初步的认识，设计计算方法和参数比较可靠；而对多斗雨水排水系统研究较少，尚未得出定论，设计计算带有一定的盲目性。所以，为了安全起见，在设计中宜尽量采用单斗雨水排水系统。

按排除雨水的安全程度，内排水系统分为敞开式和密闭式内排水系统。前者是重力排水，雨水经排出管进人普通检查井。若设计和施工不善，当暴雨发生时，会出现检查井冒水现象，雨水漫流室内地面，造成危害。但是，该系统可接纳生产废水，省去生产废水埋地管。敞开式内排水系统也有在室内仅设悬吊管，埋地管和检查井在室外的做法，这种做法虽可避免室内冒水现象，但管材耗量大且悬吊管外壁易结露。

密闭式内排水系统是压力排水。埋地管在检查井内用密闭的三通连接。当雨水排泄不畅时，室内不会发生冒水现象，其缺点是不能接纳生产废水，需另设生产废水排水系统。为了安全可靠，一般宜采用密闭式内排水系统。

四、建筑中水系统

中水工程是由上水（给水）工程和下水（排水）工程派生出来的，其水质介于给水和排水之间。建筑中水工程是指民用建筑物或居住小区内使用后的各种排水如生活排水、冷却水及雨水等经过适当处理后，回用于建筑物或居住小区内，作为杂用水的供水系统。杂用水主要用来冲洗便器、冲洗汽车、绿化和浇洒道路。

1.中水源水

中水源水是指选作中水水源而未经处理的水。建筑中水源水来自建筑物内部的生活污水、生活废水和冷却水。生活污水指厕所排水，生活废水含沐浴、盥洗、洗衣、冲厕排水，生活污水和生活废水的数量、成分、污染物浓度与居民的生活习惯、建筑物的用途、卫生设备的完善程度、当地气候等因素有关。因为生活饮用、浇花、清扫等用水不能回收，所以建筑物生活排水量可按生活用水量的 80%～90%计算。

按污染程度轻重，可作为中水源水的水源有冷却水、沐浴排水、盥洗排水、洗衣排水、厨房排水、厨房排水等 6 类。

建筑小区中水源水的选择应优先选择水量充裕稳定、污染物浓度低、水质处理难度小、安全且居民易接受的水源，如小区内建筑物杂排水、小区或城市污水处理厂出水、相对洁净的工业排水、小区内的雨水、小区生活污水。

2.中水系统分类

中水系统按其服务范围不同可分为建筑内部中水系统、建筑小区中水系统和城镇中水系统三类。

（1）建筑内部中水系统。建筑内部中水系统是指单幢或几幢相邻建筑所形成的中水供应系统。建筑内部中水系统的原水取自建筑物内的排水，经处理达到中水水质标准后回用，是目前使用较多的中水系统，如图 2－98 所示。考虑到水量的平衡，可利用生活给水补充中水水量，该系统具有投资少、见效快的特点。

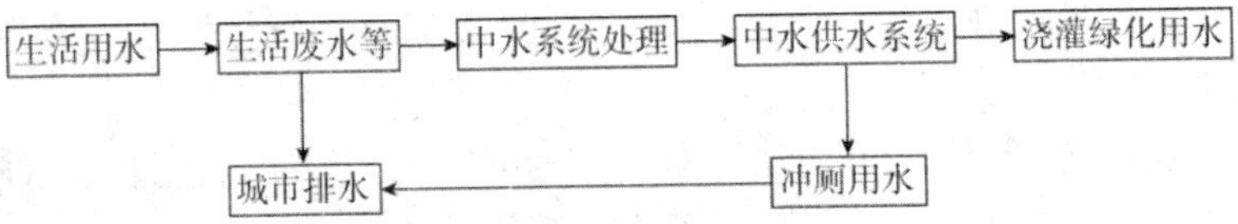

图 2－98　建筑中水系统

（2）建筑小区中水系统。小区中水系统是指在新（改、扩）建的居住小区、商住区、校园和机关大院等建筑小区内建立的中水系统。在建筑小区内建筑物较集中时，宜采用此系统，如图 2－99 所示。该系统的原水取自建筑小区的公共排水系统，以小区内各建筑物排放的优质杂排水、杂排水或雨水等其他水源作为原水，经过中水处理系统的处理后，通过小区配水管网输送至各个建筑物内或浇洒绿化。因供水范围大，易于形成规模效益，实现污废水资源化和小区生态环境的建设。

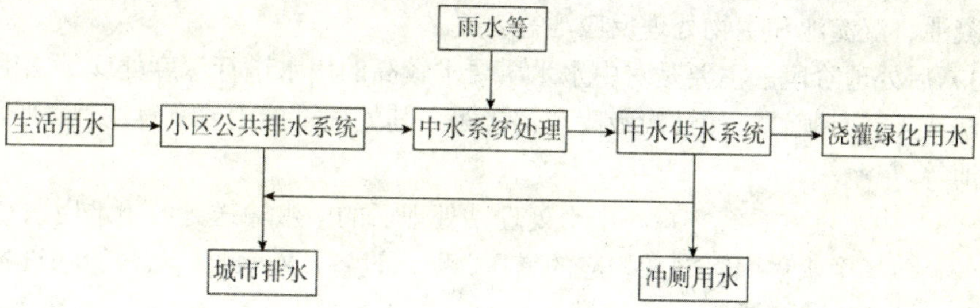

图 2－99　小区中水系统

（3）城镇中水系统。城镇中水系统是以城镇二级污水处理厂（站）的出水和雨水作为中水的水源，再经过城镇中水处理设施的处理，达到中水水质标准后作为城镇杂用水使用的系统，目前采用较少，如图 2－100 所示。该系统中水的原水主要来自城市污水处理厂，用雨水等其他水源作为补充水。

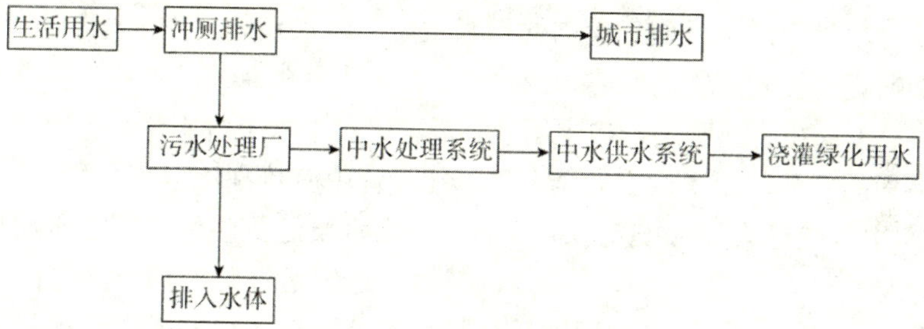

图 2－100　城镇中水系统

3.中水系统的组成

中水系统一般由中水原水系统、中水处理系统和中水供水系统三部分组成。

（1）中水原水系统。指收集、输送中水原水到中水处理设施的管道系统和附属构筑物，有污、废水分流制和合流制两类系统。建筑中水系统多采用分流制中的优质杂排水或杂排水作为中水水源。

（2）中水处理系统。中水处理系统可分为前处理、主要处理和后处理三个阶段，如图 2－101 所示。

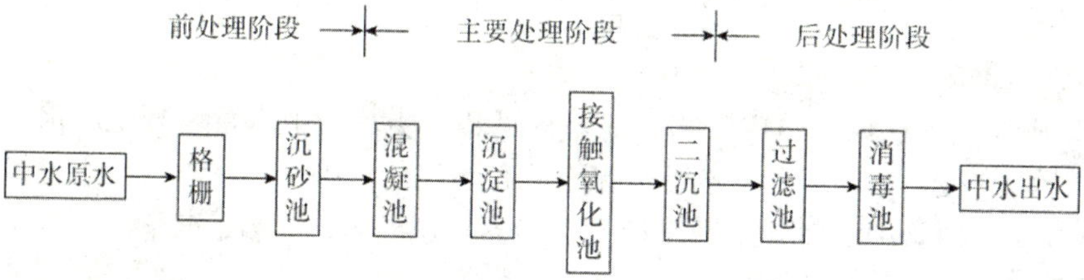

图 2－101　中水生物处理工艺流程

1）前处理阶段。主要是截留中水原水中较大的漂浮物、悬浮物和杂物，分离油脂，调节水量和 pH 值等，其处理设施主要有格栅、沉砂池、化粪池和隔油池等。

2）主要处理阶段。主要是去除原水中的有机物、无机物等，其处理设施主要有混凝池、沉淀池和生物处理反应池等。

3）后处理阶段。主要是对中水水质要求较高的用水进行深度处理，常用的处理方法或工艺有膜滤、活性炭吸附和消毒等，其处理设施主要有过滤池、吸附池、消毒池等。

（3）中水供水系统。指将中水处理站处理后的中水输送到各中水用水点的管网系统，包括中水供水管网和相应的增压、贮水设备，如水泵、气压给水设备、高位水箱、中水贮水池等。

中水供水管道系统应单独设置，管网系统的类型、供水方式、系统组成、管道敷设形式和水力计算的方法均与给水系统基本相同，只是在供水范围、水质、使用等方面有些限定和特殊要求。

4.安全防护措施

中水系统可节约水资源，减少环境污染，具有良好的综合效益，但也有不安全的一面。中水供水的水质低于生活饮用水水质，中水系统与生活给水系统的管道、附件和调蓄设备在建筑物内共存，生活饮用水又是中水系统日常补给和事故应急水源，且中水工程在我国刚刚推广应用，一般居民对中水了解不多，有误把中水当作饮用水使用的可能，为了供水安全可靠，在设计中应特别注意安全防护措施。

（1）中水处理设施应安全稳定运行，出水水质达到生活杂用水水质标准。因排水的不稳定性，在主要处理前应设调节池，连续运行时，调节池的调节容积按日处理量的 30%～40%计算；间歇运行时，调节容积为设备最大连续处理水量的 1.2 倍。

中水高位水箱的容积不小于日中水用水量的 5%。

因中水处理站的出水量与中水用水量不一致，在处理设施后应设中水储存池。连续运行时，中水储水池调节容积按日处理水量的 200%～0 计算；间歇运行时，可按处理设备连续运行期间内，设备处理水量与中水用水量差值的 1.2 倍计算。

（2）避免中水管道系统与生活饮用水系统误接，污染生活饮用水水质。中水管道严禁与生活饮用水管道直接连接，向中水水箱或水池补给生活饮用水的管道应高出最高水位 2.3 倍管径以上，用空气进行隔断。中水管道与生活饮用水管道、排水管道平行埋设时，水平净距不小于 0.5m；交叉埋设时，中水管道在饮用水管道下面，排水管道上面，其净距不小于 0.5m。

（3）为避免发生误饮，室内中水管道不宜暗装。明装的中水管道外壁应涂浅绿色标志。中水水往、水箱、阀门、给水栓均应有明显的“中水”标志。中水管道上不得装水龙头，便器冲洗宜采用密闭型设备和器具，绿化、浇洒、汽车冲洗宜采用壁式或地下式给水栓。

另外，中水处理站管理人员需经过专门培训后再上岗，也是保证中水水质的一个重要条件。

第 3 讲　建筑供暖系统

一、供暖系统的分类与组成

1.供暖系统的分类

（1）按设备相对位置分类

1）局部供暖系统。热源、供暖管道、散热设备三部分在构造上合在一起的供暖系统，如火炉供暖、简易散热器供暖、煤气供暖和电热供暖。

2）集中供暖系统。热源和散热设备分别设置，以集中供热或分散锅炉房作热源向各房间或建筑物供给热量的供暖系统。

3）区域供暖系统。区域供暖系统是指以城市某一区域性锅炉房作为热源，供一个区域的许多建筑物供暖的供暖系统。这种供暖方式的作用范围大、高效节能，是未来的发展方向。

（2）按使用热媒的不同，供暖系统分为热水供暖系统、蒸汽供暖系统和热风供暖系统三类。

1）热水供暖系统

热水作为热媒的供暖系统，称为“热水供暖系统”。它是目前广泛使用的一种供暖系统，不仅用于居住和公共建筑，而且也用于工业建筑中。

热水供暖系统的热能利用率高，输送时无效热损失较小，散热设备不易腐蚀，使用周期长，且散热设备表面温度低，符合卫生要求；系统操作方便，运行安全，易于实现供水温度的集中调节，系统蓄热能力高，散热均匀，适于远距离输送。

热水供暖系统按系统循环动力可分为自然（重力）循环系统和机械循环系统。前者是靠水的密度差进行循环的系统，由于作用压力小，目前在集中式供暖中很少采用；后者是靠机械（水泵）进行循环的系统。

热水供暖系统按热媒温度的不同可分为低温系统和高温系统。低温热水供暖系统的供水温度为 95℃，回水温度为 70℃；高温热水供暖系统的供水温度多采用 120～130℃，回水温度为 70～80℃。

2）蒸汽供暖系统

在蒸汽供暖系统中，热媒是蒸汽。蒸汽含有的热量由两部分组成，一部分是水在沸腾时含有的热量，另一部分是从沸腾的水变为饱和蒸汽的汽化潜热。在这两部分热量中，后者远大于前者。蒸汽供暖系统中所利用的是蒸汽的汽化潜热。蒸汽进入并充满散热器，热量通过散热器散发到房间内，与此同时蒸汽冷凝成同温度的凝结水。锅炉产生的蒸汽，经蒸汽管道进入散热器，放热后，凝结水经疏水器由凝结水管流入凝结水箱，然后由凝结水水泵经凝水管送入锅炉。图 2－102 是蒸汽供暖系统的原理图。

蒸汽供暖系统的特点是：应用范围大、热媒温度高、所需散热面积小，但对居住建筑存在使用不卫生、不安全的隐患。按热媒蒸汽压力大小可分为：低压蒸汽供暖（系统起始压力<70kPa）、高压蒸汽供暖（系统起始压力>70kPa）和真空蒸汽供暖（系统起始压力低于大气压力）。

按照蒸汽干管布置的不同，蒸汽供暖系统可分为上供下回式和下供下回式。按照立管布置的特点，蒸汽供暖系统可分为单管式和双管式。按照回水动力的不同，蒸汽供暖系统可分为重力回水和机械回水两种形式。

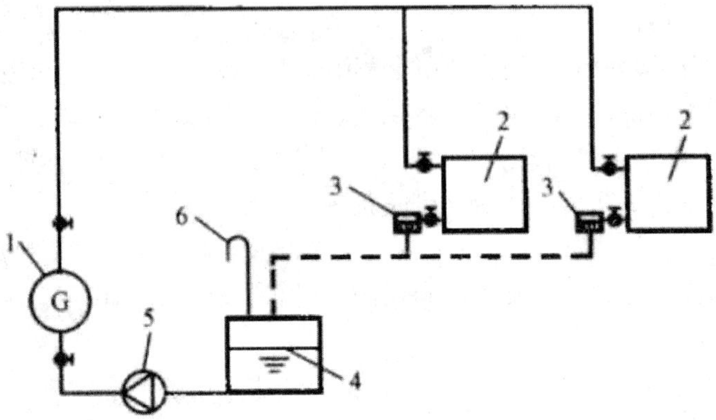

图 2－102　蒸汽供暖系统原理图

1 一蒸汽锅炉；2—散热器；3—疏水器；4 一凝结水箱；5—凝水泵；6—空气管

（3）热风供暖系统。以热空气为热媒的供暖系统，把空气加热至 30～50℃，直接送入房间。主要应用于大型工业车间。例如暖风机、热风幕等就是热风供暖的典型设备。热风供暖以空气作为热媒，它的密度小，比热容与导热系数均很小，因此加热和冷却比较迅速。但其密度小，所需管道断面积比较大。

（4）烟气供暖。以燃料燃烧产生的高温烟气为热媒，把热量带给散热设备。如火炉、火墙、火炕、火地等烟气供暖形式在我国北方广大村镇中应用比较普遍。烟气供暖虽然简便且实用，但由于大多属于在简易的燃烧设备中就地燃烧燃料，不能合理地使用燃料，燃烧不充分，热损失大，热效率低，燃料消耗多，而且温度高，卫生条件不够好，火灾的危险性大。

2.供暖系统的组成

所有供暖系统都是由热源、供热管道、散热设备三个主要部分组成的。

（1）热源

热源是使燃料燃烧产生热，将热媒加热成热水或蒸汽的部分，如锅炉房、热交换站（又称热力站）、地热供热站等，还可以采用燃气炉、热泵机组、废热、太阳能等作为热源。

（2）供热管道

供热管道是指热源和散热设备之间的管道，将热媒输送到各个散热设备，包括供水、回水循环管道。

（3）散热设备

散热设备是将热量传至所需空间的设备，如散热器、暖风机、热水辐射管等。图 2—103 所示的热水供暖系统体现了热源、输热管道和散热设备三个部分之间的关系。

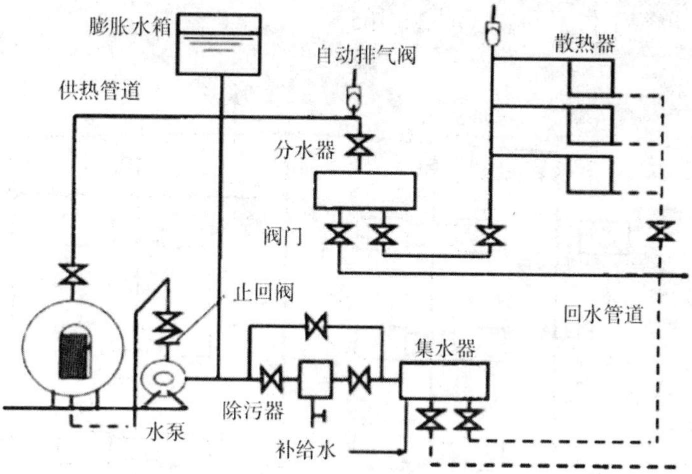

图 2—103　热水供暖系统示意图

二、热水供暖系统

供暖系统按照系统中水的循环动力不同，分为自然（重力）循环热水供暖系统和机械循环热水供暖系统。以供回水密度差作动力进行循环的系统称为自然（重力）循环热水供暖系统，以机械（水泵）动力进行循环的系统，称为机械循环热水供暖系统。

1.自然循环热水供暖系统

（1）双管上供下回式

双管上供下回式系统其特点是各层散热器都并联在供、回水立水管上，水经回水立管、干管直接流回锅炉。如不考虑水在管道中的冷却，则进入各层散热器的水温相同，如图 2—104 所示。

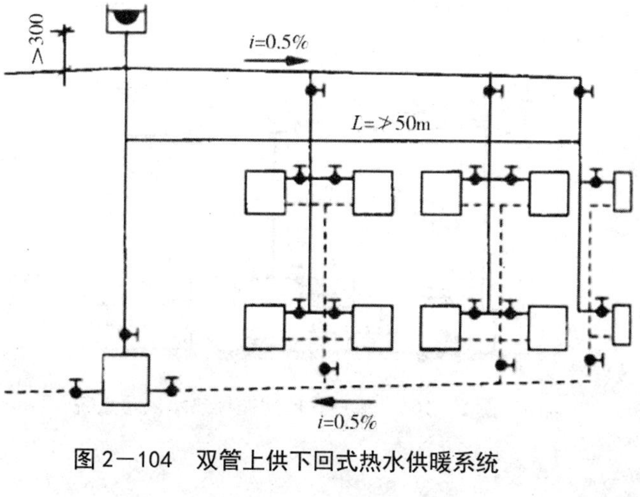

图 2—104　双管上供下回式热水供暖系统

上供下回式自然循环热水采暖系统管道布置的一个主要特点是：系统的供水干管必须有向膨胀水箱方向上升的坡度，其坡度宜采用 0.5%～1.0%；散热器支管的坡度一般取 1.0%。回水干管应有沿水流向锅炉方向下降的坡度。

（2）单管上供下回式（图 2－105）

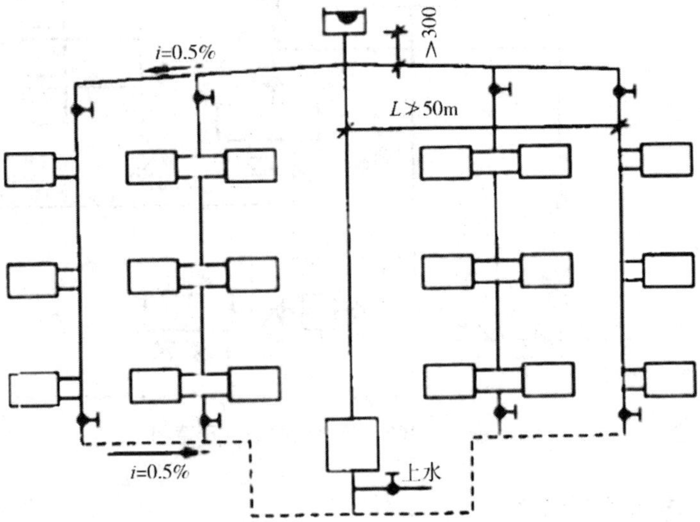

图 2－105　单管上供下回式热水供暖系统

单管系统的特点是热水送入立管后按由上向下的顺序流过各层散热器，水温逐层降低，各组散热器串联在立管上。每根立管（包括立管上各层散热器）与锅炉、供回水干管形成一个循环环路，各立管环路是并联关系。与双管系统相比，单管系统的优点是系统简单，节省管材，造价低，安装方便，上下层房间的温度差异较小；其缺点是顺流式不能进行个体调节。

（3）单户式

图 2－106 为单户式自然循环热水供暖示意图，适用单户单层建筑。一般锅炉与敢热器在同一平面内，因此散热器安装至少应提高 300～400mm 高度，尽量缩小配管长度以减少阻力。

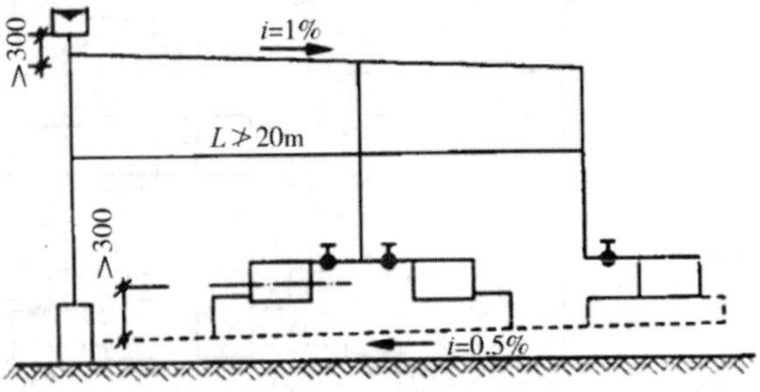

图 2－106　单户式自然循环热水供暖系统

2.机械循环热水供暖系统

机械循环热水供暖系统与自然循环热水供暖系统的主要区别是在系统中设置了循环水泵，靠水泵提供的机械能使水在系统中循环。系统中的循环水在锅炉中被加热，通过总立管、干管、支管到达散热器。水沿途散热有一定的温降，在散热器中放出大部分所需热量，沿回水支管、立管、干管重新回到锅炉被加热。

在机械循环系统中，水流的速度常常超过了自水中分离出来的空气气泡的浮升速度。为了使气泡不致被带入立管，在供水干管内要使气泡随着水流方向流动，应按水流方向设上升坡度。气泡聚集到系统的最高点，通过在最高点设排气装置，将空气排至系统以外。供水及回水干管的坡度根据设计规范 $i \geqslant 0.002$ 规定，一般取 $i=0.003$，回水干管的坡向要求与自然循环系统相同，其目的是使系统内的水能全部排出。

机械循环热水供暖系统有以下几种主要形式：

（1）双管上供下回式

图 2－107 为双管上供下回式机械循环热水供暖系统示意，它适用于室温有调节要求的四层以下建筑。最常用双管系统、排气方便、室温可调节，易产生垂直失调。

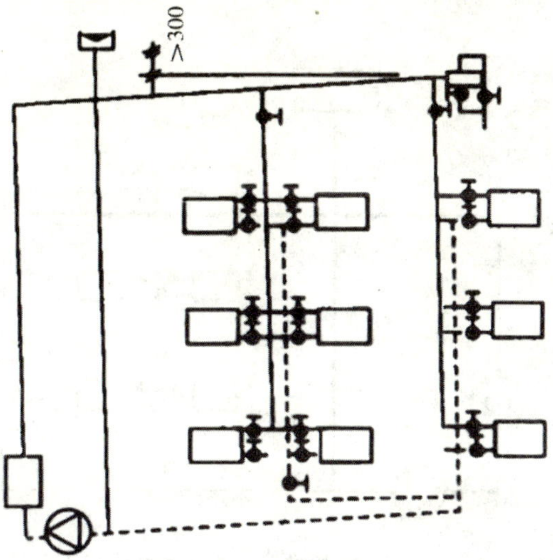

图 2－107　双管上供下回式机械循环热水供暖系统

（2）双管下供下回式

图 2－108 为双管下供下回式，它适用于室温有调节要求且顶层不能敷设干管时的四层以下建筑，缓和了上供下回系统垂直失调现象，但安装供回水干管需设置地沟或直埋地下，排气不便。

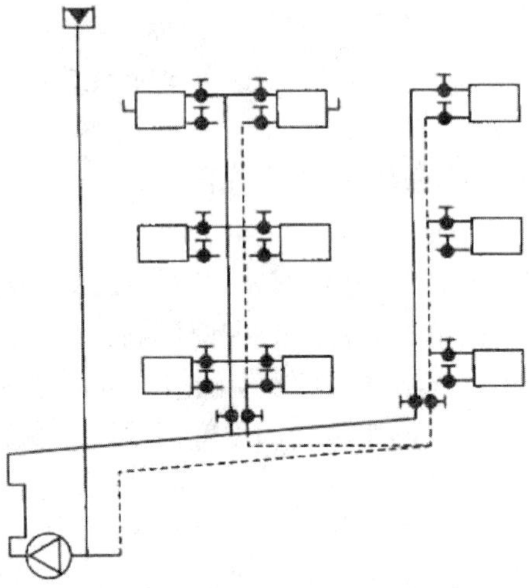

图 2－108 双管下供下回式机械循环热水供暖系统

（3）中供式

从系统总立管引出的水平供水干管敷设在系统的中部，下部系统为上供下回式，上部系统可采用下供下回式，也可采用上供下回式。中供式系统（图 2－109）可用于原有建筑物加建楼层或上部建筑面积小于下部建筑面积的场合。

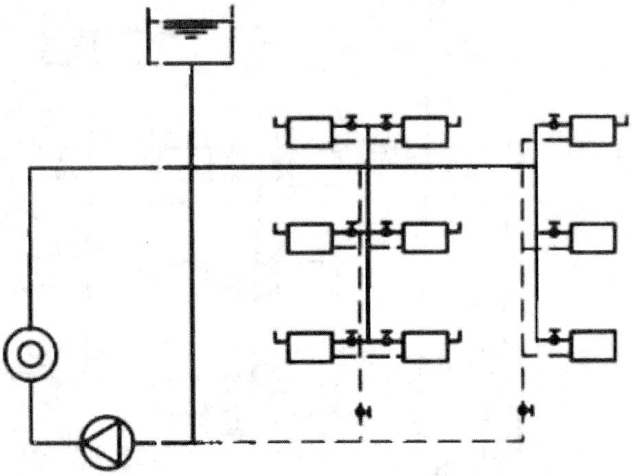

图 2－109 机械循环中供式热水供暖系统

（4）下供上回式（倒流式）

该系统的供水干管设在所有散热器设备的上面，回水干管设在所有散热器下面，膨胀水箱连接在回水干管上。回水经膨胀水箱流回锅炉房，再被循环水泵送人锅炉，如图 2－110 所示。倒流式系统具有如下特点：

1）水在系统内的流动方向是自下而上流动，与空气流动方向一致，可通过顺流式膨胀水箱排除空气，无需设置集中排气罐等排气装置。

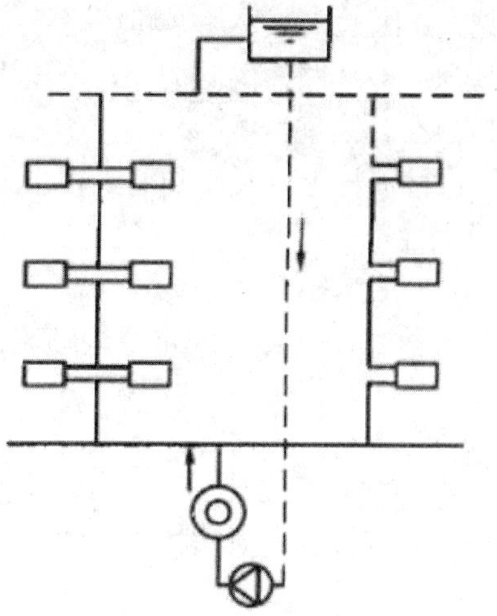

图 2-110 机械循环下供上回式（倒流式）供暖系统

2）对热损失大的底层房间，由于底层供水温度高，底层散热器的面积减小，便于布置。

3）当采用高温水供暖系统时，由于供水干管设在底层，这样可降低防止高温水汽化所需的水箱标高，减少布置高架水箱的困难。

4）供水干管在下部，回水干管在上部，无效热损失小。

这种系统的缺点是散热器的放热系数比上供下回式低，散热器的平均温度几乎等于散热器的出口温度，这样就增加了散热器的面积。但用于高温水供暖时，这一特点却有利于满足散热器表面温度不致过高的卫生要求。

（5）同程式和异程式

如图 2-111 所示。在供暖系统中，各个循环环路热水流程基本相同的供暖系统，称之为同程式系统，反之则称为异程式系统。

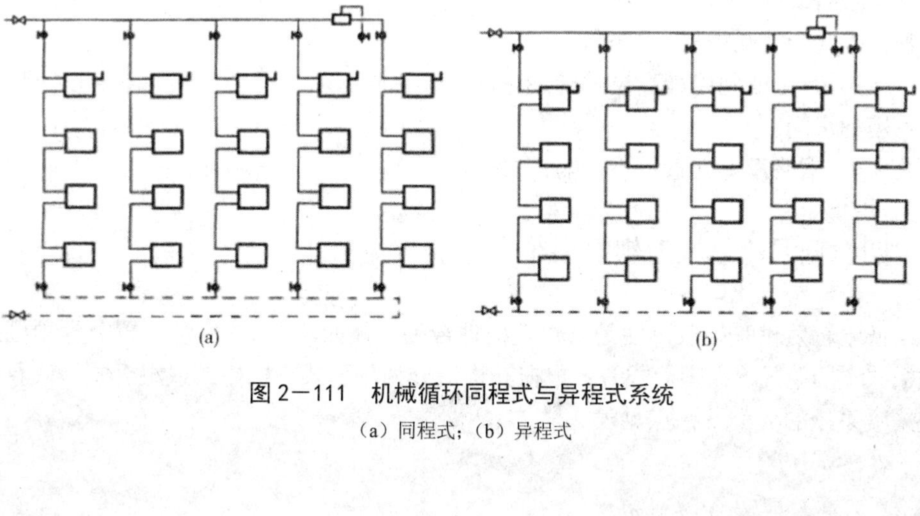

图 2-111 机械循环同程式与异程式系统

（a）同程式；（b）异程式

从流体力学可知，管道对流体产生的阻力与流体流经的管道长度成正比，管道长度越长，流体的阻力越大。因此，如果各循环环路长度相差很大，就容易造成系统近热远冷的水平失调现象，即环路短的阻力小，流量大，散热多，房间热；环路长的阻力大，流量小，散热少，房间冷。

显然，同程式系统在管材消耗上以及安装的工程量上都较异程式系统要大，但是系统的水力平衡和热稳定性都较好。一般当系统较大时，多采用同程式系统。

（6）水平式系统

水平式系统按供水与散热器的连接方式可分为顺流式（图 2－112）和跨越式（图 2－113）两类。

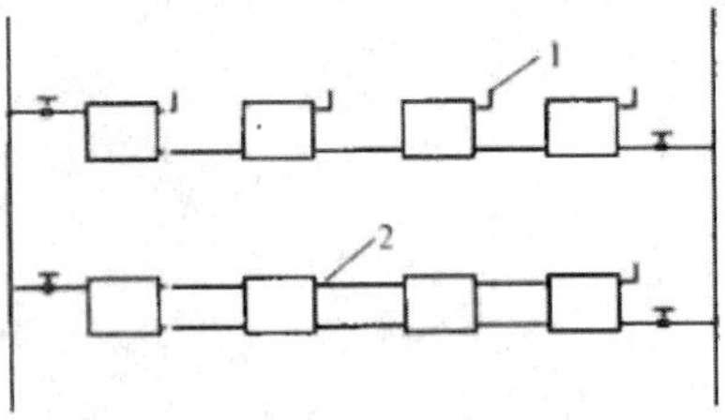

图 2－112　水平单管顺流式系统

1 一放气阀；2—空气管

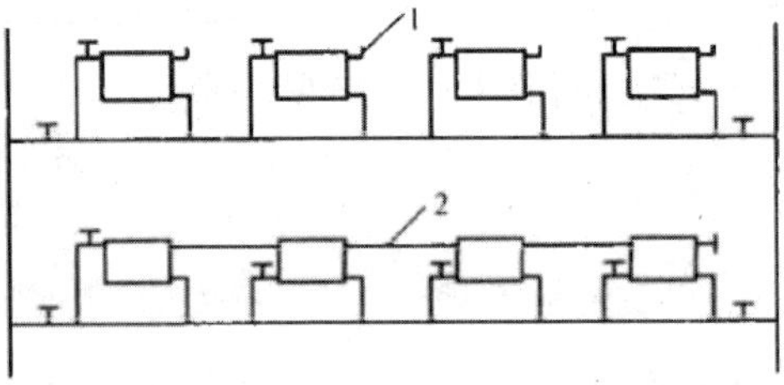

图 2－113　水平单管跨越式系统

1 一放气阀；2—空气管

跨越式的连接方式可以有图 2－113 中的两种。第二种的连接形式虽然稍费一些支管，但增大了散热器的传热系数。由于跨越式可以在散热器上进行局部调节，可以用在需要局部调节的建筑物中。

水平式系统排气比垂直式上供下回系统要麻烦，通常采用排气管集中排气。

水平式系统的总造价要比垂直式系统少很多，对于较大的系统，由于有较多的散热器处于低水温区，尾端的散热器面积可能较垂直式系统的要多些，但它与垂直式（单管和双管）系统相比，还有以下优点：

（1）系统的总造价一般要比垂直式系统低。

（2）管路简单，便于快速施工。除了供、回水总立管外，无穿过各层楼管的立管，因此无需在楼板上打洞。

（3）有可能利用最高层的辅助空间架设膨胀水箱，不必在顶棚上专设安装膨胀水箱的房间。

（4）沿路没有立管，不影响室内美观。

四、低温热水辐射供暖系统

低温辐射供暖的散热面是与建筑构件合为一体的，根据其安装位置分为顶棚式、地板式、墙壁式、踢脚板式等；根据其构造分为埋管式、风槽式或组合式。低温辐射采暖系统的分类及特点见表 2－11。

表 2－11　低温辐射供暖系统分类及特点

分类根据	类型	特点
辐射板位置	顶棚式	以顶棚作为辐射表面，辐射热占 70%左右
	墙壁式	以墙壁作为辐射表面，辐射热占 65%左右
	地板式	以地板作为辐射表面，辐射热占 55%左右
	踢脚板式	以床下或踢脚线处墙面作为辐射表面，辐射热占 65%左右
辐射板构造	埋管式	直径为 15~32mm 的管道埋设于建筑表面构成辐射表面
	风道式	利用建筑构件的空腔使其间热空气循环流动构成辐射表面
	组合式	利用金属板焊以金属管组成辐射板

1. 低温热水地板辐射供暖

低温热水地板辐射供暖具有舒适性强、节能，方便实施按户热计量，便于住户二次装修等特点，还可以有效地利用低温热源如太阳能，地下热 水，供暖和空调系统的回水，热泵型冷热水机组、工业与城市余热和废热等。

（1）低温热水地板辐射供暖的优点

低温热水地板辐射供暖与散热器对流供暖比较，具有以下优越性：

1）从节能角度看，热效率提高 20%～30%，即可以节省 20%～30%的能耗。

2）从舒适角度看，在辐射强度和温度的双重作用下，能形成比较理想的热环境。

3）从美观角度看，室内不需安装散热器和连接散热器的支管与立管，实际上给用户增加了一定数量的使用面积。

4）能够方便地实现国家节能标准提出的“按户计量，分室调温”的要求。

（2）低温热水地板辐射供暖系统的构造

低温热水地板辐射供暖因水温低，管路基本不结垢，多采用管路一次性埋设于垫层中的做法，如 2－114 所示。地面结构一般由楼板、找平层、绝热层（上部敷设加热管）、填充层和地面层组成。

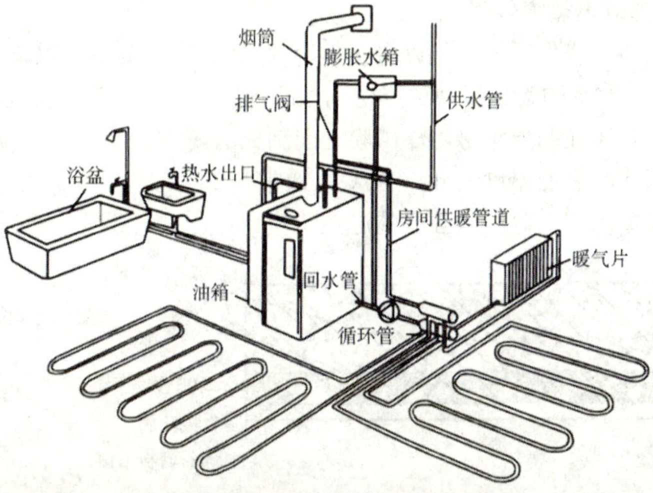

图 2－114　低温热水地板辐射供暖系统

图 2－115 为干式（无混凝土填埋层）辐射地板构造示意图。这种结构的绝缘层一般为定制的聚苯乙烯泡沫塑料（密度不小于 20kg/m^3），其上有预制的凹槽，并铺设与其紧密接触的导热铝板。塑料管嵌入铝板凹槽后，地板可直接铺设在其上面。该结构的辐射地板最大优势是厚度较小，与普通铺设地板的木栊相近甚至更低，施工也较简单，但其造价较高。辐射地板各结构层及部件，均需在现场施工完成。其中找平层是在填充层或结构层上进行抹平的构造层，绝热层主要用来控制热量传递方向，填充层用来埋置、保护加热管并使地面温度均匀；地面层指完成的建筑地面。如允许地面双向散热时，可不设绝热层。住宅建筑因涉及分户热计量，不应取消绝热层。如与土壤相邻则必须设置绝热层，并且绝热层下部应设置防潮层。对于潮湿房间如卫生间等，填充层上部宜设置防水层。

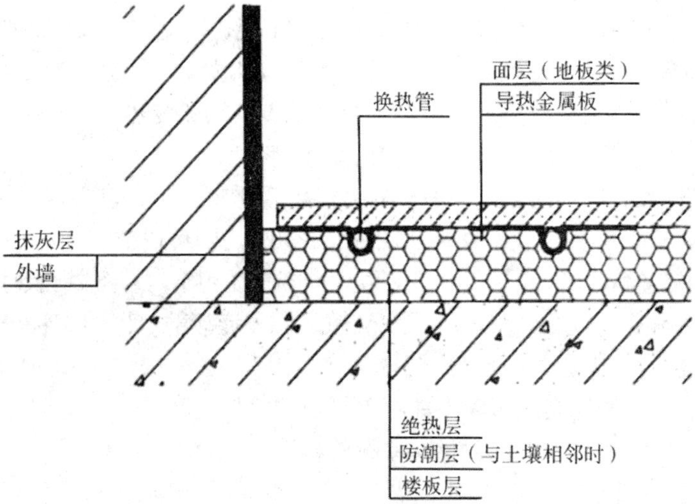

图 2－115　干式辐射地板构造

2．低温辐射电热膜供暖

低温辐射电热膜供暖方式是以电热膜为发热体，大部分热量以辐射方式散人供暖区域。它是一种通电后能发热的半透明聚酯薄膜，由可导电的特制油墨、金属载流条经印刷、热压在两层绝缘聚酯薄膜之间制成的。

电热膜工作时表面温度为 40～60℃，通常布置在顶棚下（图 2－116）或地板下或墙裙、墙壁内，同时配以独立的温控装置。

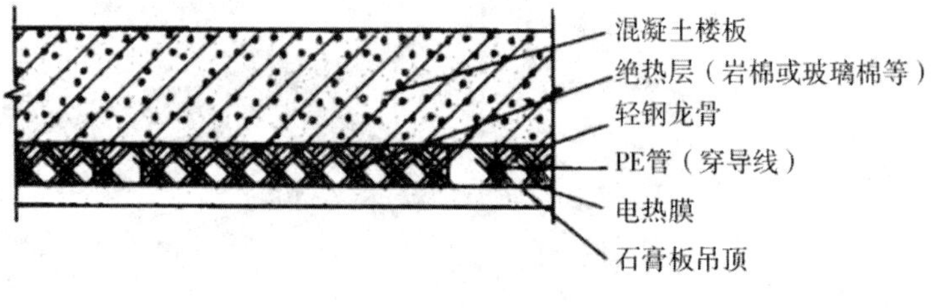

图 2－116　低温辐射电热膜供暖

3．低温发热电缆供暖

发热电缆是一种通电后发热的电缆，它有实芯电阻线（发热体）、绝缘层、接地导线、金属屏蔽层及保护套构成。

低温加热电缆供暖系统是由可加热电缆和感应器、恒温器等组成，也属于低温辐射供暖，通常采用地板式，将发热电缆埋于混凝土中，有直接供热及存储供热等系统形式，如图2－117和图2－118所示。

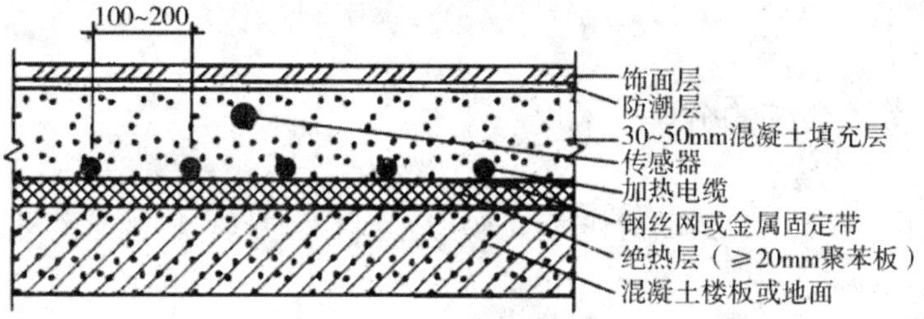

图2－117　低温发热电缆敷设供暖安装示意图

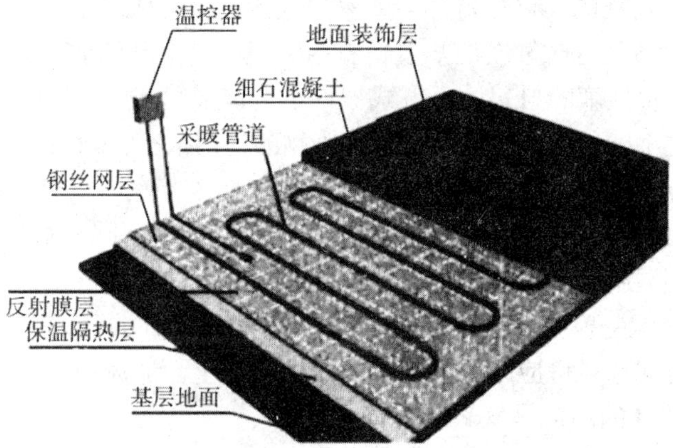

图2－118　低温发热电缆敷设供暖分层结构示意图

第4讲　建筑通风系统

一个卫生、安全、舒适的环境是由诸多因素决定的，它涉及热舒适、空气品质、光线、噪声和环境视觉效果等。其中空气品质是一个极为重要的因素，创造良好的空气环境条件（如温度、湿度、空气流速、洁净度等），对保障人们的健康、提高劳动生产率、保证产品质量是必不可少的。

所谓通风，就是把室外的新鲜空气经适当的处理（如净化、加热等）或者将符合卫生要求的经净化的空气送进室内，把室内的废气（经消毒、除害后）排至室外，从而保持室内空气的新鲜和洁净。

通风经过就是用自然或机械的方法向某一房间或空间送入室外空气，或由某一房间或空间排出室内空气的过程。送入的空气可以是经过处理的，也可以是未经处理的。换句话说，通风是利用室外空气（称为新鲜空气或新风）来置换建筑物内的空气（简称室内空气），以改善室内空气品质。通风的功能主要有：提供人呼吸所需要的氧气；稀释室内污染物或气味；排除室内工艺过程产生的污染物；除去室内多余的热量（余热）或湿量（余湿）；提供室内燃烧设备燃烧所需的空气。

建筑中的通风系统可能只完成其中的一项或几项任务，利用通风去除室内余热和余湿的功能是有限的，它受室外空气状态的限制。

一、通风系统的分类

通风系统按照空气流动的作用动力可分为自然通风和机械通风两种。

1.自然通风

建筑物的自然通风是指由室外风力提供的风压或者由室内外温度差和建筑物高度产生的热压差来实现通风换气的一种通风方法。

自然通风消耗的仅仅是自然能或室内人为因素造成的附加能（这种附加能一般指室内工艺设备运行时散发的热量使室内空气温度上升的能量），因此，绿色环保、经济节能、造价低廉的自然通风方式被许多建筑采纳使用，并且取得了较好的建筑通风效果。住宅建筑、产生轻度空气污染物的民用或工业建筑、产生较大热量的工业建筑大都采用自然通风方式来达到通风换气、改善室内空气质量的目的。

在热压或风压的作用下，一部分窗孔室外的压力高于室内的压力，这时，室外空气就会通过这些窗孔进入室内；另一部分窗孔室外压力低于室内压力，室内部分空气就会通过这些窗孔而流出室外，由此可知窗孔内外的压力差是造成空气流动的主要因素。自然通风可应用于厂房或民用建筑的全面通风换气，也可应用于热设备或高温有害气体的局部排气。

（1）风压作用下的自然通风

具有一定速度的风由建筑物迎风面的门窗进入房间内，同时把房间内原有的空气从背风面的门窗压出去，形成一种由于室外风力引起的自然通风，以改善房间的空气环境。

当风吹过建筑物时，在建筑物的迎风面一侧压力升高了，相对于原来大气压力产生了正压；在背风侧产生涡流及在两侧的空气流速增加，压力下降了，相对原来的大气压力产生了负压。

建筑物在风压作用下，由具有正值风压的一侧进风，而在负值风压的一侧排风，这就是在风压作用下的自然通风。其通风强度与正压侧和负压侧的开口面积及风力大小有关。如图 2－119 所示，建筑物在迎风的正压侧有窗，当室外空气进入建筑物后，建筑物内的压力水平就会升高，而在背风侧室内压力大于室外，空气由室内流向室外，这就是我们通常所说的“穿堂风”。

风压作用下的自然通风与风向有着密切的关系。由于风向的转变，原来的正压区可能变为负压区，而原来的负压区可能变为正压区。风向是不受人的意志所能控制的，并且大部分城市的平均风速较低。因此，由风压引起的自然通风的不确定因素过多，无法真正应用风压的作用原理来设计有组织的自然通风。

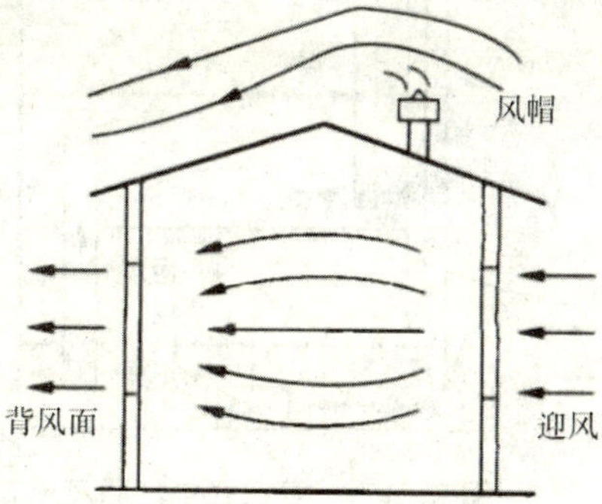

图 2－119　风压作用下的自然通风

（2）热压作用下的自然通风

在房间内有热源的情况下，室内空气温度高、密度小，产生一种向上的升力。室内热空气上升后从上部窗孔排出，同时室外冷空气就会从下部门窗进入室内，形成一种由室内外温差引起的自然通风。这种由室内外温差引起的压力差为动力的自然通风，称为热压差作用下的自然通风。

热压作用产生的通风效应又称为“烟囱效应”。“烟囱效应”的强度与建筑高度和室内外温差有关。一般情况下，建筑物愈高，室内外温差愈大，“烟囱效应”愈强烈。

热压是由于室内外空气温度不同而形成的重力压差。如图 2－120 所示，当室内空气温度高于室外空气温度时，室内热空气因其密度小而上升，造成建筑物内上部空气压力比建筑物外大，空气由下向上形成对流。

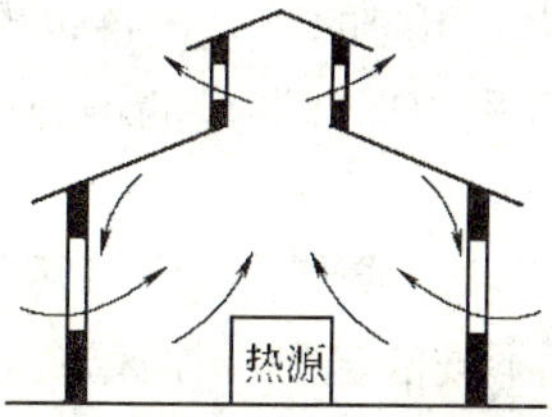

图 2－120　热压作用下的自然通风

（3）管道式自然通风

图 2－121 所示是一种有组织的管道的自然通风，室外空气从室外进风口进入室内，先经加热处理后由送风管道送至房间，热空气散热冷却后从各房间下部的排风口经排风道由屋顶排风口排出室外。这种通风方式常用作集中供暖的民用和公共建筑物中的热风供暖或自然排风措施。

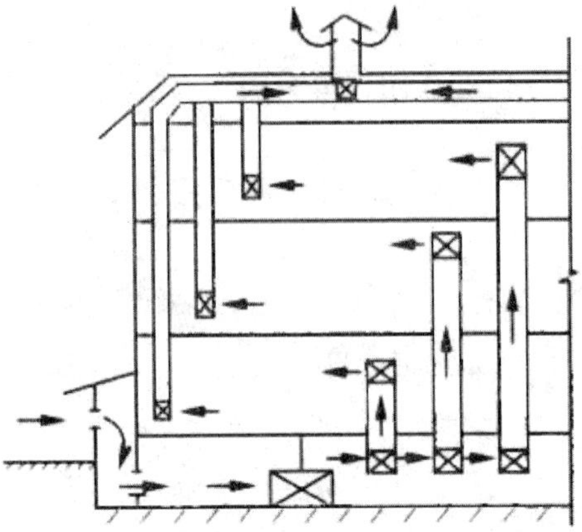

图 2－121　管道式自然通风

总之，自然通风不消耗机械动力，是一种经济的通风方式，对于产生大量余热的车间利用自然通风可达到巨大的通风换气量。由于自然通风易受室外气象条件的影响，因此，自然通风难以有效控制，通风效果也不够稳定。主要用于热车间排除余热的全面通风。

2.机械通风

机械通风系统一般由风机、风道、 阀门、 送排风口组成。根据需要，机械通风系统还可有空气处理装置、大气污染物治理装置。机械通风系统根据作用范围的大小、通风功能的区别可划分为全面通风和局部通风两大类。

（1）全面通风

全面通风也称为稀释通风，是对整个车间或房间进行通风换气。它一方面用新鲜空气稀释整个车间或房间内空气的有害物浓度，同时，不断地将污浊空气排至室外，保证室内空气中有害物浓度低于卫生标准所规定的最高允许浓度。

全面通风所需风量比较大，相应的通风设备也比较庞大。全面通风系统适用于有害物分布面积广以及不适合采用局部通风的场合。在公共建筑以及民用建筑中广泛采用全面通风。

据室内通风换气的不同要求，或者室内空气污染物的不同情况（污染物性质、在空气中的浓度等），可选择不同的送风、排风形式进行全面通风。常见的室内全面通风系统有以下几种送风、排风形式组合。

1）机械送风、自然排风

图 2－122 所示为机械送风、自然排风系统。室外新鲜空气经过热湿处理达到要求的空气状态后，由风机通过风管、送风口送入室内。由于室外空气源源不断地送入室内，室内呈正压状态。在正压作用下，室内空气通过门、窗或其他缝隙排出室外，从而达到全面通风的目的。这种全面通风方式在以产生辐射热为主要危害的建筑物内采用比较合适。若建筑物内有大气污染物存在，其浓度较高，且自然排风时会渗入到相邻房间时，采取这种通风方式就欠妥。

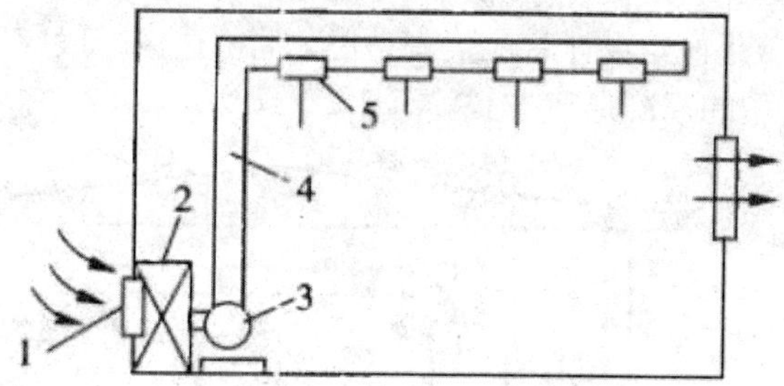

图 2－122　全面机械送风、自然排风示意图

1—进风口；2—空气处理设备；3—风机；4—风道；5—送风口

2）自然进风、机械排风

图 2－123 所示为自然进风、机械排风系统。室内污浊空气通过吸风口、风管由风机排至室外。由于室内空气连续排出，室内造成负压状态，室外新鲜空气通过建筑物的门、窗和缝隙补充到室内，从而达到全面通风的目的。这种全面通风方式在室内存在热湿及大气污染物危害物质时较为适用，但相邻房间同样存在热湿及大气污染物危害物质时就欠妥。因为在负压状态下，相邻房间内的危害物质会经过渗入通道进入室内，使室内全面通风达不到预期的效果。

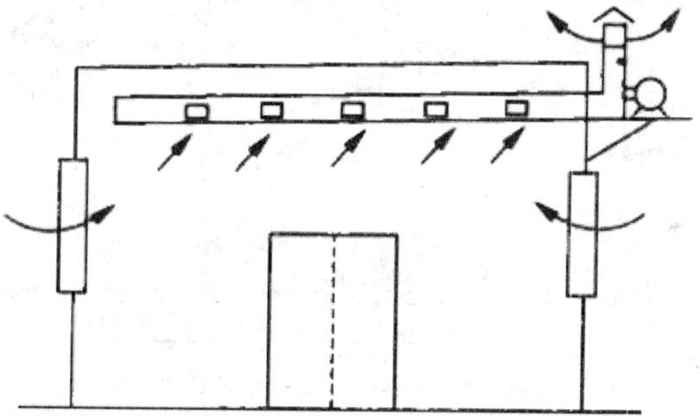

图 2－123　全面机械排风、自然送风示意图

3）机械送风、机械排风

图 2－124 所示为机械送风、机械排风系统。室外新鲜空气经过热湿处理达到要求的空气状态后，由风机通过风管、送风口送入室内。室内污浊空气通过吸风口、风管由风机排至室外。这种机械送风、排风系统可以根据室内工艺及大气污染物散发情况灵活、合理地进行气流组织，达到全室全面通风的预期效果。当然，这种系统的投资及运行费用比前两种通风方式要大。

（2）局部通风

利用局部的送、排风控制室内局部地区的污染物的传播或控制局部地区的污染物浓度达到卫生标准要求的通风叫做局部通风。局部通风又分为局部排风和局部送风。它是防止工业有害污染物污染室内空气最有效的方法，在有害气体产生的地点直接将它们收集起来，经过净化处理，排至室外。与全面通风相比，局部通风系统需要的风量小、效果好，设计时应优先考虑。局部通风一般应用于工矿企业。如图2—125所示为典型的局部通风方式。

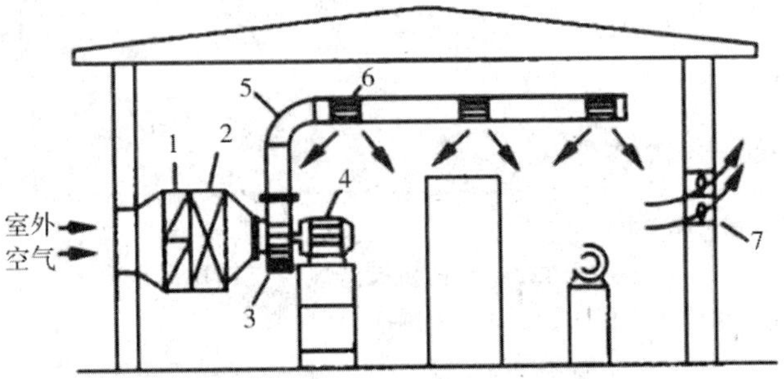

图 2—124 机械送风、机械排风系统

1—空气过滤器；2—空气加热器；3—风机；4—电动机；5—风管；6—送风口；7—轴流风机

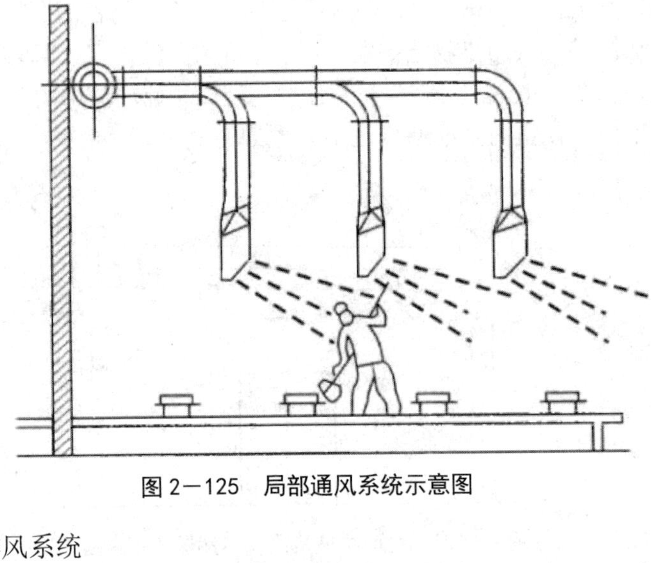

图 2—125 局部通风系统示意图

1）局部排风系统

局部排风就是在局部地点把不符合卫生标准的污浊空气经过处理，达到排放标准后排至室外，以改善局部空间的空气标准。

局部排风系统由局部排风罩、风管、净化设备和风机等组成，图 2—126 为局部机械排风系统示意图。

局部排风罩是用于捕收有害物的装置，局部排风就是依靠排风罩来实现这一过程的。排风罩的形式多种多样，它的性能对局部排风系统的技术经济效果有着直接影响。在确定排风罩的形式、形状之前，必须了解和掌握车间内有害物的特性及其散发规律，熟悉工艺设备的结构和操作情况。在不妨碍生产操作的前提下，使排风罩尽量靠近有害物源，并朝向有害物散发的方向，使气流从工作人员一侧流向有害物，防止有害物对工人的影响。

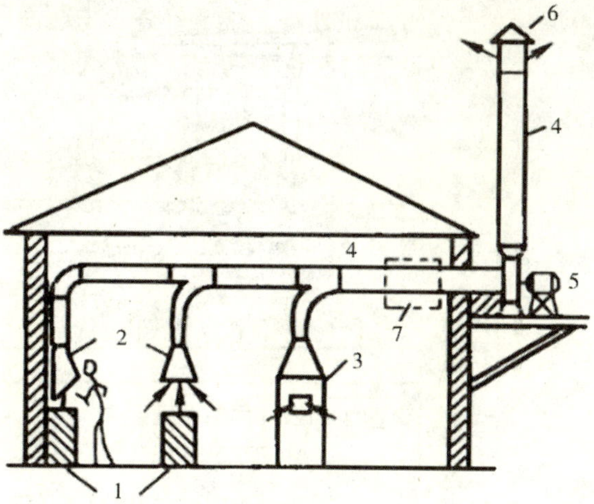

图 2－126　局部机械排风系统示意图

1 一工艺设备；2—局部排风罩；3 一排风柜；4 一风道；5—风机；6—排风帽；7—排风处理装置

所选用的排风罩应能够以最小的风量有效而迅速地排除工作地点产生的有害物。一般情况下应首先考虑采用密闭式排风罩，其次考虑采用半密闭式排风罩等其他形式。

局部排风系统的分布应遵循如下原则：

①污染物性质相同或相似，工作时间相同且污染物散发点相距不远时，可合为一个系统。

②不同污染物相混可产生燃烧、爆炸或生成新的有毒污染物时，不应合为一个系统，应各自成为独立系统。

③排除有燃烧、爆炸或腐蚀的污染物时，应当各自单独设立系统，并且系统应有防止燃烧、爆炸或腐蚀的措施。

④排除高温、高湿气体时，应单独设置系统，并有防止结露和有排除凝结水的措施。

（2）局部送风系统

局部送风就是将干净的空气直接送至室内人员所在的地方，以改善室内工作人员周围的局部环境，使其达到要求的标准，而并非使整个空间环境达到该标准。这种方法比较适用于大面积的空间、人员分布不密集的场合。图 2－127 所示为局部送风系统示意图。

局部送风系统一般由进风口、空气处理设备、风机、送风管和送风口组成。送风口常见的有旋转式送风口，它带有导流叶片，可任意调节气流方向，还可适当调节送风量。

局部送风有空气幕、空气淋浴等。

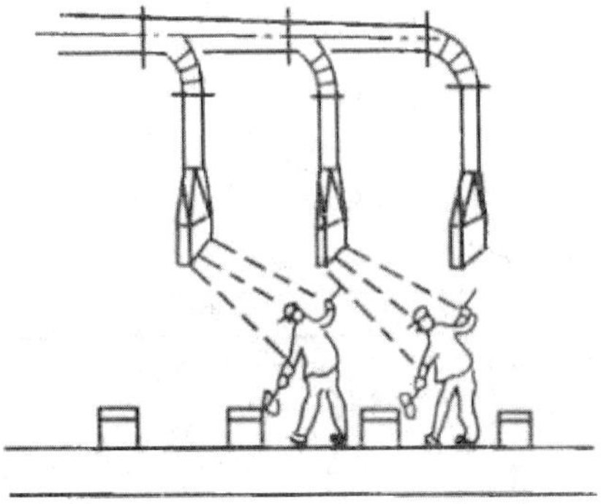

图 2—127 局部送风系统

3.置换通风

置换通风是 20 世纪 70 年代初期从北欧发展起来的一种通风方式，作为一种高效、节能的通风方法，置换通风从 20 世纪 80 年代起，首先被引入办公楼等舒适性空调系统，主要用以解决废气、二氧化碳、热量等引起的污染。

置换通风是基于空气的密度差而形成热气流上升、冷气流下降的原理实现通风换气的。置换通风的送风分布器通常都是靠近地板，送风口面积较大，因此，其出风速度较低（一般低于 0.5m/s）。在这样低的流速下，送风气流与室内空气的掺混量很小，能够保持分层的流态。置换通风用于夏季降温时，送风温度通常低于室内空气温度 2～4℃。

低速、低温送风与室内分区流态是置换通风的重要特点，因此，置换通风对送风的空气分布器要求较高，它要求分布器能将低温的新风以较小的风速均匀地送出，并能散布开来。

由于置换通风的特殊送风条件和流态，室内污染物主要集中在房间的上部，沿垂直高度的增加，其浓度逐渐增加，温度也逐渐升高，形成垂直向的温度梯度和浓度梯度。实践证明：置换通风既能保持下部工作所要求环境条件，又能有效地减少空调负荷，从而节省初始投资和运行费用。

二、通风系统的主要设备

自然通风系统一般不需要设置设备，机械通风的主要设备有风机、风管或风道、风阀、风口和除尘设备等。

1.风机

风机为通风系统中的空气流动提供动力，它可分为离心式风机和轴流式风机两种类型。根据输送气体的组成和特性，制造风机的材料可以是全钢、塑料和玻璃钢，前者适合输送类似空气一类性质的气体，后者适合输送具有腐蚀性质的各类废气。当输送具有爆炸危险的气体时，还可以用异种金属分别制成机壳和叶轮，以确保当叶轮和机壳摩擦时无任何火花产生，这类风机称为防爆风机。

（1）离心式风机

离心式风机主要由叶轮、机轴、机壳、集流器（吸气口）、排气口等组成，其叶轮的转动由电动机通过机轴带动。离心式风机的进风口与出风口方向成 90° 角，进风口可以是单侧吸入，也可以是双侧吸入，但出风口只有一个。离心式风机工作时，叶轮做旋转运动，叶片间的空气随叶轮旋转获得离心力，从叶轮中心高速抛出，压人蜗形机壳中，并随机壳断面的逐渐增大，气流动压减小、静压增大，最后以较高的压力从风机排气口流出。因叶片间的空气被高速抛出，叶轮中心形成负压，从而再把风机外的空气吸入叶轮，由此形成连续的空气流动。离心式风机的叶轮叶片可以做成向心的直片式，也可做成与旋转方向一致的前曲式或相反方向的后曲式。叶片角度不同的叶轮旋转时叶片间获得的离心力大小不一致，空气流出风机时的压力也就不一致。因此，可以将风机分成低压、中压和高压三种。一般将风压小于 1kPa 的风机称为低压风机，风压在 1～3kPa 的风机称为中压风机，风压大于 3kPa 的风机称为高压风机。低压风机消耗能量低，高压风机消耗能量大。图 2－128 为离心式风机构造示意图。

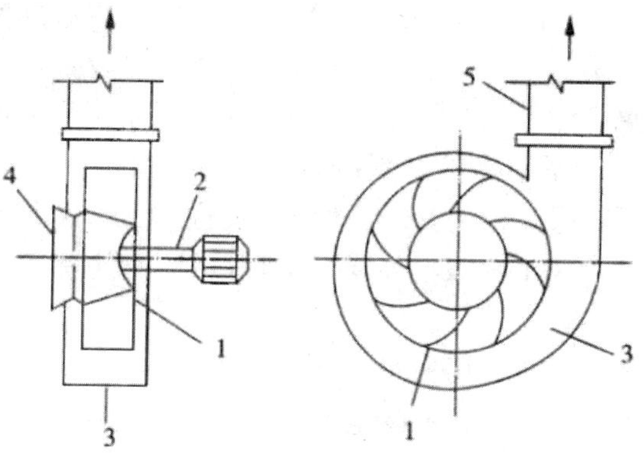

图 2－128　离心式风机

1—叶轮；2—机轴，3—机壳；4—吸气口，5—排气口

（2）轴流式风机

如图 2－129 所示，轴流式通风机主要由叶轮、外壳、电动机和支座等部分组成。

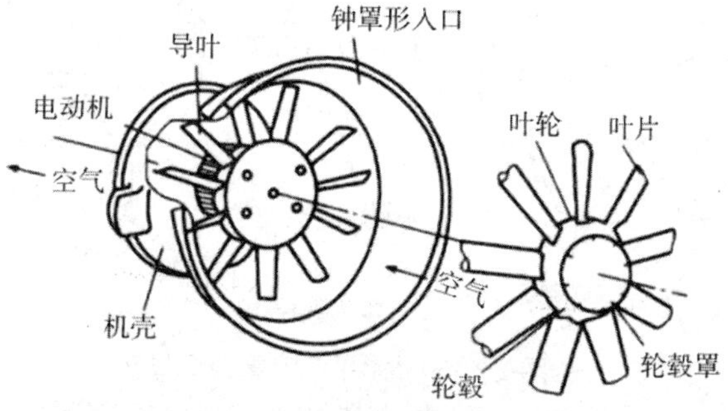

图 2－129　轴流式风机

轴流风机的叶片与螺旋相似，其工作原理是：电动机带动叶片旋转时，空气产生一种推力，促使空气沿轴向流入圆筒形外壳，并与机轴平行方向排出。

轴流风机与离心风机在性能上最大、最主要的区别是轴流风机产生的全压较小，离心风机产生的全压较大。因此，轴流风机一般只用于无需设置管道的场合以及管道阻力较小的系统或用于炎热的车间作为风扇散热设备；而离心风机则往往用在阻力较大的系统中。

（3）斜流式风机

斜流式风机与混流式风机较相似，但比混流式风机更接近轴流式风机。其叶轮为轴流式风机的变形，气流沿叶片中心为散射形，并向气流方向倾斜。同机号相比，斜流式风机流量大于离心式风机，全压高于轴流式风机；斜流式风机体积小于离心式风机，具有高速运行宽广、噪声低、占地少、安装方便等优点。斜流式风机不影响管道布置和管道走向，最适宜于为直管道加压和送排风。对于空间狭小的机身，尤其显示出斜流式风机的结构紧凑的优越性。

2.除尘设备

防止大气污染，排风系统在将空气排入大气前，应根据实际情况进行净化处理，使粉尘与空气分离，进行这种处理过程的设备称为除尘设备。

根据主要除尘原理的不同，目前常用的除尘器可分以下几类：重力除尘，如重力沉降室；惯性除尘，如惯性除尘装置；离心力除尘，如旋风除尘装置；过滤除尘，如袋式除尘装置、颗粒层除尘装置、纤维过滤装置、纸过滤装置；洗涤除尘，如自激式除尘装置、卧式旋风水膜除尘装置；静电除尘，如电除尘装置。

（1）重力除尘装置

重力沉降室是利用重力作用使粉尘自然沉降的一种最简单的除尘装置，是一个比输送气体的管道增大了若干倍的除尘室。重力沉降室主要分为水平气流重力沉降室和垂直气流重力沉降室，如图 2－130 和图 2－131 所示。含尘气流由沉降室的一端上方进入，由于断面积的突然扩大，使流动速度降低，在气流缓慢地向另一端流动的过程中，气流中的尘粒在重力的作用下，逐渐向下沉降，从而达到除尘的目的。净化后的空气由重力沉降室的另一端排出。

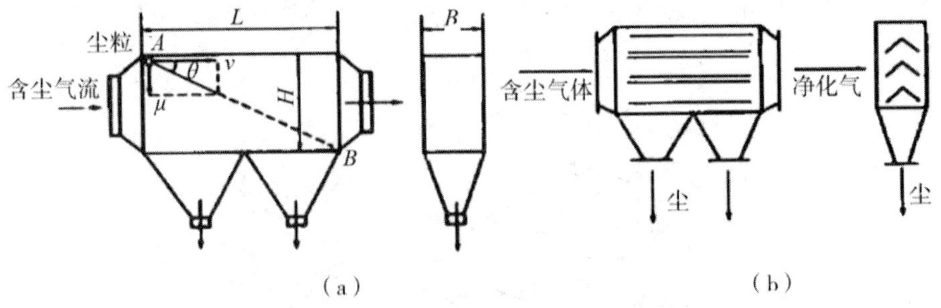

图 2－130 水平气流重力沉降室

（a）单层水平重力沉降室；（b）多层水平重力沉降室

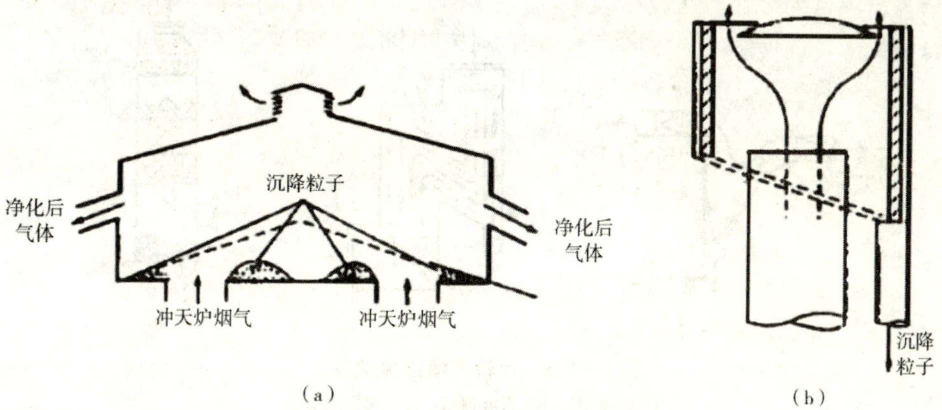

图 2－131　垂直气流重力沉降室

(a) 屋顶式沉降室；(b) 扩大烟管式沉降室

重力沉降室主要用于净化密度大、颗粒粒径大的粉尘，特别是磨损性很强的粉尘，能有效地捕集 50pm 以上的尘粒。重力沉降室的主要缺点是占地面积大、除尘效率低。优点是结构简单、投资少、维护管理方便以及压力损失小（一般为 50～150Pa）等。

（2）惯性除尘装置

惯性除尘装置的工作原理是利用尘粒在运动气流中具有的惯性力，通过突然改变含尘气流的流动方向，或使其与某种障碍物碰撞，使尘粒的运动轨迹偏离气体流线而达到分离的目的。

这类除尘装置适用于净化 d≥20μm 的非纤维性粉尘。由于净化效率低，常用作多级除尘中的初级除尘。惯性除尘装置的主要类型有冲击式和回（反）转式除尘装置，见图 2－132 和图 2－133。

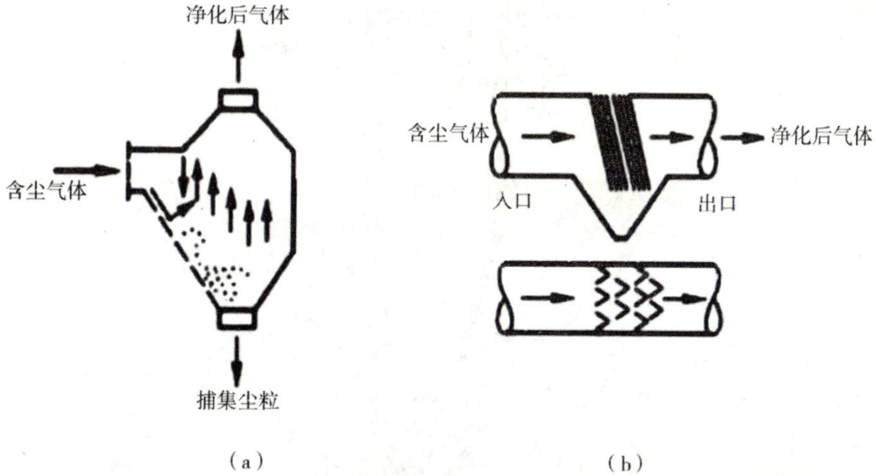

图 2－132　冲击式惯性除尘装置

(a) 单级型；(b) 多级型

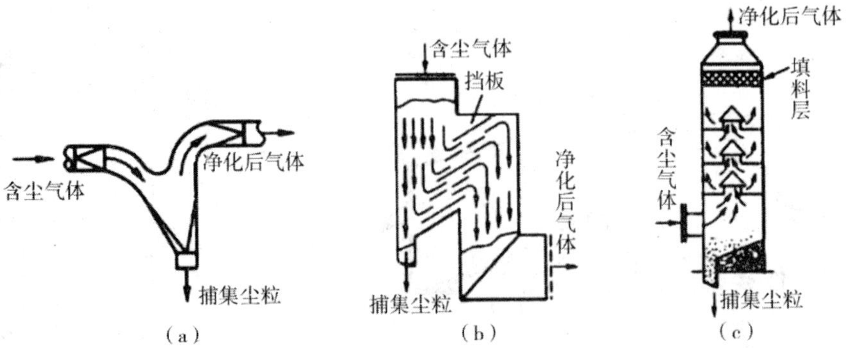

图 2—133 反转式惯性除尘装置

(a) 弯管型；(b) 百叶窗型；(c) 多层隔板型

（3）离心除尘装置

离心除尘装置是使含尘气体做旋转运动，借作用于尘粒上的离心力把尘粒从气体中分离出来的装置。这类除尘装置的除尘效率比重力除尘装置高得多。

图 2－134 是一个普通的旋风除尘装置示意图，它由筒体、锥体、排出管等组成，含尘气流通过进口起旋器产生旋转气流，粉尘在离心力作用下脱离气流向筒锥体边壁运动，到达筒壁附近的粉尘在重力的作用下进入收尘灰斗，去除了粉尘的气体汇向轴心区域由排气芯管排出。

旋风除尘器结构简单、体积小、维护方便，对于 10～20pm 的粉尘，去除效率为 90%左右，是工业通风中常用的除尘设备之一，多应用于小型锅炉和多级除尘的第一级除尘中。

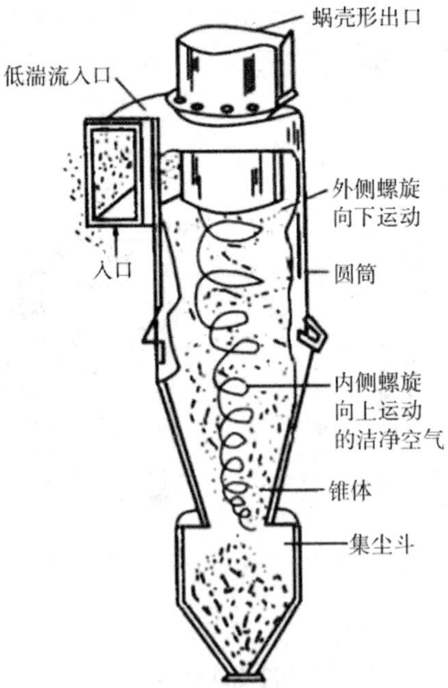

图 2—134 旋风除尘器

（4）湿式除尘装置

湿式除尘器主要利用含尘气流与液滴或液膜的相互作用实现气尘分离。其中粗大尘粒与液滴（或雾滴）的惯性碰撞、接触阻留（即拦截效应）得以捕集，而细微尘粒则在扩散、凝聚等机理的共同作用下，使尘粒从气流中分离出来达到净化含尘气流的目的，图 2－135 所示为水浴除尘器示意图。

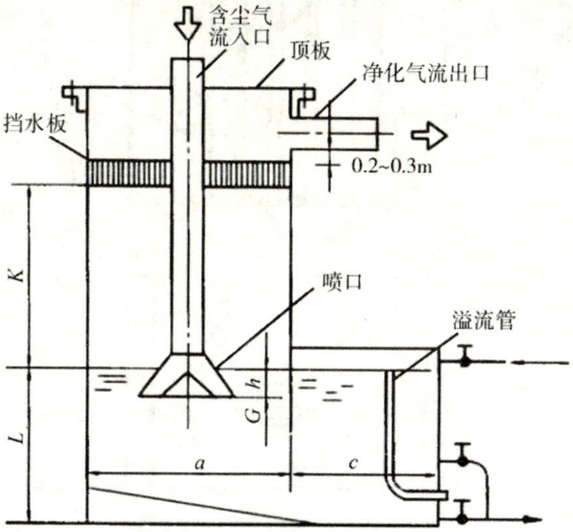

图 2－135　水浴除尘器示意图

湿式除尘器的优点是结构简单，投资低，占地面积小，除尘效率较高，并能同时进行有害气体的净化。其缺点主要是不能干法回收物料，而且泥浆处理比较困难，有时需要设置专门的废水处理系统。

（5）过滤除尘装置

过滤除尘装置是使含尘空气通过滤料，将粉尘分离捕集的装置。袋式除尘装置（图 2－136）就是过滤除尘装置的一种，主要依靠滤料表面形成的粉尘初层和集尘层进行过滤。它通过以下几种效应捕集粉尘：

1）筛滤效应：当粉尘的粒径比滤料空隙或滤料上的初层孔隙大时，粉尘便被捕集下来。

2）惯性碰撞效应：含尘气体流过滤料时，尘粒在惯性力作用下与滤料碰撞而被捕集。

3）扩散效应：微细粉尘由于布朗运动与滤料接触而被捕集。

（6）静电除尘装置

静电除尘器是利用静电将气体中粉尘分离的一种除尘设备，简称电除尘器。

电除尘器由本体及直流高压电源两部分构成。本体中排列有数量众多的、保持一定间距的金属集尘极（又称极板）与电晕极（又称极线），用以产生电晕，捕集粉尘。还设有清除电极上沉积粉尘的清灰装置、气流均布装置、存输灰装置等。图 2－137 所示为静电除尘器的工作原理图。

静电除尘器是一种高效除尘器，理论上可以达到任何要求的去除效率。但随着去除效率的提高，会增加除尘设备造价。静电除尘器压力损失小，运行费用较节省。

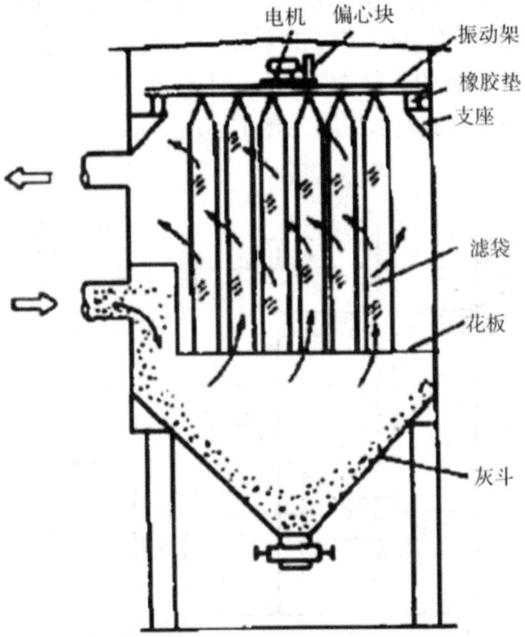

图 2—136 机械袋式除尘装置

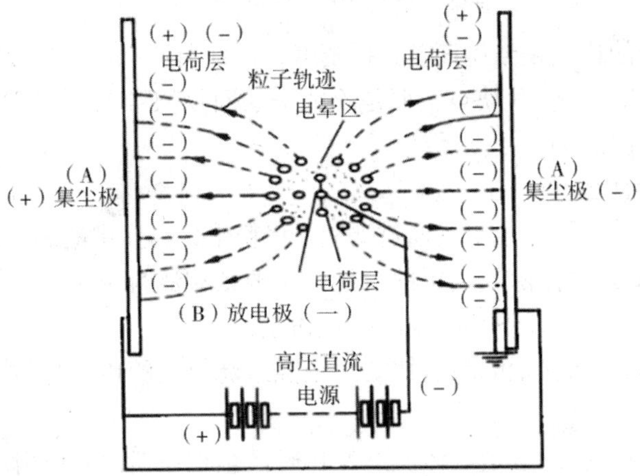

图 2—137 静电除尘器的工作原理

3.风管

（1）风管的材料

可用来制作风道的材料很多，一般工业通风系统常使用薄钢板制作风道，有时也采用铝板或不锈钢板制作。输送腐蚀性气体的通风系统，往往采用硬质聚氯乙烯塑料板或玻璃钢制作；埋在地坪下的风道，通常用混凝土板做底，两边砌砖，内表面抹光，上面再用预制的钢筋混凝土板做顶板，如地下水位较高，还需做防水层。

风管材料应坚固耐用，表面光滑，易于制造且价格便宜。可用作风管材料的有薄钢板、胶合板、纤维板、砖及混凝土等。薄钢板是最常用的材料，它分普通钢板和镀锌钢板两种，一般通风空调系统采用厚度为0.5～1.5mm的钢板。聚氯乙烯板也可作为风管材料，它光洁、不积尘、耐腐蚀，在净化空调工程中有时被采用。但其造价和施工安装费用大。近处来，还有用经过表面处理的玻璃纤维板作风管材料的，它兼有消声和保温的效果。

需要移动的风管常用柔性材料制作成各种软管，如塑料管、橡胶管和金属软管等。

以砖、混凝土等材料制作的风管，主要用于需要与建筑结构配合的场合，它结合装饰、经久耐用、但阻力较大，在体育馆、影剧院等空调工程中常利用建筑空间组合成通风管道，这种管道断面较大，减小了流速，降低了阻力。显然，在确定风道截面积时，必须先定风速，对于机械通风系统，如果流速较大，则可以减少风道的截面积，从而降低通风系统的造价和减少风道占用的空间；但却增大了空气流动的阻力，增加风机消耗的动能，并且气流流动的噪声也随之增大。如果流速偏低，则与上述情况相反，将增加系统的造价和降低运行费用。因此，对流速的选定应该进行技术经济比较，其原则是使通风系统的初投资和运行费用的总和最经济，同时也要兼顾噪声和风管布置方面的一些因素。

（2）风管的断面形式

通风管道的断面有圆形和矩形两种，在同截面积下，圆断面风管周长最短，在同样风量下，圆断面风管压力损失相对较小，因此，一般工业通风系统都采用圆形风管（尤其是除尘风管）。矩形风管易于和建筑配合，占用建筑层高较低，且制作方便，所以空调系统及民用建筑通风一般采用矩形风管。

通风、空调管道选用的通风管道应规格统一，优先采用圆形风管或长、短之比不大于4的矩形截面。实际工程中，为减少占用建筑层高，往往采用较小的厚度，风管尺寸会超过标准宽度。

（3）风管的布置

风管的布置应力求顺直，避免复杂的局部构件，弯头、三通等构件要安排得当，与风管连接要合理，以减少阻力和噪声。风管上应该设置必要的调节和测量装置或预留安排测量装置的接口。调节和测量装置应设在便于操作和观察的地点。

（4）风管的局部构件

1）弯头

减小弯头局部阻力的方法是尽量用弧弯管代替直角弯。弧弯管的曲率半径不宜过小，一般可取圆形弯头或矩形弯头高边的1～2倍，对较小曲率半径的矩形弯头应设置导流叶片。弯头的导流叶片分单叶片式和双叶片式两种。实际制作时可参考有关的标准详图。

2）三通

三通有合流三通和分流三通两种。

合流三通内直管的气流速度大于支管时，会发生直管气流引射支管气流的现象，流速大的直管气流失去能量，流速小的支管气流得到能量，因而使支管的局部阻力系数出现负值。同理，有时直管的局部阻力系数也会出现负值，但不会同时为负。

分流三通的支管和直管不可能有能量的增大，因此，两个局部阻力系数都不会出现负值。

3）阀门

通风系统中的阀门主要用于启动风机，关闭风道、风口，调节管道内空气量，平衡阻力等。阀门安装于风机出口的风道上、主干风道上、分支风道上或空气分布器之前等位置。常用的阀门有插板阀、蝶阀。

插板阀的构造如图 2－138 所示，多用于风机出口或主干风道处作开关。通过拉动手柄来调整插板的位置即可改变风道的空气流量，其调节效果好，但占用空间大。

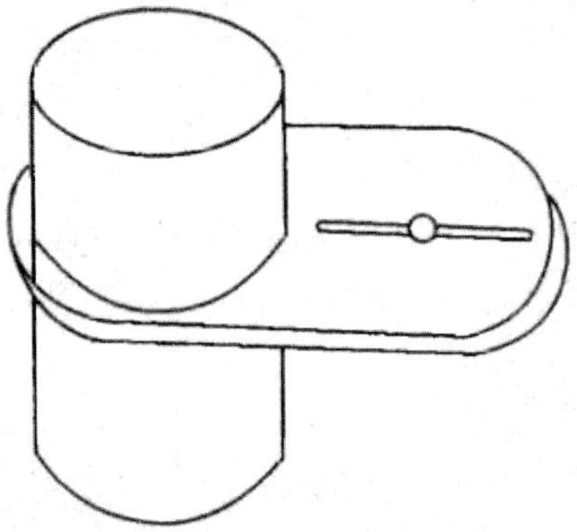

图 2－138 插板阀

蝶阀的构造如图 2－139 所示，多用于风道分支处或空气分布器前端。转动阀板的角度即可改变空气流量。蝶阀使用较为方便，但严密性较差。

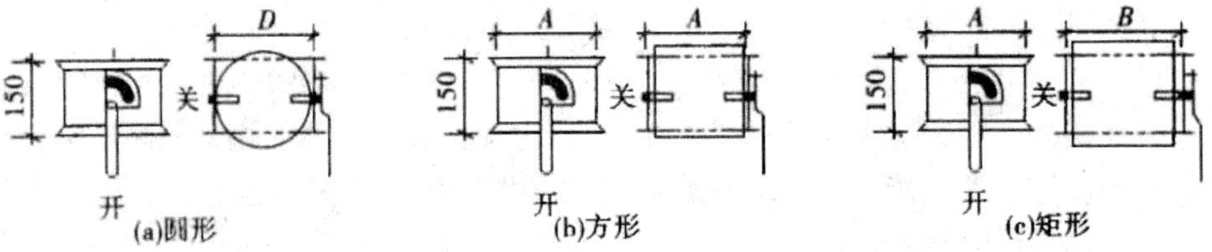

图 2－139 蝶阀

多叶调节阀，外形类似活动百叶，通过调节叶片的角度来调节风量大小。一般多用于风机出口和主干风道上。

4.风口

（1）室内送、排风口

室内送、排风口是分别将一定量的空气，按一定的速度送到室内，或由室内将空气吸入排风管道的构件。

送、排风口一般应满足以下要求：风口风量应能够调节；阻力小；风口尺寸应尽可能小。在民用建筑和公共建筑中室内送、排风口形式应与建筑结构的美观相配合。

1）百叶式风口

百叶风口通常由铝合金制成，外形美观，选用方便，调节灵活，安装简单。图 2－140 是常用的一种性能较好的百叶风口，可以安装在风管上，也可以安装在墙上。其中双层百叶式风口不仅可以调节出风口气流速度，而且可以调节气流角度。

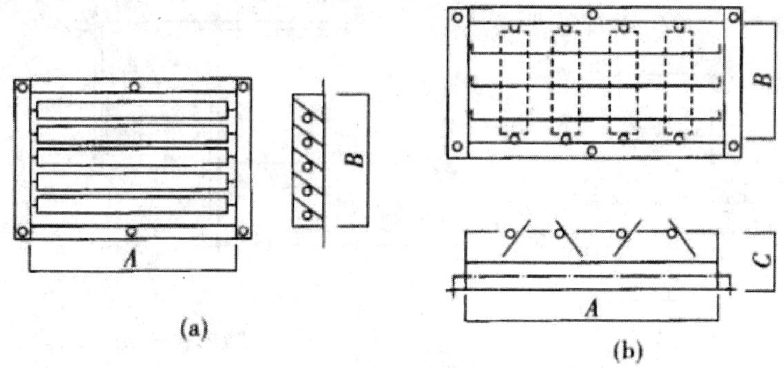

图 2－140　百叶送风口

2）侧向送回风口

这种风口结构简单，是直接在风道侧壁开孔或在侧壁加装凸出的矩形风口，为控制风量和气流方向，孔口处常设挡板或插板。此种风口的缺点是各孔口风速不均匀，风量也不易调节均匀，通常用于空调精度要求不高的工程中。

图 2－141 是构造最简单的两种送风口，风口直接开设在风道上，用于侧向或下向送风。

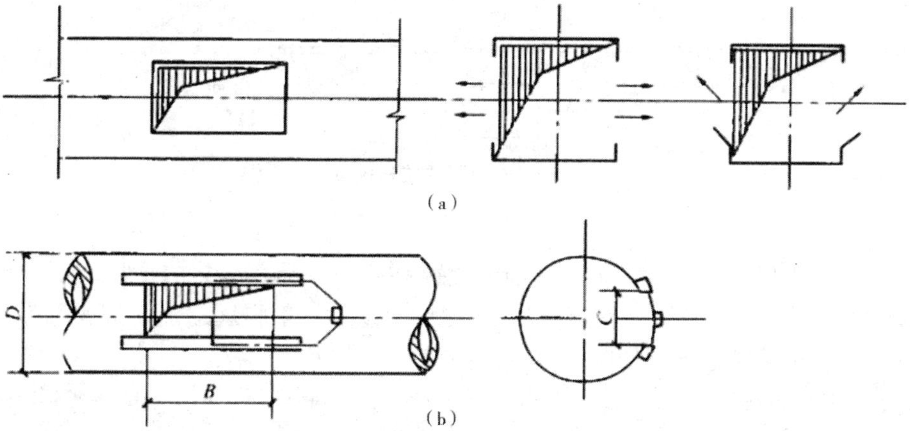

图 2－141　最简单的两种送风口

（a）风管侧送风口；（b）插板式送、吸风口

3）散流器

散流器是一种通常装在空调房间的顶棚或暴露风管的底部作为下送风口使用的风口。其造型美观，易与房间装饰要求配合，是使用最广泛的送风口之一。

散流器类型按外形分为圆形、方形和矩形；按气流扩散方向分为单向的（一面送风）和多向的（两面、三面和四面送风）；按送风气流流型分为下送型和平送型；按叶片结构分为流线型、直（斜）片式、圆环式和圆盘形。

平送式散流器是指气流从散流器出来后贴附着棚顶向四周流入室内，使射流与室内空气更好地混合后进入工作区。如图 2－142 所示。

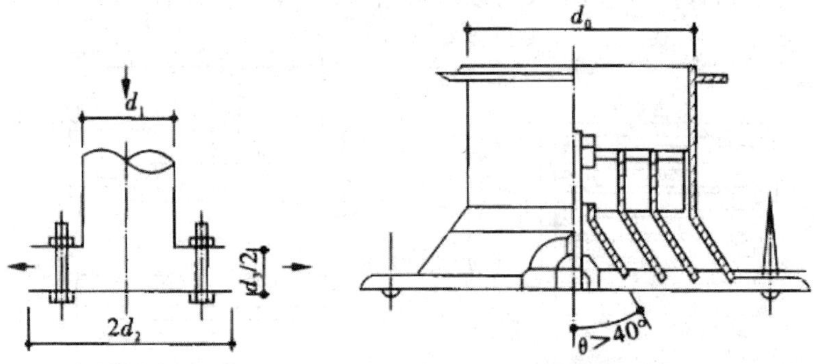

图 2－142　平送式散流器

下送式散流器是指气流直接向下扩散进入室内，　这种下送气流可使工作区被笼罩在送风气流中。如图 2－143 所示。

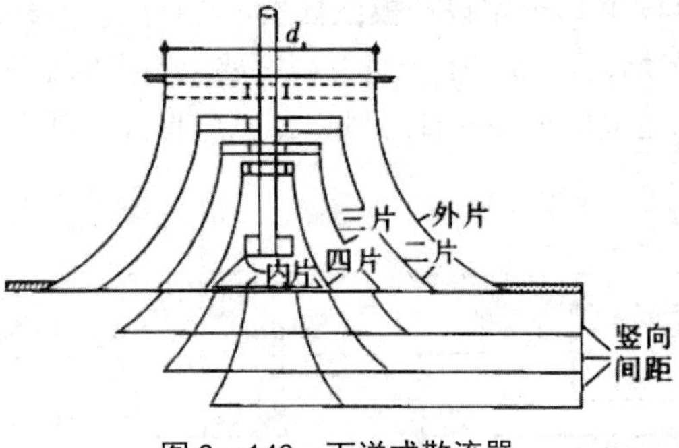

图 2－143　下送式散流器

4）喷口

喷口是喷射式送风口的简称，是用于远距离送风的风口。其主要形式有圆形和球形两种。这种送风口不装调节叶片或网栅，风速大、射程远，适用于体育馆、剧院等大空间的公共建筑。如图 2－144 所示。

5）空气分布器

在工业车间中往往需要大量的空气从较高的上部风道向工作区送风，而且为了避免工作地点有“吹风”的感觉，要求送风口附近的风速迅速降低。在这种情况下常用的室内送风口形式是空气分布器，如图 4－145 所示。

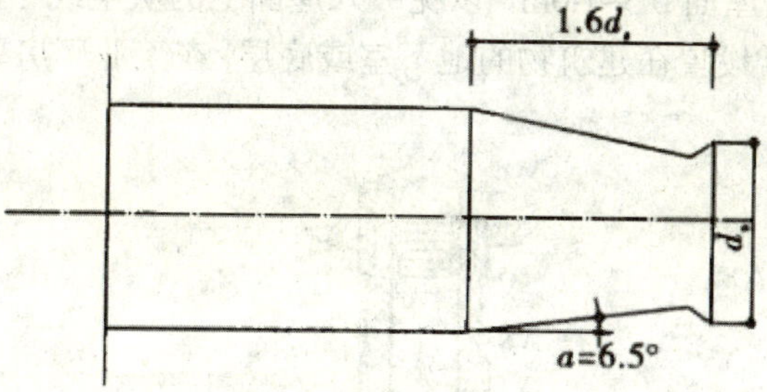

图 2－144　喷射式送风口

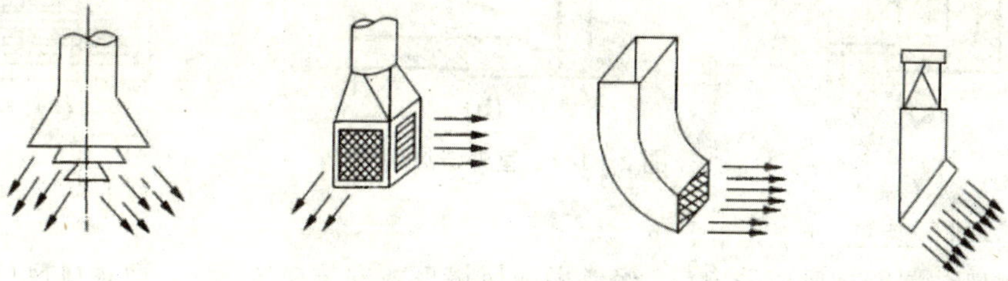

图 2－145　空气分布器

（2）室外进、排风装置

1）室外进风装置机械送风系统和管道式自然通风系统的室外进风装置应设在室外空气比较清洁的地方，在水平和垂直方向上都要尽量远离和避开污染源。室外进风装置的进风口是通风系统采集新鲜空气的入口。根据建筑设计要求的不同，室外进风装置可以设置在地面上，也可以设置在屋顶上。图 2－146 是设置在地面上的构造形式进风装置。

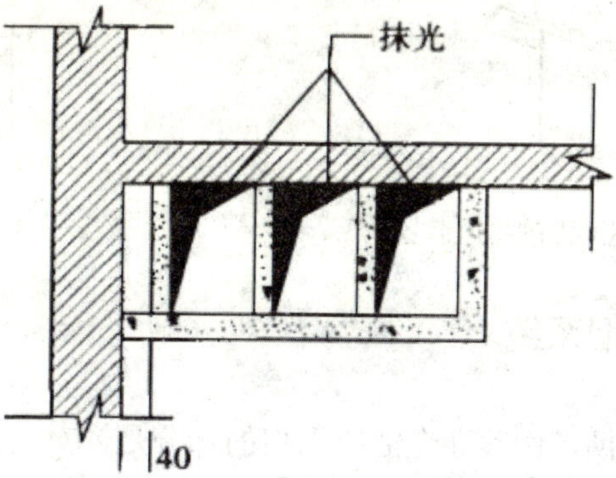

图 2－146　设置在地面上的进风装置

在图 2－147（a）中是贴附在建筑物的外墙上，图 2－147（b）是做成离建筑物而独立的构造物，图 2－147（c）是设置在外墙壁上的进风装置。

室外进风装置进风口底部距室外地坪高度不宜小于 2m。进风口应设置百叶窗，避免吸入地面的粉尘和污物，同时还可避免雨、雪的侵入。进风装置若设置在屋顶上时，进风口应高出屋面 0.5~1.0m，以免吸入屋面上的灰尘或冬季被雪堵塞。机械送风系统的进风室常设置在建筑物的地下室或底层，在工业厂房里为减少占地面积也可设在平台上。

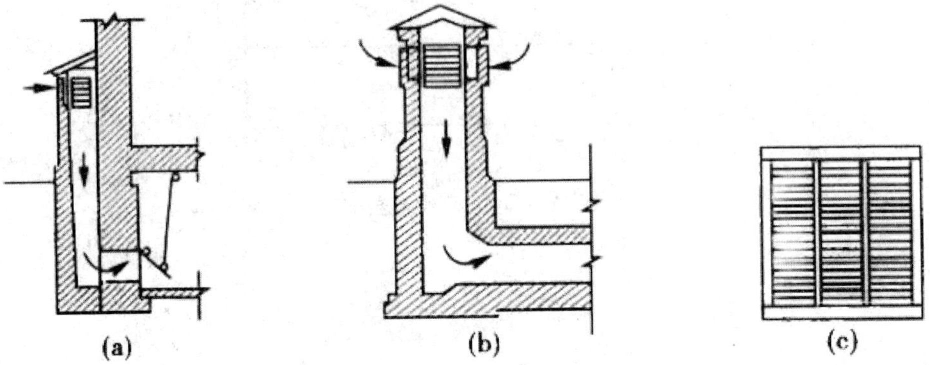

图 2－147　室外进风装置

2）排风装置

排风装置即排风道的出口，经常做成风塔形式安装在屋顶上。要求排风口高出屋面 lm 以上，以避免污染附近空气环境，如图 2－148 所示。为防止雨、雪或风沙倒灌，在出口处应设有百叶格或风帽。机械排风时可以直接在外墙上开口作为风口，如图 2－149 所示。

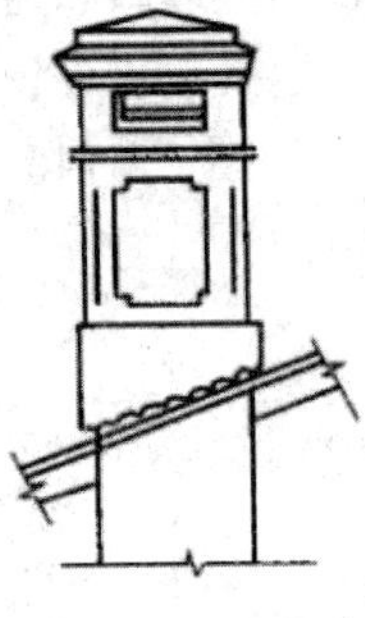

图 2－148　屋顶上的排风装置

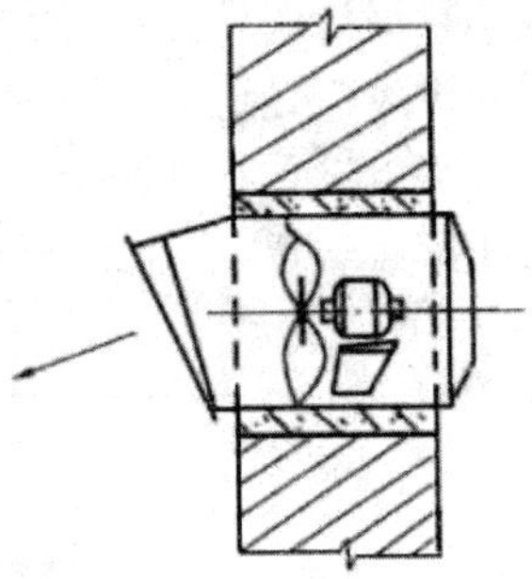

图 2－149　外墙上的排风口

三、建筑防排烟系统

建筑的防火与排烟，由暖通专业所承担的部分是针对空调和通风系统而言的，其目的是阻止火势通过空调和通风系统蔓延；而所承担的防排烟任务是针对整个建筑物的。目的是将火灾产生的烟气在着火处就地予以排出，防止烟气扩散到其他防烟分区中，从而保证建筑物内人员的安全疏散和火灾的顺利扑救。

1.防火分区与防烟分区

在建筑设计中防火分区的目的是防止火灾的扩大，分区内应该设置防火墙、防火门、防火卷帘等设备。防烟分区则是对防火分区的细分化，能有效地控制火灾产生的烟气流动。

（1）防火分区

防火分区的划分通常由建筑构造设计阶段完成。防火分区之间用防火墙、防火卷帘和耐火楼板进行隔断。每个防火分区允许最大建筑面积见表 2—12。

表 2—12　每个防火分区允许最大建筑面积

建筑类别	每个防火分区允许最大建筑面积（m^2）	备　注
一类建筑	1000	设有自动灭火系统时，面积可增大 1 倍
二类建筑	1500	设有自动灭火系统时，面积可增大 1 倍
地下室	500	设有自动灭火系统时，面积可增大 1 倍
商业营业厅、展览厅等	4000（地上） 2000（地下）	设有火灾自动报警系统和自动灭火系统，且采用不燃烧或难燃烧材料装修
裙房	2500	高层建筑与裙房之间设有防火墙等防火设施，设有自动喷水灭火系统时，面积可增加 1 倍

高层建筑通常在竖向以每层划分防火分区，以楼板作为隔断。如建筑内设有上下层相连通的走廊、自动扶梯等开口部位时，应把连通部分作为一个防火分区考虑，其面积也可按表 2—12 确定。

当高层建筑与其裙房之间设有防火墙等防火分隔设施时，裙房的防火分区允许最大建筑面积不应大于 2500m^2；当设有自动喷水灭火系统时，防火分区允许最大建筑面积可增加 1 倍。图 2—150 为高层建筑防火分区实例。

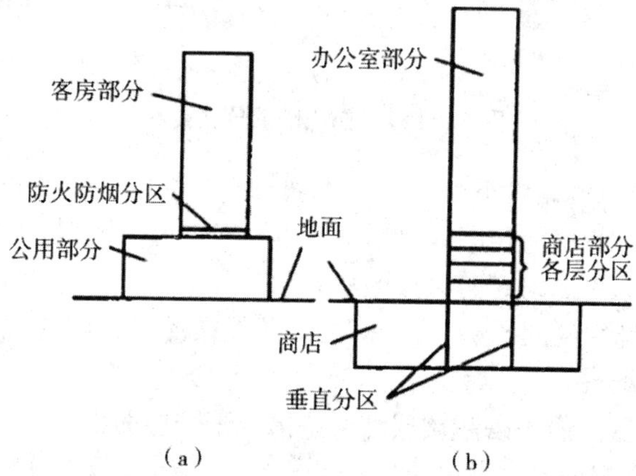

图 2—150　高层建筑防火分区实例

（a）旅馆；（b）办公楼

（2）防烟分区

防烟分区是指以屋顶挡烟隔板、挡烟垂壁、隔墙或从顶棚下凸不小于 500mm 的梁来划分区域的防烟空间。其划分原则是保证在一定时间内，使火场上产生的高温烟气不致随意扩散，并迅速排除，达到控制火势蔓延和减少火灾损失的目的，为人员的安全疏散和火灾扑救创造良好的时机。

设置排烟设施的走道、净高不超过6m的房间，应采用挡烟垂壁、隔墙或从顶棚下凸出不小于0.5m的梁划分防烟分区。每个防烟分区的建筑面积不宜超过500m²，且防烟分区不应跨越防火分区，图2—151为防火防烟分区实例。

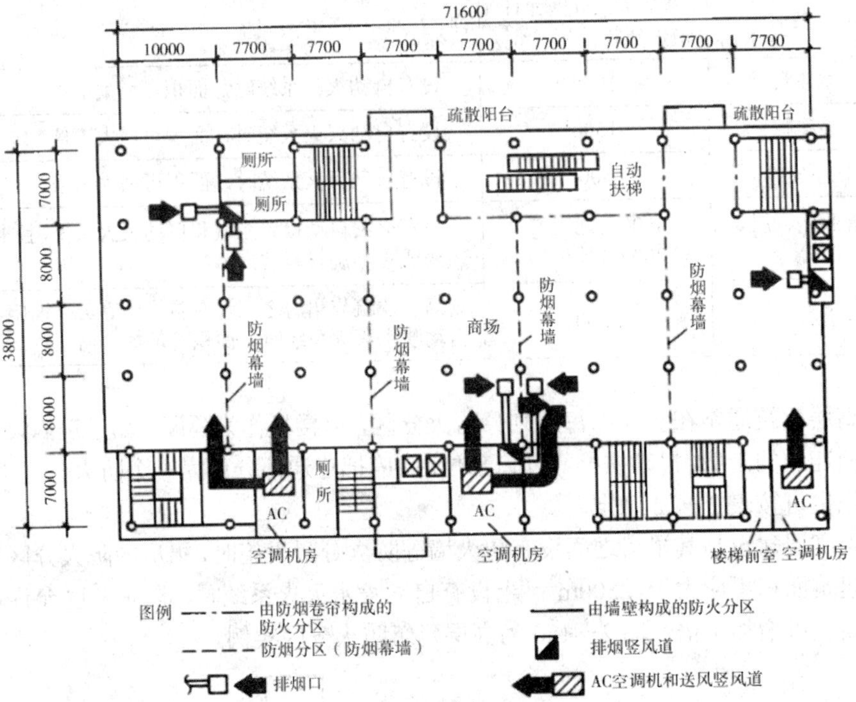

图2—151 防火防烟分区实例

防烟分区划分应遵循以下原则：

（1）不设排烟设施的房间（包括地下室）和夹道，不划分防烟分区。

（2）防烟分区不应跨越防火分区。

（3）对有特殊用途的场所，如地下室、防烟楼梯间、消防电梯、避难层（间）等应单独划分防烟分区。

（4）防烟分区一般不跨越楼层，某些情况下一层面积过小，允许包括一个以上的楼层，但以不超过3层为宜。

（5）每个防烟分区的面积，对于高层民用建筑和其他建筑，其面积不宜大于500m²；对于地下建筑，其使用面积不应大于400m²；当顶棚（或顶板）高度在6m以上时，可不受其限制，但防烟分区不得跨越防火分区。

2.建筑物的防排烟

高层建筑发生火灾时，建筑物内部人员的疏散方向为：

房间→走廊→防烟楼梯间前室→防烟楼梯间→室外，由此可见，防烟楼梯间是人员唯一的垂直疏散通道，而消防电梯是消防队员进行扑救的主要垂直运输工具。为了疏散和扑救的需要，必须确保在疏散和扑救过程中防烟楼梯间和消防电梯井内无烟，因此，应在防烟楼梯间及其前室、消防电梯间前室和两者合用前室设置防烟设施。为保证建筑内部人员安全进入防烟楼梯间，应在走廊和房间设置排烟设施。排烟设施分为机械排烟设施和可开启外窗的自然排烟设施。另外，高度在 100m 以上的建筑物由于人员疏散比较困难，因此还应设有避难层或避难间，对其应设置防烟设施。

（1）排烟设施的设置场所

1）丙类厂房中建筑面积大于 300m^2 的地上房间；人员、可燃物较多的丙类厂房或高度大于 32m 的高层—房中长度大于 20m 的内走道；任一层建筑面积大于 5000m^2 的丁类厂房。

2）占地面积大于 1000m^2 的丙类仓库。

3）公共建筑中经常有人停留或可燃物较多，且建筑面积大于 300m^2 的地上房间；长度大于 20m 的内走道。

4）中庭。

5）设置在一、二、三层且房间建筑面积大于 200m^2 或设置在四层及四层以上或地下、半地下的歌舞娱乐放映游艺场所。

6）总建筑面积大于 200m^2 或一个房间建筑面积大于 50m^2 且经常有人停留或可燃物较多的地下、半地下建筑或地下室、半地下室。

7）其他建筑中地上长度大于 40m 的疏散走道。

（2）自然排烟设施

自然排烟是利用烟气的热压或室外压的作用，通过与防烟楼梯间及其前室、消防电梯间前室和两考合用前室相邻的阳台、凹廊或在外墙上设置便于开启的外窗或排烟窗进行无组织的排烟。

自然排烟无需专门的排烟设施，其构造简单、经济，火灾发生时不受电源中断的影响，而且平时可兼做换气用。但因受室外风向、风速和建筑本身密闭性或热压作用的影响，排烟效果不够稳定。

自然排烟口设置应符合以下要求：

1）防烟楼梯间前室、消防电梯间前室，不应小于 2m^2；合用前室，不应小于 3m^2。

2）靠外墙的防烟楼梯间，每 5 层内可开启排烟窗的总面积不应小于 2m^2。

3）中庭、剧场舞台，不应小于该中庭、剧场舞台楼地面面积的 5%。

4）其他场所，宜取该场所建筑面积的 2%～5%。

5）作为自然排烟的窗口宜设置在房间的外墙上方或屋顶上，并应有方便开启的装置。自然排烟口距该防烟分区最远点的水平距离不应超过 30m。

（3）机械加压送风设施

机械加压送风是通过通风机所产生动力来控制烟气的流动，即通过增加防烟楼梯间及其前室、消防电梯间前室和两者合用前室的压力以防止烟气侵入。机械加压送风的特点与自然排烟相反。没有条件采用自然排烟方式时，在防烟楼梯间、消防电梯间前室或合用前室、采用自然排烟措施的防烟楼梯间、不具备自然排烟条件的前室以及封闭避难层都应设置独立的机械加压送风防烟措施。

防烟楼梯间与前室或合用前室采用自然排烟方式与机械加压送风方式的组合有多种形式。它们之间的组合关系以及防烟设施的设置部位，见表 2—13。

表 2—13 垂直疏散通道防烟部位的设置

组合关系	防烟部位
不具备自然排烟条件的防烟楼梯间	楼梯间
不具备自然排烟条件的防烟楼梯间与采用自然排烟的前室或合用前室	楼梯间
采用自然排烟的防烟楼梯间与不具备自然排烟条件的前室或合用前室	前室或合用前室
不具备自然排烟条件的防烟楼梯间与合用前室	楼梯间、合用前室
不具备自然排烟条件的消防电梯间前室	前室

机械加压送风防烟设施的设置要求为：

1）防烟楼梯间内机械加压送风防烟系统的余压值应为 40～50Pa；前室、合用前室的应为 25～30Pa。

2）防烟楼梯间和合用前室的机械加压送风防烟系统宜分别独立设置。

3）防烟楼梯间的前室或合用前室的加压送风口应每层设置 1 个。防烟楼梯间的加压送风口宜每隔 2 或 3 层设置 1 个。

4）机械加压送风防烟系统中送风口的风速不宜大于 7m/s。

5）设置排烟设施的场所当不具备自然排烟条件时，应设置机械排烟设施。

6）需设置机械排烟设施且室内净高小于等于 6m 的场所应划分防烟分区；每个防烟分区的建筑面积不宜超过 500m^2，防烟分区不应跨越防火分区。

7）防烟分区宜采用隔墙、顶棚下凸出不小于 500mm 的结构梁，以及顶棚或吊顶下凸出不小于 500mm 的不燃烧体等进行分隔。

（4）机械排烟设施

机械排烟鞋通过降低走廊、房间、中庭或地下室的压力将着火时产生的烟气及时排出建筑物。建筑中下列部位应设置独立的机械排烟设施：

1）长度超过 60m 的内走廊或无直接自然通风，而且长度超过 20m 的内走廊；

2）面积超过 100m^2，而且经常有人停留或可燃物较多的地上无窗房间或设置固定窗的房间；

3）不具备自然排烟条件或净高超过 12m 的中庭；

4）除具备自然排烟条件的房间外，各房间总面积超过 200m^2 或一个房间面积超过 50m^2，而且经常有人停留或可燃物较多的地下室。

机械排烟系统设置时，注意横向宜按防火分区设置；竖向穿越防火分区时，垂直排烟管道宜设置在管井内；穿越防火分区的排烟管道应在穿越处设置排烟防火阀。

（5）排烟口的设置要求

排烟口应设在顶棚上或靠近顶棚的墙面上，且与附近安全出口沿走道方向相邻边缘之间的最小水平距离不应小于 1.5m；设在顶棚上的排烟口，距可燃构件或可燃物的距离不应小于 lm；排烟口平时关闭，并应设置有手动和自动开启装置；防烟分区内的排烟口距最远点的水平距离不应超过 30m；在排烟支管上应设有当烟气温度超过 280° 0 时能自行关闭的排烟防火阀，图 2－152 为排烟口的设置位置。

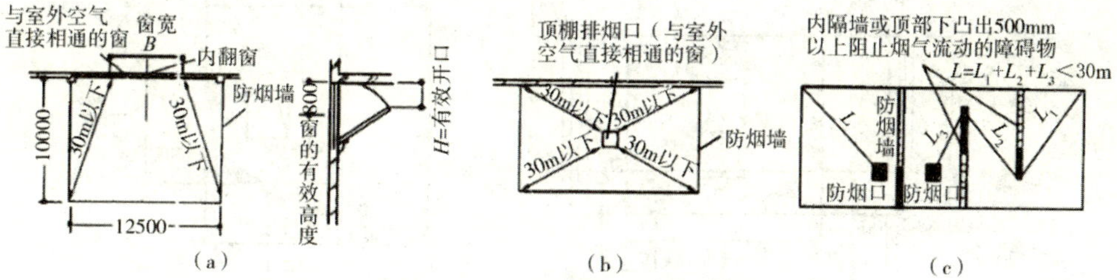

图 2－152　排烟口在不同部位的设置位置

（a）靠近顶棚墙面上的排烟口；（b）顶棚排烟口；（c）有内隔墙和下垂挡烟障碍物时的排烟口

第 5 讲　建筑空调系统

一、空气处理设备

1. 空气冷却设备

使空气冷却特别是降温除湿冷却，是对夏季空调进风的基本处理过程。在空气冷却器中通常利用冷媒（冷水或制冷剂）便可以实现空气的冷却过程。空气冷却设备主要有喷水室和表面式空气冷却器两种。在民用建筑的空调系统中，应用最多的是表面式空气冷却器。

（1）喷水室的空气处理方法是向流过的空气直接喷淋大量的水滴，被处理的空气与这些水滴接触，进行热湿交换从而达到所要求的状态。图 2－153 所示为喷水室的构造示意。喷水室主要由喷嘴、水池、喷水管道、挡水板、外壳等组成。喷水室的主要特点是能够实现多种不同的空气处理过程，具有一定的空气净化能力，耗费金属最少，比较容易加工，但它的占地面积大，对水质要求高，水系统较为复杂并且水泵电耗大等。

目前，在一般建筑中喷水室的使用已经很少，但在一些以调节湿度为主要任务的场合还在大量使用。例如纺织厂等。

（2）表面式空气冷却器表面式空气冷却器分为水冷式、直接蒸发式和喷水式 3 种类型。水冷式表面空气冷却器与表面式空气加热器的原理相同，只是将热媒（热水或蒸汽）换成冷媒（冷水）而已，直接蒸发式表面空气冷却器，依靠制冷剂在蒸发器中蒸发吸热而使空气降温冷却；喷水式冷却器是将喷水室和表面冷却器相结合的一种组合体，如图 2－154 所示，这种冷却器可以克服表面冷却器无净化空气能力和不能加湿空气的缺点，还可以提高热交换能力，只是水系统复杂和耗电量大，限制了它的推广应用。

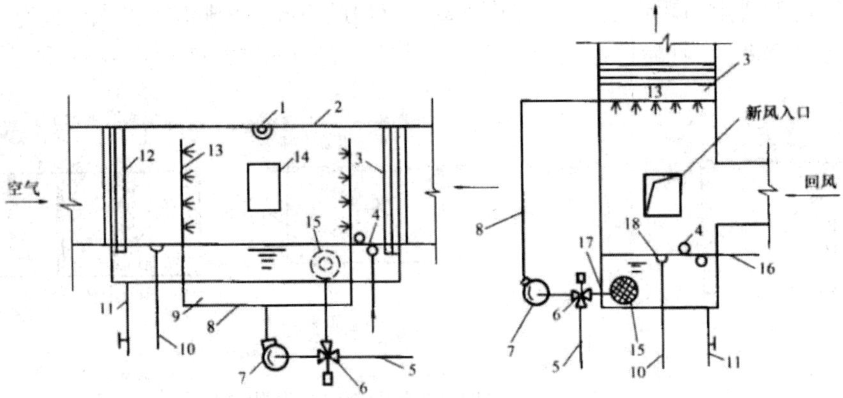

图 2－153　喷水室构造示意图

1 一防水灯；2—外壳；3—后挡水板；4 一浮球阀；5—冷水管；6—三通混合阀；7—水泵；8—供水管；9 一底池；10—溢水管；11 一泄水管；12—前挡水板；13—喷嘴与排管；14 一检查门；15—滤水器；16—补水管；17—循环水管；18—溢水器

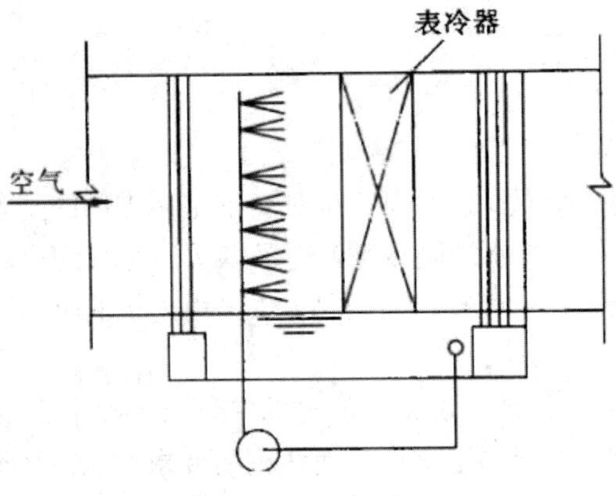

图 2－154　表面空气冷却器

使用表面式空气冷却器，能对空气进行干式冷却（使空气的温度降低但含湿量不变）或减湿冷却两种处理过程，这决定于 it 却器表面的温度是高于或低于空气的露点温度。

与喷水室相比，用表面式空气冷却器处理空气，具有设备结构紧凑、机房占地面积小、水系统简单，以及操作管理方便等优点，因此，其应用非常广泛。但对于水冷式、直接蒸发式两种空气处理，因不能对空气进行加湿处理，不便于严格控制调节空气的相对湿度。

2．空气加热设备

在空调工程中，经常需要对送风进行加热处理，例如，冬季用空调来取暖等。目前，广泛使用的空气加热设备，主要有表面式空气加热器和电加热器两种。前者主要用于各集中式空调系统的空气处理室和半集中式空调系统的末端装置中，后者主要用于各空调房间的送风支管上作为精调设备，以及用于空调机组中。

（1）表面式空气加热器在空调系统中，管内流通热媒（热水或蒸汽）、管外加热空气，空气与热媒之间通过金属表面换热的设备，就是"表面式空气加热器"。图 2－155 是用于集中加热空气的一种表面式空气加热器的外形图。不同型号的加热器，按其构造有管式和肋片式，其材料和构造形式多种多样。根据肋、管加工的不同做法，可以制成串片式、螺旋翅片管式、镶片管式、轧片管式等几种不同的空气加热器。

管式换热器构造简单，易于加工，但热、湿交换表面积较小，占用空间大，金属耗量较大，适合于空气处理量不大的场合。肋片式换热器强化了外侧的换热，热、湿交换面积较大，换热效果好，处理空气量增大，在空调系统中应用普遍。

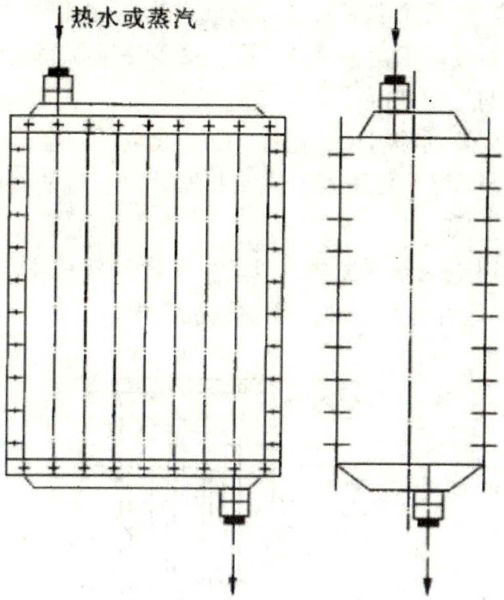

图 2－155　表面空气加热器

（2）电加热器

电加热器在空调工程中常用的有裸露电阻丝（裸露式）和电热元件（管式电加热器）两类。实际工程中，电加热器经常作成抽屉式，如图 2－156 所示。电加热器表面温度均匀，供热量稳定、效率高、体积小、反应灵敏、控制方便。除在局部系统中使用外，还普遍应用在室温允许波动范围较小的空调房间中，主要将送风由蒸汽或热水加热器加热到一定温度后再进行"精加热"。

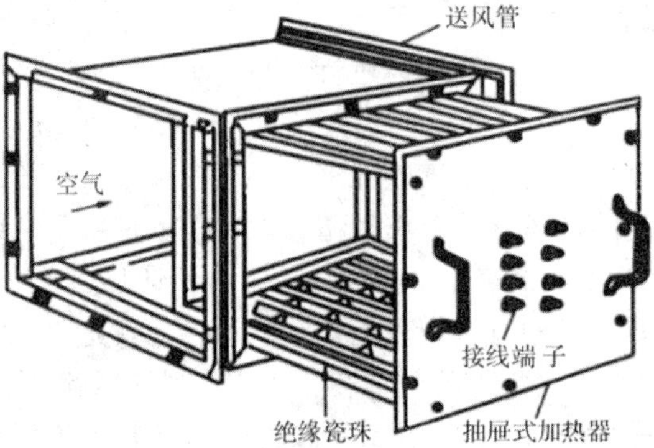

图 2－156 抽屉式电加热器

3. 空气加湿设备

空气加湿的方式有两种：一种是在空气处理室或空调机组中进行，称为“集中加湿”；另一种是在房间内直接加湿空气，称为“局部补充加湿”。用喷水室加湿空气，是一种常用的集中加湿法。对于全年运行的空调系统，如夏季用喷水室对空气进行减湿冷却处理，而其他季节需要对空气进行加湿处理时，仍使用该喷水室，只需相应地改变喷水温度或喷淋循环水，而不必变更喷水室的结构。喷蒸汽加湿和水蒸发加湿也是常用的集中加湿法。

喷蒸汽加湿是用普通喷管（多孔管）或干式蒸汽加湿器将来自锅炉房的水蒸气喷入空气中去。例如，夏季使用表面式冷却器处理空气的集中式空调系统，冬季就可以采用这种加湿方式。

水蒸发加湿是用电加湿器加热水以产生蒸汽，使其在常压下蒸发到空气中去。如图 2－157 所示。这种方式主要用于空调机组中。

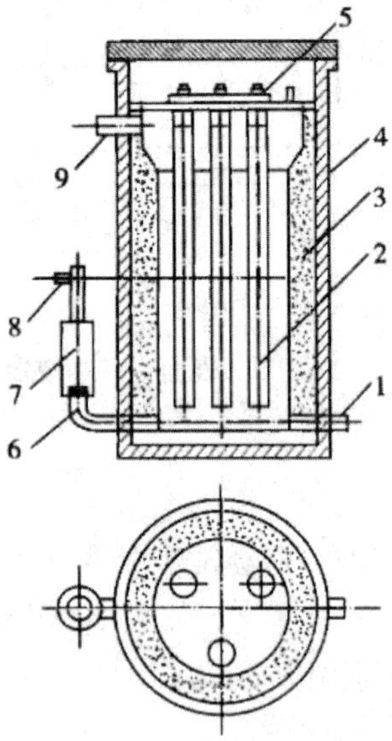

图 2－157 电极式空气加湿器

1—进水管；2—电极；3—保温层；4—外壳；5—接线柱；6—溢水管；7—橡皮短管；8—溢水嘴；9—蒸汽出口

4．空气除湿设备

对于空气湿度比较大的场合，往往需对空气进行减湿处理，可以用空气除湿设备降低湿度，使空气干燥。空气的减湿方法有多种，如加热通风法、冷却减湿法、液体吸湿剂减湿和固体吸湿剂减湿等。民用建筑中的空气除湿设备，主要是制冷除湿机。

制冷除湿机由制冷系统和风机等组成，如图 5－158 所示。待处理的潮湿空气通过制冷系统的蒸发器时，由于蒸发器表面的温度低于空气的露点温度，于是不仅使空气降温，而且能析出部分凝结水，达到了空气除湿的目的。已经冷却除湿的空气通过制冷系统的冷凝器时，又被加热升温，从而降低了空气的相对湿度。

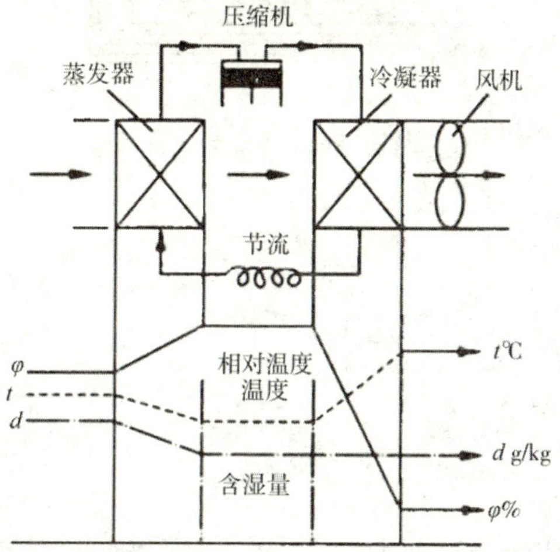

图 2－158　制冷空气除湿机原理图

5．空气净化设备

净化处理的目的主要是除去空气中的悬浮尘埃，另外还包括消毒、除臭以及离子化等。净化处理技术除了应用于一般的工业与民用建筑空调工程中外，多用于满足电子、精密仪器以及生物医学科学等方面的洁净要求。从空气净化标准来看，可以把空气净化分为一般净化、中等净化和超净净化 3 个等级。大多数空调工程属于一般净化，采用粗效过滤器即可满足要求；所谓中等净化是对室内空气含尘量有某种程度的要求，需要在一般净化之后再采用中效过滤器作补充处理；对于室内空气含尘浓度有严格要求的精工生产工艺或是要求无菌操作的特殊场所，应该采用超净净化。

（1）浸油金属网格过滤器（图 2－159）

由不同孔径网眼的多层波浪形金属网格叠配而成，在使用前浸上黏性油，气雜通过时，灰尘被油膜表面粘住而被阻留，从而达到除尘过滤的目的。图 5－160 示意了此种过滤器的安装方式。

（2）高效过滤器

高效过滤器用于有超净要求的空调系统的终级过滤，应在初级、中级过滤器的保护下使用。它的滤料用超细玻璃纤维和超细石棉纤维制成。高效过滤器的外形以及构造如图 2－161 及图 2－162 所示。

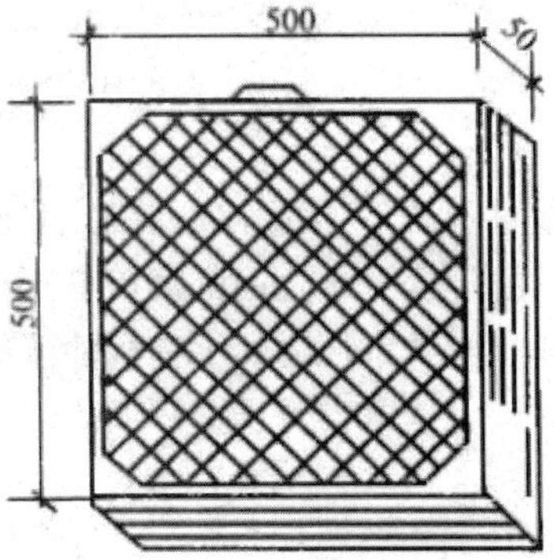

图 2－159 浸油金属网格过滤器

图 2－160 浸油金属网格空气过滤器的安装方式

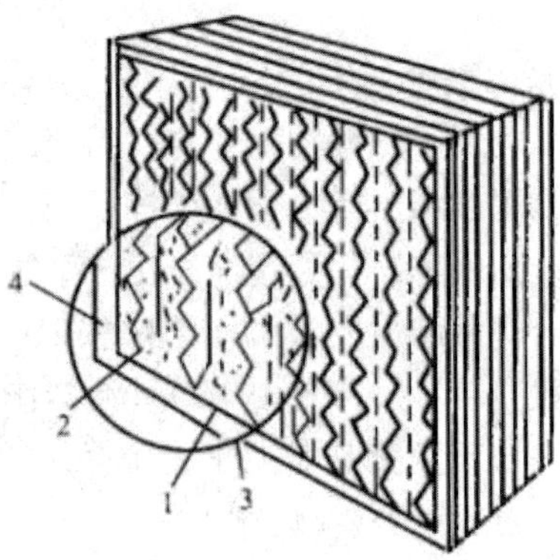

图 2－161 高效过滤器外形

1 一滤纸；2—隔片；3—密封胶；4 一木制外框

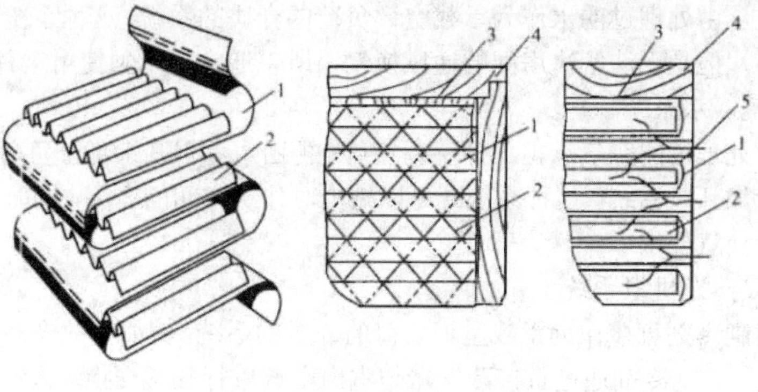

图 2－162　高效过滤器构造原理图

1 一滤纸；2—隔片；3—密封胶；4 一木制外框；5—滤纸护条

二、空气调节系统

空调就是采用技术手段把某种特定内部的空气环境控制在一定状态之下，使其能够满足人体舒适或生产工艺的要求。通风与空调的区别在于空调系统往往将室内空气循环使用，把新风与回风混合后进行热湿处理，然后再送入被调房间；通风系统不循环使用回风，而是对送入室内的室外新鲜空气不作处理或仅作简单处理，并根据需要对排风进行除尘、净化处理后排出或是直接排出室外。

1.空调系统的组成

空调系统由空气处理设备、空气输送管道、空气分配装置、电气控制部分及冷、热源等部分组成。如图 2－163 所示，室外新鲜空气（新风）和来自空调房间的部分循环空气（回风）进入空气处理室，经混合后进行过滤除尘、冷却和减湿（夏季）或加热、加湿（冬季）等各种处理，以达到符合空调房间要求的送风状态，再由风机、风道、空气分配装置送入各空调房间。送入室内的空气经过吸热、吸湿或散热、散湿后再经风机、风道排至室外，或由回风道和风机吸收一部分回风循环使用，以节约能量。

空调的冷热源通常与空气处理设备分别各自单独设置。空调系统的热源有自然热源和人工热源两种，自然热源是指太阳能、地热，人工热源是指以油、煤、燃气作燃料的锅炉产生的蒸汽和热水。

2.空调系统的分类

（1）按处理空调负荷的介质（无论何种空调系统，都需要一种或几种流体作为介质带走作为空调负荷下室内余热、余湿或有害物，从而达到控制室内环境的目的）分

1）全空气系统

是指完全由处理过的空气作为承载空调负荷的介质的系统。这种系统要求风道断面较大或是风速较高，会占据较多的建筑空间。

2）全水系统

是指完全由处理过的水作为承载空调负荷的介质的系统。这种系统管道所占建筑空间较小，但是无法解决房间的通风换气，所以通常不单独使用这种方法。

3）空气—水系统

是指由处理过的空气承担部分空调负荷，再由水承担其余部分负荷的系统。例如风机盘管加新风系统。这种系统既可以减少对建筑空间的占用，同时又可保证房间内的新风换气要求。

4）直接蒸发机组系统

是指由制冷剂直接作为承载空调负荷的介质的系统。例如分散安装的空调器内部带有制冷机，制冷剂通过直接蒸发器与室内空气进行热湿交换，达到冷却去湿的目的，属于制冷剂系统。由于制冷剂不宜长距离输送，因此不宜作为集中式空调系统使用。

（2）根据空调系统空气处理设备的设置位置分类

1）集中式空调系统

将各种空气处理设备（冷却或加热器、加湿器、过滤器等）以及风机都集中设置在一个专用的空调机房里，以便集中管理。空气经集中处理后，再用风管分送给各处空调房间，如图 2－163 所示。

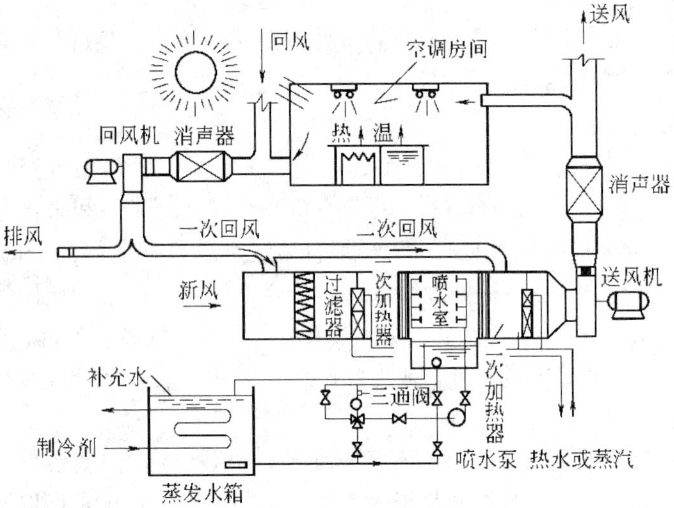

图 2－163　集中式空调系统

这种系统设备集中布置，集中调节和控制，使用寿命长，并可以严格地控制室内空气的温度和相对湿度，因此，适用于房间面积大或多层、多室，热、湿负荷变化情况类似，新风量变化大；以及空调房间温度、湿度、洁净度、噪声、振动等要求严格的建筑物空调。例如用于商场、礼堂、舞厅等舒适性空调和恒温恒湿、净化等空调。集中式空调系统的主要缺点是系统送回风管复杂、截面大，占据的吊顶空间大。

2）局部式空调系统

局部式空调系统又称为空调机组，图 2－164 为局部空调系统示意图。局部空调系统优点主要是安装方便、灵活性大，并且各房间之间没有风道相通，有利于防火。但是机械故障率高，日常维护工作量大，噪声大。

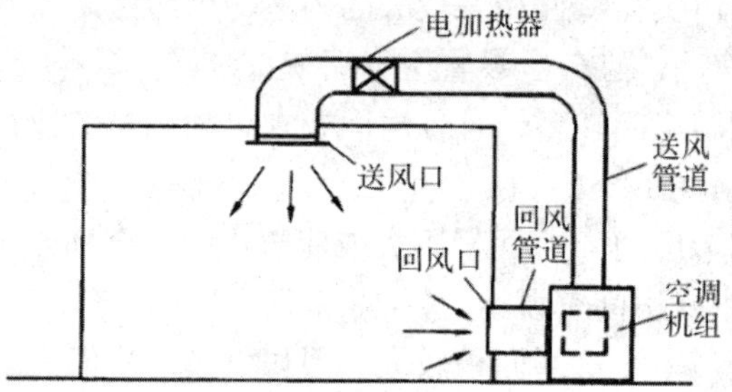

图 2－164　局部空调系统

3）半集中式空调系统

又称“半分散式系统”。它除了有集中的空调机房外，尚有分散在各空调房间内的二次处理设备（又称“末端设备”）。其中也包括集中处理新风，经诱导器送入室内的系统，称为诱导式空调系统。还包括设置冷、热交换器（亦称“二次盘管”）的系统，称为风机盘管空调系统。

所谓风机盘管就是由风机、电机、盘管、空气过滤器、室温调节装置和箱体组成的机组，它可以布置于窗下、挂在顶棚下或是暗装于顶棚内，如图 2－165 所示。半集中式空调系统的工作原理，就是借助风机盘管机组不断地循环室内空气，使之通过盘管而被冷却或加热，以保持房间要求的温度和一定的相对湿度。盘管使用的冷水或热水，由集中冷源和热源供应。与此同时，由新风空调机房集中处理后的新风，通过专门的新风管道分别送入各空调房间，以满足空调房间的卫生要求。

这种系统与集中式系统相比，没有大风道，只有水管和较小的新风管，具有布置和安装方便、占用建筑空间小、单独调节等优点，广泛用于温、湿度精度要求不高，房间数多，房间较小，需要单独控制的舒适性空调中，如办公楼、宾馆、商住楼等。

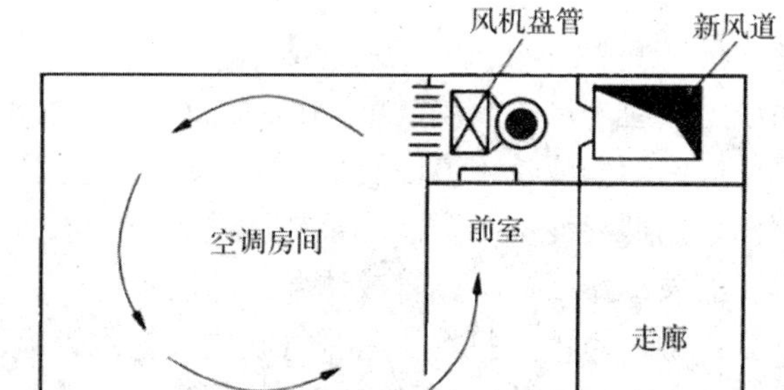

图 2－165　风机盘管空调系统

3.空调系统的选择

根据建筑物的用途、规模、使用特点、室外气候条件、负荷变化情况和参数要求等因素，通过技术经济比较来选择空调系统。

（1）建筑物内负荷特性相差较大的内区与周边区，以及同一时间内须分别进行加热和冷却的房间，宜分区设置空气调节系统。

（2）空气调节房间较多，且各房间要求单独调节的建筑物，条件许可时，宜采用风机盘管加新风系统。

（3）空气调节房间 4 总面积不大或建筑物中仅个别或少数房间有空气调节要求时，宜采用集中式房间空调组。

（4）空气调节单个房间面积较大，或虽然单个房间面积不大，但各房间的使用时间、参数要求、负荷条件相近，或空调房间温湿度要求较高、条件许可时，宜采用全空气集中式系统。

（5）要求全年空气调节的房间，当技术经济指标比较合理时，宜采用热泵式空气调节机组。

在满足工艺要求的条件下，应尽量减少空调房间的空调面积和散热、散湿设备。当采用局部空气调节或局部区域性空气调节能满足使用要求时，不应采用全室性空调。

三、空调水系统

空调水系统是以水为介质，在同一建筑物内或建筑物之间传递冷量（冷冻水或冷却水）或热量（热水）的系统。正确合理地设计空调水系统是保证整个空调系统正常、节能运行的重要条件。

空调水系统的类型有多种，按使用水的特点来分有冷冻水和冷却水系统，按水的循环方式来分有开式、闭式两种，按管路布置形式来分有同程式、异程式两种，按供、回水管道数目来分有两管制、三管制、四管制 3 种，按空调水系统中水泵设置形式有单泵式、复泵式两种，按空调水系统是否分区供水来分则有不分区式和分区式两种。

1.冷冻水系统

空调冷冻水系统是供应冷量的系统，通常由制冷机组的蒸发器、冷冻水泵、供回水管道和表面式空气冷却器或喷水室以及分、集水器、除污器等组成。

从主机蒸发器流出的低温冷冻水由冷冻泵加压送入冷冻水管道（出水），用管道送入空调末端设备的表冷器或风机盘管或诱导器等设备内，与被处理的空气进行热湿交换后，再回到冷源，室内风机用于将空气吹过冷冻水管道，降低空气温度，加速室内热交换，图 2－166 为冷冻水系统工作原理。

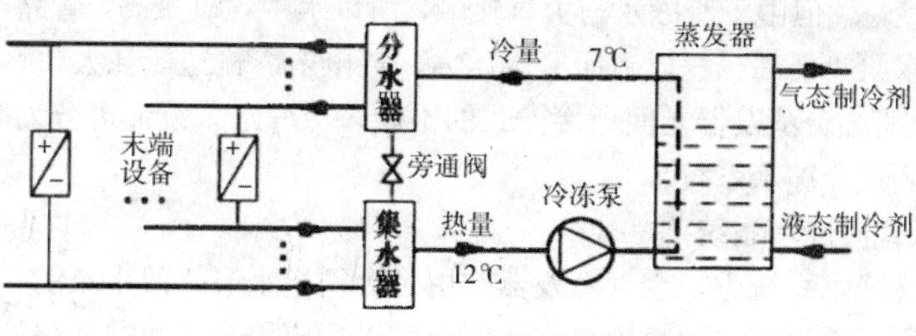

图 2－166　冷冻水系统工作原理

（1）冷冻水系统在制冷系统中向用户供冷的方式有两种，即直接供冷和间接供冷。

1）直接供冷是把制冷系统的蒸发器直接置于被冷却空间，以对空间的空气或物体进行冷却，使低压低温液态制冷剂直接吸收被冷却物体的热量。采用这种供冷方式的优点是可以减少一些中间设备，故投资少，机房占地面积少，而且制冷系数高。其适用于中小型系统或低温系统。

2）间接供冷是首先利用蒸发器冷却某种载冷剂，然后再将此载冷剂输送到各个用户，使被冷却对象温度降低。这种供冷方式使用灵活，控制方便，特别适用于区域性供冷。

在空调制冷系统中，除采用直接供冷装置外，常以水作为载冷剂传递和输送冷量，称为冷冻水。冷冻水在蒸发器内被冷却降温后通过泵和管路输送到空调用户使用，使用后的冷冻水温度升高后，又经泵和管道返回蒸发器中，如此循环构成冷冻水系统。

（2）冷冻水管路系统为循环水系统，根据用户需要情况不同，可分为闭式冷冻水系统和开式冷冻水系统，如图 2－167 和图 2－168 所示。

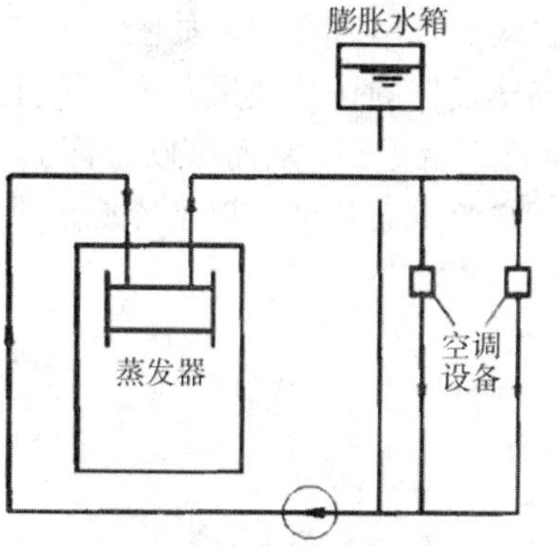

图 2－167　闭式冷冻水系统

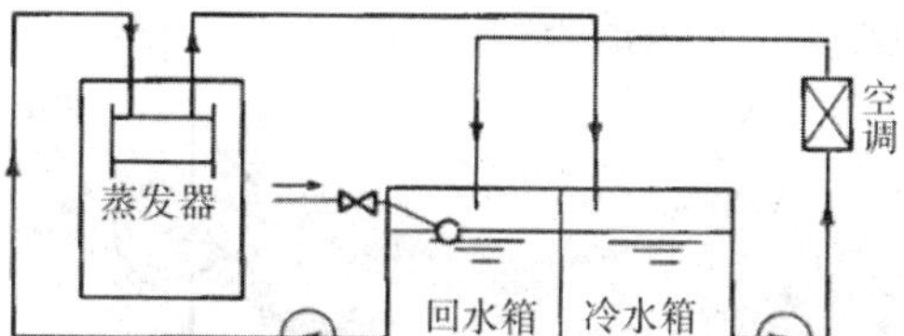

图 2－168　开式冷冻水系统

1）闭式冷冻水系统管路系统不与大气相接触，仅在系统最高点设置膨胀水箱。管道与设备的腐蚀机会少，不需要克服静水压力，因此，水泵的功率耗低，系统简单。但与蓄冷（热）水池连接较复杂。

2）开式冷冻水系统管路系统与大气相通，与蓄冷（热）水池连接较简单，系统运行稳定性好。但由于冷冻水与大气接触，所以水中含氧量高，管路与设备的腐蚀机会多，水泵需要高扬程以克服静水压力，耗电多，输送能耗大。

（3）根据各台蒸发器之间连接方式的不同，冷冻水系统又可分为并联式冷冻水系统和串联式冷冻水系统。

1）并联式冷冻水系统

并联式冷冻水系统中，全部蒸发器共用几台循环水泵，故水泵的备用条件好。该种系统适用于质调节（改变冷冻水供水温度以适应用户的负荷变化），即定流量系统，如图 2－169（a）所示。并联式冷冻水系统中，每台蒸发器有独立的循环水泵，适用于变流量调节，当负荷减少时，可以关闭部分循环水泵以减少循环水泵的总耗电量，但并不减少通过正在工作的蒸发器的水流量，因而不致引起蒸发器传热效果的降低，如图 2－169（b）所示。

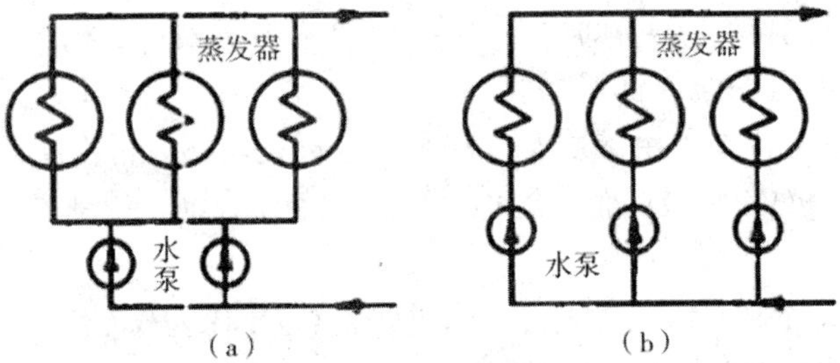

图 2－169　并联式冷冻水系统

（a）定流量调节系统；（b）变流量调节系统

2）串联式冷冻水系统

串联式冷冻水系统中，蒸发器分第一级和第二级进行串联布置，如图 2－170 所示。这样，方面可以增加蒸发器的水流量，提高蒸发器的传热效果；另一方面，由于第一级蒸发器的冷冻水温度较高，其蒸发温度可稍有提高，从而可以改善整个制冷系统运行的经济性。串联式冷冻水系统适用于定流量质调节，以及冷冻水供、回水温差较大的系统。

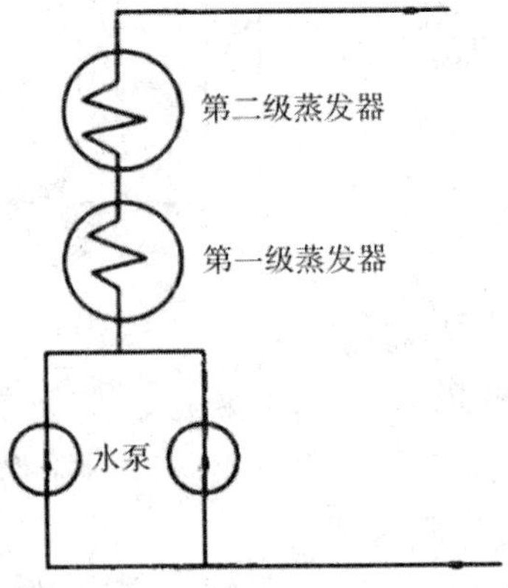

图 2－170　串联式冷冻水系统

2.冷却水系统

空调冷却水系统供应空调制冷机组冷凝器、压缩机的冷却用水。在正常工作时，用后仅水温升高，水质不受污染。按水的重复利用情况，可分为直流供水系统和循环供水系统。

直流供水系统简单，冷却水经过冷凝器等用水设备后，直接就地排放，耗水量大。循环供水系统一般由冷却塔、冷却水泵、补水系统和循环管道组成。如图 2－171 所示为冷却水系统图。

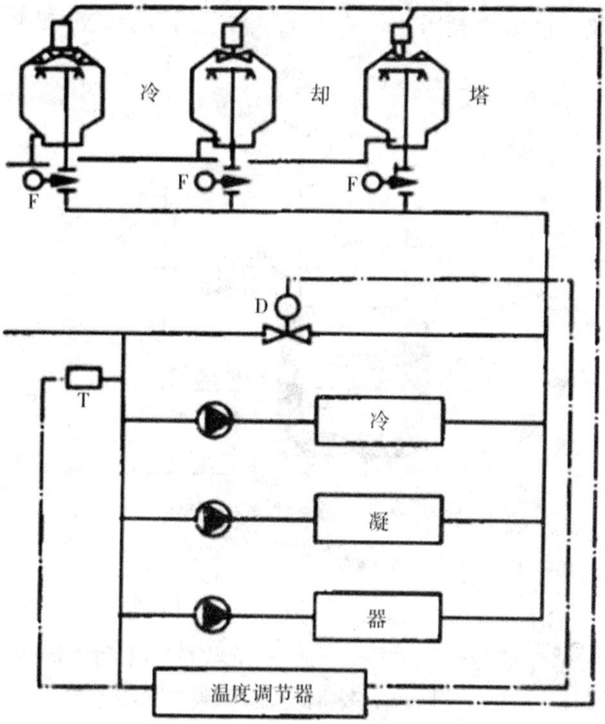

图 2－171　空调冷却水系统

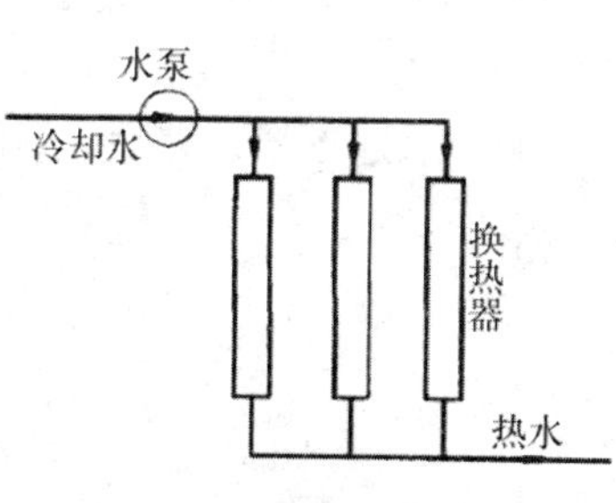

图 2－172　直流式冷却水系统

冷却水系统可分为直流式、混合式和循环式三种。

（1）直流式冷却水系统

最简单的冷却水系统是直流式冷却水系统，即升温后的冷却回水直接排走，不重复使用，如图 2－172 所示。根据当地水质情况，冷却水可为地面水（河水或湖水)、地下水(井水)或城市自来水。由于城市自来水价格较高，只有小型制冷系统采用。这种冷却水系统不需要其他冷却水构筑物，因此投资少、操作简便，但是冷却水的操作费用大，而且不符合当前节约使用水资源的要求。

(2) 混合式冷却水系统

混合式冷却水系统是将一部分已用过的冷却水与深井水混合，然后再用水泵压送至各台冷凝器使用，如图 2－173 所示。这样，既不减少通入冷凝器的水量，又提高了冷却水的温升，从而可大量节省深井水量。为了节约深井水用量，减少打井的初期投资，而又不降低冷凝器的传热效果，常采用混合式冷却水系统。

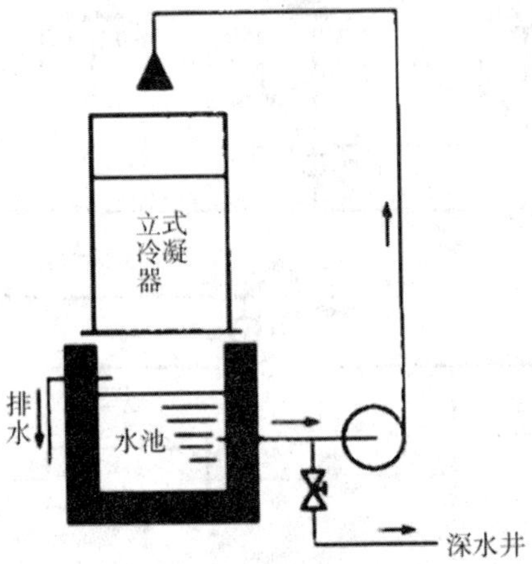

图 2－173 混合式冷却水系统

(3) 循环式冷却水系统

降低制冷系统的水消耗量非常重要，因此除采用蒸发式冷凝器或风冷式冷凝器以外，也可以采用循环式冷却水系统。此种系统就是将来自冷凝器的冷却回水先通入蒸发式冷却装置，使之冷却降温，然后再用水泵送回冷凝器循环使用，这样，只需少量补即可。

制冷系统中常用的蒸发式冷却装置有两种类型，一种是自然通风冷却循环系统(图 2－174)，另一种是机械通风冷却循环系统(图 2－175)。如果蒸发式冷却装置中，冷却水与空气充分接触，水通过该装置后，其温度可降到比空气的湿球温度高 3～5℃。

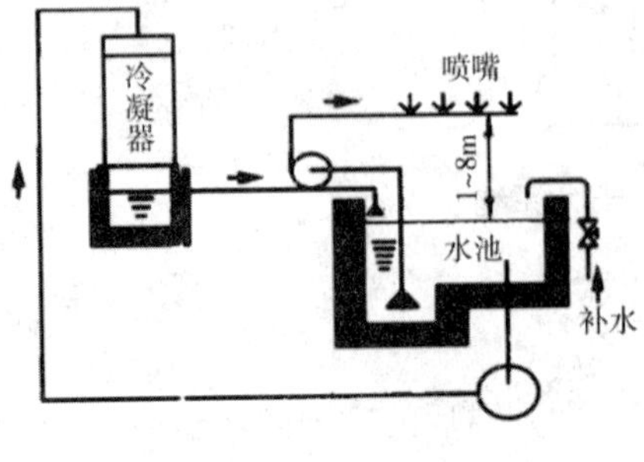

图 2－174 自然通风式喷水冷却池

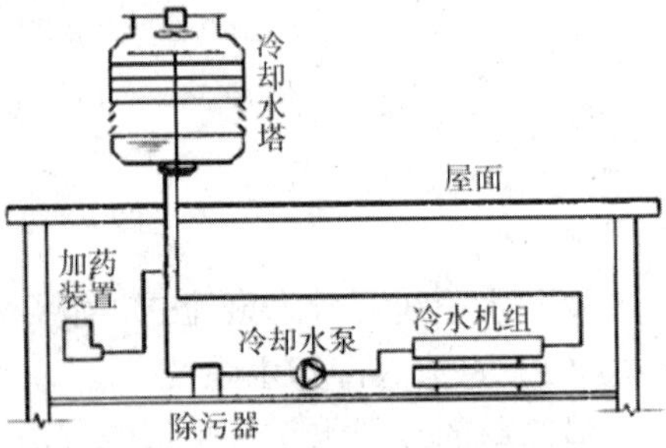

图 2－175 机械通风冷却循环系统

第 6 讲　建筑电气安装

一、供电系统

1.电力系统简介

（1）电力系统的概念和功能

电力系统是由发电、输电、变电、配电、用电设备及相应的辅助系统组成的电能生产、输送、分配、使用的统一整体。

电力系统的功能是将自然界的一次能源通过发电动力装置（主要包括锅炉、汽轮机、发电机及电厂辅助生产系统等）转化成电能，再经输、变电系统及配电系统将电能供应到各负荷中心，通过各种设备再转换成动力、热、光等不同形式的能量，为地区经济和人民生活服务。

电力系统的出现，使高效、无污染、使用方便、易于调控的电能得到广泛应用，推动了社会生产各个领域的发展，开创了电力时代。电力系统的规模和技术水准已成为一个国家经济发展水平的标志之一。

（2）电力系统的组成

电力系统是由发电厂、输配电网、变电站（所）及电力用户组成。如图 2－176 所示。

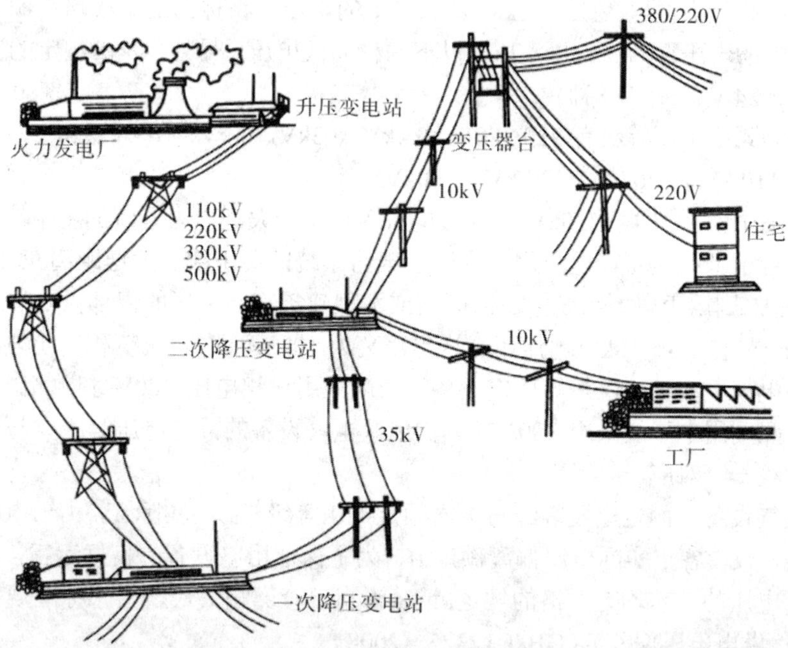

图 2－176　电力系统示意图

1）发电厂：发电厂是生产电能的工厂，可以将自然界蕴藏的各种一次能源转变为人类能直接使用的二次能源——电能。

根据所取用的一次能源的种类的不同，主要有火力发电厂、水力发电厂、核能发电厂等发电形式，此外还有潮汐发电、地热发电、太阳能发电、风力发电等。

2）输配电网：输电网是以输电为目的，采用高压或超高压将发电厂、变电所或变电所之间连接起来的送电网络，是电力网中的主网架。

直接将电能送到用户去的网络称为配电网或配电系统，它是以配电为目的的。一般分为高压配电网、中压配电网、及低压配电网。

按照电压高低和供电范围大小分为区域电网和地方电网。建筑供配电系统属于地方电网的一种。

3）变电站（所）：一般情况下，为了减小输电线路上的电能损耗及线路阻抗压降，需要升高电压。为了满足用户的安全和需要，又要降低电压，并将电能分配给各个用户。因此，电力系统中需要能升高和降低电压、并能分配电能的变电站（所）。

变电站（所）就是电力系统中变换电压、接受和分配电能的场所，包括电力变压器、配电装置、二次系统和必要的附属设备等。将仅装有受、配电设备而没有变压器的场所称为配电所。

二次系统又叫二次回路，是指测量、控制、监察和保护一次系统的设别装置。

4）电力用户：电力用户主要是电能消耗的场所，如电动机、电炉、照明器等设备。它从电力系统中接受电能，并将电能转化为机械能、热能、光能等。

（3）电力系统的额定电压

额定电压是指能使电气设备长期运行的最经济的电压。通常将35kV及其以上的电压线路称为送电线路，10kV及其以下的电压线路称为配电线路。额定电压在1kV以上的电压称为高电压，1kV以下的称为低电压。另外，我国规定的安全电压为36V、24 V、12 V三种。

电力系统电压等级有220/380V（0.4kV）、3kV、6 kV、10 kV、20 kV、35 kV、66kV、110 kV、220 kV、330 kV、500kV。

我国电力系统中，220kV及以上电压等级用于大型电力系统的主干线，输送距离在几百千米；110kV电压用于中、小电力系统的主干线，输送距离在100km左右；35kV则用于电力系统的二次网络或大型建筑物、工厂的内部供电，输送距离在30km左右；6～10kV电压用于送电距离为10km左右的城镇和工业与民用建筑施工供电；电动机、电热等用电设备，一般采用三相电压380V和单相电压220V供电；照明用电一般采用380/220V供电。电气设备的额定电压等级要与电网额定电压等级一一对应。

电气设备的额定电压等级与电网额定电压等级一致。实际上，由于电网中有电压损失，致使各点实际电压偏离额定值。为了保证用电设备的良好运行，国家对各级电网电压的偏差均有严格的规定。请读者自己查阅相关最新国家标准规范，如《电能质量 供电电压偏差》（GB/T 12325－2008）。

发电机的额定电压一般比同级电网额定电压高出 5%，用于补偿电网上的电压损失。

变压器的额定电压分为一次和二次绕组。一次绕组其额定电压与电网或发电机电压一致。二次绕组其额定电压应比电网额定电压高 5%。若二次侧输电距离较长的话，还需考虑线路电压损失（按 5%计），此时，二次绕组额定电压比电网额定电压高 10%。

2.建筑供配电的负荷分级及供电要求

（1）负荷分级

在这里，负荷是指用电设备，“负荷的大小”是指用电设备的功率的大小。不同的负荷，重要程度是不同的。重要的负荷对供电质量和供电可靠性的要求高，反之则低。

供电质量是指包括电压、波形和频率的质量；供电可靠性是指供电系统持续供电的能力。我国将电力负荷按其对供电可靠性的要求及中断供电在人身安全、经济损失上造成的影响程度划分为三级，分别为一级、二级、三级负。根据最新国家标准《供配电系统设计规范》(GB 50052－2009)，各级要求如下。

1）一级负荷

①符合下列情况之一时，应视为一级负荷。

a.中断供电将造成人身伤害时。

b.中断供电将在经济上造成重大损失时。

c.中断供电将影响重要用电单位的正常工作。

②在一级负荷中，当中断供电将造成人员伤亡或重大设备损坏或发生中毒、爆炸和火灾等情况的负荷，以及特别重要场所的不允许中断供电的负荷，应视为一级负荷中特别重要的负荷。

2）二级负荷：符合下列情况之一时，应视为二级负荷。

①中断供电将在经济上造成较大损失时。

②中断供电将影响较重要用电单位的正常工作。

3）三级负荷：不属于一级和二级负荷者应为三级负荷。

常见民用建筑中用电负荷分级应符合表 2－14 的规定。

表 2－14　民用建筑中各类建筑物的主要用电负荷分级

序号	建筑物名称	用电负荷名称	负荷级别
1	国家级大会堂、国宾馆、国家级国际会议中心	主会场、接见厅、宴会厅照明，电声、录像、计算机系统用电	一级*
		客梯、总值班室、会议室、主要办公室、档案室用电	一级
2	国家及省部级政府办公建筑	客梯、主要办公室、会议室、总值班室、档案室及主要通道照明用电	一级
3	国家及省部级计算中心	计算机系统用电	一级*

续表

序号	建筑物名称	用电负荷名称	负荷级别
4	国家及省级防灾中心、电力调度中心、交通指挥中心	防灾、电力调度及交通指挥计算机系统用电	一级*
5	地、市级办公建筑	主要办公室、会议室、总值班室、档案室及主要通道照明用电	二级
6	地、市级及以上气象台	气象雷达、电报及传真收发设备、卫星云图接收机及语言广播设备、气象绘图及预报照明用电	一级
7	电信枢纽、卫星地面站	保证通信不中断的主要设备用电	一级*
8	电视台、广播电台	国家及省、市、自治区电视台、广播电台的计算机系统用电，直接播出的电视演播厅、中心机房、录像室、微波设备及发射机房用电	一级*
		语音播音室、控制室的电力和照明用电	一级
		洗印室、电视电影室、审听室、楼梯照明用电	一级
9	剧场	特、甲等剧场的调光用计算机系统用电	
		特、甲等剧场的舞台照明、贵宾室、演员化妆室、舞台机械设备、电声设备、电视转播用电	
		甲等剧场的观众厅照明、空调机房及锅炉房电力和照明用电	一级*
10	电影院	甲等电影院照明与放映用电	一级
11	博物馆、展览馆	大型博物馆、展览馆安防系统用电；珍贵展品展室的照明用电	二级
		展览用电	二级
12	图书馆	藏书量超过100万册及重要图书馆的安防系统、图书检索用计算机系统用电	一级*
		其他用电	二级
13	体育建筑	特级体育场馆的比赛场（厅）、主席台、贵宾室、接待室、新闻发布厅、广场及主要通道照明、计时记分装置、计算机房、电话机房、广播机房、电台和电视转播及新闻摄影用电	一级*
		甲级体育场馆的比赛场（厅）、主席台、贵宾室、接待室、新闻发布厅、广场及主要通道照明、计时记分装置、计算机房、电话机房、广播机房、电台和电视转播及新闻摄影用电	一级
		特级及甲级体育场馆中非比赛用电、乙级及以下体育建筑比赛用电设备	二级
14	商场、超市	大型商场及超市的经营管理用计算机系统用电	一级*
		大型商场及超市的营业厅的备用照明用电	一级
		大型商场及超市的自动扶梯、空调用电	二级
		中型商场及超市的营业厅的备用照明用电	二级

续表

序号	建筑物名称	用电负荷名称	负荷级别
15	银行、金融中心、证交中心	重要的计算机系统和安防盗系统用电	一级*
		大型银行营业厅及门厅照明、安全照明用电	一级
		小型银行营业厅及门厅照明用电	二级
16	民用航空港	航空管制、导航、通信、气象、助航灯光系统设施和台站用电，边防、海关的安全检查设备用电，航班预报设备用电，三级以上油库用电	一级*
		候机楼、外航驻机场办事处、机场宾馆及旅客过夜用房、站坪照明、站坪机务用电	一级
		其他用电	二级
17	铁路旅客站	大型站和国境站的旅客站房、站台、天桥、地道用电	一级
18	水运客运站	通信、导航设施用电	一级
		港口重要作业区、一级客运站用电	二级
19	汽车客运站	一、二级客运站用电	二级
20	汽车库（修车库）、停车场	Ⅰ类汽车库、机械停车设备及采用升降梯作车辆疏散出口的升降用电	一级
		Ⅱ、Ⅲ类汽车库和Ⅰ类修车库、机械停车设备及采用升降梯作车辆疏散出口的升降梯用电	二级
21	旅馆饭店	四星级及以上旅馆饭店的经营及设备管理用计算机系统用电	一级*
		四星级及以上旅馆饭店的宴会厅、餐厅、康乐设施、门厅及高级客房、主要通道等场所的照明用电，厨房、排污泵、生活水泵、主要客梯用电，计算机、电话、电声和录像设备、新闻摄影用电	一级
		三星级及以上旅馆饭店的宴会厅、餐厅、康乐设施、门厅及高级客房、主要通道等场所的照明用电，厨房、排污泵、生活水泵、主要客梯用电，计算机、电话、电声和录像设备、新闻摄影用电，除上栏所述之外的四星级及以上旅馆饭店的用电设备	二级
22	科研院所、高等院校	四级生物安全实验室等对供电连续性要求极高的国家重点实验室用电	一级*
		除上栏所述之外的其他重要实验室用电	一级
		主要通道照明用电	二级
23	二级以上医院	重要手术室、重症监护等涉及患者生命安全的设备（如呼吸机等）及照明用电	一级*

续表

序号	建筑物名称	用电负荷名称	负荷级别
		急诊部、监护病房、手术部、分娩室、婴儿室、血液病房的净化室、血液透析室、病理切片分析、磁共振、介入治疗用 CT 及 X 光机扫描室、血库、高压氧舱、加速器机房、治疗室及配血室的电力照明用电，培养箱、冰箱、恒温箱用电，走道照明用电，百级洁净度手术室空调系统用电、重症呼吸道感染区的通风系统用电	一级
		除上栏外的其它手术室空调系统用电，电子显微镜、一般诊断用 CT 及 X 光机电源，客梯电力，高级病房、肢体伤残康复病房照明用电	二级
24	一类高层建筑	走道照明、值班照明、警卫照明、障碍照明，主要业务和计算机系统用电，安防系统用电，电子信息设备机房用电，客梯电力，排污泵，生活水泵用电	一级
25	二类高层建筑	主要通道及楼梯间照明用电，客梯用电，排污泵，生活水泵电力	二级

注：1. 负荷级别表中“一级*”为一级负荷中特别重要负荷。

2. 各类建筑物的分级见现行的有关设计规范。

3. 本表未包含消防负荷分级，消防负荷负荷分级见参见相关的国家标准规范。

4. 当序号 1～23 各类建筑物与一类或二类高层建筑的用电负荷级别不相同时，负荷级别应按其中高者确定。

（2）供电要求

1）一级负荷：

①一级负荷应由双重电源供电，当一电源发生故障时，另一电源不应同时受到损坏。

②一级负荷中特别重要的负荷供电，应符合下列要求：

a. 除应由双重电源供电外，尚应增设应急电源，并严禁将其他负荷接入应急供电系统。

b. 设备的供电电源的切换时间，应满足设备允许中断供电的要求。

2）二级负荷：二级负荷的供电系统，宜由两回线路供电。在负荷较小或地区供电条件困难时，二级负荷可由一回 6kV 及以上专用的架空线路供电。

3）三级负荷：三级负荷可按约定供电。

第 7 讲　建筑电气设备

一、建筑电气开关设备

在开关设备的工程问题中，经常涉及的常用术语有隔离、控制、保护等。

1.隔离

隔离的用途：将回路或电器与装置的其余部分隔开或断开。

主要的隔离设备：隔离器、隔离开关和断路器。断路器和隔离开关一般安装在各回路的始端。

2.功能性通断

功能性通断的用途：在正常运行中可以使装置的任何部件通电或断电。

功能性通断操作可以是人力的（手动）或电气的（遥控）。主要的通断设备有开关、选择开关、接触器、脉冲继电器、断路器、电源插座等。主要通断性设备安装在装置的始端或负荷一侧。

3.电气保护

电气保护的用途：防止电缆和设备过载；防止由于运行故障而引起过电流；防止由于带电导体之间的故障而引起短路电流。主要电气保护设备有断路器、熔断器等。

供配电系统中的电气设备的选择，既要满足在正常工作时能安全可靠地运行，同时还要满足在发生短路故障时不致产生损坏，开关电器还必须具有足够的断流能力，并适应所处的位置（户内或户外）环境温度、海拔高度，以及防尘、防火、防腐、防爆等环境条件。电气设备的选择一般应根据以下原则。

二、低压电气设备

低压电器通常是指工作在交流电压为 1000V 或直流电压为 1500V 以下的电路中的电器。

1.低压断路器

低压断路器是建筑工程中应用最广泛的一种控制设备，也称为自动断路器或空气开关。它除了具有全负荷分断能力外，还具有短路保护、过载保护、失压和欠压保护等功能。断路器具有很好的灭弧能力，常用作配电箱中的总开关或分路开关。

（1）低压断路器的工作原理：低压断路器的原理结构如图 2－177 所示，当出现过载时，电流增大，发热元件 6 发热，使双金属片 8 弯曲，通过顶杆顶开锁扣 3，拉力弹簧 1 使之跳闸；出现短路时，电磁铁 5 产生强大吸力，使顶杆顶开锁扣 3 而跳闸；失电压或欠电压时，电磁铁 7 吸力降低，拉力弹簧 9 的弹力使顶杆顶开锁扣 3，使开关跳闸。

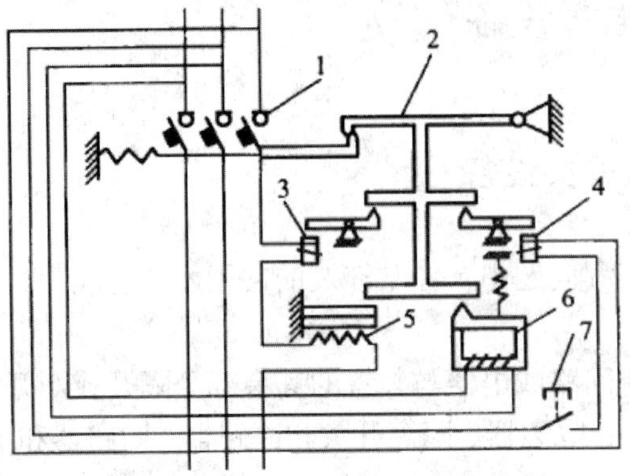

图 2－177 低压断路器原理

1—主触头；2—自由脱扣器；3—过电流脱扣器；4—分励脱扣器；5—热脱扣器；6—按钮

（2）低压断路器的分类：低压断路器的种类繁多，可按使用类别、结构型式、灭弧介质、用途、操作方式、极数、安装方等多种方式进行分类。有兴趣的读者可以自行查阅相关资料。

2.接触器

接触器是用作频繁接通和断开主回路（电源回路）的电器。车床、卷扬机、混凝土搅拌机等设备的控制属于频繁控制，配电箱、开关箱中电源的控制属于不频繁控制。

（1）接触器的工作过程：接触器由电磁机构、触头系统、灭弧装置和其他部分组成，其外形和构造分别如图 2－178（a）和（b）所示。

(a)

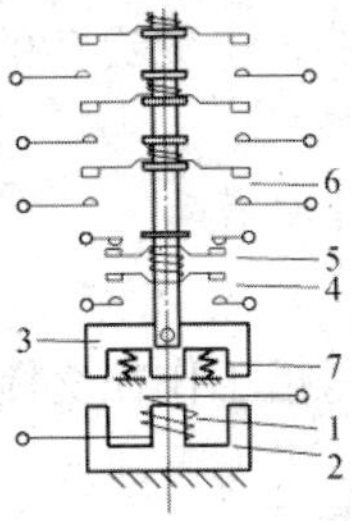

(b)

图 2－178 接触器的外形和构造

1—吸引线圈；2—铁心；3—衔铁；4—常开辅助触头；5—常闭辅助触头；

6—主触头；7—恢复弹簧

接触器的工作过程如下：在控制信号的作用下，如控制按钮的闭合、继电器触头的闭合，接触器的吸引线圈 1 通电，衔铁 3 被铁心 2 吸合，衔铁带动主触头 6 闭合，电源被接通，同时常开辅助触头闭合，常闭辅助触头断开。当吸引线圈断电时触头的动作相反。可见，接触器输入的是控制信号，输出的是触头闭合动作或断开动作，主触头动作用于主回路控制，辅助触头动作用于其他控制。接触器的触头受吸引线圈的控制，而吸引线圈很容易实现远距离控制，只要把控制导线拉长即可。把传感器、继电器和接触器组合使用，能实现接触器的自动控制。

（2）接触器的选用：

1）接触器主触头的额定电压的选择。接触器铭牌上所标额定电压系指主触头能承受的电压，并非吸引线圈的电压，使用时接触器主触头的额定电压应大于或等于负荷的额定电压，如图 2－179 所示。

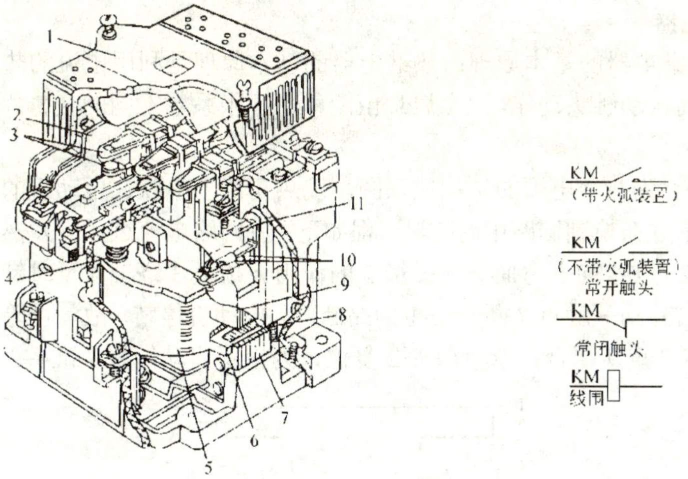

图 2－179　交流接触器的外形，结构及符号

（a）外形结构；（b）符号

1—灭弧罩；2—触头压力弹簧片；3—主触头；4—反作用弹簧；5—线圈；6—短路环；7—静铁心；8—缓冲弹簧；9—动铁心；10—辅助常开触头；11—辅助常闭触头

2）接触器主触头额定工作电流的选择。接触器的额定工作电流并不完全等于被控设备的额定电流，这是它与一般电器的不同点。被控设备的工作方式分为长期工作制、间断长期工作制、反复短时工作制三种情况，根据这三种运行状况按下列原则选择接触器的额定工作电流。

①对于长期工作制运行的设备，一般按实际最大负荷电流占交流接触器额定工作电流的 67%～75%这个范围选用。

②对于间断长期工作制运行的用电设备，选用交流接触器的额定工作电流时，使最大负荷电流占接触器额定工作电流的 80%为宜。

③反复短时工作制运行的用电设备（暂载率不超过 40%时），选用交流接触器的额定工作电流时，短时间的最大负荷电流可超过接触器额定工作电流的 16%～20%。

3）接触器极数的选择。根据被控设备运行要求（如可逆、加速、降压启动等）来选择接触器的结构形式（如三极、四极、五极）。

4）接触器吸引线圈电压的选择。如果控制线路比较简单，所用接触器的数量较少，则交流接触器吸引线圈的额定电压一般选用被控设备的电源电压，如 380V 或 220V。如果控制线路比较复杂，使用的电器又比较多，为了安全起见，线圈的额定电压可选低一些，这时需要加一个控制变压器。

接触器和电力开关的功能比较：接触器主要用于主回路的频繁控制、远距离控制和自动控制，没有保护作用；电力开关主要用于电源的不频繁控制、手动控制，通常兼有多种保护作用，如过载保护、短路保护等。

3.热继电器

（1）热继电器的基本原理：热继电器的基本原理是利用电流的热效应，使双金属片弯曲而推动触头动作。双金属片由两种热膨胀系数不同的金属片轧焊在一起而成。

图 2－180 为热继电器的结构原理图，发热元件 1 串联在电动机的主回路中，常闭触点 7 串联在控制回路中。控制过程如下：主回路电流过大→发热元件 1 过热→双金属片 2 过热，向上弯曲→在弹簧 5 的作用下顶板 3 绕轴 4 反时针旋转→绝缘牵引板 6 向右移动→触点 7 断开→主回路断开，电动机停转。故障排除后按下复位按钮 8，触点 7 重新闭合，双金属片 2 复位，为重新启动做好了准备。

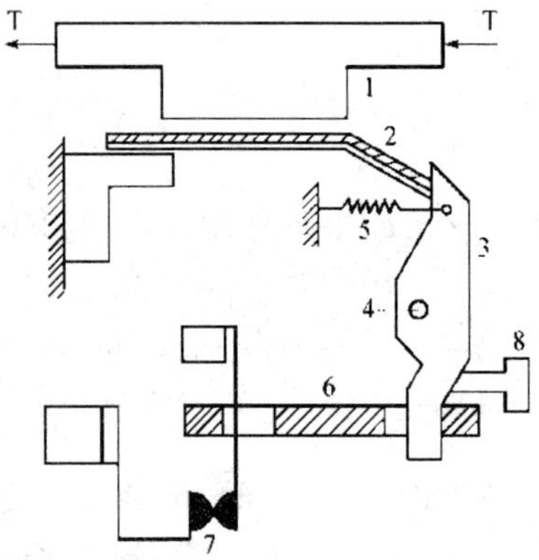

图 2－180 热继电器的原理

1—发热元件；2—双金属片；3—扣板；4—轴；5—弹簧；6--绝缘牵引板；7—常闭触点；8—复拉按钮

（2）热继电器的用途和选择要点：热继电器主要用于连续运行、负荷较稳定的电动机的过载保护和缺相保护。选用热继电器时要注意以下几点。

1）通常情况下取热继电器的整定电流与电动机的额定电流相等；但对过载能力差的电动机，额定值只能取电动机额定电流的 0.6～0.8 倍；而对启动时间较长、冲击性负载、拖动不允许停车的机械等情况，热元件的整定电流要比电动机额定电流高一些。

2）电网电压严重不平衡，或较少有人照看的电动机，可选用三相结构的热继电器，以增加保护的可靠性。

3）由于热继电器的热惯性较大，不能瞬时动作，故负荷变化较大、间歇运行的电动机不宜采用这种继电器保护。

三、　低压配电装置

按电气接线要求将开关设备、测量仪表、保护电器和辅助设备组装在封闭或半封闭的金属柜中，就构成了低压配电箱柜，也可称为低压配电装置。在正常运行时可借助手动或自动开关接通或分断电路，出现故障或非正常运行时，则借助保护电器切断电路或报警。用测量仪表可显示运行中的各种参数，还可对某些电气参数进行调整，当偏离正常工作状态时进行提示或发出信号。低压配电装置常用于各发、配、变电所中。

1.低压配电箱的分类及符号

（1）低压配电箱的分类：低压配电箱是接受和分配电能的装置，用它来直接控制对用电设备的配电。配电箱的种类很多，可按不同的方法归类，如下所示。

- 低压配电箱分类
  - 按使用场所分类
    - 户内式
    - 户外式
  - 按安装形式分类
    - 明装
    - 暗装
    - 浇地式
  - 按结构分类
    - 板式
    - 箱式
    - 台式
    - 柜式
  - 按功能分类
    - 照明配电箱
    - 动力配电箱
    - 电表箱
    - 控制箱

（2）常用配电箱柜的符号：常用配电箱柜的符号如表 2－15 所示。

表 2－15　常用配电箱柜的符号

名称	编号	电气箱柜名称	编号	电气箱柜名称	编号
高压开关柜	AH	低压动力配电箱柜	AP	计量箱柜	AW
高压计量柜	AM	低压照明配电箱柜	AL	励磁箱柜	AE
高压配电柜	AA	应急电力配电箱柜	APE	多种电源配电箱柜	AM
高压电容柜	AJ	应急照明配电箱柜	ALE	刀开关箱柜	AK
双电源自动切换箱柜	AT	低压负荷开关箱柜	AF	电源插座箱	AX
直流配电箱柜	AD	低压电容补偿柜	ACC 或 ACP	建筑自动化控制器箱	ABC
操作信号箱柜	AS	低压漏电断路器箱柜	ARC	火灾报警控制器箱	AFC
控制屏台箱柜	AC	分配器箱	AVP	设备监控器箱	ABC
继电保护箱柜	AR	接线端子箱	AXT	住户配线箱	ADD
信号放大器箱	ATF				

2.低压配电箱的结构

（1）开关柜：开关柜是一种成套开关设备和控制设备，为动力中心和主配电装置。其主要用做对电力线路、主要用电设备的控制、监视、测量与保护，通常设置在变电站、配电室等处。

1）动力配电箱，进线电压 380V，交流三相。主要作为电动机等动力设备的配电，动力配电断路器选择配电型、动力型（短时过载倍数中、大）。

2）照明配电箱，进线电压 220V，交流单相，或进线电压 380V，交流三相。照明配电断路器选择一般是配电型、照明型（短时过载倍数中、小）。

（2）智能配电柜：智能配电柜就是利用现代电子技术等来代替传统控制方式的配电柜，其特点如下。

1）远程控制。在配电柜内采用微机处理程序，可根据无线电遥控、电话遥控以及用户要求来进行控制，实现远程控制的功能。

2）功能齐全。除拥有原配电柜的功能（如隔离断开、过载、短路、漏电保护功能等）外，还实现了人性化操作控制。具有定时、程序控制、监控、报警以及声音控制、指纹识别等功能。而且随着智能技术的快速发展，功能也越来越多。

3）硬件配合。相应的断路器与漏电保护器均按照设计要求安装到配电箱内；电路控制板采用继电器、晶闸管与晶体管作为输出，对电器进行控制；输入采用模块化接口，有模拟量、开关量两种方式；面板控制采用触摸方式，遥控器采用无线电或者红外线方式进行控制。

4）布线方式。由于智能配电柜采用了集中控制的方式，所以原有的穿线必须换掉或者增加控制信号，配管必须增大型号。

（3）配电箱：

1）配电箱和开关柜的比较。配电箱和开关柜除了功能、安装环境、内部构造、受控对象等不同外，最显著的区别是外形尺寸不同：配电箱体积小，可暗设在墙内，可矗立在地面；而开关柜体积大，只能装置在变电站、配电室内。

2）箱（柜）体部分。

①箱（柜）的板材的各种指标必须符合国家的有关要求，采用符合国家标准的冷轧钢板。

②金属部分包括电器的安装板、支架和电器金属外壳等均应良好接地。

3）元件部分。

①所有塑壳断路器、空开、双电源断路器产品，厂家提供与之配套的电缆接线端子。

②电器、仪表等需进行检测及电气耐压、耐流实验，如设计图纸中设计的电表由供电部门安装，配电箱、柜应留有装表计量的位置。

3.低压配电装置的配电等级

变压器低压出线进入低压配电柜，经过配电柜对电能进行了一次分配（分出多路）即是一级配电。一级配电出线到各楼层配电箱（柜），再次分出多路，此配电箱对电能进行了第二次分配，属二级配电。二次分配后的电能可能还要经过区域配电箱的第三次电能分配，即三级配电。一般配电级数不宜过多，过多使系统可靠性降低，但也不宜太少，否则故障影响面会太大，民用建筑常见的是采取三级配电，规模特别大的也有四级。

配电箱的保护是指漏电脱扣保护功能，一般是设置在配电系统的第二级或第三级出线端，分别用来保护第三级和终端用电器。

四、常用高压电器

交流额定电压在 1kV 以上的电压称高压，用于额定交流电压 3kV 及以上电路中的电器称高压电器，高压电器用在配电变压器的高压侧，常见的高压电器有高压隔离开关、高压熔断器、高压负荷开关、高压断路器等。

高压电器和对应低压电器的功能是类似的，如高压负荷开关和低压负荷开关的功能都是用于接通切断正常的负载电流，而不能用于切断短路电流，但高压电器承受的电压要高得多，故二者在结构、原理上有较大差别。

1.高压隔离开关

高压隔离开关是一种有明显断口，只能用来切断电压不能用来切断电流的刀开关。隔离开关没有灭弧装置，故不能用来切断电流，仅限于用来通断有电压而无负载的线路，或通断较小的电流，如电压互感器及有限容量的空载变压器，以利检修工作的安全、方便。有的隔离开关带接地刀闸，开关分离后，接地刀闸将回路可能存在的残余电荷或杂散电流导入大地，以保障人身安全。

2.高压熔断器

它用于小功率配电变压器的短路、过载保护，分为户内式、户外式；固定式、自动跌落式。有的有限流作用，限流式熔断器能在短路电流未达到最大值之前将电弧熄灭。

跌落式熔断器比较常用，它利用熔丝本身的机械拉力，将熔体管上的活动关节（动触头）锁紧，以保持合闸状态。熔丝熔断时在熔体管内产生电弧，管内壁在电弧的作用下产生大量高压气体，将电弧喷出、拉长而熄灭。熔丝熔断后，拉力消失，熔体管自动跌落。

有的跌落式熔断器有自动重合闸功能，它有两只熔管，一只常用，一只备用。当常用管熔断跌落后，备用管在重合机构的作用下自动合上。跌落式熔断器熔断时会喷出大量的游离气体，同时能发生爆炸声响，故只能用于户外。跌落式熔断器的熔管能直接用高压绝缘钩棒分合，故它可以兼作隔离开关使用。

3.高压负荷开关

高压负荷开关用于通断负载电流，但由于灭弧能力不强，不能用于断开短路电流。高压负荷开关按灭弧方式的不同分为固体产气式、压气式和油浸式。负荷开关由导电系统、灭弧装置、绝缘子、底架、操作机构组成，有的和熔断器合为一体。同时采用负荷开关和熔断器可以代替断路器。

4.高压断路器

断路器除了具有负荷开关的功能外，还能自动切断短路电流，有的还能自动重合闸，起到了控制和保护两个方面的作用，它分为油式、空气式、真空式、六氟化硫式、磁吹式和固体产气式。过去，油断路器（油开关）的使用最为广泛，现在越来越多地使用真空式和六氟化硫（SF）式。

5.操作机构

操作机构又称操动机构，是操作断路器、负荷开关等分、合时所使用的驱动机构，它常与被操作的高压电器组合在一起。操作机构按操作动力分为手动式、电磁式、电动机式、弹簧式、液压式、气动式及合重锤式，其中电磁式、电动机式等需要交流电源或直流电源。

第 8 讲　变配电所和柴油发电机

一、变配电所的类型和结构

工业与民用建筑设施的变配电所大多是 6～10kV 变电所，它由 6～10kV 电压进线，经过变压器的降压，将 6～10kV 高压降为 0.38kV/0.22kV 低压，给低压电设备供电。

变电所的类型很多，从整体结构而言，可分为室内型、半室内型、室外型及成套变电所等。但就变电所所处的位置而言，可分为：独立变配电所、附设变配电所、地下变电所、杆上式或高台式变电所和组合式变电所。

1.独立变配电所

它是独立的建筑物，一般用于供给分散的用电负荷，有时由于周围的环境限制，如防火、防爆和防尘等，或为了建筑和管理上的需要也考虑设置独立变电所。在大中城市的居民住宅区亦多采用独立变电所。

2.附设变配电所

根据与建筑物的关系可分为内附式变配电所、外附式变配电所、外附露天式和室内式等。

内附式变配电所于建筑物内与建筑物共用外墙。其优点是能保持建筑物外观整齐，但要占用一定的建筑面积。多层建筑或一般工厂车间在周围环境受限制时可采用此种方案。外附式变配电所附设于建筑物外，与建筑物共用一面墙壁。一般工厂的车间变电所常采用这种方式。在大型民用建筑中，它经常与冷冻机房、锅炉房等用电量较大的建筑物设置在一起。

外附露天式与外附式相似，但变压器装于室外。变压器周围不小于 0.8m 处设 1.7m 固定围栏（或墙）。结构简单，但维护条件差，用于负荷不大且不重要的地方。

室内式设于建筑物内部。在用电负荷较大时，为使变电所深入负荷中心常采用这种形式，但需要采用相应的防火措施。

3.地下变电所

此种变电所设置于建筑物的地下室，以节省用地。在有的大型建筑物中，为满足地下冷冻机房、水泵房等大用电设备的需要而设置。

4.杆上式或高台式变电所

变压器一般置于室外杆塔上，或在专门的变压器台墩上，一般用于负荷分散的小城市居民区和工厂生活区，以及小型工厂和矿山等，变压器的容量一般在 315kVA 以下。

5.组合式变电所

组合式变电所又称箱式变电站，它是一种新型设备，它的特点是可以使变配电系统统一化，而且体积小，安装方便，经济效益比较高，适用于城市建筑、生活小区、中小型工厂、铁路及油田等。目前正在广泛的被采用。

二、变配电所的位置选择及布置

1.变配电所的位置选择

变配电所的位置应根据下列要求综合考虑确定。

（1）靠近负荷中心，接近电源侧。

（2）进出线须方便，设备吊装运输方便。

（3）不应设在剧烈振动的场所、多尘、水雾（如大型冷却塔）或有腐蚀气体的场所，如无法远离时，不应设在污源的下风侧。

（4）不应设在厕所，浴室或其他经常积水场所的正下方或相邻。

（5）不应设在爆炸危险场所范围以内和布置在与火灾危险场所的正上方或正下方，如布置在爆炸危险场所范围以和布置在爆炸危险场所的建筑物毗连时，应符合现行的《爆炸和火灾危险环境电力装置设计规范》（GB 50058-2014）的规定。

（6）变配电所为独立建筑物时，不宜设在地势低洼和可能积水的场所。

2.变配电所的布置

变电所内需建值班室方便值班人员对设备进行维护，保证变电所的安全运行。变电所的建设应有发展余地，以便负荷增加时能更换大一级容量变压器，增加高、低压开关柜等。但也必须在满足变电所功能要求情况下，尽量节约土地，节省投资。

三、变压器的选择

1.变压器台数的选择

选择变配电所主变压器台数时应考虑下列原则：

对季节性负荷或昼夜负荷变动较大的变电所，可采用两台变压器，以便实行经济运行方式。在确定变电所主变压器台数时，应适当考虑近期负荷的发展。另外，还需满足用电负荷时对供电可靠性的要求。

对接有大量一、二级负荷的变电所，宜采用两台变压器。以便当一台变压器发生故障或检修时；另一台变压器能保证对一、二级负荷继续供电。对只有二、三级负荷的变电所，如果低压侧有与其他变电所相连的联络线作为备用电源，也可采用一台变压器。对负荷集中而容量相当大的变电所，虽为三级负荷，也可采用两台或两台以上变压器，以降低单台变压器容量及提高供电可靠性。

下列情况下可以设专用变压器：动力和照明共用变压器严重影响照明质量及灯泡寿命时；当季节性负荷较大时（如大型民用建筑中的空调冷冻机负荷）；出于功能需要的某些特殊设备（如容量较大的 X 光机等）。

2.变压器容量的选择

建筑物的计算负荷确定后，建筑物供电变压器的总装机容量（kVA）为：

$$S=P_c/(\beta\cos\varphi) \tag{2-1}$$

式中 P_c——建筑物的计算有功功率；

$\cos\varphi$——补偿后的平均功率因数；

β——变压器的负荷率。

$\cos\varphi$ 取决于当地供电部门对建筑供电的要求，一般要求高压侧平均功率因数 $\cos\varphi$ 不小于 0.9。因此变压器的容量最终确定就取决于变压器的负荷率 β，然后按所选用变压器的标称值系列来调整即可求得。

对于给稳定负荷供电的单台变压器负荷率 β一般宜选 75%～85%。装设两台及以上的变压器的变电所，当其中一台变压器断开时，其余变压器的容量应能保证一、二级负荷的用电。变压器的单台容量一般不宜大于 1600kVA。居住小区变电所内单台变压器的容量不宜大于 630 kVA。变压器容量的选择应考虑环境温度对变压器负荷能力的影响。变压器的额定容量是指在规定环境温度下的容量。

我国对国产电力变压器的环境温度规定为：最高气温 40℃；最高日平均气温 30℃；最高年平均气温 20℃；最低气温－40℃。当环境温度改变时，变压器的容量应乘以修正系数。我国几个典型地区的温度修正系数见表 2－16。干式变压器的温度修正系数以各制造厂资料为准。变压器的容量应根据电动机起动或其他负荷冲击条件进行验算。

表 2－16 油浸式变压器的温度修正系数

序号	地区	年平均温度/℃	温度修正系数 K_t	序号	地区	年平均温度/℃	温度修正系数 K_t
1	茂名	23.5	0.93	7	开封	14.3	1.0
2	广州	21.9	0.96	8	西安	13.9	1.0
3	长沙	17.1	0.98	9	北京	11.9	1.03
4	武汉	16.7	0.98	10	包头	6.4	1.05
5	成都	16.9	0.99	11	长春	4.8	1.05
6	上海	15.4	0.99	12	哈尔滨	3.8	1.05

对短期负荷供电的变压器，要充分利用其过载能力。国产变压器的短时过载运行数据见表 2－17。一般对室内有通风的变压器不得超过 20%，室外变压器不得超过 30%。

表 2－17　变压器短时过载运行数据

油浸式变压器（自冷）		干式变压器（空气空却）	
过电流（%）	允许运行时间/min	过电流（%）	允许运行时间/min
30	120	20	60
45	80	30	45
60	45	40	32
75	20	50	18
100	10	60	5

3.变压器型号的选择

一般场所应推广采用低损耗电力变压器，如 S9、S11 等型号。在电网电压波动较大不能满足用户电压质量要求时，根据需要和可能可选用有载调压变压器。周围环境恶劣，有防尘、防腐要求时，宜选用全密闭变压器。高层建筑、地下建筑等防火要求高的场所，宜选用干式变压器。

4.变压器并列运行的条件

两台或多台变压器并列运行时，必须满足以下基本条件。

（1）并列运行变压器的额定一次电压及二次电压必须对应相等。否则，二次绕组回路内将出现环流，导致绕组过热或烧毁。

（2）并列运行变压器的阻抗电压（即短路电压〉必须相等，否则，各变压器分流不匀，导致阻抗小的变压器过负荷。

（3）并列运行变压器的连接组别必须相同，否则，各变压器二次电压将出现相位差，从而产生电位差，将在二次侧产生很大的环流，导致绕组烧毁。

（4）并列运行变压器的容量比应小于 3：1。否则，容量比大，往往特性稍有差异时，环流显著，容易造成小的变压器过负荷。

四、柴油发电机容量及台数的确定

大多数一级供电负荷的供电建筑，为满足供电可靠性的要求，一般都要求两个独立的供电电源，当有特别重要的用电负荷时，为保证其供电的可靠性，应设有独立于上述两个电源的自备电源做第三电源为其供电。

大多数二级供电负荷的供电建筑，为满足供电可靠性的要求，一般都要求由同一座区域变电站的两段母线分别引来的两个回路供电，或由一路 6kV 及以上的专用线路供电，否则应设有自备电源做第二电源为其供电。

负荷下列情况之一时，宜设自备应急柴油发电机组：

（1）为保证一级负荷中特别重要的负荷用电。

（2）有一级负荷，但从市电取得第二电源有困难或不经济合理时。

（3）大、中型商业性大厦，当市电中断供电将会造成经济效益有较大损失时。

柴油发电机组的台数与容量应根据应急负荷大小和投入顺序以及单台电动机最大的起动容量等因素综合考虑确定。机组总台数不宜超过两台。

1.机组的容量

（1）在方案或初步设计阶段，可按供电变压器容量的 10%～20%估算柴油发电机的容量。

（2）在施工图阶段可根据一级负荷、消防负荷以及某些重要的二级负荷容量，按下述方法计算选择其最大者。

在建筑中自备柴油发电机的供电范围，按稳定负荷计算发电机容量，一般包括以下几个方面。

1）消防电梯、消防水粟、喷淋泵、防排烟风机和应急照明等。在市电事故停电的情况下，柴油发电机组开始在冷状态下工作，要求所能供出的功率应能满足应急负荷中自起动设备所需功率之和。当柴油发电机组运行达到额定功率时，应能满足所有应急负荷的功率之和。

2）建筑中内的一级负荷。例如大型商场、大型餐厅、国际会议室、贵重展品陈列室、银行重要经营场所等有关设备的用电。其备用容量的大小，应根据具体情况确定。

3）一些重要的民用建筑中的一级负荷和部分二级负荷。如生活水泵、一般客梯、货梯等用电设备负荷。

按最大的单台电动机或成套机组电动机起动的需要，计算发电机容量发电机组的容量（功率）为被起动电动机功率的最小倍数，见表 2－18。

表 2－18　发电机组的容量（功率）为被起动电动机功率的最小倍数

<table>
<tr><td colspan="2" rowspan="2">电动机起动方式</td><td rowspan="2">全压起动</td><td rowspan="2"></td><td colspan="2">自耦变压器起动</td></tr>
<tr><td>0.65U_g</td><td>0.8U_R</td></tr>
<tr><td rowspan="3">母线允许电压降</td><td>20%</td><td>5.5</td><td>1.9</td><td>2.4</td><td>3.6</td></tr>
<tr><td>15%</td><td>7</td><td>2.3</td><td>3.0</td><td>4.5</td></tr>
<tr><td>10%</td><td>7.8</td><td>2.6</td><td>3.3</td><td>5.0</td></tr>
</table>

第 9 讲　建筑电气照明

一、照明系统概述

1.常用的照明物理量概念

（1）光通量：人眼对不同波长的可见光具有不同的灵敏度，对黄绿光最敏感。人们比较几种波长不同而辐射能量相同的光时，会感到黄绿光最亮，而波长较长的红光与波长较短的紫光都暗得多，因此不能直接以光源的辐射功率来衡量光能量，而要采用以人眼对光的感觉量为基准的基本量——光通量——来衡量。

光通量 Φ 是根据辐射对标准光度观察者的作用导出的光度量。单位为流明（lm），1 lm=1cd・1sr。对于明视觉有：

$$\Phi = K_m \int_0^{\infty} \frac{d\Phi_e(\lambda)}{d\lambda} V(\lambda) d\lambda \tag{2-2}$$

式中　$d\Phi_e(\lambda)/d\lambda$——辐射通量的光谱分布；

$V(\lambda)$——光谱光（视）效率；

K_m——辐射的光谱（视）效能的最大值，单位为流明每瓦特（lm/W）。在单色辐射时，明视觉条件下的 Km 值为 6831m/W（λ=555nm 时）。

（2）发光强度：发光体在给定方向上的发光强度是该发光体在该方向的立体角元 $d\Omega$ 内传输的光通量 $d\Phi$ 除以该立体角元所得之商，即单位立体角的光通量。单位为坎德拉（cd），1cd=1 lm/sr。

一只典型的 100W 白炽灯（电灯泡）发出的光大约 1700 lm，一只 25W 的荧光灯（日光灯、光管）也可以发出相同的光通量。在人眼看来，这两只灯泡的“亮度”是一样的。

（3）亮度：亮度是指发光表面在指定方向的发光强度与垂直且指定方向的发光面的面积之比，单位是坎德拉/平方米（cd/m^2）。

$$L = d^2\Phi/(dA \cdot \cos\theta \cdot d\Omega) \tag{2-3}$$

式中　$d\Phi$——由给定点的光束元传输的并包含给定方向的立体角 dΩ 内传播的光通量（lm）；

dA——包括给定点的射束截面积（m^2）；

θ——射束截面法线与射束方向间的夹角。

（4）照度：入射在包含该点的面元上的光通量 $d\Phi$ 除以该面元面积 dA 所得之商。单位为勒克斯（lx），1 lx=1 lm/m^2。

有时为了充分利用光源，常在光源上附加一个反射装置，使得某些方向能够得到比较多的光通量，以增加这一被照面上的照度。例如汽车前灯、手电筒、摄影灯等。

2.照明方式

（1）一般照明：一般照明是指为照亮整个场所而设置的均匀照明。对于室内，一般照明是指为照亮整个工作面而设置的照明，可采用若干灯对称地排列在整个顶棚上来实现；对于施工现场，一般照明是指为照亮整个施工现场而设置的照明，可采用若干室外照明灯分散或集中设置来实现。

工作场所应设置一般照明。

（2）分区一般照明：为照亮工作场所中某一特定区域，而设置的均匀照明。当同一场所内的不同区域有不同照度要求时，应采用分区一般照明。

（3）局部照明：特定视觉工作用的、为照亮某个局部而设置的照明。如施工现场的投光灯照明。在一个工作场所内不应只采用局部照明。

（4）混合照明：由一般照明与局部照明组成的照明，兼有一般照明和局部照明效果的照明形式。对于作业面照度要求较高，只采用一般照明不合理的场所，宜采用混合照明。

（5）重点照明：为提高指定区域或目标的照度，使其比周围区域突出的照明。

3.照明种类

（1）正常照明：在正常情况下使用的照明。所有居住房间、室内工作场所及相关辅助场所均应设置正常照明。

（2）应急照明：因正常照明的电源失效而启用的照明。应急照明包括疏散照明、安全照明、备用照明。疏散照明是用于确保疏散通道被有效地辨认和使用的应急照明。安全照明是用于确保处于潜在危险之中的人员安全的应急照明。备用照明是用于确保正常活动继续或暂时继续进行的应急照明。

当下列场所正常照明电源失效时，应设置应急照明：

1）需确保正常工作或活动继续进行的场所，应设置备用照明；

2）需确保处于潜在危险之中的人员安全的场所，应设置安全照明；

3）需确保人员安全疏散的出口和通道，应设置疏散照明。

（3）值班照明：非工作时间，为值班所设置的照明。需在夜间非工作时间值守或巡视的场所应设置值班照明。

（4）警卫照明：用于警戒而安装的照明。需警戒的场所，应根据警戒范围的要求设置警卫照明。

（5）障碍照明：在可能危及航行安全的建筑物或构筑物上安装的标识照明。

二、常用电光源及其附属装置

电气照明装置主要包括电光源、控制开关、插座、保护器和照明灯具。照明线路将各电气照明装置连接起来即构成照明电路，通电即可实现照明并根据需要实现控制照明。选用照明装置时，应遵循有关设计标准，如《建筑照明设计标准》（GB

50034－2013）。

1.常用电光源与灯具

按照工作原理，电光源可以分为热辐射光源、气体放电光源以及其他发光光源。

（1）热辐射光源：利用电流的热效应，将具有耐高温、低挥发性的灯丝加热到白炽化程度而产生可见光，这种电光源称热辐射光源。常用的热辐射光源有白炽灯、卤钨灯等。

1）白炽灯。白炽灯是第一代大规模应用的电光源。其发光原理是靠钨丝白炽体的高温热辐射发光。白炽灯具有构造简单、安装使用方便，能瞬间点燃、价格便宜等优点。其缺点是可见光只占热辐射的很少一部分，发光率低，寿命短，而且有黑化现象。目前白炽灯正在被逐步淘汰。

2）卤钨灯。卤钨灯是在白炽灯的基础上改进而来的，也是第一代电光源。与白炽灯相比，它有体积小、光通量稳定、光效高、光色好、寿命长等特点。其发光原理与白炽灯相同。卤钨灯的性能比白炽灯有所改进，主要是由于卤钨循环的作用。卤钨灯包括碘钨灯和溴钨灯。已被广泛作为商业橱窗、餐厅、会议室、博物馆、展览馆照明光源。

（2）气体放电光源：这种光源是利用电场对气体的作用，使气体电离，电子离子撞击荧光粉产生可见光。常用的气体放电光源有荧光灯、汞灯、钠灯、金属卤化物灯等。

1）荧光灯。荧光灯（俗称日光灯）的发光原理是利用汞蒸气在外加电源作用下产生弧光放电，可以发出少量的可见光和大量的紫外线，紫外线再激励管内壁的荧光粉使之发出大量的可见光，属于第二代电光源。具有光色好、光效高、寿命长、表面温度低等优点，因此被广泛应用于各类建筑物的室内照明。缺点是功率因数低，有频闪效应，不宜频繁开启。

2）高压汞灯。高压汞灯又叫高压水银灯，是一种较新型的电光源，它的主要优点是发光效率较高、寿命较长、省电、耐振。高压水银灯广泛用于街道、广场、车站、施工工地等大面积场所的照明。

3）高压钠灯。高压钠灯是利用高压钠蒸气放电的气体放电灯。它具有光效高、紫外线辐射小、透雾性好、寿命长、耐振、亮度高等优点。适合在交通要道、机场跑道、航道、码头等需要高亮度和高光效的场所使用。

4）金属卤化物灯。金属卤化物灯具有光效高、光色好（接近天然光）等优点。适用于电视、摄影、印染车间、体育馆以及要求高照度、高显色的场所。缺点是使用寿命短，光通量保持性及光色一致性较差。

（3）LED 灯：LED 灯为低电压供电，具有附件简单、结构紧凑、可控性能好、色彩丰富纯正、高亮点，防潮、防震性能好、节能环保等优点，目前在显示技术领域，标志灯和带色的装饰照明占有举足轻重的地位。其能耗仅为白炽灯的 1/10，寿命长达 10 万 h 以上，并且易于循环回收利用。

2.常见电光源的适用场所与选择原则

（1）常见电光源的适用场所：不同的电光源适用于不同的场所，见表 2－19。

表 2—19　常用电光源的适用场所

光源名称	适用场所	举例
白炽灯	1. 照明开关频繁，要求瞬时起动或要避免频闪效应的场所 2. 识别颜色要求较高或艺术需要的场所 3. 局部照明、故事照明 4. 需要调光的场所 5. 需要防止电磁波干扰的场所	住宅、旅馆、饭馆、美术馆、博物馆、剧场、办公室、层高较低及照度要求较低的厂房、仓库及小型建筑等
卤钨灯	1. 照度要求较高，显色性要求较好，且无振的场所 2. 要求频闪效应小 3. 需要调光	剧场、体育馆、展览馆、大礼堂、装配车间、精密机械加工车间
荧光灯	1. 悬挂高度较低（例如 6m 以下），要求照度又较高者（例如 1001× 以上） 2. 识别颜色要求较高的场所 3. 在无自然采光和自然采光不足而人们需长期停留的场所	住宅、旅馆、饭馆、商店、办公室、阅览室、学校、医院、层高较低但照度要求较高的厂房、理化计量室、精密产品装配、控制室等
荧光高压汞灯	1. 照度要求较高，但对光色无特殊要求的场所 2. 有振动的场所（自镇流式高压汞灯不适用）	大中型厂房、仓库、动力站房、露天堆场及作业场地、厂区道路或城市一般道路等
金属卤化物灯	高大厂房，要求照度较高，且光色较好场所	大型精密产品总装车间、体育馆或体育场等
高压钠灯	1. 高大厂房，照度要求较高，但对光色无特别要求的场所 2. 有振动的场所 3. 多烟尘场所	铸钢车间、铸铁车间、冶金车间、机加工车间、露天工作场地、厂区或城市主要道路、广场或港口等
半导体灯	干净，有阅读和鉴别要求的空间不大的场合	家庭、书房、办公室、夜总会包间等

（2）光源的选择原则：

1）应限制白炽灯、碘钨灯的使用。

2）利用卤钨灯、紧凑型荧光灯取代普通的白炽灯。

3）推荐 T8、T5 细管荧光灯。

4）推荐采用钠灯和金属卤化物灯。

5）利用高效节能灯具及其附件、控制设备和器件。

3.照明器

（1）照明器的概念：照明器一般由光源、照明灯具及其附件共同组成，除具有固定光源、保护光源、美化环境的作用外，还可以对光源产生的光通量进行再分配、定向控制和防止光源产生眩光的功能。

（2）照明器分类：分类方式主要较多，以下简单介绍几种。

1）按结构特点分类。照明器按结构特点分为开启型、闭合型、封闭型、密封型和防爆型五种。

2）按用途分类。照明器按用途可分为功能性照明器与装饰性照明器两种。

3）按防触电保护方式分类。照明器按防触电保护方式可分为 0、Ⅰ、Ⅱ和Ⅲ四类。

4）按防尘、防水等分类。目前采用特征字母“IP”后面跟两个数字来表示照明器的防尘、防水等级。第一个数字表示对人、固体异物或尘埃的防护能力，第二个数字表示对水的防护能力。

5）按光通量在空间的分布分类。照明器按光通量在空间的分布分为直射型、半直射型、漫射型、半间接型、间接型。

其配光示意图如图 2－181 所示。

图 2－181　按照明器光通量在空间的分布分类

6）按安装方式分类。照明器按安装方式分为壁灯、吸顶灯、嵌入式灯、半嵌入式灯、吊顶、地脚灯、台灯、落地灯、庭院灯、道路广场灯、移动式灯、自动应急照明灯等。

（3）照明器防护形式的选择：照明器防护形式的选择必须按下列环境条件确定。

1）正常湿度一般场所，选用开启式照明器；

2）潮湿或特别潮湿场所，选用密闭型防水照明器或配有防水灯头的开启式照明器；

3）含有大量尘埃但无爆炸和火灾危险的场所，选用防尘型照明器；

4）有爆炸和火灾危险的场所，按危险场所等级选用防爆型照明器；

5）存在较强振动的场所，选用防振型照明器；

6）有酸碱等强腐蚀介质场所，选用耐酸碱型照明器。

下列特殊场所应使用安全特低电压照明器。

1）隧道、人防工程、高温、有导电灰尘、比较潮湿或灯具离地面高度低于 2.5m 等场所的照明，电源电压不应大于 36V；

2）潮湿和易触及带电体场所的照明，电源电压不得大于 24V；

3）特别潮湿场所、导电良好的地面、锅炉或金属容器内的照明，电源电压不得大于 12V。

三、照度计算

照度计算是照明设计的主要内容之一，是正确进行照明设计的重要环节。照度计算的目的是根据照明需要及其他已知条件，来决定照明灯具的数量以及其中电光源的容量，并据此确定照明灯具的布置方案；或者在照明灯具型式、布置及光源的容量都已确定的情况下，通过进行照度计算来定量评价实际使用场合的照明质量。下面介绍两种常用的照度计算方法：利用系数法和单位容量法。

1.利用系数法

利用系数法是根据房屋的空间系数等因素，利用多次相互反射的理论，求得灯具的利用系数，计算出要达到平均照度值所需要的灯具数的计算方法，是一种平均照度计算方法。这种方法适用于灯具均匀布置的一般照明。

（1）利用系数法的计算公式

每一盏灯具内灯泡的光通量为：

$$E_{av}=N\phi K_U/Sk \tag{2-4}$$

最小照度值为：

$$E_{min}=N\phi K_U/SkZ \tag{2-5}$$

式中 E_{av}——工作面上的平均照度，1x；

N——由布灯方案得出的灯具数量；

ϕ——每盏灯具内光源的光通量，1m；

K_u——光通利用系数；

S——房间面积，m^2；

k——减光补偿系数，见表 2—20；

Z——最小照度系数（平均照度与最小照度之比），见表 2—21。

表 2—20 减光补偿系数 *k*

环境类别	房间或场所举例	照度补偿系数	每年灯具擦洗次数
清洁	卧室、办公室、餐厅、阅览室、教室、客户等	8.25	2
一般	商店营业厅、候车室、影剧院、体育馆等	1.43	2
污染严重	厨房、锻造车间等	1.67	3
室外	雨篷、站台	1.54	2

利用系数 K_U 是表示照明光源的光通利用程度的一个参数，用投射到工作面上的光通量（包括直射和反射到工作面上的所有光通）与全部光源发出的总光通量之比来表示。

表2－21　部分灯具的最小照度系数表

灯具类型	L/h			
	0.8	8.2	1.6	2.0
双罩型工厂灯	8.27	8.22	8.33	1.55
散照型防水防尘灯	8.20	8.15	8.25	1.5
深照型灯	8.15	1.09	8.18	1.44
乳白玻璃罩吊灯	1.00	1.00	8.18	8.18

式2－5是当最小照度为E时，每一盏灯具所应发出的光通量Φ；如果只需保证平均照度时，则不必乘以最小照度系数Z，一般是按照最小照度计算。

（2）计算步骤：

1）选择灯具，计算合适的计算高度，进行灯具布置。

2）根据灯具的计算高度h及房间尺寸，确定室形指数i，即

$$i=ab/h(a+b) \quad (2-6)$$

式中　i——室形指数；

h——计算高度，m；

a——高间长度，m；

b——房间宽度，m。

$$RCR=\frac{5h_r(a+b)}{ab} \quad (2-7)$$

式中　RCR——室空间比；

h_r——室空间高，即灯具的计算高度h，m；

a——房间长度，m；

b——房间宽度，m。

3）天棚、墙壁和地板的反射系数（分别用p_t、p_q、p_d表示）如下。

①白色天棚、带有窗子（有白色窗帘遮蔽）的白色墙壁，反射系数为70%。

②无窗帘遮蔽的窗子，混凝土及光亮的天棚、潮湿建筑物的白色开棚，反射系数为50%。

③有窗子的混凝土墙壁、用光亮纸糊的墙壁、木天棚、一般混凝土地面，反射系数为30%。

④带有大量暗色灰尘建筑物内的混凝土、木天棚、墙壁、砖墙及其他有色的地面，反射系数为10%。

4）根据所选用灯具的型号和反射系数，从灯具利用系数表中查得光通利用系数K_U。灯具利用系数表本书不再详细描述，请读者自己查询。

5）根据表2－20和表2－21确定减光补偿系数K值和最小照度系数Z值。

6）根据规定的平均照度，按式2－6计算每盏灯具所必需的光通量。

7）根据计算的光通量选择光源功率。

8）根据式 2－7 验算实际的最小照度是否满足。

2.单位容量法

单位容量法是在各种光通利用系数和光的损失等因素相对固定的条件下，得出的平均照度的简化计算方法，适用于设计方案或初步设计的近似计算和一般的照明计算。一般在知道房间的被照面积后，就可根据推荐的单位面积安装功率，来计算房间所需的总的电光源功率。

（1）计算公式

单位容量就是每平方米照明面积的安装功率，其公式是：

$$\sum P = \omega s \tag{2-8}$$

$$N = \sum P / P \tag{2-9}$$

式中 ΣP——总安装容量（功率），不包括镇流器的功率损耗，W；

P——每套灯具的安装容量（功率），不包括镇流器的功率损耗，W；

N——在规定照度下所需灯具数，套；

s——房间面积，一般指建筑面积，m^2；

ω——在某最低照度值时的单位面积安装容量（功率），W/m^2。

（2）计算步骤

1）根据不同场所对照明设计的要求，首先选择照明光源和灯具。

2）根据所要达到的照度要求，查相应灯具的单位面积安装容量表；

3）将查询到的数值按式 2－8、2－9 来计算灯具的数量，确定布灯方案。

第 10 讲　防雷与接地

一、建筑物防雷等级分类与防雷措施

1.雷电的危害

云层之间的放电现象，虽然有很大声响和闪电，但对地面上的万物危害并不大，只有云层对地面的放电现象或极强的电场感应作用才会产生破坏作用，其雷击的破坏作用可归纳为直接雷击、感应雷击和高电位引入。

（1）直接雷击：当雷云离地面较近时，由于静电感应作用，使离云层较近的地面上凸出物（如树木、山头、各类建筑物和构筑物等）感应出异种电荷，故在云层强电场作用下形成尖端放电现象，即发生云层直接对地面物体放电。因雷云上聚集的电荷量极大，在放电瞬时的冲击电压与放电电流均很大，可达几百万伏和 200kA 以上的数量级。所以往往会引起火灾、房屋倒塌和人身伤亡事故，灾害比较严重。

（2）感应雷害：当建筑物上空有聚集电荷量很大的云层时，由于极强的电场感应作用，将会在建筑物上感应出与雷云所带负电荷性质相反的正电荷。这样，在雷云之间放电或带电云层飘离后，虽然带电云层与建筑物之间的电场已经消失，但这时屋顶上的电荷还不能立即疏散掉，致使屋顶对地面还会有相当高的电位。所以，往往会造成对室内的金属管道、大型金属设备和电线等放电，引起火灾、电气线路短路和人身伤亡等事故。

（3）高电位引入：当架空线路上某处受到雷击或与被雷击设备连接时，便会将高电位通过输电线路而引入室内，或者雷云在线路的附近对建筑物等放电而感应产生高电位引入室内，均会造成室内用电设备或控制设备承受严重过电压而损坏，或引起火灾和人身伤害事故。

2.建筑物的防雷分类

建筑物应根据其重要性、使用性质、发生雷电事故的可能性及后果，按防雷要求分为三类。根据现行国家标准《建筑物防雷设计规范》（GB 50057－2010）的规定，民用建筑中无第一类防雷建筑物，其分类应划分为第二类及第三类防雷建筑物。在雷电活动频繁地区或强雷区，可适当提高建筑物的防雷保护措施。

（1）第一类防雷建筑物：在可能发生对地闪击的地区，遇下列情况之一时，应划为第一类防雷建筑物。

1）凡制造、使用或贮存火炸药及其制品的危险建筑物，因电火花而引起爆炸、爆轰，会造成巨大破坏和人身伤亡者。

2）具有 0 区或 20 区爆炸危险场所的建筑物。

3）具有 1 区或 21 区爆炸危险场所的建筑物，因电火花而引起爆炸，会造成巨大破坏和人身伤亡者。

4）当第一类防雷建筑物部分的面积占建筑物总面积的 30%及以上时，该建筑物宜确定为第一类防雷建筑物。

（2）第二类防雷建筑物：在可能发生对地闪击的地区，遇下列情况之一时，应划为第二类防雷建筑物。

1）国家级重点文物保护的建筑物。

2）国家级的会堂、办公建筑物、大型展览和博览建筑物、大型火车站和飞机场、国宾馆，国家级档案馆、大型城市的重要给水泵房等特别重要的建筑物。其中，飞机场不含停放飞机的露天场所和跑道。

3）国家级计算中心、国际通信枢纽等对国民经济有重要意义的建筑物。

4）国家特级和甲级大型体育馆。

5）制造、使用或贮存火炸药及其制品的危险建筑物，且电火花不易引起爆炸或不致造成巨大破坏和人身伤亡者。

6）具有 1 区或 21 区爆炸危险场所的建筑物，且电火花不易引起爆炸或不致造成巨大破坏和人身伤亡者。

7）具有 2 区或 22 区爆炸危险场所的建筑物。

8）有爆炸危险的露天钢质封闭气罐。

9）预计雷击次数大于 0.05 次/a 的部、省级办公建筑物和其他重要或人员密集的公共建筑物以及火灾危险场所。

10）预计雷击次数大于 0.25 次/a 的住宅、办公楼等一般性民用建筑物或一般性工业建筑物。

11）当第一类防雷建筑物部分的面积占建筑物总面积的 30%以下，且第二类防雷建筑物部分的面积占建筑物总面积的 30%及以上时，或当这两部分防雷建筑物的面积均小于建筑物总面积的 30%，但其面积之和又大于 30%时，该建筑物宜确定为第二类防雷建筑物。但对第一类防雷建筑物部分的防闪电感应和防闪电电涌侵入，应采取第一类防雷建筑物的保护措施。

（3）第三类防雷建筑物：在可能发生对地闪击的地区，遇下列情况之一时，应划为第三类防雷建筑物。

1）省级重点文物保护的建筑物及省级档案馆。

2）预计雷击次数大于或等于 0.01 次/a，且小于或等于 0.05 次/a 的部、省级办公建筑物和其他重要或人员密集的公共建筑物，以及火灾危险场所。

3）预计雷击次数大于或等于 0.05 次/a，且小于或等于 0.25 次/a 的住宅、办公楼等一般性民用建筑物或一般性工业建筑物。

4）在平均雷暴日大于 15d/a 的地区，高度在 15m 及以上的烟囱、水塔等孤立的高耸建筑物；在平均雷暴日小于或等于 15d/a 的地区，高度在 20m 及以上的烟囱、水塔等孤立的高耸建筑物。

（4）混合建筑：当一座防雷建筑物中兼有第一、二、三类防雷建筑物，或当防雷建筑物部分的面积占建筑物总面积的 50%以上时，其防雷分类和防雷措施宜符合下列规定：

1）当第一类防雷建筑物部分的面积占建筑物总面积的 30%及以上时，该建筑物宜确定为第一类防雷建筑物。

2）当第一类防雷建筑物部分的面积占建筑物总面积的 30%以下，且第二类防雷建筑物部分的面积占建筑物总面积的 30%及以上时，或当这两部分防雷建筑物的面积均小于建筑物总面积的 30%，但其面积之和又大于 30%时，该建筑物宜确定为第二类防雷建筑物。但对第一类防雷建筑物部分的防闪电感应和防闪电电涌侵入，应采取第一类防雷建筑物的保护措施。

3）当第一、二类防雷建筑物部分的面积之和小于建筑物总面积的 30%，且不可能遭直接雷击时，该建筑物可确定为第三类防雷建筑物；但对第一、二类防雷建筑物部分的防闪电感应和防闪电电涌侵入，应采取各自类别的保护措施；当可能遭直接雷击时，宜按各自类别采取防雷措施。

3.建筑物的防雷措施

我国自 2011 年 10 月 1 日开始实施《建筑物防雷设计规范》（GB 50057－2010），其中对各类建筑物进行了防雷等级的分类，详细规定了各类建筑物的防雷措施。

（1）对建筑物防雷的基本规定：

1）各类防雷建筑物应设防直击雷的外部防雷装置，并应采取防闪电电涌侵入的措施。

第一类防雷建筑物和上述规定的第二类防雷建筑物的 5）～7）部分，尚应采取防闪电感应的措施。

2）各类防雷建筑物应设内部防雷装置，并应符合下列规定：

①在建筑物的地下室或地面层处，下列物体应与防雷装置做防雷等电位连接：

a.建筑物金属体；

b.金属装置；

c.建筑物内系统；

d.进出建筑物的金属管线。

②除了防直击雷的装置外，其余的外部防雷装置与建筑物金属体、金属装置、建筑物内系统之间，尚应满足间隔距离的要求。

3）上述规定的第二类防雷建筑物的 2）～4）部分，尚应采取防雷击电磁脉冲的措施。其他各类防雷建筑物，当其建筑物内系统所接设备的重要性高，以及所处雷击磁场环境和加于设备的闪电电涌无法满足要求时，也应采取防雷击电磁脉冲的措施。

（2）第一类防雷建筑物的防雷措施：第一类防雷建筑物防直击雷的措施应符合下列规定。

1）应装设独立接闪杆或架空接闪线或网。架空接闪网的网格尺寸不应大于 5m×5m 或 6m×4m。

2）排放爆炸危险气体、蒸气或粉尘的放散管、呼吸阀、排风管等的管口外的下列空间应处于接闪器的保护范围内。当有管帽时应按表 2－22 的规定确定。当无管帽时，应为管口上方半径 5m 的半球体。接闪器与雷闪的接触点应在上述空间之外。

表 2－22　有管帽的管口处处于接闪器保护范围内的空间

装置内的压力与周围空气压力的压力差（kPa）	排放物对比于空气	管帽以上的垂直距离（m）	距管口处的水平距离（m）
＜5	重于空气	1	2
5～25	重于空气	2.5	5
≤25	轻于空气	2.5	5
＞25	重或轻于空气	5	5

注：相对密度小于或等于 0.75 的爆炸性气体规定为轻于空气的气体；相对密度大于 0.75 的爆炸性气体规定为重于空气的气体。

3）排放爆炸危险气体、蒸气或粉尘的放散管、呼吸阀、排风管等，当其排放物达不到爆炸浓度、长期点火燃烧、一排放就点火燃烧，以及发生事故时排放物才达到爆炸浓度的通风管、安全阀，接闪器的保护范围应保护到管帽， 无管帽时应保护到管口。

4）独立接闪杆的杆塔、架空接闪线的端部和架空接闪网的每根支柱处应至少设一根引下线。对用金属制成或有焊接、绑扎连接钢筋网的杆塔、支柱，宜利用金属杆塔或钢筋网作为引下线。

5）独立接闪杆和架空接闪线或网的支柱及其接地装置与被保护建筑物及与其有联系的管道、电缆等金属物之间的间隔距离（图 2－182），应按下列公式计算，且不得小于 3m。

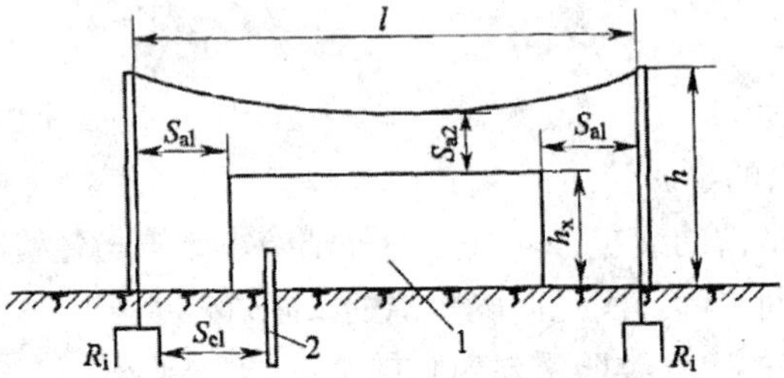

图 2－182　防雷装置至被保护物的间隔距离

1—被保护建筑物；2—金属管道

①地上部分：

$$当\ h_x<5R_i\ 时：S_{a1}\geqslant 0.4(R_i+0.1h_x) \quad (2-10)$$

$$当\ h_x\geqslant 5R_i\ 时：S_{a1}\geqslant 0.1(R_i+h_x) \quad (2-11)$$

②地下部分：

$$S_{e1}\geqslant 0.4R_i \quad (2-12)$$

式中　S_{a1}——空气中的间隔距离（m）；

S_{e1}——地中的间隔距离（m）；

R_i——独立接闪杆、架空接闪线或网支柱处接地装置的冲击接地电阻（Ω）；

h_x——被保护建筑物或计算点的高度（m）。

6）架空接闪线至屋面和各种突出屋面的风帽、放散管等物体之间的间隔距离（图 2－182），应按下列公式计算，且不应小于 3m；

①当 $(h+\frac{l}{2})<5R_i$ 时：

$$S_{a2}\geqslant 0.2R_i+0.03(h+\frac{l}{2}) \quad (2-13)$$

②

当 $(h+\frac{l}{2})\geqslant 5R_i$ 时：

$$S_{a2}\geqslant 0.05R_i+0.06(h+\frac{l}{2}) \quad (2-14)$$

式中　S_{a2}——接闪线至被保护物在空气中的间隔距离（m）；

h——接闪线的支柱高度（m）；

l——接闪线的水平长度（m）。

7）架空接闪网至屋面和各种突出屋面的风帽、放散管等物体之间的间隔距离，应按下列公式计算，且不应小于 3m：

当 $(h+l_1)<5R_i$ 时：

$$S_{a2}\geqslant\frac{1}{n}[0.4R_i+0.06(h+l_1)]$$

当 $(h+l_1)\geqslant5R_i$ 时：

$$S_{a2}\geqslant\frac{1}{n}[0.1R_i+0.12(h+l_1)]$$

式中　S_{a2}——接闪网至被保护物在空气中的间隔距离（m）；

l_1——从接闪网中间最低点沿导体至最近支柱的距离（m）；

n——从接闪网中间最低点沿导体至最近不同支柱并有同一距离 l_1 的个数。

8）独立接闪杆、架空接闪线或架空接闪网应设独立的接地装置，每一引下线的冲击接地电阻不宜大于 10Ω。在土壤电阻率高的地区，可适当增大冲击接地电阻，但在 3000Ωm 以下的地区，冲击接地电阻不应大于 30Ω。

第一类防雷建筑物防闪电感应应符合下列规定：

①建筑物内的设备、管道、构架、电缆金属外皮、钢屋架、钢窗等较大金属物和突出屋面的放散管、风管等金属物，均应接到防闪电感应的接地装置上。

金属屋面周边每隔 18m～24m 应采用引下线接地一次。

现场浇灌或用预制构件组成的钢筋混凝土屋面，其钢筋网的交叉点应绑扎或焊接，并应每隔 18m～24m 采用引下线接地一次。

②平行敷设的管道、构架和电缆金属外皮等长金属物，其净距小于 100mm 时，应采用金属线跨接，跨接点的间距不应大于 30m；交叉净距小于 100mm 时，其交叉处也应跨接。

当长金属物的弯头、阀门、法兰盘等连接处的过渡电阻大于 0.03Ω 时，连接处应用金属线跨接。对有不少于 5 根螺栓连接的法兰盘，在非腐蚀环境下，可不跨接。

③防闪电感应的接地装置应与电气和电子系统的接地装置共用，其工频接地电阻不宜大于 10Ω。防闪电感应的接地装置与独立接闪杆、架空接闪线或架空接闪网的接地装置之间的间隔距离，应按照上述公式计算，且不得小于 3m。

当屋内设有等电位连接的接地干线时，其与防闪电感应接地装置的连接不应少于 2 处。

第一类防雷建筑物防闪电电涌侵入的措施应符合下列规定。

①室外低压配电线路应全线采用电缆直接埋地敷设，在入户处应将电缆的金属外皮、钢管接到等电位连接带或防闪电感应的接地装置上。当全线采用电缆有困难时，应采用钢筋混凝土杆和铁横担的架空线，并应使用一段金属铠装电缆或护套电

缆穿钢管直接埋地引入。架空线与建筑物的距离不应小于 15m。

在电缆与架空线连接处，尚应装设户外型电涌保护器。电涌保护器、电缆金属外皮、钢管和绝缘子铁脚、金具等应连在一起接地，其冲击接地电阻不应大于 30Ω。所装设的电涌保护器应选用 I 级试验产品，其电压保护水平应小于或等子 2.5kV，其每一保护模式应选冲击电流等于或大于 10kA；若无户外型电涌保护器，应选用户内型电涌保护器，其使用温度应满足安装处的环境温度，并应安装在防护等级 IP54 的箱内。

当电涌保护器的接线形式为《建筑物防雷设计规范》（GB 50057－2010）中表 1.1.2 中的接线形式 2 时，接在中性线和 PE 线间电涌保护器的冲击电流，当为三相系统时不应小于 40kA，当为单相系统时不应小于 20kA。

②当架空线转换成一段金属铠装电缆或护套电缆穿钢管直接埋地引入时，其埋地长度可按下式计算：

$$l \geqslant 2\sqrt{\rho} \tag{2-15}$$

式中 l——电缆铠装或穿电缆的钢管埋地直接与土壤接触的长度（m）；

ρ——埋电缆处的土壤电阻率（Ωm）。

③电子系统的室外金属导体线路宜全线采用有屏蔽层的电缆埋地或架空敷设，其两端的屏蔽层、加强钢线、钢管等应等电位连接到入户处的终端箱体上，在终端箱内是否装设电涌保护器，参见第 3 节。

2）架空金属管道，在进出建筑物处，应与防闪电感应的接地装置相连。距离建筑物 100m 内的管道，宜每隔 25m 接地一次，其冲击接地电阻不应大于 30Ω，并应利用金属支架或钢筋混凝土支架的焊接、绑扎钢筋网作为引下线，其钢筋混凝土基础宜作为接地装置。埋地或地沟内的金属管道，在进出建筑物处应等电位连接到等电位连接带或防闪电感应的接地装置上。

当难以装设独立的外部防雷装置时，可将接闪杆或网格不大于 5m×5m 或 6m×4m 的接闪网或由其混合组成的接闪器直接装在建筑物上。其敷设位置和方式应符合《建筑物防雷设计规范》（GB 50057－2010）第 4.2.4 条的规定。

（3）第二类防雷建筑物的防雷措施：

1）第二类防雷建筑物外部防雷的措施，宜采用装设在建筑物上的接闪网、接闪带或接闪杆，也可采用由接闪网、接闪带或接闪杆混合组成的接闪器。接闪网、接闪带应按《建筑物防雷设计规范》（GB 50057－2010）的附录 B 的规定沿屋角、屋脊、屋檐和檐角等易受雷击的部位敷设，并应在整个屋面组成不大于 10m×10m 或 12m×8m 的网格；当建筑物高度超过 45m 时，首先应沿屋顶周边敷设接闪带，接闪带应设在外墙外表面或屋檐边垂直面上，也可设在外墙外表面或屋檐边垂直面外。接闪器之间应互相连接。

专设引下线不应少于 2 根，并应沿建筑物四周和内庭院四周均匀对称布置，其间距沿周长计算不应大于 18m。当建筑物的跨度较大，无法在跨距中间设引下线时，应在跨距两端设引下线并减小其他引下线的间距，专设引下线的平均间距不应大于18m。

外部防雷装置的接地应和防闪电感应、内部防雷装置、电气和电子系统等接地共用接地装置，并应与引入的金属管线做等电位连接。外部防雷装置的专设接地装置宜围绕建筑物敷设成环形接地体。

2）上述规定的第二类防雷建筑物的 5）～7）部分所规定的建筑物，其防闪电感应的措施应符合下列规定。

①建筑物内的设备、管道、构架等主要金属物，应就近接到防雷装置或共用接地装置上。

②除了其中的 7）所规定的建筑物外，平行敷设的管道、构架和电缆金属外皮等长金属物，其净距小于 100mm 时，应采用金属线跨接，跨接点的间距不应大于30m；交叉净距小于 100mm 时，其交叉处也应跨接。当长金属物的弯头、阀门、法兰盘等连接处的过渡电阻大于 0.03Ω 时，连接处应用金属线跨接。对有不少于 5 根螺栓连接的法兰盘，在非腐蚀环境下，可不跨接。

③建筑物内防闪电感应的接地干线与接地装置的连接，不应少于 2 处。

防止雷电流经引下线和接地装置时产生的高电位对附近金属物或电气和电子系统线路的反击时，应符合《建筑物防雷设计规范》（GB 50057－2010）第 4.3.8 条的规定。

3）高度超过 45m 的建筑物，除屋顶的外部防雷装置应符合上述第 1）款的规定外，尚应符合下列规定。

①对水平突出外墙的物体，当滚球半径 45m 球体从屋顶周边接闪带外向地面垂直下降接触到突出外墙的物体时，应采取相应的防雷措施。

②高于 60m 的建筑物，其上部占高度 20%并超过 60m 的部位应防侧击，防侧击应符合《建筑物防雷设计规范》（GB 50057－2010）的相关规定。

③外墙内、外竖直敷设的金属管道及金属物的顶端和底端，应与防雷装置等电位连接。

（4）第三类防雷建筑物的防雷措施：

1）第三类防雷建筑物外部防雷的措施宜采用装设在建筑物上的接闪网、接闪带或接闪杆，也可采用由接闪网、接闪带和接闪杆混合组成的接闪器。接闪网、接闪带应按《建筑物防雷设计规范》（GB 50057－2010）附录 B 的规定沿屋角、屋脊、屋檐和檐角等易受雷击的部位敷设，并应在整个屋面组成不大于 20m×20m 或24m×16m 的网格；当建筑物高度超过 60m 时，首先应沿屋顶周边敷设接闪带，接闪带应设在外墙外表面或屋檐边垂直面上，也可设在外墙外表面或屋檐边垂直面外。接闪器之间应互相连接。突出屋面物体的保护措施应符合《建筑物防雷设计规范》（GB 50057－2010）第 4.3.2 条的规定。

2）专设引下线不应少于 2 根，并应沿建筑物四周和内庭院四周均匀对称布置，其间距沿周长计算不应大于 25m。当建筑物的跨度较大，无法在跨距中间设引下线时，应在跨距两端设引下线并减小其他引下线的间距，专设引下线的平均间距不应大于 25m。

3）防雷装置的接地应与电气和电子系统等接地共用接地装置，并应与引入的金属管线做等电位连接。外部防雷装置的专设接地装置宜围绕建筑物敷设成环形接地体。

4）利用钢筋混凝土屋面、梁、柱基础内的钢筋作为引下线和接地装置时，应符合《建筑物防雷设计规范》（GB 50057－2010）第 4.4.5 条的规定。

因内容较多，第三类防雷建筑物的其余防雷措施，请读者参见《建筑物防雷设计规范》（GB 50057－2010）的相关规定。

（5）其他防雷措施：

1）当一座建筑物中仅有一部分为第一、二、三类防雷建筑物时，其防雷措施宜符合下列规定。

①当防雷建筑物部分可能遭直接雷击时，宜按各自类别采取防雷措施。

②当防雷建筑物部分不可能遭直接雷击时，可不采取防直击雷措施，可仅按各自类别采取防闪电感应和防闪电电涌侵入的措施。

2）固定在建筑物上的节日彩灯、航空障碍信号灯及其他用电设备和线路应根据建筑物的防雷类别采取相应的防止闪电电涌侵入的措施，并且应符合《建筑物防雷设计规范》（GB 50057－2010）第 4.5.4 的相关规定。

3）对第二类和第三类防雷建筑物，应符合下列规定。

①没有得到接闪器保护的屋顶孤立金属物的尺寸不超过下列数值时，可不要求附加的保护措施：a.高出屋顶平面不超过 0.3m；b.上层表面总面积不超过 $1.0m^2$；c.上层表面的长度不超过 2.0m。

②不处在接闪器保护范围内的非导电性屋顶物体，当它没有突出由接闪器形成的平面 0.5m 以上时，可不要求附加增设接闪器的保护措施。

4）在独立接闪杆、架空接闪线、架空接闪网的支柱上．严禁悬挂电话线、广播线、电视接收天线及低压架空线等。

（6）防雷击电磁脉冲：在工程的设计阶段不知道电子系统的规模和具体位置的情况下，若预计将来会有需要防雷击电磁脉冲的电气和电子系统，应在设计时将建筑物的金属支撑物、金属框架或钢筋混凝土的钢筋等自然构件、金属管道、配电的保护接地系统等防雷装置组成一个接地系统，并应在需要之处预埋等电位连接板。

当电源采用 TN 系统时，从建筑物总配电箱起供电给本建筑物内的配电线路和分支线路必须采用 TN－S 系统。

防雷区的划分应按照《建筑物防雷设计规范》（GB 50057－2010）第 6.2.1 条的规定。在两个防雷区的界面上宜将所有通过界面的金属物做等电位连接。当线路能承受所发生的浪涌电压时，浪涌保护器可安装在被保护设备外，而线路的金属保护层或屏蔽层宜首先于界面处做一次等电位连接。屏蔽、接地和等电位连接的要求。

二、　防雷装置

1.接闪器

接闪器是在防雷装置中用以接受雷云放电的金属导体。接闪器包括避雷计、避雷线、避雷带、避雷网等。所有接闪器都要经过接地引下线与接地体相连，可靠地接地。防雷装置的工频接地电阻要求不超过 10Ω。

（1）避雷针：避雷针通常采用镀锌圆钢或镀锌钢管制成（一般采用圆钢），上部制成针尖形状，如图 2－183 所示。

图 2－183　各种形状的避雷针

避雷针较长时，针体可由针尖和不同管径的钢管段焊接而成。

一般采用的热镀锌圆钢或钢管制成时，其直径不应小于下列数值。

1）针长 1m 以下，圆钢为 12mm，钢管为 20mm；

2）针长 1～2m，圆钢为 16mm，钢管为 25mm；

3）独立烟囱顶上的针，圆钢为 20mm，钢管为 40mm。

避雷针一般安装在支柱（电杆）上或其他构架、建筑物上。避雷针必须经引下线与接地体可靠连接。引下线一般采用圆钢或扁钢：圆钢直径不小于 8mm；扁钢截面不小于 48mm^2，且厚度不小于 4mm；装在烟囱上的引下线，圆钢直径不小于 12mm；扁钢截面不小于 10mm^2，且厚度不小于 4mm。

引下线安装可分为明装、暗装以及利用钢筋混凝土柱内的主筋三种方式。

①明装。支持引下线的固定支架（俗称接地脚头），可采用－25mm×4mm 的扁钢制作，其在外墙应预先安装。引下线一般直接焊接在支架上。支架的间距，当引下线作水平敷设时，为 1～1.5m；作垂直安装时，为 1.5～2m。

引下线应离开建筑物出入口 3m 以上，一般应设置在建筑物周围拐角或山墙背面，以尽量减少行人的接触，避免雷电流对人员的伤害。此外，引下线也应离开外墙上的落水管道。

引下线的安装应力求横平竖直，在安装前，应在地面上把其调直，安装时，应采用拉紧装置，以保证引下线的平直。

当采用多根引下线时，为便于测量接地电阻及检查引下线连接情况，应在各引下线距地面 1.5～1.8m 处设置断接卡。引下线与接闪器、引下线与接地装置以及引下线本身的连接，都应采用搭接焊接，严禁直接对接。搭接长度：扁钢为宽度的 2 倍；圆钢为直径的 6 倍。焊接时，不得少三个枝边，两个长边必焊。

②暗装。引下线可以暗装在抹灰层内或伸缩缝中。安装方法与明装相同。但应

注意它与墙上配电箱、电气管线、电气设备以及金属构件、工艺管道的安全距离，以防止雷电流的危险，引下线的断接卡，应设置在暗筋内。

③利用建、构筑物钢筋混凝土柱、梁等构件内的主钢筋作防雷引下线，防雷引下线的主钢筋，必须保证具有贯通性的电气连接。当钢筋直径为 16mm 及以上时，应利用两根主钢筋作为一组引下线；当钢筋直径为 10mm 及以上时，应利用四根主钢筋作为一组引下线。至于引下线的根数与坐标位置，应与设计相符。

用作防雷引下线的主钢筋，其上部应与接闪器焊接，下部应在室外地坪 0.8～1m 处焊出一根直径为 12mm 的镀锌圆钢或 40mm×4mm 的镀锌扁钢。它应伸向室外距外墙皮距离不小于 1m，作为测量接地电阻的测量点。一般将测量端子设置在建筑的四角部分，也可用地线将它引至底层配电柜的接地端子处。测量点的标高如无设计规定，则测量点中心距地面的距离为 500mm。

避雷针的作用原理是它能对雷电场产生一个附加电场（这个附加电场由于雷云对避雷针产生静电感应而引起），使雷电场发生畸变，将雷云放电的通路，由原来可能从被保护物通过的方向吸引到避雷针本身，使雷云向避雷针放电，然后由避雷针经引下线和接地体把雷电流泄放到大地中去，这样使被保护物免受直击雷击。所以避雷针实质上是引雷针。

避雷针有一定的保护范围，其保护范围以它对直击雷保护的空间来表示。

单支避雷针的保护范围可以用一个以避雷针为轴的圆锥形来表示，如图 2－184 所示。

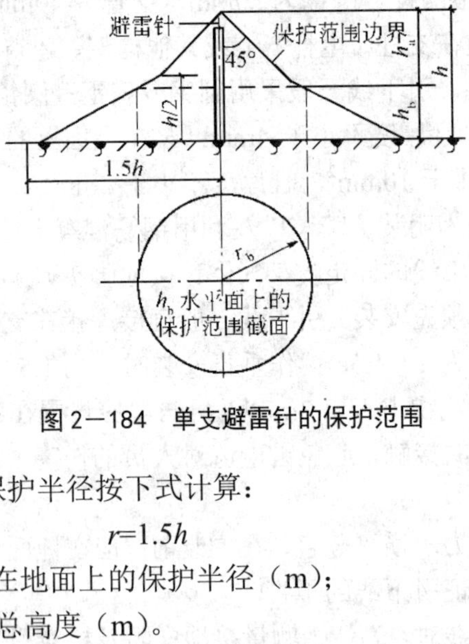

图 2－184 单支避雷针的保护范围

避雷针在地面上的保护半径按下式计算：

$$r=1.5h \tag{2-16}$$

式中 r——避雷针在地面上的保护半径（m）；

h——避雷针总高度（m）。

避雷针在被保护物高度 h_b 水平面上的保护半径 r_b 按下式计算：

（1）当 $h_b>0.5h$ 时：

$$r_b=(h-h_b)\cdot P=h_a\cdot P \tag{2-17}$$

式中 r_b——避雷针在被保护物高度 h_b 水平面上的保护半径（m）；

h_a——避雷针的有效高度（m）；

P——高度影响系数，h<30m 时 P=1，30m<h<120m 时 $P=5.5/\sqrt{h}$。

（2）当 h_b<0.5h 时：

$$r_b=(1.5h-2h_b)\cdot P \tag{2-18}$$

在山地和坡地，应考虑地形、地质、气象及雷电活动的复杂性对避雷针降低保护范围的作用，因此避雷的保护范围应适当缩小。

（2）避雷线：避雷线一般用截面不小于 35mm^2 的镀锌钢绞线，架设在架空线路上，以保护架空电力线路免受直击雷。由于避雷线是架空敷设而且接地，所以避雷线又叫架空地线。

避雷线的作用原理与避雷针相同，只是保护范围较小。

（3）避雷带和避雷网：避雷带是沿建筑物易受雷击的部位（如屋脊、屋檐、屋角等处）装设的带形导体。

避雷网是由屋面上纵横敷设的避雷带组成的。网格大小按有关规程确定，对于防雷等级不同的建筑物，其要求不同。

避雷带和避雷网采用镀锌圆钢或镀锌扁钢（一般采用圆钢），其尺寸规格不应小于下列数值。

圆钢直径为 8mm。

扁钢截面积为 48mm^2，厚度为 4mm。

烟囱顶上的避雷环采用镀锌圆钢或镀锌扁钢（一般采用圆钢），其尺寸不应小于下列数值：

圆钢直径为 12mm。

扁钢截面积为 100mm^2，厚度为 4mm。

避雷带（网）距屋面为 100～150mm，支持卡间距离一般为 1～1.5m，避雷带（网）安装分为明装和暗装两种。

明装适用于低层混合结构建筑，通常采用直径为 8mm 的圆钢或截面为 48mm^2 的扁钢制成。避雷带距屋顶面为 0.1～0.15m，支持卡距为 1.0～1.5m。在建筑物的沉降缝处应留有 0.1～0.2m 的余量。

暗装适用于钢筋混凝土框架建筑中，特别是在高层建筑物中常用。暗装避雷带（网）是利用建筑物面板钢筋作为避雷带（网），钢筋直径不小于 4mm，并须连接良好。若层面装有金属杆或其他金属柱时，均应与避雷带（网）联结起来。它的引下线的位置视建、构筑物的大小、形状由设计决定。但不宜少于两根，其间距不宜大于 30m。

此外，避雷带（网）要沿房屋四周敷设成闭合回路，并与接地装置相连。

2.引下线

引下线是将雷电流从接闪器传导至接地装置的导体。引下线的材料、结构和最小截面应符合《建筑物防雷设计规范》（GB 50057－2010）第 5.2.1 的规定。宜利用建筑物钢筋混凝土中的钢筋和圆钢、扁钢作为引下线。也可利用建筑物中的金属构件。金属烟囱、烟囱的金属爬梯等作为引下线，但其所有部件之间均应连成电气通路。

（1）宜采用热镀锌圆钢或扁钢，宜优先采用圆钢。当独立烟囱上的引下线采用圆钢时，其直径不应小于 12mm；采用扁钢时，其截面不应小于 $100mm^2$，厚度不应小于 4mm。

（2）利用混凝土中钢筋作引下线时，引下线应镀锌，焊接处应涂防腐漆。在腐蚀性较强的场所，还应适当加大截面或采取其他的防腐措施。

（3）专设引下线宜沿建筑物外墙壁敷设，并应以最短路径接地，对建筑艺术要求较高时也可暗敷，但截面应加大一级。

（4）采用多根专设引下线时，为了便于测量接地电阻及检查引下线、接地线的连接状况，宜在各引下线距地面 0.3～1.8m 之间设置断接卡。

当利用钢筋混凝土中的钢筋、钢柱作为引下线并同时利用基础钢筋作为接地装置时，可不设断接卡。但利用钢筋做引下线时，应在室外适当地点设置若干连接板，供测量接地、接人工接地体和等电位联结用。当利用钢筋混凝土中钢筋作引下线并采用人工接地时，应在每根引下线距地面不低于 0.3m 处设置具有引下线与接地装置连接和断接卡功能的连接板。采用埋于土壤中的人工接地体时，应设断接卡，其上端应与连接板或钢柱焊接，连接板处应有明显标志。

（5）利用建筑钢筋混凝土中的钢筋作为防雷引下线时，其上部（屋顶上）应与接闪器焊接，下部在室外地坪下 0.8～1m 处焊出一根直径为 12mm 或 40mm×4mm 镀锌导体，此导体伸向室外，距外墙皮的距离宜不小于 1m，并应符合下列要求。

1）当钢筋直径为 16mm 及以上时，应利用两根钢筋（绑扎或焊接）作为一组引下线。

2）当钢筋直径为 10mm 及以上时，应利用 4 根钢筋（绑扎或焊接）作为一组引下线。

（6）当建筑钢、构筑物钢筋混凝土内的钢筋具有贯通性连接（绑扎或焊接），并符合规格要求时，竖向钢筋可作为引下线；横向钢筋与引下线有可靠连接（绑扎或焊接）时可作为均压环。

（7）在易受机械损坏的地方，地面上约 1.7m 至地面下 0.3m 的这一段引下线应加保护设施。

3.接地网

民用建筑中，宜优先把钢筋混凝土中的钢筋作为防雷接地网。条件不具备时，宜采用圆钢、钢管、角钢或扁钢等金属体作为人工接地极。

埋于土壤中的人工垂直接地体宜采用热镀锌角钢、钢管或圆钢；埋于土壤中的人工水平接地体宜采用热镀锌扁钢或圆钢。接地线应与水平接地体的截面相同。垂直接地体的长度宜为 2.5m，其间距以及人工水平接地体的间距宜为 5m，当受地方限制时可适当减小。

接地极及其连接导体应热镀锌，焊接处应涂防腐漆。在腐蚀性较强的土壤中，还应适当加大其截面或采取其他防腐措施。接地极埋设深度不宜小于 0.6m，接地极应远离由于高温影响使土壤电阻率升高的地方。

当防雷装置引下线大于或等于两根时，每根引下线的冲击接地电阻均应满足对该建筑物所规定的防直击雷冲击接地电阻值。

为降低跨步电压，防直击雷的人工接地装置距建筑物人口处及人行道不应小于 3m，当小于 3m 时应采取下列措施之一。

（1）水平接地体局部深埋不应小于 1m。

（2）水平接地体局部包以绝缘物。

（3）采用沥青碎石地面或在接地装置上面敷设 50～80mm 沥青层，其宽度超过接地装置 2m。

在高土壤电阻率地区，降低防直击雷冲击接地电阻宜采用下列方法。

（1）采用多支线外引接地装置，外引长度不应大于有效长度，有效长度应符合《建筑物防雷设计规范》（GB 50057－2010）附录 C 的规定。

（2）接地体埋于较深的低电阻率土壤中。

（3）换土。

（4）采用降阻剂。

4.过压保护设备

（1）避雷器：避雷器能减轻或避免雷电过电压侵入危害，用于保护线路和设备。它与被保护设备并联连接，如图 2－185 所示。它有两个接线端，一端接大地，另一端接在输电线路上，没有雷电时两端之间是断开的，有雷电引起过电压时，两端之间导通，过电压降低，雷电电流被导入大地，从而起到避雷作用。

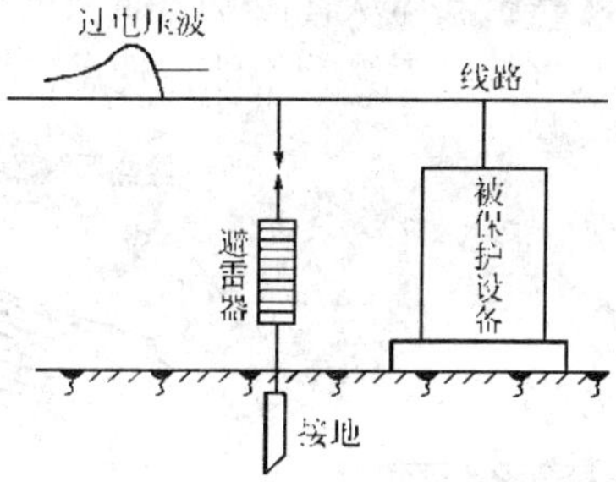

图 2－185　避雷器的连接

避雷器分为保护间隙、管式避雷器、阀式避雷器和氧化锌避雷器四种。

1）保护间隙。图 2－186 为常用的羊角形保护间隙。它有两个保持一定距离的金属电极，一个电极固定在绝缘子上与带电导线连接，另一个电极通过辅助间隙与大地连接。正常情况下，保护间隙的两极是绝缘的，当产生雷电过电压时，间隙被击穿，雷电电流被导人大地。额定电压为 3～10kV 的保护间隙的间隙距离很小，一般为 8～25mm。为防止昆虫、鸟类、树枝等将间隙短路，常设一个辅助间隙，间隙距离一般为 5～10mm。

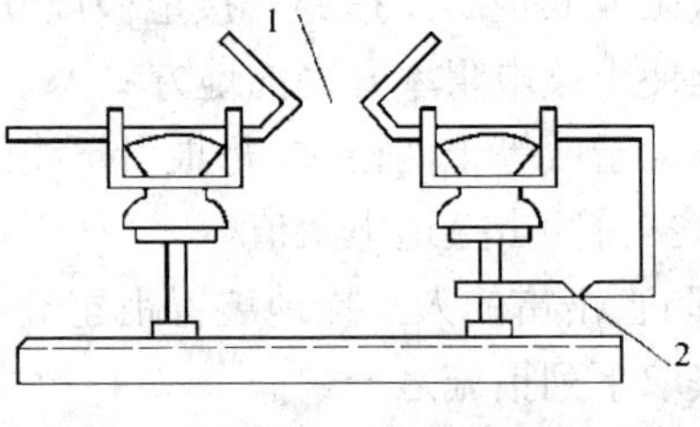

图 2－186 保护间隙的原理

1—主间隙；2—辅助间隙

保护间隙是最简单的避雷器，维护方便，价格便宜，应用广泛，但灭弧能力较差，放电后，电极有可能被烧毁，在电动力的作用下间隙距离也可能发生变动。所以在装有保护间隙的线路上，一般都装有自动重合闸装置，以提高供电可靠性。保护电力变压器的角型间隙，要求装在高压熔断器的内侧，即靠近变压器的一侧，这样在间隙放电后，熔断器能迅速熔断以减少变电所、线路断路器的跳闸次数，并缩小停电范围。

保护间隙在运行中要加强维护检查，特别要注意间隙是否完好，间隙距离有无变动、接地是否完好。保护间隙宜用在电压不高并且不太重要的线路上，用于农村的线路上。

2）管式避雷器。管式避雷器的结构和接线方法如图 2－187 所示，它由内外间隙、灭弧管和瓷套（未画出）组成，其原理和保护间隙的原理一样，区别在于管式避雷器有灭弧管和瓷套。灭弧管由纤维、塑料或橡胶等产气材料制成，在电弧的高温作用下产生大量气体，高压气体从管内喷出而吹灭电弧。随着产气次数的增加，灭弧管内径增大，当增加 20%时灭弧管不能再使用。瓷套主要起密封绝缘等作用。

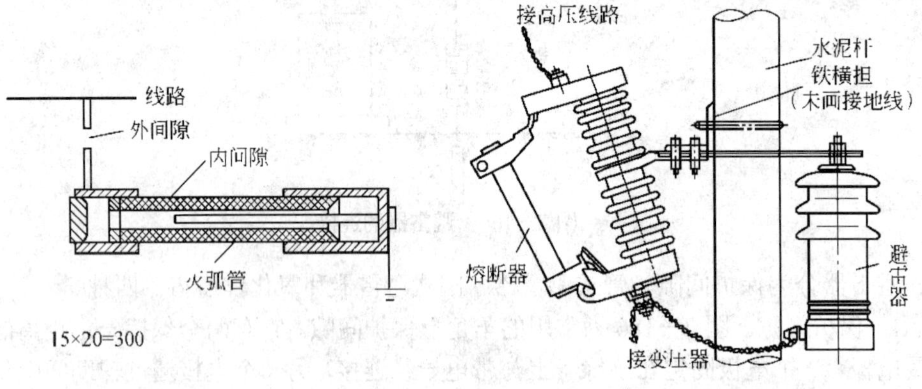

(a)　　(b)

图 2－187 管式避雷器的结构和接线图

（a）结构图；（b）接线图

管式避雷器内部间隙 S_1 装在产气管内，一个电极为棒形，另一个电极为环形。外部间隙 S_2 装在管形避雷器与运行带电的线路之间。正常运行时，间隙 S_1 和 S_2

均断开，管式避雷器不工作。当线路上遭到雷击或发生感应雷时，很高的雷电压将管式避雷器的外部间隙S_2击空（此时无电弧），接着管式避雷器内部间隙S_1被击穿，强大的雷电流便通过管型避雷器的接地装置入地。此强大的雷电流和很大的工频续流会在内部间隙发生强烈电弧，在电弧高温下，产气管的管壁产生大量电弧气体，由于管子容积很小，所以在管内形成很高压力，将气体从管口喷出，强烈吹弧，在电流经过零值时，电弧熄灭。这时外部间隙恢复绝缘，使管型避雷器与运行线路隔离，恢复正常运行。管式避雷器外部间隙S_2的最小值，额定电压为3kV为8mm；6kV时外部间隙为10mm；10kV时外部间隙为15mm。具体数值根据周围气候环境、空气湿度及含杂质等情况综合考虑后决定，既要保证线路正常安全运行，又要保证防雷保护可靠工作。

为了保证管式避雷器可靠工作，在选择管式避雷器时，开断续流的上限应不小于安装处短路电流最大有效值（不考虑非周期分量）。

管式避雷器适用于3～10kV线路，特别适用于电网容量小、雷电活动多而强的农村、山区和施工工地。

3）阀式避雷器。阀式避雷器由火花间隙、非线性电阻和瓷套组成，单个火花间隙的结构如图2－188所示，实际上火花间隙是用多个间隙串联而成，这样保护性能好。串联的各间隙上并联着均压电阻，使各间隙承受的雷电压相等，这样能提高避雷器承受雷电压的能力。非线性电阻由碳化硅制成，其阻值不是一个常数。正常电压时阻值很大，当过电压时阻值减小，像阀门打开那样让电流流过，当雷电流消失后又恢复常态，故称阀式避雷器。

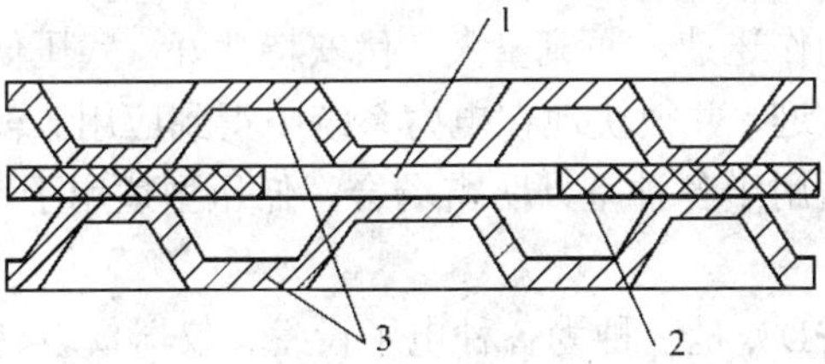

图2－188　阀式避雷器火花间隙的结构图

1—空气间隙；2—云母垫片；3—黄铜电极

火花间隙和非线性电阻相串联。低压阀式避雷器中串联的火花间隙和阀电阻片少；高压阀式避雷器中串联的火花间隙和阀电阻片多，而且随电压的升高数量增多。

如图2－189所示，正常工作电压情况下，阀型避雷器的火花间隙阻止线路工频电流通过，但在线路上出现高电压波时，火花间隙就被击穿，很高的高电压波就加到阀电阻片上，阀电阻片的电阻便立即减小，使高压雷电流畅通地向大地泄放。过电压一消失，线路上恢复工频电压时，阀电阻片又呈现很大的电阻，火花间隙绝缘也迅速恢复，线路便恢复正常运行。这就是阀式避雷器工作原理。

阀式避雷器适用于3～550kV线路，种类较多，应用广泛，特别适用于高压变配电所。

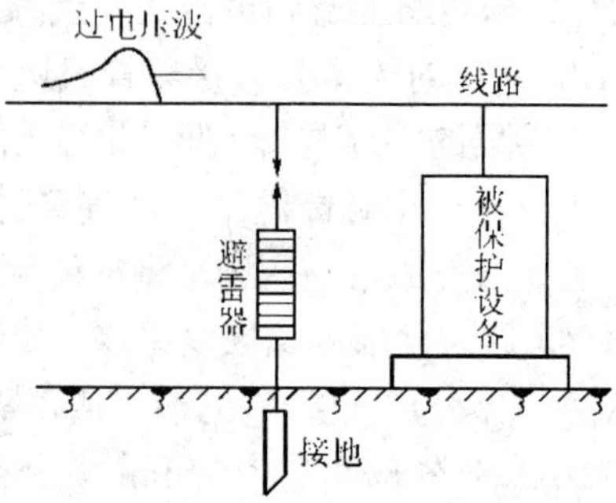

图 2—189　阀式避雷器的连接

4）氧化锌避雷器。氧化锌避雷器是 20 世纪 70 年代初期出现的压敏避雷器，它是以金属氧化锌微粒为基体与精选过能够产生非线性特性的金属氧化物（如氧化铋等）添加剂高温烧结而成的非线性电阻。

氧化锌避雷器的工作原理是：在正常工作电压下，具有极高的电阻，呈绝缘状态；当电压超过其超导启动值时（如雷电过电压等），氧化锌阀片电阻变为极小，呈“导通”状态，将雷电流畅通向大地泄放。等过电压消失后，氧化锌阀片电阻又呈现高电阻状态，使“导通”终止，恢复原始状态。

由前述可知，氧化锌避雷器实质上是一个非线性电阻，又称压敏电阻。它不需要火花间隙，用氧化锌和氧化铋烧结而成，其非线性特性已接近理想阀体，正常电压作用下相当于开路，雷电压作用下相当于通路，不会被烧坏，雷电压过后立即恢复到高电阻状态，是国家推荐使用的产品。

氧化锌避雷器动作迅速，通流量大，伏安特性好，残压低，无续流，因此它一诞生就受到广泛的欢迎，并很快地在电力系统中得到应用。氧化锌避雷器分高压和低压两种，高压型适用于各种室外防雷场合，低压型适用于室内防雷。

5.浪涌保护器

浪涌保护器（SPD）是一种为各种电子设备、仪器仪表、通信线路提供安全防护的非线性阻性元件。当电气回路或通信线路中因外界的干扰而突然产生尖峰电流或者电压时，浪涌保护器能在极短的时间内导通分流，从而避免了设备的损害。

施加其两端的电压 U 和触发电压 U_d（对不同产品 U_d 为标准给定值）不同，工作方式不同。

（1）当 $U<U_d$ 时，SPD 的电阻很高（1MΩ），只有很小的漏电电流（＜1mA=通过）。

（2）当 $U>U_d$ 时，SPD 的电阻减小到只有几欧姆，瞬间泄放过电流，使电压突降；待 $U<U_d$ 时 SPD 又呈现高阻性。

SPD 广泛用于低压配电系统，用以限制电网中的大气过电压，使其不超过各种电气设备及配电装置所能承受的冲击耐受电压，保护设备免受由雷电造成的危害。但是 SPD 不能保护暂时的工频过电压。

按照工作原理，分为以下三类。

（1）开关型。其工作原理是，无瞬时过电压时呈现高阻性，一旦有雷电瞬时过电压时，其阻抗就突变为低值，允许雷电流通过。用作此类装置的器件有放电间隙、气体放电管、闸流晶体管等。

（2）限压型。其工作原理是，当没有瞬时过电压时为高阻抗，但随电缆电流和电压的增加其阻抗会不断减小，其电流电压特性为强烈非线性。用作此类装置的器件有氧化锌、压敏电阻、抑制二极管、雪崩二极管等。

（3）分流型和扼流型。分流型与被保护的设备并联，对雷电脉冲呈现为低阻抗，而对正常工作频率呈现为高阻抗；扼流型与被保护的设备串联，对雷电脉冲呈现为高阻抗，而对正常工作频率呈现为低阻抗。用作此类装置的器件有扼流线圈、高通滤波器、低通滤波器、1/4 波长短路器等。

按照用途，分为以下两类。

（1）电源保护器：交流电源保护器、直流电源保护器、开关电源保护器等。

（2）信号保护器：低频信号保护器、高频信号保护器、天线保护器等。

浪涌保护器的类型和结构按不同的用途有所不同，但它应至少包含一个非线性电压限制元件。用于电涌保护器的基本元器件有：放电间隙、管和扼流线圈等。

安装和选择浪涌保护器的要求，参见《建筑物防雷设计规范》（GB 50057－2010）第 6.4 节的相关要求。

四、　接地与接零

1.接地与接零的基本概念

（1）接地：接地就是将电气设备的某一可导电部分与大地之间用导体作电气连接。在理论上，电气连接是指导体与导体之间电阻为零的连接；实际上，用金属等导体将两个或两个以上的导体连接起来也可称为电气连接，又称为金属性连接。

有关接地的名词与作用包括：

1）接地体。接地体是用来直接与土壤接触，有一定流散电阻的一个或多个金属导体，如埋在地下的钢管、角钢等。接地体除专门埋设以外，还可利用工程上已有各种金属构件、金属井管、钢管混凝土建（构）筑物的基础等，这种接地体称为自然接地体。

2）接地线。接地线是电气装置、机械设备应接地部分与接地体连接所用的金属导体。常用的有绝缘的多股铜线（截面不小于 $2.5mm^2$）、扁钢、圆钢等。

3）接地装置。接地装置是接地体和接地线的总和。

4）接地电流。接地电流是由于电气设备绝缘损坏而产生的经接地装置而流入大地的电流，又称接地短路电流。

5）流散电阻。流散电阻包括接地体与土壤接触之间的电阻和土壤的电阻。

6）接地电阻。接地电阻包括接地线的电阻、接地体本身的电阻及流散电阻。接地电阻的数值等于接地装置对地电压与通过接地体流入地中电流的比值。通过接地体流入地中的工频电流求得的接地电阻，称为工频接地电阻。通过接地体流入地中冲击电流（雷击电流）求得的接地电阻，称为冲击接地电阻。

7）对地电压。对地电压是漏电设备的电气装置的任何一部分（导线、电气设备、接地体）与位于地中散流电流带以外的土壤各点间的电压。

8）接触电压。接触电压是在接地短路电流回路上，人们同时触及的两点之间的电位差。

9）跨步电压。跨步电压是地面上相互距离为一步（0.8m）的两点之间因接地短路电流而造成的电压。跨步电压主要与人体和接地体之间的距离、跨步的大小和方向以及接地电流大小等因素有关。

10）安全电压。国际上公认在工频交流情况下，流经人体的电流与电流在人体持续时间的乘积等于 30mA·s 为安全界限值。我国的安全电压额定值的等级为 42V、36V、24V、12V 和 6V。

（2）接零：接零就是把电气设备在正常情况下不带电的金属部分与电网的零线紧密连接，有效地起到保护人身和设备安全的作用。

有关接零的名词及作用包括。

1）零线。零线是与变压器直接接地的中性点连接的导线。

2）工作零线。工作零线是电气设备因运行需要而引接的零线。

3）专用保护接零线。专用保护接零线是由工作接地线或配电箱的零线或第一级漏电保护器的电源侧的零线引出，专门用以连接电气设备正常不带电导电部分的导线。

4）工作接零。工作接零是指电气设备因运行需要，而与工作零线连接。

5）保护接零。保护接零是指电气设备或施工机械设备的金属外壳、构架与保护零线连接，又称接零保护。采用接零保护不是为了降低接触电压和减小流经人体的电流，而是当电气设备发生碰壳或接地短路故障时，短路电流经零线而形成闭合回路，使其变成单相短路故障；较大的单相短路电流使保护装置准确而迅速动作，切断事故电源，消除隐患，确保人身的安全。切断故障一般不超过 0.1s。因此在中性点直接接地的电网系统中，没有保护装置是绝对不容许的。采用保护接零时电源中性点必须有良好的接地。

2.接地类别

（1）工作接地：在正常或故障情况下，为了保证电气设备能安全工作，必须把电力系统（电网上）某一点，通常为变压器的中性点接地，称为工作接地。此种接地可直接接地或经电阻接地、经电抗接地、经消弧线圈接地。

（2）保护接地：在正常情况下把不带电，而在故障情况下可能呈现危险的对地电压的金属外壳和机械设备的金属构件，用导线和接地体连接起来，称为保护接地。

保护接地的作用是降低接触电压和减小流经人体的电流，避免和减轻触电事故的发生。通过降低接地的电阻值，最大限度保障人身安全。

在中性点非直接接地的低压电力网中，电力装置应采用低压保护接地。保护接地的接地电阻一般不大于 4Ω。

（3）重复接地：在中性点直接接地的系统中，除在中性点直接接地以外，为了保证接地的作用和效果，还须在中性线上的一处或多处再作接地，称为重复接地。重复接地电阻应小于 10Ω。

保护接零系统中重复接地的作用：

1）当系统发生零线断线时，可降低断线处后面零线的对地电压；

2）当系统中发生碰外壳或接地短路时，可以降低零线的对地电压；

3）当三相负载不平衡而零线又断裂的情况下，能减轻和消除零线上电压的危险。

（4）防雷接地：防雷装置（避雷针、避雷器、避雷线等）的接地，称为防雷接地。防雷接地设置的主要作用是当雷击防雷装置时，将雷电流泄入大地。

3.接地与接零的保护作用

（1）接地的安全保护作用：当电气设备发生接地短路时，电流通过接地体向大地作半球形散开，因为球面积与半径的平方成正比，所以半球形的面积随着远离接地体而迅速增大。因此，与半球形面积对应的土壤电阻随着远离接地体而迅速减小，至离开接地体 20m 处，半球形面积达 $2500m^2$，土壤电阻已小到可以忽略不计。故可认为远离接地体 20m 以外，地中电流所产生的电压降已接近于零。电工上通常所说的“地”，就是零电位。理论上的零电位在无穷远处，实际上距离接地体 20m 处，已接近零电位，距离 60m 处则是事实上的“地”。反之接地体周围 20m 以内的大地，不是“地”（零电位）。

在中性点对地绝缘的电网中带电部分意外碰壳时，接地电流将通过接触碰壳设备的人体和电网与大地之间的电容构成回路，流过故障点的接地电流主要是电容电流（如图 2－190 所示），在一般情况下，此电流是不大的。但是如果电网分布很广，或者电网绝缘强度显著下降，这个电流可能达到危险程度，因此有必要采取安全措施。

如果电气设备采取了接地措施，这时通过人体的电流仅是全部接地电流的一部分（如图 2－191 所示），显然，接地电阻是与人体电阻并联的，接地电阻越小，流经人体的电流也越小，如果限制接地电阻在适当的范围内，就能保障人身安全。所以在中性点不接地系统中，凡因绝缘损坏而可能呈现对地电压的金属部分（正常时是不带电的）均应接地。

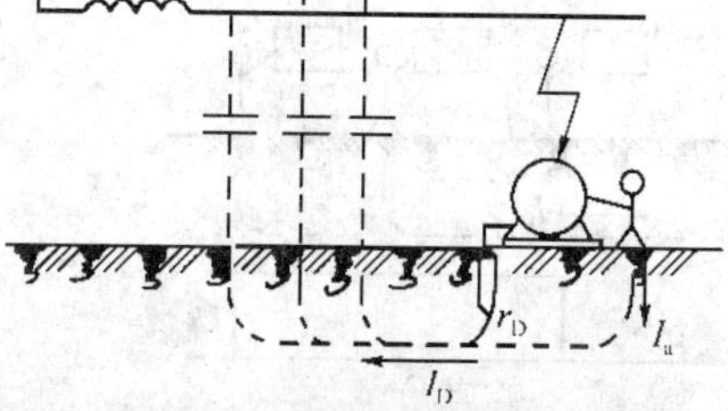

图 2－190　不接地的危险

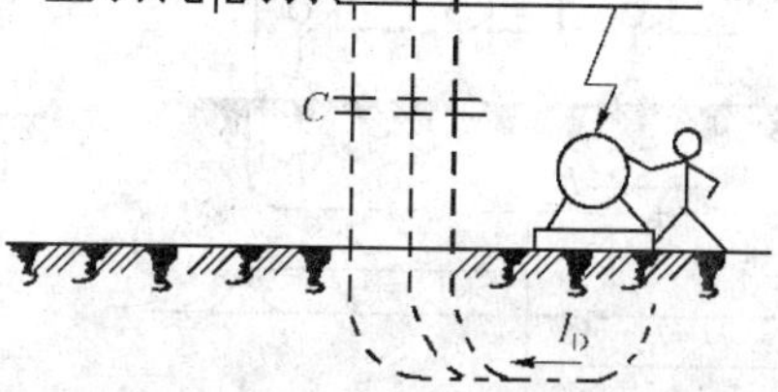

图 2－191　保护接地原理图

（2）接零的安全保护作用：在变压器中性点直接接地的三相四线制系统中，通常采用接零作为安全措施，这是因为，电气设备接零以后，如果一相带电部分碰连设备外壳，则通过设备外壳形成相线对零线的单相短路（如图 2－192 所示），短路电流总是超出正常电流许多倍，能使线路上的保护装置迅速动作，从而使故障部分脱离电源，保障安全。

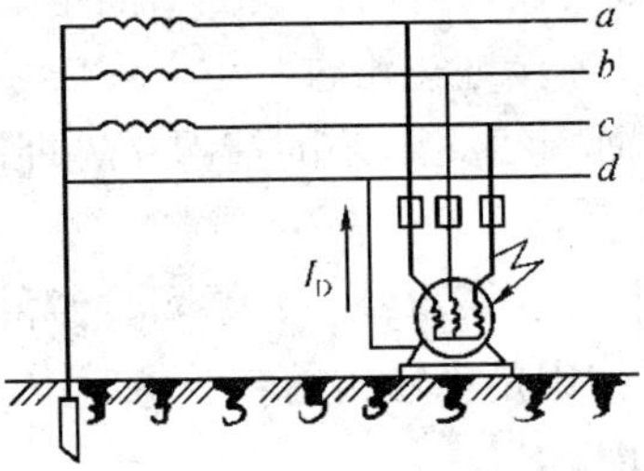

图 2－192　保护接零原理图

因此，在 380/220V 三相四线制中性点直接接地的电网中，凡因绝缘损坏而可能呈现对地电压的金属部分均应接零。

对采用接零保护的电气设备，当其带电部分碰壳时，短路电流经过相线和零线形成回路，此时设备的对地电压等于中性点对地电压和单相短路电流在零线中产生电压降的相量和，显然，零线阻抗的大小直接影响到设备对地电压，而这个电压往往比安全电压高出很多。为了改善这种情况，在设备接零处再加一接地装置，可以降低设备碰壳时的对地电压，这种接地称为重复接地。

重复接地的另一重要作用是当零线断裂时减轻触电危险。图 2－193、图 2－194 分别表示无重复接地时零线断线的危险和有重复接地时零线断线的情况。但是，尽管有重复接地，零线断裂的情况还是要避免的。

重复接地有下列好处。

1）当零线断裂时能起到保护作用；

2）能使设备碰壳时短路电流增大，加速线路保护装置的动作；

3）降低零线中的电压损失。

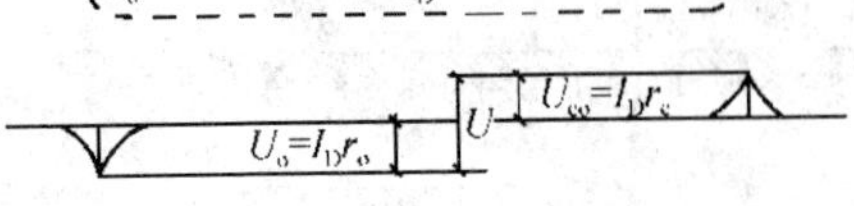

图 2－193　无重复接地时零线断线的危险

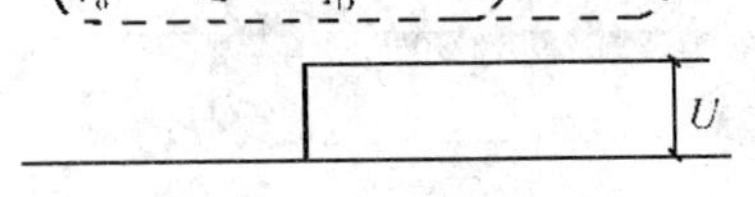

图 2－194　有重复接地时零线断线的情况

采用保护接零应注意下列问题。

1）保护接零只能用在中性点直接接地的系统中。若在中性点对地绝缘的电网中采用保护接零，则在一相碰地时故障电流会通过设备和人体回到零线而形成回路，故障电流不大，线路保护装置不会动作，此时，人受到威胁，而且使所有接零设备都处于危险状态。

2）在接零系统中不能一些设备接零，而另一些设备接地。在接零系统中，若某设备只采取了接地措施而未接零，则当该设备发生碰壳时，故障电流通过该设备的接地电阻和中性点接地电阻而构成回路，电流不一定会很大，线路保护设备可能不会动作，这样就会使故障长时间存在（如图 2—195 所示）。这时，除了接触该设备的人有触电危险外，由于零线对地电压升高，使所有与接零设备接触的人都有触电危险。因而，这种情况是不允许的。

如果把该设备的外壳再同电网的零线连接起来，就能满足安全要求了。这时，该设备的接地成了系统的重复接地，对安全是有益无害的。这里再重申一下，禁止在一个系统中同时采用接地制和接零制。

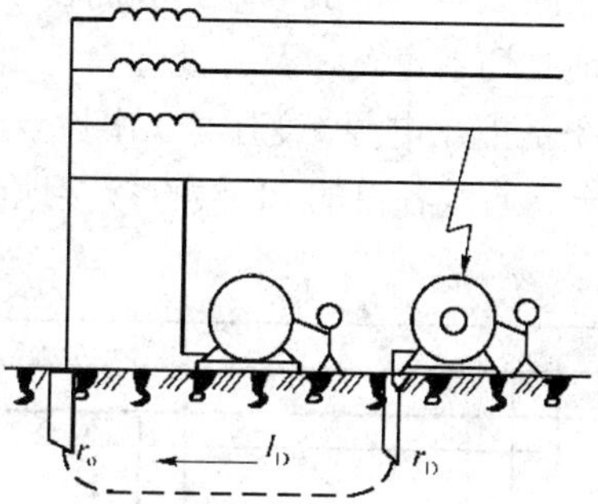

图 2—195　个别设备不接零的危险

3）保护零线上不得装设开关或熔断器。由于断开保护零线会使接零设备呈现危险的对地电压，因此禁止在保护零线上装设开关或熔断器。

4.接地接零保护系统基本要求

国际电工委员会将电力系统的接地形式分为 IT、TT 和 TN 三类，这些字母分别有其不同的含义。

第一个字母为 I 时，表示电力系统中性点不接地或经过高阻抗接地，第一个字母为 T 时，表示电力系统中性点直接接地；

第二个字母为 T 时，表示电力设备外露可导电部分（指正常时不带电的电气设备金属外壳）与大地作直接电气连接，第二个字母为 N 时，表示电气设备外露可导电部分与电力系统中性点作直接电气连接。

从上面的分类可以看出 JT 系统就是接地保护系统，TT 系统就是将电气设备的金属外壳作接地保护的系统，而 TN 系统就是将电气设备的金属外壳作接零保护的系统。

（1）IT 系统：IT 系统是指在中性点不接地或经过高阻抗接地的电力系统中，

用电设备的外露可导电部分经过各自的 PE 线（保护接地线）接地，如图 2－196 所示。

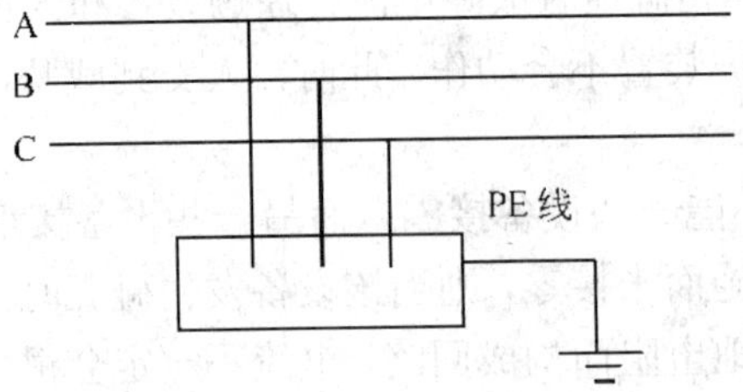

图 2－196 IT 系统

在 IT 系统中，由于各用电设备的保护接地 PE 线彼此分开，经过各自的接地电阻接地，因此只要有效地控制各设备的接地电阻在允许范围内，就能有效地防止人身触电事故的发生。同时各 PE 线由于彼此分开而没有干扰，其电磁适应性也较强。但当任何一相发生故障接地时，大地即作为相线工作，系统仍能继续运行，此时如另一相又接地，则会形成相间短路，造成危险。因而在 IT 系统中必须设置漏电保护器，以便在发生单相接地时切断电路，及时处理。

（2）TT 系统：TT 系统是指在电源（变压器）中性点直接接地的电力系统中，电气设备的外露可导电部分，通过各自的 PE 线直接接地的保护系统，如图 2－197 所示。

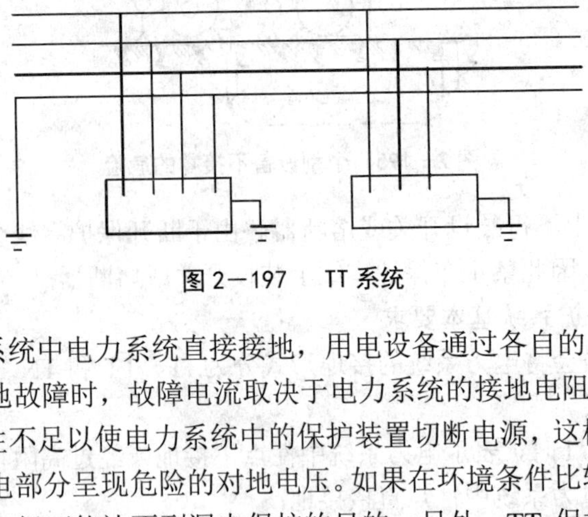

图 2－197 TT 系统

由于在 TT 系统中电力系统直接接地，用电设备通过各自的 PE 线接地，因而在发生某一相接地故障时，故障电流取决于电力系统的接地电阻和 PE 线的接地电阻，故障电流往往不足以使电力系统中的保护装置切断电源，这样故障电流就会在设备的外露可导电部分呈现危险的对地电压。如果在环境条件比较差的场所使用这种保护系统的话，很可能达不到漏电保护的目的。另外，TT 保护系统还需要系统中每一个用电设备都通过自己的接地装置接地，施工工程量也较大，所以在施工现场不宜采用 TT 保护系统。

（3）TN 系统：TN 系统是指在中性点直接接地的电力系统中，将电气设备的外露可导电部分直接接零的保护系统。根据中性线（工作零线）和保护线（保护零线）的配置情况，TN 系统又可分为 TN—C 系统、TN—S 系统和 TN—C—S 系统。

1）TN—C 系统。在 TN 系统中，将电气设备的外露可导电部分直接与中性线相连以实现接零，就构成了 TN—C 系统。在 TN—C 系统中，中性线（工作零线）

和保护线（保护零线）是合二为一的，称为保护中性线，用符号 PEN 表示，如图 2－198 所示。

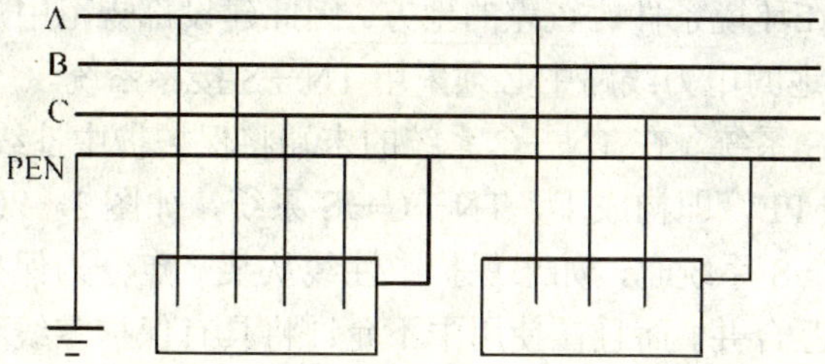

图 2－198　TN—C 系统

TN—C 系统由三根相线 A、B、C 和一根保护中性线 PEN 构成，因而又称四线制系统。由于工作零线和保护零线合并为保护中性线 PEN，当系统三相不平衡或仅有单相用电设备时，PEN 线上就流有电流，呈现对地电压，导致保护接零的所有用电设备外壳带电，带电的电压值等于故障电流在电力系统接地电阻上产生的电压降加上在保护中性线上产生的电压降，如果电力系统接地电阻足够小，还需要保护中性线的电阻足够小，才能保证接零设备外壳的对地电压不超过危险值，这就需要选择足够大截面的保护中性线以降低其电阻值。这样操作起来不仅不经济，而且也不一定就能保证外壳的对地电压不超过安全电压。况且在施工现场因为操作环境条件的恶劣或其他原因，很有可能使保护中性线断裂，一旦保护中性线断裂，所有断裂点以后的接零设备的外壳都将呈现危险的对地电压，因而在施工现场不得采用 TN—C 系统。

2）TN—S 系统。在 TN—S 系统中，从电源中性点起设置一根专用保护零线，使工作零线和保护零线分别设置，电气设备的外露可导电部分直接与保护零线相连以实现接零，这样就构成了 TN—S 系统，如图 2－199 所示。

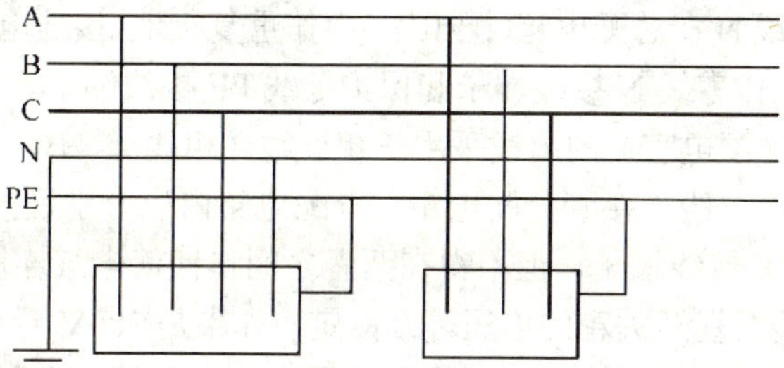

图 2－199　TN—S 系统

TN—S 系统由三根相线 A、B、C、一根工作零线 N 和一根保护零线 PE 构成，所以又称为五线制系统。在 TN—S 系统中，用电设备的外露可导电部分接到 PE 线上，由于 PE 线和 N 线分别设置，在正常工作时即使出现三相不平衡的情况或仅有单相用电设备，PE 线上也不呈现电流，因此设备的外露可导电部分也不呈现对地电压。同时因仅有电力系统一点接地，在出现漏电事故时也容易切断电源，因而

TN－S 系统既没有 TT 系统那种不容易切断故障电流，每台设备需分别设置接地装置等的缺陷，也没有 TN—C 系统的接零设备外壳容易呈现对地电压的缺陷，安全可靠性高，多使用在环境条件比较差的地方。因此建设部规范中规定在施工现场专用的中性点直接接地的电力线路中必须采用 TN—S 接零系统。

3）TN—C 一 S 系统。在 TN—C 系统的末端将保护护中性线 PEN 线分为工作零线 N 和保护零线 PE，即构成了，TN—C—S 系统，如图 2－200 所示。

采用 TN—C 一 S 系统时，如果保护中性线从某一点分为保护零线和工作零线后，就不允许再相互合并。而且在使用中不允许将具有保护零线和工作零线两种功能的保护中性线切断，只有在切断相线的情况下才能切断保护中性线，同时，保护中性线上不得装设漏电保护器。

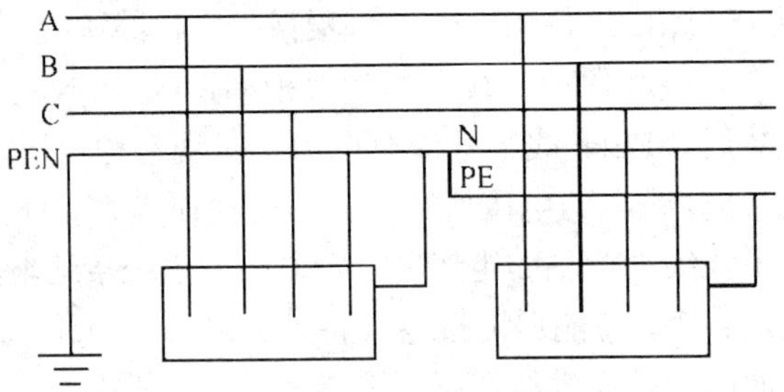

图 2－200　TN—C 一 S 系统

5.常用设备、设施的接地、接零基本要求

（1）中性点直接接地的电力系统：对于中性点直接接地的电力系统，施工现场的接地保护系统必须采用 TN—S 系统保护接零。要达到上述要求，具体的接线方式如下：

1）总配电箱（配电室）的电网进线采用三相四线（相线 A、B、C 和工作零线 N）时，在总配电箱（配电室）内设置工作零线 N 接线端子和保护零线 PE 接线端子，引入的工作零线 N 在总配电箱（配电室）内作重复接地，接地电阻不得大于 4Ω，用连接导体连接工作零线 N 接线端子和保护零线 PE 接线端子。

2）总配电箱（配电室）的出线采用三相五线（相线 A、B、C、工作零线 N 和保护零线 PE）时，出线连接到分配电箱，分配电箱内也分别设置工作零线 N 接线端子和保护零线 PE 接线端子，但不得在两者之间作任何电气连接，分配电箱到各开关箱的连接接线要视开关箱的电压等级而定，如果是 380V 开关箱，需要四芯线连接（相线 A、B、C 和保护零线 PE），如果是 220V 开关箱则只需三芯线连接（一根相线，一根工作零线 N 和一根保护零线 PE），如果是 380/220V 开关箱就需要五芯线连接（相线 A、B、C、工作零线 N 和保护零线 PE），如图 2－201 所示。

对于采用 TN—S 系统，应符合下列要求。

1）保护零线严禁通过任何开关和熔断器；

2）保护零线作为接零保护的专用线使用，不得挪作他用；

3）保护零线除了在总配电箱的电源侧零线引出外，在其他任何地方都不得与工作零线作电气连接；

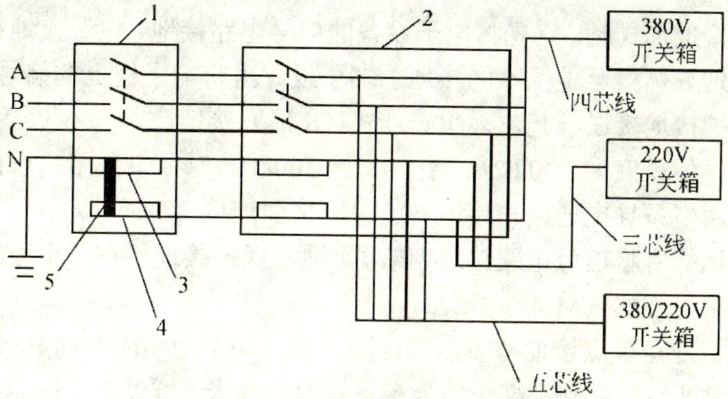

图 2－201　中线点直接接地的接线方式

1—总配电箱；2—分配电箱；3—工作零线接线端子；4—保护零线接线端子；5—连接导体

4）保护零线严禁穿过漏电保护器，工作零线必须穿过漏电保护器；

5）电箱内应设工作零线 N 和保护零线 PE 两块端子板，保护零线端子板应与金属电箱相连，工作零线端子板应与金属电箱绝缘；

6）保护零线的截面积不得小于工作零线的截面积，同时必须满足机械强度要求；

7）保护零线的统一标志为黄/绿双色线，在任何情况下不得将其作为负荷线使用；

8）重复接地必须接在保护零线上，工作零线上不得作重复接地，因为工作零线作重复接地，漏电保护器会出现误动作；

9）保护零线除了在总配电箱处作重复接地以外，还必须在配电线路的中间和末端作重复接地，在一个施工现场，重复接地不能少于三处，配电线路越长，重复接地的作用越明显；

10）在设备比较集中的地方，如搅拌机棚、钢筋作业区等应做一组重复接地，在高大设备处如塔式起重机、施工升降机、物料提升机等也必须作重复接地。

（2）中性点对地绝缘或经高阻抗接地的电力系统：对于中性点对地绝缘或经高阻抗接地的电力系统，必须采用 IT 系统保护接地。而接地方式只需对上述方法稍作改动就能满足 IT 系统的要求，即在总配电箱，将工作零线 N 接线端子和保护零线 PE 接线端子之间的连接导体拆除，再将保护零线 PE 接线端子接地即可。

（3）电子设备接地：

1）电子设备应同时具有信号电路接地（信号地）、电源接地和保护接地等三种接地系统。

2）电子设备信号电路接地系统的形式，可以由接地导体长度和电子设备的工作频率来进行确定，并且应符合下列规定。

①当接地导体长度小于或等于 0.02λ（λ 为波长），频率为 30kHz 及以下时，宜采用单点接地形式，信号电路可以采用一点作电位参考点，再将该点连接至接

地系统。

采用单点接地形式时，宜先将电子设备的信号电路接地、电源接地和保护接地分开敷设的接地导体接至电源室的接地总端子板，再将端子板上的信号电路接地、电源接地和保护接地接在一起，采用一点式（S 形）接地。

②当接地导体长度大于 0.02λ、频率大于 300kHz 时，宜采用多点接地形式；信号电路应采用多条导电通路与接地网或等电位面连接。

多点接地形式宜将信号电路接地、电源接地和保护接地接在一个公用的环状接地母线上，采用多点式（M 形）接地。

③混合式接地是单点接地和多点接地的组合，频率为 30～300kHz 时，宜设置一个等电位接地平面，以满足高频信号多点接地的要求，再以单点接地形式连接到同一接地网，以满足低频信号的接地要求。

接地系统的接地导体长度不得等于 λ/4 或 λ/4 的奇数倍。

3）除另有规定外，电子设备接地电阻值不宜大于 4Ω。电子设备接地宜与防雷接地系统共用接地网，接地电阻不应大于 1Ω。

当电子设备接地与防雷接地系统分开时，两接地网的距离不宜小于 10m。

4）电子设备可根据需要采取屏蔽措施。

（4）电子计算机接地：大、中型电子计算机接地系统应符合下列规定：

1）电子计算机应同时具有信号电路接地、交流电源功能接地和安全保护接地等三种接地系统。

该三种接地的接地电阻值均不宜大于 4Ω。电子计算机的信号系统，不宜采用悬浮接地。

2）电子计算机的三种接地系统宜共用接地网。

当采用共用接地方式时，其接地电阻应以诸种接地系统中要求接地电阻最小的接地电阻值为依据。当与防雷接地系统共用时，接地电阻值不应大于 1Ω。

3）计算机系统接地导体的处理应满足下列要求。

①计算机信号电路接地不得与交流电源的功能接地导体相短接或混接。

②交流线路配线不得与信号电路接地导体紧贴或近距离地平行敷设。

4）电子计算机房可根据需要采取防静电措施。

五、等电位联结

等电位联结是将建筑物中各电气装置和其它装置外露的金属及可导电部分与人工或自然接地体用导体连接起来，以达到减少电位差的目的。

1.总等电位联结（MEB）

总等电位联结作用于全建筑物，在一定程度上可降低建筑物内间接接触电击的接触电压和不同金属部件间的电位差，并消除自建筑物外经电气线路和各种金属管道引入的危险故障电压的危害。它应通过进线配电箱近旁的接地母排（总等电位联结端子板）将下列可导电部分互相连通：

（1）进线配电箱的 PE（PEN）母排；

（2）公用设施的金属管道，如上、下水、热力、燃气等管道；

（3）建筑物金属结构；

（4）如果设置有人工接地，也包括其接地极引线。

在建筑物的每一电源进线处，一般设有总等电位联结端子板，由总等电位联结端子板与进入建筑物的金属管道和金属结构构件进行连接。

需要注意的是，在与煤气管道作等电位联结时，应采取措施将管道处于建筑物内、外的部分隔离开，以防止将煤气管道作为电流的散流通道（即接地极），并且防止雷电流在煤气管道内产生火花，在此隔离两端应跨接火花放电间隙。

2.辅助等电位联结

将两导电部分用导线直接作等电位联结，使故障接触电压降至接触电压限值以下，称作辅助等电位联结。在下列情况下需做辅助等电位联结。

（1）电源网络阻抗过大，使自动切断电源时间过长，不能满足防电击要求时。

（2）自 TN 系统同一配电箱供给固定式和移动式两种电气设备，而固定式设备保护电器切断电源时间不能满足移动式设备防电击要求时。

（3）需满足浴室、游泳池、医院手术室等场所对防电击的特殊要求时。

3.局部等电位联结（LEB）

当需要在局部场所范围内作多个辅助等电位联结时，可通过局部等电位联结端子板将下列部分互相连通，以简便地实现该局部范围内的多个辅助等电位联结，称作局部等电位联结。

当需要在局部场所范围内作多个辅助等电位联结时，可通过局部等电位联结端子板将下列部分互相连通，以简便地实现该局部范围内的多个辅助等电位联结，称作局部等电位联结。

（1）PE 母线或 PE 干线。

（2）公用设施的金属管道。

（3）建筑物金属结构。

局部等电位联结一般用于浴室、游泳池、医院手术室等场所，发生电气事故的危险性较大，要求更低的接触电压，在这些局部范围需要多个辅助等电位联结才能达到要求，这种联结称之为局部等电位联结。一般局部等电位联结也有一个端子板或者成环形。简单地说，局部等电位联结可以看成是在局部范围内的总等电位联结。

需要注意的是，如果浴室内原无 PE 线，浴室内局部等电位联结不得与浴室外的 PE 线相连，因为 PE 线有可能因别处的故障而带电位，反而能引入别处电位。如果浴室内有 PE 线，浴室内的局部等电位联结必须与该 PE 线相连。

六、安全用电

人身触电是经常发生的一种电气事故，它会造成人员死亡或伤害，而且电伤的部位很难愈合。所以必须要做好人身触电预防并懂得触电救护知识。电流对人的危害程度与通过的电流大小、持续时间、电压高低、频率以及通过人体的途径、人体电阻状况和人的身体健康状况等有密切关系。

1.人体触电形式

人体触电形式一般有直接接触触电、跨步电压触电、接触电压触电等几种类型。

（1）人体与带电体直接接触触电：人体直接碰到带电导体造成的触电，称之为直接接触触电。如果人体直接碰到电气设备或电力线路中一相带电导体，或者与高压系统中一相带电导体的距离小于该电压的放电距离而造成对人体放电，这时电流将通过人体流人大地，这种触电称为单相触电，如图 2－202 所示。如果人体同时接触电气设备或电力线路中两相带电导体，或者在高压系统中，人体同时过分靠近两相带电导体而发生电弧放电，则电流将从一相导体通过人体流人另一相导体，这种触电现象称为两相触电，如图 2－203 所示。显然，发生两相触电危害就更严重，因为这时作用于人体的电压是线电压。对于 380V 的线电压，人体发生两相触电时，流过人体的电流为 268mA，这样大的电流只要经过约 0.186s，人就会死亡。

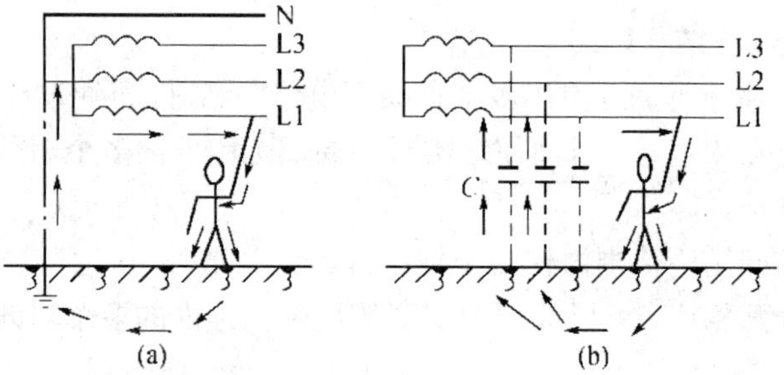

图 2－202　单相触电示意图

（a）中性点接地系统的触电；（b）中性点不接地系统的触电

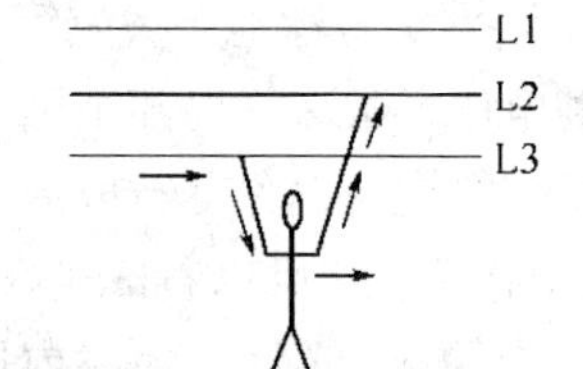

图 2－203　单相触电示意图

设备不停电时的安全距离，见表 2－23。

表 2－23　设备不停电时的安全距离

电压等级/kV	安全距离/m	电压等级/kV	安全距离/m	电压等级/kV	安全距离/m
10 及以下（包括 13.8）	0.70	60～110	1.50	330	4.00
20～35	1.00	220	3.00	500	5.00

（2）跨步电压触电：当电气设备或线路发生接地故障时，接地电流从接地点向大地四周流散，这时在地面上形成分布电位。要在 20m 以外，大地电位才等于零。离接地点越近，大地电位越高。人假如在接地点周围（20m 以内）行走，其两脚之间就有电位差，这就是跨步电压。由跨步电压引起的人体触电，称为跨步电压触电，如图 2－204 所示。

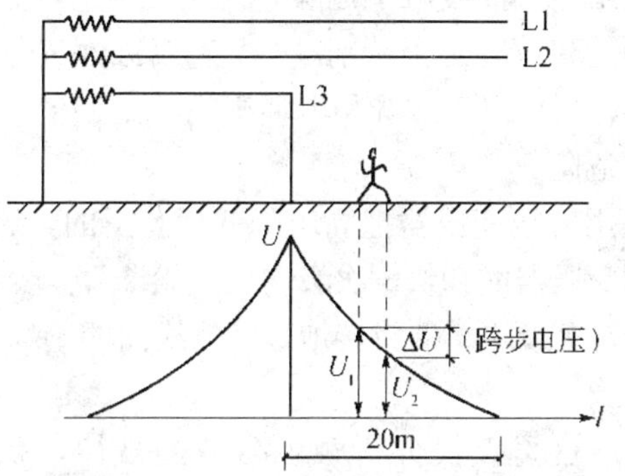

图 2－204　跨步电压触电示意图

（3）接触电压触电：电气设备的金属外壳，本不应该带电，但由于设备使用时间长久，内部绝缘老化，造成击穿碰壳；或由于安装不良，造成设备的带电部分碰到金属外壳；或其他原因也可造成电气设备金属外壳带电。人若碰到带电外壳，就会发生触电事故，这种触电称为接触电压触电。接触电压是指人站在带电外壳旁（水平方向 0.8m 处），人手触及带电外壳时，其手、脚之间承受的电位差。

2.防止触电措施

预防人体触电要技术、管理和教育并重。只要工作到位就能把人体触电事故降到最低限度。

（1）技术措施：技术措施包括接零或接地保护、安装漏电保护器、使用安全电压等。

在某些场合使用安全电压是预防人体触电的积极有效的办法。所谓安全电压是指对人体不致造成生命危害的电压，但这不是绝对的。因为触电伤亡的因素很多。

安全电压是根据人体电阻和人体的安全电流（摆脱电流）决定的，由于人体电阻不是一个很确定的量以及其他原因，各国规定的安全电压值差别较大。如美国为40V，法国交流为24V、直流为50V，波兰、瑞士为50V。我国规定，在没有高度触电危险的建筑物中为65V，有高度触电危险的建筑物中为36V，在有特别触电危险的建筑物中为12V。

无高度触电危险的建筑物是指干燥温暖、无导电粉尘的建筑物。室内地板是由非导电性材料（如木板、沥青、瓷砖等）制成。室内金属构架、机械设备不多，金属占有系数（金属品所占的面积与建筑面积之比）小于20% 。如仪表装配大楼、实验室、纺织车间、陶瓷车间、住宅和公共场所等。

有高度触电危险的建筑物是指潮湿炎热、高温和有导电粉尘的建筑物，一般金属占有系数大于20%。地坪用导电性材料（如泥土、砖块、湿木板、水泥和金属块）做成。如金工车间、锻工车间、拉丝车间、电炉车间、室内外变电所、水泵房、压缩站等。潮湿的建筑工地有高度触电危险。

有特别触电危险的建筑物是指特别潮湿、有腐蚀性气体、煤尘或游离性气体的建筑物。如铸工车间、锅炉房、酸洗和电镀车间、化工车间等。地下施工工地（包括隧道）有特别触电危险。

安全电压有时是用降压变压器把高压降低后获得的。这时应采用双圈变压器，不能用自耦变压器。变压器的初级、次级均要装熔断器，变压器的外壳和隔离层要接地，如没有隔离层、次级的一端应接地，以免线圈的绝缘损坏时初级的高压窜入次级。

（2）管理措施：这里仅仅分析触电事故的规律，供安全用电管理人员参考。

1）触电人群的规律。

①文化水平低的人多，由于文化水平低，导致安全知识少、安全意识差，具体行动表现为随意触摸导线、设备、乱拉线、乱接用电设备、盲目带电作业、超负荷用电等。

②中青年人多，与电打交道的多是中青年人，其中一些人无安全意识，有了一点零星的电工常识就盲目动手，自然容易触电。

③直接用电操作者多，如电气设备操作者、电工等。

2）触电场所的规律。

①农村多于城市：农村是城市的6倍，主要原因是农村的用电条件差，群众的文化水平低导致缺乏安全用电知识，技术人员少水平低，管理不严。

②建设工程施工现场触电事故较多：主要原因是移动式设备多，电动工具多，潮湿、高温，人员文化水平普遍不高，管理难度大。

3）触电天气的规律。

①有明显的季节性：6～9 月份最多。在此期间，由于天气潮湿，电气设备的绝缘性差，人体多汗，人体电阻大大降低，天气炎热，操作人员的防护差，农村临时用电处增加等原因，导致触电事故较多。

②恶劣天气事故多，如打雷、狂风、暴雨天气。

4）触电自身的规律。

①低压触电多于高压触电：低压触电占触电事故总数的 90%以上。主要因为低压电网比高压电网的覆盖面广，用电设备多，关联的人多；人们对高压比低压电的警惕性较高，设防较严密；低压触电电流超过摆脱电流之后，触电人不能摆脱，而高压触电多属于电弧触电，当触电者还没有触及导体时电弧已经形成，只要电弧不是很强烈，人能够自主摆脱。

②单相触电高于三相触电：单相触电事故占 70%以上。

5）触电部位的规律。事故多发生在电气连接部位：如分支线，接户线、地爬线、接线端子、压接头、焊接头、电缆头、灯头、插头、插座、控制器、接触器、熔断器等。

6）触电设备的规律。

①移动式电气设备和手持电动工具触电事故多：主要原因是使用环境恶劣、经常拆线接线、绝缘易磨损等。

②“带病工作”的设备和线路事故多。

③假冒伪劣产品和工程事故多。

7）触电原因多样性规律。90%以上的事故有两个以上的原因。

8）触电心理规律。违反安全用电的规定并不一定会发生事故，不少抱有这种侥幸心理，明知故犯，出了事故懊悔不已。

9）触电事故与规章制度关系的规律绝大多数事故都是因为违反了有关规范、标准、规程、制度造成的。

10）触电事故与安全管理关系的规律。用电安全管理差，发生触电事故是必然的，不发生只是偶然的。

（3）教育措施：这里只提出几条用电注意事项，供向有关大众宣传教育时参考。

1）积极不断地学习安全用电知识。

2）严格遵守用电规章制度，不要有侥幸心理。

3）使用移动和手持电动工具时要按规定使用安全用具（如绝缘手套），认真检查用具是否完好，做好保护接零或接地和安装漏电保护器。

4）在施工工地上，不要随意触摸导线、乱动设备，要和供电线路保持规定的距离，运输物品时注意不要触及电线甚至辗坏、刮断电线，不要在电杆及其拉线旁挖坑取土、防止倒杆断电，遇到雷雨天应进人有避雷装置的室内躲雨，不要在树下、墙角处躲雨。

5）发现电气设备起火或因漏电引起的其他物体着火，要立即拉开电源开关，并及时救火、报警。

6）发现电线断开落地时不要靠近，对 6～10kV 的高压线路应离开落地点 8～10m 远，并及时报告。

7）发现有人触电时，首先设法切断电源或让人体脱离电线，然后及时抢救和报告。不要赤手直接去拉人体，防止连带触电。

8）使用照明装置时，不要用湿手去摸灯口、开关、插座等，更换灯泡时要先关闭开关，然后站在干燥的绝缘物上进行，严禁将插座与搬把开关靠近装设，严禁在床上装设开关，严禁灯泡靠近易燃物，严禁用灯泡烘烤物品等。

9）使用家用电器时要按要求接地（或接零）。移动电器时要断开电源。要注意不断检查电器的电源线是否完好。

10）不要乱拉电线，乱接用电设备超负荷用电，更不准用“一线一地”方式接灯照明，不要在电力线路附近放风筝，不要在电线上晒衣服，不要把金属丝缠绕在电线上。

七、电气火灾与电气爆炸

电气火灾和爆炸事故是指由于电气原因引起的火灾和爆炸事故。它在火灾和爆炸事故中占有很大比例。与其他火灾相比，电气火灾具有火灾火势凶猛、蔓延迅速的一面，燃烧的电气设备或线路可能还带电、充油的电气设备可能随时会喷油或爆炸等特点。电气火灾和爆炸会引起停电损坏设备和人身触电等事故，对国家和人民生命财产会造成很大损失。因此，防止电气火灾和爆炸事故，以及掌握正确补救方法非常重要。

1.电气火灾和爆炸的原因

电气火灾和爆炸的原因，除了设备缺陷或安装不当等设计、制造和施工方面的原因外，在运行中，电流的热量和电火花或电弧等都是电气火灾和爆炸的直接原因。

（1）电气设备过热：引起电气设备过热主要有短路、过负荷、接触不良、铁心过热和散热不良等原因。

（2）电火花和电弧：电火花、电弧的温度很高，特别是电弧，温度可高达6000℃。这么高的温度不仅能引起可燃物燃烧，还能使金属熔化、飞溅，构成危险的火源。在有爆炸危险的场所，电火花和电弧更是十分危险的因素。电气设备本身就会发生爆炸，例如变压器、油断路器、电力电容器、电压互感器等充油设备。电气设备周围空间在下列情况下也会引起爆炸。

1）周围空间有爆炸性混合物，当遇到电火花或电弧时就可能引起爆炸。

2）充油设备的绝缘油在电弧作用下分解和汽化，喷出大量油雾和可燃性气体，遇到电火花、电弧时或环境温度达到危险温度时可能发生火灾和爆炸事故。

3）氢冷发电机等设备，如发生氢气泄漏，形成爆炸性混合物，当遇到电火花、电弧或环境温度达到危险温度时也会引起爆炸和火灾事故。

实践证明，当爆炸性气体或粉尘的浓度达到一定数值时，普通电话机中的微小电火花就可能引起爆炸。我国已经发生了在油库内使用移动电话（手机）导致油库爆炸的恶性事件。可见，防止电气爆炸要慎之又慎。

2.防治火灾和爆炸的措施

从上面分析可知，发生电气火灾和爆炸的原因可以概括为两条，即现场有可燃易爆物质，现场有引燃引爆的条件。所以应从这两方面采取防范措施，防止电气火灾和爆炸事故发生。

（1）排除可燃易爆物质：

1）保持良好通风，使现场可燃易爆气体、粉尘和纤维浓度降低到不致引起火灾和爆炸的限度内。

2）加强密封，减少和防止可燃易爆物质泄漏。有可燃易爆物质的生产设备、贮存容器、管道接头和阀门应严加密封，并经常巡视检测。

（2）排除电气火源：应严格按照防火规程的要求来选择、布置和安装电气装置。对运行中可能产生电火花、电弧和高温危险的电气设备和装置，不应放置在易燃易爆的危险场所。在易燃易爆危险场所安装的电气设备应采用密封的防爆电器。另外，在易燃易爆场所应尽量避免使用携带式电气设备。

在容易发生爆炸和火灾危险的场所内，电力线路的绝缘导线和电缆的额定电压不得低于电网的额定电压，低压供电线路不应低于 500V。要使用铜芯绝缘线，导线连接应保证接触良好、可靠，应尽量避免接头。工作零线的截面和绝缘应与相线相同，并应敷设在同一护套或管子内。导线应采用阻燃型导线（或阻燃型电缆）并穿管敷设。

在突然停电有可能引起电气火灾和爆炸危险的场所，应有两路以上的电源供电，几路电源能自动切换。

在容易发生爆炸危险场所的电气设备的金属外壳应可靠接地（或接零）。

在运行管理中要加强对电气设备维护、监督，防止发生电气事故。

3.电气火灾的扑救

电气火灾的危害很大，因此要坚决贯彻“预防为主”的方针。万一发生电气火灾时，必须迅速采取正确有效措施，及时扑灭电气火灾。

（1）断电灭火：当电气装置或设备发生火灾或引燃附近可燃物时，首先要切断电源。室外高压线路或杆上配电变压器起火时，应立即打电话与供电部门联系拉断电源；室内电气装置或设备发生火灾时应尽快拉掉开关切断电源，并及时正确选用灭火器进行扑救。

断电灭火时应注意下列事项。

1）断电时，应按规程所规定的程序进行操作，严防带负荷拉隔离开关（刀闸）。在火场内的开关和闸刀，由于烟熏火烤，其绝缘可能降低或损坏，因此，操作时应戴绝缘手套、穿绝缘靴，并使用相应电压等级的绝缘工具。

2）紧急切断电源时，切断地点选择适当，防止切断电源后影响扑救工作的进行。切断带电线路导线时，切断点应选择在电源侧的支持物附近，以防导线断落后触及人身、短路或引起跨步电压触电。切断低压导线时应分相并在不同部位剪断，剪的时候应使用有绝缘手柄的电工钳。

3）夜间发生电气火灾，切断电源时，应考虑临时照明，以利扑救。

4）需要电力部门切断电源时，应迅速用电话联系，说清情况。

（2）带电灭火：发生电气火灾时应首先考虑断电灭火，因为断电后火势可减小下来，同时扑救比较安全。但有时在危急情况下，如果等切断电源后再进行补救，会延误时机，使火势蔓延，扩大燃烧面积，或者断电会严重影响生产，这时就必须在确保灭火人员安全的情况下，进行带电灭火。带电灭火一般限在 10kV 及以下电气设备上进行。

带电灭火很重要的一条就是正确选用灭火器材。绝对不准使用泡沫灭火剂对有电的设备进行灭火，一定要用不导电的灭火剂灭火，如二氧化碳、四氯化碳、二氟一氯一溴甲烷（简称“1211”）和化学干粉等灭火剂。带电灭火时，为防止发生人身触电事故，必须注意以下几点。

1）扑救人员及所使用的灭火器材与带电部分必须保持足够的安全距离。水枪喷嘴至带电体（110kV 以下）的距离不小于 3m。灭火机的喷嘴和带电体的距离，10kV 不小于 0.4m，35kV 不小于 0.6m，并应戴绝缘手套。

2）不准使用导电灭火剂（如泡沫灭火剂、喷射水流等）对有电设备进行灭火。

3）使用水枪带电灭火时，扑救人员应穿绝缘靴、戴绝缘手套并应将水枪金属喷嘴接地防止电通过水流，伤害人体。

4）在灭火中电气设备发生故障，如电线断落在地上，局部地区会形成跨步电压，在这种情况下，扑救人员必须穿绝缘靴（鞋）。

5）扑救架空线路的火灾时，人体与带电导线之间的仰角不应大于 45°并应站在线路外侧，以防导线断落触及人体发生触电事故。

6）易燃易爆物的处理。在火灾现场中，下列设备和物品易造成火灾扩大甚至爆炸：油浸电力变压器、多油断路器、氧气瓶、乙炔气瓶、油漆桶、油漆稀料桶、煤气罐等。甚至喷洒驱蚊药之类的瓶罐也会发生爆炸。宜采取下述措施：将设备中的油放人事故储油池，优先灭火，重点灭火，搬离火场。油火不能用水喷灭，以防火灾蔓延。

第 3 单元　工程造价基本知识

第 1 讲　工程造价基本概念

一、建设项目投资及造价构成

我国投资构成包含固定资产投资和流动资产投资，建设项目总投资中的固定资产投资与建设项目的工程造价在量上相等。

工程造价是工程项目按照规定的建设内容、建设标准、建设规模、功能要求和使用要求等建造完成并验收合格交付使用所需的全部费用。，即从工程项目确定建设意向直至建成、竣工验收为止的整个建设期间所支出的总费用。它是根据建设项目的工程设计，按照设计文件的要求和国家的有关规定，在工程建设之前，以货币的形式计算和确定的，是保证工程项目建造正常进行的必要资金以及工程项目投资中最主要的部分。

工程造价的构成包括用于购置土地所需费用，用于委托工程勘察设计所需费用，用于购买工程项目所含各种设备的费用，用于建筑安装施工所需费用，用于建设单位自身项目进行项目筹建和项目管理所花费费用等。

目前，我国工程造价是由设备及工、器具购置费用、建筑安装工程费用、工程建设其他费用、预备费、建设期贷款利息、固定资产投资方向调节税等项构成。具体构成如图2－205所示。

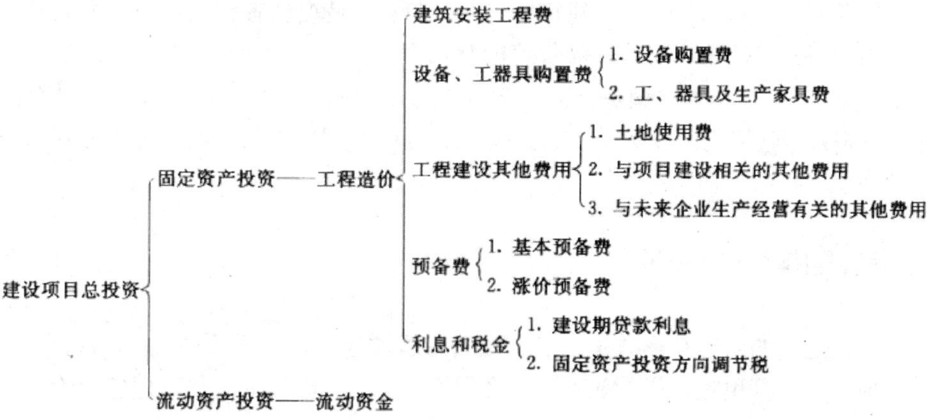

图2－205　我国现行投资及工程造价构成

二、工程造价相关定义

1.固定资产投资

固定资产投资是投资主体为了特定的目的，以达到预期收益（利益）的资金垫付行为。在我国，固定资产投资包括基本建设投资、更新改造投资、房地产开发投资和其他固定资产投资4 部分。

2.静态投资

静态投资是以某一基准年、月的建设要素的价格为依据所计算出的建设项目投资的瞬时值。但因工程量误差而引起的工程造价的增减亦包含在内。静态投资包括：建筑安装工程费，设备和工、器具购置费，工程建设其他费用，基本预备费。

3.动态投资

动态投资是指为完成一个工程项目的建设，预计投资需要量的总和。它除了包括静态投资所含内容之外，还包括建设期贷款利息、投资方向调节税、涨价预备金、新开征税费以及汇率变动部分。动态投资适应了市场价格运行机制的要求，使投资的计划、估算、控制更加符合经济运动规律。

静态投资和动态投资虽然内容有所区别，但二者有密切联系。动态投资包含静态投资，静态投资是动态投资最主要的组成部分，也是动态投资的计算基础。

4.建设项目总投资

建设项目总投资是投资主体为获取预期收益，在选定的建设项目上投入所需全部资金的经济行为。建设项目按用途可分为生产性项目和非生产性项目。生产性建设项目总投资包括固定资产投资和流动资产投资两部分。而非生产性建设项目总投资只有固定资产投资，不含上述流动资产投资。建设项目总造价是项目总投资中的固定资产投资总额。

5.建筑安装工程造价

建筑安装工程造价，亦称建筑安装产品价格，是投资者和承包商双方共同认可的市场价格。它是建筑安装产品价值的货币表现。和一般商品一样，它的价值是由“不变资本+可变资本+ 剩余价值”构成。所不同的只是由于这种商品所具有的技术经济特点，使它的交易方式、计价方法、价格的构成因素，以至付款方式都存在许多特点。

三、工程造价分类

工程造价的内容和形式是由工程项目建设的经济活动需要决定的。因此，工程造价种类的划分也是多样的。依据建设程序，工程造价的确定与工程建设阶段性工作深度相适应。一般分为以下几种划分方式：

1.按设计阶段划分

工程建设项目按三段设计时，有初步设计概算造价、修正概算造价、施工图预算造价。工程项目建设按二段设计时，有初步设计概算造价、施工图预算造价。

2.按工程项目划分

有工程项目总概算造价、单项工程综合概（预）算造价、单位工程概（预）算造价。

3.按投资构成的组成划分

有建筑工程预算造价、设备预算造价、安装工程预算造价、工器具及生产家具购置费用概（预）算造价、工程建设其他费用概（预）算造价。

4.按工程专业性质划分

有一般土建工程预算造价、卫生工程预算造价、工业管道工程预算造价、各种特殊构筑物工程预算造价、电气照明工程预算造价、机械设备安装工程预算造价、电气设备安装工程预算造价、工业炉工程预算造价以及公路、铁路工程预算造价等。

第 2 讲　建筑安装工程造价构成

一、建筑安装工程费用概述

建筑安装工程造价是指修建建筑物或构筑物、对需要安装设备的装配、单机试运转以及附属于安装设备的工作台、梯子、栏杆和管线铺设等工程所需要的费用，由建筑工程费用和安装工程费用两部分组成。例如：土建、给水排水、电气照明、采暖通风、各类工业管道安装和各类设备安装等单位工程的造价均称为建筑安装工程造价。

1.建筑工程费用

建筑工程费用包括以下内容：

（1）各类房屋建筑工程和列入房屋建筑工程预算的供水、供电、卫生、通风、供暖、燃气等设备费用及其装饰、油饰工程的费用，列入建筑工程预算的各种管道、电力、电信和电缆导线敷设工程的费用。

（2）设备基础、支柱、工作台、水池、烟囱、水塔等建筑工程以及各种窑炉的砌筑工程和金属结构工程的费用。

（3）为施工而进行的场地平整、工程和水文地质勘探，原有建筑物和障碍物的拆除以及施工临时用水、电、气、路和完工后的场地清理、环境绿化等工作的费用。

（4）矿井开凿、井巷延伸、露天矿剥离和石油、天然气钻井以及修建桥梁、公路、铁路、水库、堤坝、灌渠及防洪等工程的费用。

2.安装工程费用

安装工程费用包括以下内容：

（1）生产、动力、运输、起重、传动和医疗、实验等各种需要安装的机械设备的装配费用，与设备相连的工作台、梯子、栏杆等装设工程以及附于被安装设备的管线敷设工程和被安装设备的绝缘、防腐、保温、油漆等工作的材料费和安装费。

（2）为测定安装工作质量，对单个设备进行单机试运转和对系统设备进行系统联动无负荷试运转工作的调试费。

在住房与城乡建设部、财政部《关于印发< 建筑安装工程费用项目组成> 的通知》（建标〔2013〕4 4 号）文中，建筑安装工程费按照费用构成要素划分由人工费、材料费、施工机具使用费、企业管理费、利润、规费和税金组成；建筑安装工程费按照工程造价形成由分部分项工程费、措施项目费、其他项目费、规费、税金组成。具体组成如图 2－206、图 2－207 所示。

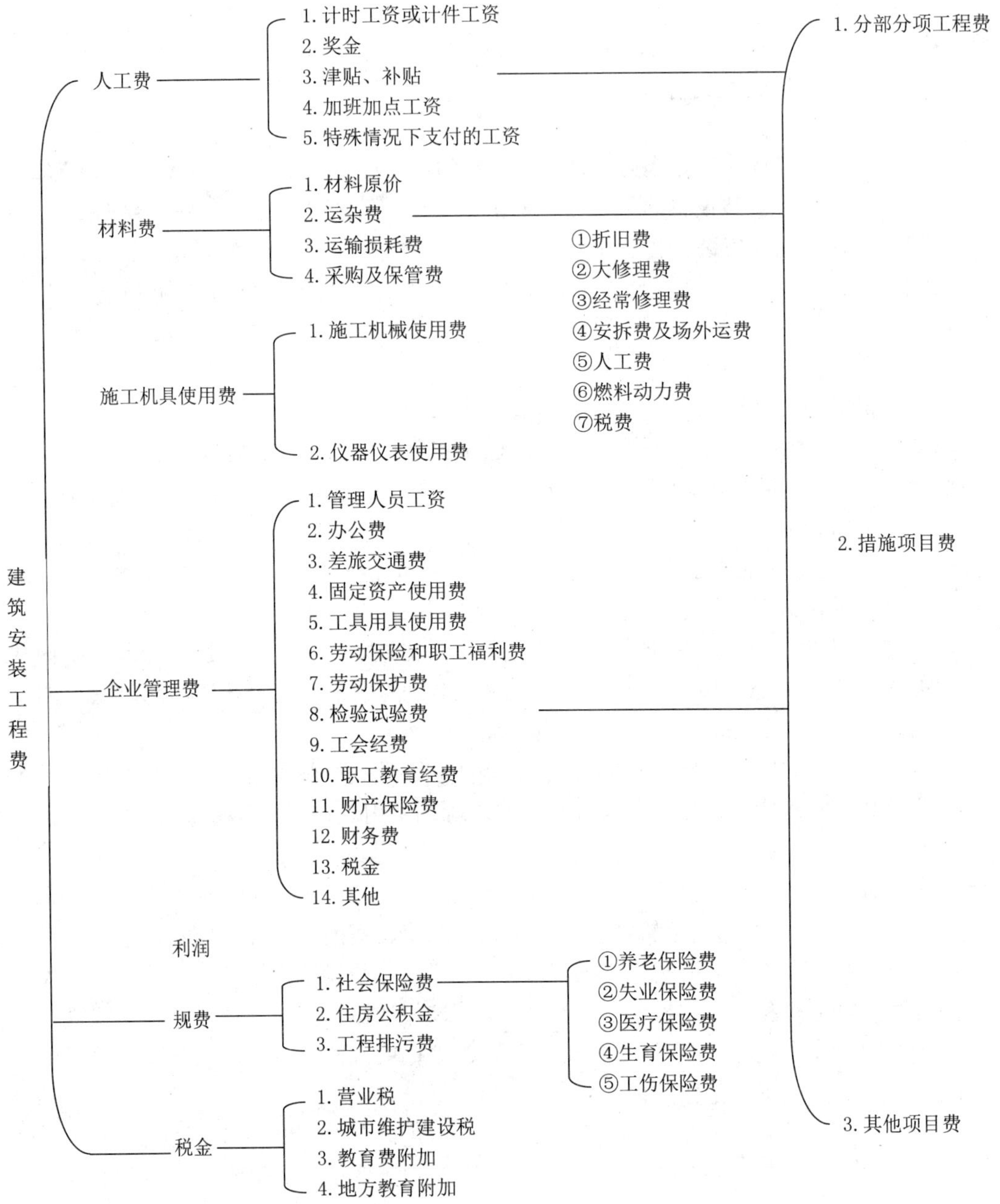

图 2—206 建筑安装工程费用项目组成（按费用构成要素）

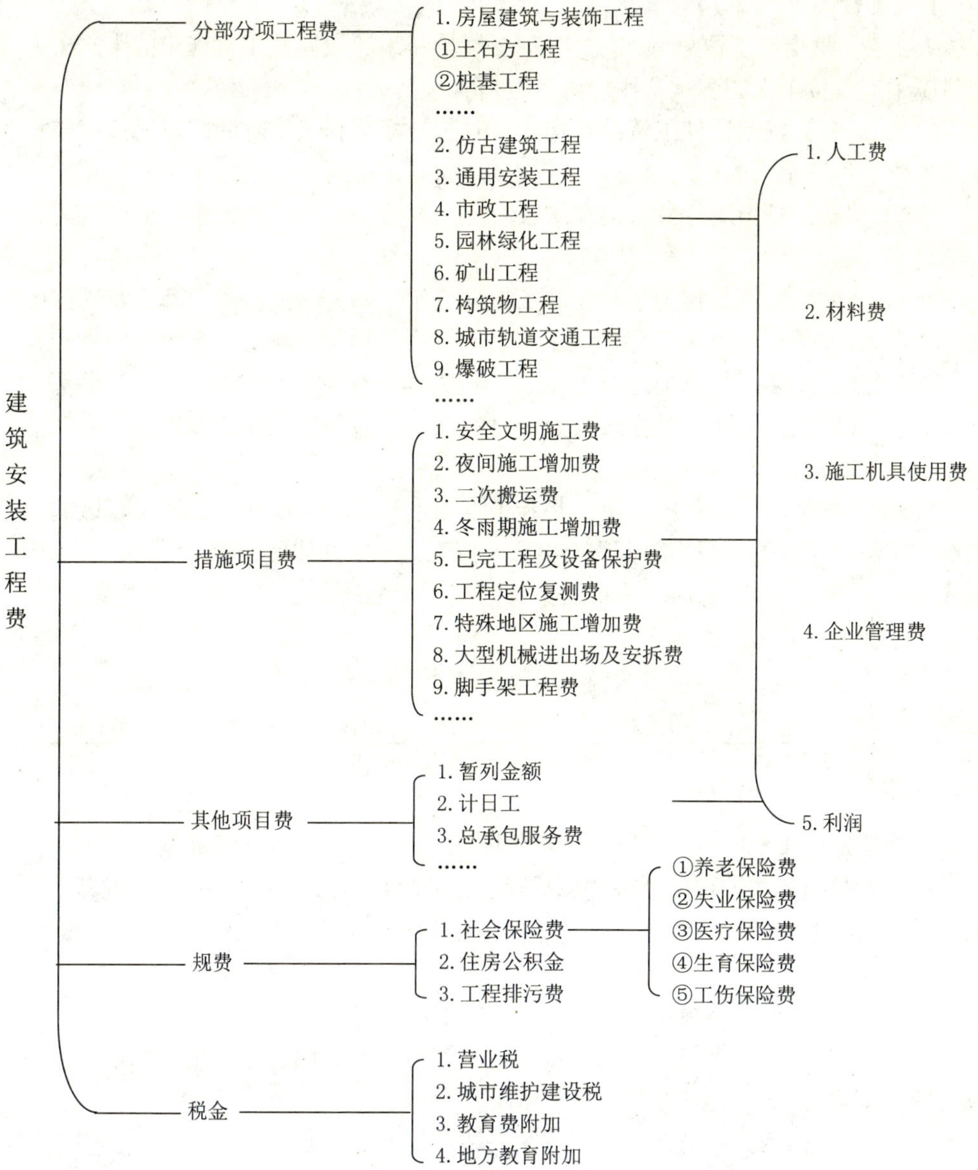

图 2—207　建设安装工程费用项目组成（按造价形成划分）

二、按构成要素划分工程费用

建筑安装工程费按照费用构成要素划分：由人工费、材料（包含工程设备，下同）费、施工机具使用费、企业管理费、利润、规费和税金组成。其中人工费、材料费、施工机具使用费、企业管理费和利润包含在分部分项工程费、措施项目费、其他项目费中。

1.人工费

人工费：是指按工资总额构成规定，支付给从事建筑安装工程施工的生产工人和附属生产单位工人的各项费用。人工费内容包括：

（1）计时工资或计件工资：是指按计时工资标准和工作时间或对已做工作按计件单价支付给个人的劳动报酬。

（2）奖金：是指对超额劳动和增收节支支付给个人的劳动报酬，如节约奖、劳动竞赛奖等。

（3）津贴补贴：是指为了补偿职工特殊或额外的劳动消耗和因其他特殊原因支付给个人的津贴，以及为了保证职工工资水平不受物价影响支付给个人的物价补贴，如流动施工津贴、特殊地区施工津贴、高温（寒）作业临时津贴、高空津贴等。

（4）加班加点工资：是指按规定支付的在法定节假日工作的加班工资和在法定日工作时间外延时工作的加点工资。

（5）特殊情况下支付的工资：是指根据国家法律、法规和政策规定，因病、工伤、产假、计划生育假、婚丧假、事假、探亲假、定期休假、停工学习、执行国家或社会义务等原因按计时工资标准或计时工资标准的一定比例支付的工资。

人工费的计算公式为：

$$人工费=\Sigma（工日消耗量\times日工资单价）$$

$$日工资单价=\frac{生产工人平均月工资(计时、计价)+平均月（奖金+津贴补贴+特殊情况下支付的工资）}{年平均每月法定工作日}$$

2.材料费

材料费是指施工过程中耗费的原材料、辅助材料、构配件、零件、半成品或成品、工程设备的费用。

材料费内容包括：

（1）材料原价：是指材料、工程设备的出厂价格或商家供应价格。

（2）运杂费：是指材料、工程设备自来源地运至工地仓库或指定堆放地点所发生的全部费用。

（3）运输损耗费：是指材料在运输装卸过程中不可避免的损耗。

（4）采购及保管费：是指为组织采购、供应和保管材料、工程设备的过程中所需要的各项费用，包括采购费、仓储费、工地保管费、仓储损耗。

工程设备是指构成或计划构成永久工程一部分的机电设备、金属结构设备、仪器装置及其他类似的设备和装置。

材料费的计算公式为：

材料费=Σ（材料消耗量×材料单价）

材料单价=[（材料原价+运杂费）×（1+运输损耗率（%））]×[1+采购保管费率（%）]

工程设备费=Σ（工程设备量×工程设备单价）

工程设备单价=（设备原价+运杂费）×[1+采购保管费率（%）]

3.施工机具使用费

施工机具使用费是指施工作业所发生的施工机械、仪器仪表使用费或其租赁费。

施工机械使用费：以施工机械台班耗用量乘以施工机械台班单价表示，施工机械台班单价应由下列七项费用组成：

（1）折旧费：指施工机械在规定的使用年限内，陆续收回其原值的费用。

（2）大修理费：指施工机械按规定的大修理间隔台班进行必要的大修理，以恢复其正常功能所需的费用。

（3）经常修理费：指施工机械除大修理以外的各级保养和临时故障排除所需的费用。包括为保障机械正常运转所需替换设备与随机配备工具附具的摊销和维护费用，机械运转中日常保养所需润滑与擦拭的材料费用及机械停滞期间的维护和保养费用等。

（4）安拆费及场外运费：安拆费指施工机械（大型机械除外）在现场进行安装与拆卸所需的人工、材料、机械和试运转费用以及机械辅助设施的折旧、搭设、拆除等费用；场外运费指施工机械整体或分体自停放地点运至施工现场或由一施工地点运至另一施工地点的运输、装卸、辅助材料及架线等费用。

（5）人工费：指机上司机（司炉）和其他操作人员的人工费。

（6）燃料动力费：指施工机械在运转作业中所消耗的各种燃料及水、电等。

（7）税费：指施工机械按照国家规定应缴纳的车船使用税、保险费及年检费等。

仪器仪表使用费是指工程施工所需使用的仪器仪表的摊销及维修费用。施工机具使用费的计算公式为：

施工机械使用费＝Σ(施工机械台班消耗量×机械台班单价)

机械台班单价＝台班折旧费＋台班大修费＋台班经常修理费＋台班安拆费及场外运费＋台班人工费＋台班燃料动力费＋台班车船税费

仪器仪表使用费＝工程使用的仪器仪表摊销费＋维修费

4.企业管理费

企业管理费是指建筑安装企业组织施工生产和经营管理所需的费用。

企业管理费内容包括：

（1）管理人员工资：是指按规定支付给管理人员的计时工资、奖金、津贴补贴、加班加点工资及特殊情况下支付的工资等。

（2）办公费：是指企业管理办公用的文具、纸张、账表、印刷、邮电、书报、办公软件、现场监控、会议、水电、烧水和集体取暖降温（包括现场临时宿舍取暖降温）等费用。

（3）差旅交通费：是指职工因公出差、调动工作的差旅费、住勤补助费、市内交通费和误餐补助费，职工探亲路费，劳动力招募费，职工退休、退职一次性路费，工伤人员就医路费，工地转移费以及管理部门使用的交通工具的油料、燃料等费用。

（4）固定资产使用费：是指管理和试验部门及附属生产单位使用的属于固定资产的房屋、设备、仪器等的折旧、大修、维修或租赁费。

（5）工具用具使用费：是指企业施工生产和管理使用的不属于固定资产的工具、器具、家具、交通工具和检验、试验、测绘、消防用具等的购置、维修和摊销费。

（6）劳动保险和职工福利费：是指由企业支付的职工退职金、按规定支付给离休干部的经费，集体福利费、夏季防暑降温、冬季取暖补贴、上下班交通补贴等。

（7）劳动保护费：是企业按规定发放的劳动保护用品的支出。如工作服、手套、防暑降温饮料以及在有碍身体健康的环境中施工的保健费用等。

（8）检验试验费：是指施工企业按照有关标准规定，对建筑以及材料、构件和建筑安装物进行一般鉴定、检查所发生的费用，包括自设试验室进行试验所耗用的材料等费用。

不包括新结构、新材料的试验费，对构件做破坏性试验及其他特殊要求检验试验的费用和建设单位委托检测机构进行检测的费用，对此类检测发生的费用，由建设单位在工程建设其他费用中列支。但对施工企业提供的具有合格证明的材料进行检测不合格的，该检测费用由施工企业支付。

（9）工会经费：是指企业按《工会法》规定的全部职工工资总额比例计提的工会经费。

（10）职工教育经费：是指按职工工资总额的规定比例计提，企业为职工进行专业技术和职业技能培训，专业技术人员继续教育、职工职业技能鉴定、职业资格认定以及根据需要对职工进行各类文化教育所发生的费用。

（11）财产保险费：是指施工管理用财产、车辆等的保险费用。

（12）财务费：是指企业为施工生产筹集资金或提供预付款担保、履约担保、职工工资支付担保等所发生的各种费用。

（13）税金：是指企业按规定缴纳的房产税、车船使用税、土地使用税、印花税等。

（14）其他：包括技术转让费、技术开发费、投标费、业务招待费、绿化费、广告费、公证费、法律顾问费、审计费、咨询费、保险费等。

企业管理费以规定基数乘以相应费率计算，《建筑安装工程费用项目组成》对管理费费率规定如下

当以分部分项工程费为计算基础时：

$$\text{企业管理费费率}(\%)=\frac{\text{生产工人年平均管理费}}{\text{年有效施工天数}\times\text{人工单价}}\times\text{人工费占分部分项工程费比例}(\%)$$

当以人工费和机械费合计为计算基础时：

$$\text{企业管理费费率}(\%)=\frac{\text{生产工人年平均管理费}}{\text{年有效施工天数}\times(\text{人工单价}+\text{每一工日机械使用费})}\times 100\%$$

当以人工费为计算基础时：

$$企业管理费费率(\%)=\frac{生产工人年平均管理费}{年有效施工天数\times人工单价}\times100\%$$

5.利润

利润是指施工企业完成所承包工程获得的盈利。《建筑安装工程费用项目组成》规定：施工企业根据企业自身需求并结合建筑市场实际自主确定，列入报价中；工程造价管理机构在确定计价定额中利润时，应以定额人工费或（定额人工费+ 定额机械费）作为计算基数，其费率根据历年工程造价积累的资料，并结合建筑市场实际确定，以单位（单项）工程测算，利润在税前建筑安装工程费的比重可按不低于 5％ 且不高于 7％ 的费率计算。利润应列入分部分项工程和措施项目中。

6.规费

规费是指按国家法律、法规规定，由省级政府和省级有关权力部门规定必须缴纳或计取的费用。规费内容包括：

（1）社会保险费

①养老保险费：是指企业按照规定标准为职工缴纳的基本养老保险费。

②失业保险费：是指企业按照规定标准为职工缴纳的失业保险费。

③医疗保险费：是指企业按照规定标准为职工缴纳的基本医疗保险费。

④生育保险费：是指企业按照规定标准为职工缴纳的生育保险费。

⑤工伤保险费：是指企业按照规定标准为职工缴纳的工伤保险费。

（2）住房公积金：是指企业按规定标准为职工缴纳的住房公积金。

（3）工程排污费：是指按规定缴纳的施工现场工程排污费。

其他应列而未列入的规费，按实际发生计取。

《建筑安装工程费用项目组成》规定：社会保险费和住房公积金应以定额人工费为计算基础，根据工程所在地省、自治区、直辖市或行业建设主管部门规定费率计算。

社会保险费和住房公积金= S（工程定额人工费×社会保险费和住房公积金费率）

工程排污费等其他应列而未列入的规费应按工程所在地环境保护等部门规定的标准缴纳，按实计取列入。

7.税金

税金是指国家税法规定的应计入建筑安装工程造价内的营业税、城市维护建设税、教育费附加以及地方教育附加。

营业税的税额为营业额的 3 ％ 。其中营业额是指从事建筑、安装、修缮、装饰及其他工程作业收取的全部收入，还包括建筑、修缮、装饰工程所用原材料及其他物资和动力的价款。当以安装的设备价值作为安装工程产值时，亦包括所安装设备的价款。但建筑业的总承包人将工程分包给他人的，其营业额中不包括付给分包人的价款。

城乡维护建设税是国家为了加强城乡的维护建设，扩大和稳定城市、乡镇维护建设资金来源，而对有经营收入的单位和个人征收的一种税。城乡维护建设税的纳税人所在地为市区的，按营业税的 7％ 征收；所在地为县镇的，按营业税的 5％ 征收；所在地在农村的，按营业税的 1 % 征收。城乡维护建设税应纳税额的计算公式为：

应纳税额=应税营业收入额×适用生产率

教育费附加的税额为营业税的 3 % ，与营业税同时缴纳。计算公式为：

税金=（税前造价+利润）×税率

其中，税率计算公式为：

（1）纳税地点在市区的企业

$$综合税率(\%)=\frac{1}{1-3\%-(3\%\times7\%)-(3\%\times3\%)-(3\%\times2\%)}-1$$

（2）纳税地点在县城、镇的企业

$$综合税率(\%)=\frac{1}{1-3\%-(3\%\times5\%)-(3\%\times3\%)-(3\%\times2\%)}-1$$

（3）纳税地点不在市区、县城、镇的企业

$$综合税率(\%)=\frac{1}{1-3\%-(3\%\times1\%)-(3\%\times3\%)-(3\%\times2\%)}-1$$

（4）实行营业税改增值税的，按纳税地点现行税率计算。

三、按造价形成划分工程费用

建筑安装工程费按照工程造价形成由分部分项工程费、措施项目费、其他项目费、规费、税金组成，分部分项工程费、措施项目费、其他项目费包含人工费、材料费、施工机具使用费、企业管理费和利润。

1.分部分项工程费

分部分项工程费是指各专业工程的分部分项工程应予列支的各项费用。专业工程是指按现行国家计量规范划分的房屋建筑与装饰工程、仿古建筑工程、通用安装工程、市政工程、园林绿化工程、矿山工程、构筑物工程、城市轨道交通工程、爆破工程等各类工程。

分部分项工程指按现行国家计量规范对各专业工程划分的项目。如房屋建筑与装饰工程划分的土石方工程、地基处理与桩基工程、砌筑工程、钢筋及钢筋混凝土工程等。各类专业工程的分部分项工程划分见现行国家或行业计量规范。

分部分项工程费计算可参考以下公式：

分部分项工程费= 2×（分部分项工程量×综合单价）

式中：综合单价包括人工费、材料费、施工机具使用费、企业管理费和利润以及一定范围的风险费用。

2.措施项目费

措施项目费是指为完成建设工程施工，发生于该工程施工前和施工过程中的技术、生活、安全、环境保护等方面的费用。措施项目费内容包括：

（1）安全文明施工费

①环境保护费：是指施工现场为达到环保部门要求所需要的各项费用。

②文明施工费：是指施工现场文明施工所需要的各项费用。

③安全施工费：是指施工现场安全施工所需要的各项费用。

④临时设施费：是指施工企业为进行建设工程施工所必须搭设的生活和生产用的临时建筑物、构筑物和其他临时设施费用。包括临时设施的搭设、维修、拆除、清理费或摊销费等。

（2）夜间施工增加费：是指因夜间施工所发生的夜班补助费、夜间施工降效、夜间施工照明设备摊销及照明用电等费用。

（3）二次搬运费：是指因施工场地条件限制而发生的材料、构配件、半成品等一次运输不能到达堆放地点，必须进行二次或多次搬运所发生的费用。

（4）冬雨期施工增加费：是指在冬期或雨期施工需增加的临时设施、防滑、排除雨雪，人工及施工机械效率降低等费用。

（5）已完工程及设备保护费：是指竣工验收前，对已完工程及设备采取的必要保护措施所发生的费用。

（6）工程定位复测费：是指工程施工过程中进行全部施工测量放线和复测工作的费用。

（7）特殊地区施工增加费：是指工程在沙漠或其边缘地区、高海拔、高寒、原始森林等特殊地区施工增加的费用。

（8）大型机械设备进出场及安拆费：是指机械整体或分体自停放场地运至施工现场或由一个施工地点运至另一个施工地点，所发生的机械进出场运输及转移费用及机械在施工现场进行安装、拆卸所需的人工费、材料费、机械费、试运转费和安装所需的辅助设施的费用。

（9）脚手架工程费：是指施工需要的各种脚手架搭、拆、运输费用以及脚手架购置费的摊销（或租赁）费用。

措施项目及其包含的内容详见各类专业工程的现行国家或行业计量规范。措施项目费按计费方式分为两类。

第一类：国家计量规范规定应予计量的措施项目，其计算公式为：

措施项目费= 2×（措施项目工程量× 综合单价）

第二类：国家计量规范规定不宜计量的措施项目，如安全文明施工费、夜间施工增加费、冬雨期施工增加费、已完工程及设备保护费等，以计算基数乘以费率的方法计算。

3.其他项目费

（1）暂列金额：是指建设单位在工程量清单中暂定并包括在工程合同价款中

的一笔款项。用于施工合同签订时尚未确定或者不可预见的所需材料、工程设备、服务的采购，施工中可能发生的工程变更、合同约定调整因素出现时的工程价款调整以及发生的索赔、现场签证确认等的费用。

暂列金额由建设单位根据工程特点，按有关计价规定估算，施工过程中由建设单位掌握使用、扣除合同价款调整后如有余额，归建设单位。

（2）计日工：是指在施工过程中，施工企业完成建设单位提出的施工图纸以外的零星项目或工作所需的费用。

计日工由建设单位和施工企业按施工过程中的签证计价。

（3）总承包服务费：是指总承包人为配合、协调建设单位进行的专业工程发包，对建设单位自行采购的材料、工程设备等进行保管以及施工现场管理、竣工资料汇总整理等服务所需的费用。

总承包服务费由建设单位在招标控制价中根据总包服务范围和有关计价规定编制，施工企业投标时自主报价，施工过程中按签约合同价执行。

4.规费和税金

规费和税金，参见本节第二条相关内容。

第 3 讲　设备及工器具购置费的构成

设备及工具、器具是工业部门的产品，购置设备及工具、器具的过程是一种转移价值的活动。国家规定，设备及工器具购置费用由原价、供销部门手续费、包装费、运输费和采购及保管费 5 个部分组成。

在未来生产中，设备可以增加生产能力，而工具和器具则做不到这一点。因此，在设备及工具、器具购置费用中，应尽量扩大设备购置费用所占比重，以便提高投资效益。

设备及工、器具购置费用=设备购置费+工、器具及生产家具购置费

一、设备购置费

设备购置费是指为建设项目购置或自制的达到固定资产标准的各种国产或进口设备、工具、器具的购置费用。

设备购置费=设备原价+设备运杂费

1.设备原价

（1）国产设备原价的构成和计算。国产设备原价一般指的是设备制造厂的交货价或订货合同价。国产设备原价分为国产标准设备原价和国产非标准设备原价。

1）国产标准设备原价。国产标准设备是指按照主管部门颁布的标准图纸和技术要求，由我国设备生产厂批量生产的，符合国家质量检测标准的设备。国产标准

设备原价有两种，即带有备件的原价和不带有备件的原价。在计算时，一般采用带有备件的原价。

2）国产非标准设备原价。国产非标准设备是指国家尚无定型标准，各设备生产厂不可能在工艺过程中采用批量生产，只能按一次订货，并根据具体的设计图纸制造的设备。非标准设备原价有多种不同的计算方法，如成本计算估价法、系列设备插入估价法、分部组合估价法、定额估价法等。但无论采用哪种方法都应该使非标准设备计价接近实际出厂价，并且计算方法要简便。按成本计算估价法，非标准设备的原价由以下各项组成：

①材料费。其计算公式如下：

材料费材料净重×（1+加工损耗系数）×每吨材料综合价

②加工费。包括生产工人工资和工资附加费、燃料动力费、设备折旧费、车间经费等。其计算公式如下：

加工费=设备总重量（吨）×设备每吨加工费

③辅助材料费（简称辅材费）。包括焊条、焊丝、氧气、氩气、氮气、油漆、电石等费用。其计算公式如下：

辅助材料费=设备总重量×辅助材料费指标

④专用工具费。按①～③项之和乘以一定百分比计算。

⑤废品损失费。按①～④项之和乘以一定百分比计算。

⑥外购配套件费。按设备设计图纸所列的外购配套件的名称、型号、规格、数量、重量，根据相应的价格加运杂费计算。

⑦包装费。按以上①～⑥项之和乘以一定百分比计算。

⑧利润。可按①～⑤加第⑦项之和乘以一定利润率计算。

⑨税金。主要指增值税。计算公式为：

增值税＝当期销项税额－进项税额

当期销项税额＝销售额×适用增值税率

销售额＝①～⑧项之和

⑩非标准设备设计费。按国家规定的设计费收费标准计算。

综上所述，单台非标准设备原价可用下面的公式表达：

单台非标准设备原价＝｛[（材料费＋加工费+辅助材料费）×（1+专用工具费率）×（1+废品损失费率）+外购配套件费]×（1+包装费率）－外购配套件费｝×（1+利润率）+销项税金+非标准设备设计费+外购配套件费

（2）进口设备原价的构成和计算。进口设备的原价是指进口设备的抵岸价，即抵达买方边境港口或边境车站，且交完关税等税费后形成的价格。进口设备抵岸价的构成与进口设备的交货类别有关。

1）进口设备的交货类别。进口设备的交货类别可分为内陆交货类、目的地交货类、装运港交货类。

①内陆交货类。即卖方在出口国内陆的某个地点交货。在交货地点，卖方及时提交合同规定的货物和有关凭证，并负担交货前的一切费用和风险；买方按时接受

货物，交付货款，负担接货后的一切费用和风险，并自行办理出口手续和装运出口。货物的所有权也在交货后由卖方转移给买方。

②目的地交货类。即卖方在进口国的港口或内地交货，有目的港船上交货价、目的港船边交货价（FOS）和目的港码头交货价（关税已付）及完税后交货价（进口国的指定地点）等几种交货价。它们的特点是：买卖双方承担的责任、费用和风险是以目的地约定交货点为分界线，只有当卖方在交货点将货物置于买方控制下才算交货，才能向买方收取货款。这种交货类别对卖方来说承担的风险较大，在国际贸易中卖方一般不愿采用。

③装运港交货类。即卖方在出口国装运港交货，主要有装运港船上交货价（FOB），习惯称离岸价格，运费在内价（C&F）和运费、保险费在内价（CIF），习惯称到岸价格。它们的特点是：卖方按照约定的时间在装运港交货，只要卖方把合同规定的货物装船后提供货运单据便完成交货任务，可凭单据收回货款。

装运港船上交货价（FOB）是我国进口设备采用最多的一种货价。采用船上交货价时卖方的责任是：在规定的期限内，负责在合同规定的装运港口将货物装上买方指定的船只，并及时通知买方；负担货物装船前的一切费用和风险，负责办理出口手续；提供出口国政府或有关方面签发的证件；负责提供有关装运单据。买方的责任是：负责租船或订舱，支付运费，并将船期、船名通知卖方；负担货物装船后的一切费用和风险；负责办理保险及支付保险费，办理在目的港的进口和收货手续；接受卖方提供的有关装运单据，并按合同规定支付货款。

2）进口设备抵岸价的构成及计算。进口设备采用最多的是装运港船上交货价（FOB），其抵岸价的构成可概括为：

进口设备抵岸价=货价+国际运费+运输保险费+银行财务费+外贸手续费
+关税+增值税+消费税+车辆购置附加费

①货价。一般指装运港船上交货价（FOB）。设备货价分为原币货价和人民币货价，原币货价一律折算为美元表示，人民币货价按原币货价乘以外汇市场美元兑换人民币中间价确定。进口设备货价按有关生产厂商询价、报价、订货合同价计算。

②国际运费。即从装运港（站）到达我国抵达港（站）的运费。我国进口设备大部分采用海洋运输，小部分采用铁路运输，个别采用航空运输。进口设备国际运费计算公式为：

国际运费（海、陆、空）=原币货价（FOB）×运费率或国际运费（海、陆、空）
=运量×单位运价

其中，运费率或单位运价参照有关部门或进出口公司的规定执行。

③运输保险费。对外贸易货物运输保险是由保险人（保险公司）与被保险人（出口人或进口人）订立保险契约，在被保险人交付议定的保险费后，保险人根据保险契约的规定对货物在运输过程中发生的承保责任范围内的损失给予经济上的补偿。这是一种财产保险。计算公式为：

$$运输保险费=\frac{原币货价（FOB）+国外运费}{1-保险费率}\times保险费率$$

其中，保险费率按保险公司规定的进口货物保险费率计算。

④银行财务费。一般是指中国银行手续费，可按下式简化计算：

银行财务费=人民币货价（FOB）×银行财务费率

⑤外贸手续费。指委托具有外贸经营权的经贸公司采购而发生的外贸手续费率取的费用，外贸手续费率一般取15%。计算公式为：

外贸手续费=[装运港船上交货价（FOB）+国际运费+运输保险费]×外贸手续费率

⑥关税。由海关对进出国境或关境的货物和物品征收的一种税。计算公式为：

关税=到岸价格（CIF）×进口关税税率

其中，到岸价格（CIF）包括离岸价格（FOB）、国际运费、运输保险费，它作为关税完税价格。进口关税税率分为优惠和普通两种。优惠税率适用于与我国签订关税互惠条款的贸易条约或协定的国家的进口设备；普通税率适用于与未我国签订关税互惠条款的贸易条约或协定的国家的进口设备。进口关税税率按我国海关总署发布的进口关税税率计算。

⑦增值税。是对从事进口贸易的单位和个人，在进口商品报关进口后征收的税种。我国增值税条例规定，进口应税产品均按组成计税价格和增值税税率直接计算应纳税额，即：

进口产品增值税额=组成计税价格×增值税税率

组成计税价格=关税完税价格+关税+消费税

增值税税率根据规定的税率计算。

⑧消费税。对部分进口设备（如轿车、摩托车等）征收，一般计算公式为：

$$应纳消费税额=\frac{到岸价+关税}{1-消费税税率}\times消费税税率$$

其中，消费税税率根据规定的税率计算。

⑨车辆购置附加费：进口车辆需缴进口车辆购置附加费。其计算公式如下：

进口车辆购置附加费=（到岸价+关税+消费税+增值税）×进口车辆购置附加费率

2.设备运杂费的构成及计算

（1）设备运杂费的构成。设备运杂费通常由下列各项构成：

1）运费和装卸费。国产设备由设备制造厂交货地点起至工地仓库（或施工组织设计指定的需要安装设备的堆放地点）止所发生的运费和装卸费；进口设备则由我国到岸港口或边境车站起至工地仓库（或施工组织设计指定的需安装设备的堆放地点）止所发生的运费和装卸费。

2）包装费。在设备原价中没有包含的，为运输而进行的包装支出的各种费用。

3）设备供销部门的手续费。按有关部门规定的统一费率计算。

4）采购与仓库保管费。指采购、验收、保管和收发设备所发生的各种费用，包括设备采购人员、保管人员和管理人员的工资、工资附加费、办公费、差旅交通费，设备供应部门办公和仓库所占固定资产使用费、工具用具使用费、劳动保护费、检验试验费等这些费用可按主管部门规定的采购与保管费费率计算。

（2）设备运杂费的计算。设备运杂费按设备原价乘以设备运杂费率计算，其公式为：

设备运杂费=设备原价×设备运杂费率

其中，设备运杂费率按各部门及省、市等的规定计取。

二、工器具及生产家具购置费构成

工具、器具及生产家具购置费，是指新建或扩建项目初步设计规定的，保证初期正常生产必须购置的没有达到固定资产标准的设备、仪器、工卡模具、器具、生产家具和备品备件等的购置费用。一般以设备费为计算基数，按照部门或行业规定的工具、器具及生产家具费率计算。

计算公式为：工具、器具及生产家具购置费=设备购置费×定额费率

第 4 讲　工程建设其他费用的构成

工程建设其他费用是指工程项目从筹建到竣工验收交付使用止的整个建设期间，除建筑安装工程费用、设备及工器具购置费以外的，为保证工程建设顺利完成和交付使用后能够正常发挥效用而发生的一些费用。

工程建设其他费用，按其内容大体可分为三类。

第一类为土地使用费，由于工程项目固定于一定地点与地面相连接，必须占用一定量的土地，也就必然要发生为获得建设用地而支付的费用；

第二类是与项目建设有关的费用；

第三类是与未来企业生产和经营活动有关的费用。

一、土地使用费

土地使用费是指按照《中华人民共和国土地管理法》等规定，建设工程项目征用土地或租用土地应支付的费用。

1.农用土地征用费

农用土地征用费由土地补偿费、安置补助费、土地投资补偿费、土地管理费、耕地占用税等组成，并按被征用土地的原用途给予补偿。

征用耕地的补偿费用包括土地补偿费、安置补助费以及地上附着物和青苗的补偿费。

（1）征用耕地的土地补偿费，为该耕地被征用前三年平均年产值的 6～10 倍。

（2）征用耕地的安置补助费，按照需要安置的农业人口数计算。需要安置的农业人口数，按照被征用的耕地数量除以征地前被征用单位平均每人占有耕地的数

量计算。每一个需要安置的农业人口的安置补助费标准，为该耕地被征用前三年平均年产值的 4～6 倍。但是，每公顷被征用耕地的安置补助费，最高不得超过被征用前三年平均年产值的 15 倍。

征用其他土地的土地补偿费和安置补助费标准，由省、自治区、直辖市参照征用耕地的土地补偿费和安置补助费的标准规定。

（3）征用土地上的附着物和青苗的补偿标准，由省、自治区、直辖市规定。

（4）征用城市郊区的菜地，用地单位应当按照国家有关规定缴纳新菜地开发建设基金。

2.取得国有土地使用费

取得国有土地使用费包括：土地使用权出让金、城市建设配套费、房屋征收与补偿费等。

（1）土地使用权出让金是指建设工程通过土地使用权出让方式，取得有限期的土地使用权，依照《中华人民共和国城镇国有土地使用权出让和转让暂行条例》规定，支付的费用。

（2）城市建设配套费是指因进行城市公共设施的建设而分摊的费用。

（3）房屋征收与补偿费。根据《国有土地上房屋征收与补偿条例》的规定，房屋征收对被征收入给予的补偿包括：

1）被征收房屋价值的补偿；

2）因征收房屋造成的搬迁、临时安置的补偿；

3）因征收房屋造成的停产停业损失的补偿。

市、县级人民政府应当制定补助和奖励办法，对被征收入给予补助和奖励。对被征收房屋价值的补偿，不得低于房屋征收决定公告之日被征收房屋类似房地产的市场价格。被征收房屋的价值，由具有相应资质的房地产价格评估机构按照房屋征收评估办法评估确定。被征收入可以选择货币补偿，也可以选择房屋产权调换。被征收入选择房屋产权调换的，市、县级人民政府应当提供用于产权调换的房屋，并与被征收入计算、结清被征收房屋价值与用于产权调换房屋价值的差价。因旧城区改建征收个人住宅，被征收入选择在改建地段进行房屋产权调换的，作出房屋征收决定的市、县级人民政府应当提供改建地段或者就近地段的房屋。因征收房屋造成搬迁的，房屋征收部门应当向被征收入支付搬迁费；

选择房屋产权调换的，产权调换房屋交付前，房屋征收部门应当向被征收入支付临时安置费或者提供周转用房。对因征收房屋造成停产停业损失的补偿，根据房屋被征收前的效益、停产停业期限等因素确定。具体办法由省、自治区、直辖市制定。房屋征收部门与被征收入依照条例的规定，就补偿方式、补偿金额和支付期限、用于产权调换房屋的地点和面积、搬迁费、临时安置费或者周转用房、停产停业损失、搬迁期限、过渡方式和过渡期限等事项，订立补偿协议。实施房屋征收应当先补偿、后搬迁。作出房屋征收决定的市、县级人民政府对被征收入给予补偿后，被征收入应当在补偿协议约定或者补偿决定确定的搬迁期限内完成搬迁。

二、与项目建设有关的其他费用

1.建设管理费

建设管理费是指建设单位从项目筹建开始直至工程竣工验收合格或交付使用为止发生的项目建设管理费用。费用内容包括：

（1）建设单位管理费。建设单位管理费是指建设单位发生的管理性质的开支。包括：工作人员工资、工资性补贴、施工现场津贴、职工福利费、住房基金、基本养老保险费、基本医疗保险费、失业保险费、工伤保险费、办公费、差旅交通费、劳动保护费、工具用具使用费、固定资产使用费、必要的办公及生活用品购置费、必要的通信设备及交通工具购置费、零星固定资产购置费、招募生产工人费、技术图书资料费、业务招待费、设计审查费、工程招标费、合同契约公证费、法律顾问费、咨询费、完工清理费、竣工验收费、印花税和其他管理性质开支。如建设管理采用工程总承包方式，其总包管理费由建设单位与总包单位根据总包工作范围在合同中商定，从建设管理费中支出。

建设单位管理费以建设投资中的工程费用为基数乘以建设单位管理费费率计算：

建设单位管理费 ＝ 工程费用 × 建设单位管理费费率

工程费用是指建筑安装工程费用和设备及工器具购置费用之和。

（2）工程监理费。工程监理费是指建设单位委托工程监理单位实施工程监理的费用。

由于工程监理是受建设单位委托的工程建设技术服务，属建设管理范畴。如采用监理，建设单位部分管理工作量转移至监理单位。监理费应根据委托的监理工作范围和监理深度在监理合同中商定或按当地或所属行业部门有关规定计算。

（3）工程质量监督费。工程质量监督费是指工程质量监督检验部门检验工程质量而收取的费用。

2.可行性研究费

可行性研究费是指在建设工程项目前期工作中，编制和评估项目建议书（或预可行性研究报告）、可行性研究报告所需的费用。

可行性研究费依据前期研究委托合同计列，或参照《国家计委关于印发〈建设工程项目前期工作咨询收费暂行规定〉的通知》（计投资[1999] 1283 号）规定计算。编制预可行性研究报告参照编制项目建议书收费标准并可适当调增。

3.研究试验费

研究试验费是指为本建设工程项目提供或验证设计数据、资料等进行必要的研究试验及按照设计规定在建设过程中必须进行试验、验证所需的费用。

研究试验费按照研究试验内容和要求进行编制。

研究试验费不包括以下项目：

（1）应由科技三项费用（即新产品试制费、中间试验费和重要科学研究补助费）开支的项目。

（2）应在建筑安装费用中列支的施工企业对建筑材料、构件和建筑物进行一般鉴定、检查所发生的费用及技术革新的研究试验费。

（3）应由勘察设计费或工程费用中开支的项目。

4.勘察设计费

勘察设计费是指委托勘察设计单位进行工程水文地质勘察、工程设计所发生的各项费用。包括：

（1）工程勘察费；

（2）初步设计费（基础设计费）、施工图设计费（详细设计费）；

（3）设计模型制作费。

勘察设计费依据勘察设计委托合同计列，或参照国家计委、建设部《关于发布〈工程勘察设计收费管理规定〉的通知》（计价格[2002] 1 0 号）规定计算。

5.环境影响评价费

环境影响评价费是指按照《中华人民共和国环境保护法》、《中华人民共和国环境影响评价法》等规定，为全面、详细评价建设工程项目对环境可能产生的污染或造成的重大影响所需的费用。包括编制环境影响报告书（含大纲）、环境影响报告表和评估环境影响报告书（含大纲）、评估环境影响报告表等所需的费用。

环境影响评价费依据环境影响评价委托合同计列，或按照国家计委、国家环境保护总局《关于规范环境影响咨询收费有关问题的通知》（计价格[2002] 125 号）规定计算。

6.劳动安全卫生评价费

劳动安全卫生评价费是指按照劳动部《建设工程项目（工程）劳动安全卫生监察规定》和《建设工程项目（工程）劳动安全卫生预评价管理办法》的规定，为预测和分析建设丁程项目存在的职业危险、危害因素的种类和危险危害程度，并提出先进、科学、合理可行的劳动安全卫生技术和管理对策所需的费用。包括编制建设工程项目劳动安全卫生预评价大纲和劳动安全卫生预评价报告书以及为编制上述文件所进行的工程分析和环境现状调查等所需费用。

劳动安全卫生评价费依据劳动安全卫生预评价委托合同计列，或按照建设工程项目所在哲（市、自治区）劳动行政部门规定的标准计算。

7.场地准备及临时设施费

场地准备及临时设施费是指建设场地准备费和建设单位临时设施费。

（1）场地准备费是指建设工程项目为达到工程开工条件所发生的场地平整和对建设场地遗留的有碍于施工建设的设施进行拆除清理的费用。

（2）临时设施费是指为满足施工建设需要而供到场地界区的，未列入工程费用的临时水、电、路、信、气等其他工程费用和建设单位的现场临时建（构）筑物的搭设、维修、拆除、摊销或建设期间租赁费用，以及施工期间专用公路或桥梁的加固、养护、维修等费用。此项费用不包括已列入建筑安装工程费用中的施工单位临时设施费用。

场地准备及临时设施应尽量与永久性工程统一考虑。建设场地的大型土石方工程应进入工程费用中的总图运输费用中。

新建项目的场地准备和临时设施费应根据实际工程量估算，或按工程费用的比例计算。改扩建项目一般只计拆除清理费。

场地准备和临时设施费=工程费用×费率+拆除清理费

发生拆除清理费时可按新建同类工程造价或主材费、设备费的比例计算。凡可回收材料的拆除工程采用以料抵工方式冲抵拆除清理费。

8.引进技术和进口设备其他费

引进技术及进口设备其他费用，包括出国人员费用、国外工程技术人员来华费用、技术引进费、分期或延期付款利息、担保费以及进口设备检验鉴定费。

（1）出国人员费用：指为引进技术和进口设备派出人员到国外培训和进行设计联络、设备检验等的差旅费、制装费、生活费等。这项费用根据设计规定的出国培训和工作的人数、时间及派往国家，按财政部、外交部规定的临时出国人员费用开支标准及中国民用航空公司现行国际航线票价等进行计算，其中使用外汇部分应计算银行财务费用。

（2）国外工程技术人员来华费用：指为安装进口设备、引进国外技术等聘用外国工程技术人员进行技术指导工作所发生的费用。包括技术服务费、外国技术人员的在华工资、生活补贴、差旅费、医药费、住宿费、交通费、宴请费、参观游览等招待费用。这项费用按每人每月费用指标计算。

（3）技术引进费：指为引进国外先进技术而支付的费用。包括专利费、专有技术费（技术保密费）、国外设计及技术资料费、计算机软件费等。这项费用根据合同或协议的价格计算。

（4）分期或延期付款利息：指利用出口信贷引进技术或进口设备采取分期或延期付款的办法所支付的利息。

（5）担保费：指国内金融机构为买方出具保函的担保费。这项费用按有关金融机构规定的担保率计算（一般可按承保金的计算）。

（6）进口设备检验鉴定费用：指进口设备按规定付给商品检验部门的进口设备检验鉴定费。这项费用按进口设备货价的3%～5%）计算。

9.工程保险费

工程保险费是指建设工程项目在建设期间根据需要对建筑工程、安装工程、机器设备和人身安全进行投保而发生的保险费用。包括建筑安装工程一切险、进口设备财产保险和人身意外伤害险等。不包括已列入施工企业管理费中的施工管理用财产、车辆保险费。不投保的工程不计取此项费用。

不同的建设工程项目可根据工程特点选择投保险种，根据投保合同计列保险费用。编制投资估算和概算时可按工程费用的比例估算。

10.特殊设备安全监督检验费

特殊设备安全监督检验费是指在施工现场组装的锅炉及压力容器、压力管道、消防设备、燃气设备、电梯等特殊设备和设施，由安全监察部门按照有关安全监察条例和实施细则以及设计技术要求进行安全检验，应由建设工程项目支付的，向安全监察部门缴纳的费用。

特殊设备安全监督检验费按照建设工程项目所在省（市、自治区）安全监察部门的规定标准计算。无具体规定的，在编制投资估算和概算时可按受检设备现场安装费的比例估算。

11.市政公用设施建设及绿化补偿费

市政公用设施建设及绿化补偿费是指使用市政公用设施的建设工程项目，按照项目所在地省级人民政府有关规定建设或缴纳的市政公用设施建设配套费用，以及绿化工程补偿费用。该项费用按工程所在地人民政府规定标准计列；不发生或按规定免征项目不计取。

三、与未来企业生产经营有关的其他费用

1.联合试运转费

联合试运转费是指新建项目或新增加生产能力的项目，在交付生产前按照批准的设计文件所规定的工程质量标准和技术要求，进行整个生产线或装置的负荷联合试运转或局部联动式车所发生的费用净支出（试运转支出大于收入的差额部分费用）。试运转支出包括试运转所需原材料、燃料及动力消耗、低值易耗品、其他物料消耗、工具用具使用费、机械使用费、保险金、施工单位参加试运转人员工资以及专家指导费等；试运转收入包括试运转期间的产品销售收入和其他收入。

联合试运转费不包括应由设备安装工程费用开支的调试及试车费用，以及在试运转中暴露出来的因施工原因或设备缺陷等发生的处理费用。

不发生试运转或试运转收入大于（或等于）费用支出的工程，不列此项费用。

当联合试运转收入小于试运转支出时：

联合试运转费=联合试运转费用支出-联合试运转收入

试运行期按照以下规定确定：引进国外设备项目按建设合同中规定的试运行期执行；国内一般性建设工程项目试运行期原则上按照批准的设计文件所规定期限执行。个别行业的建设 T 程项目试运行期需要超过规定试运行期的，应报项目设计文件审批机关批准。试运行期一经确定，建设单位应严格按规定执行，不得擅自缩短或延长。

2.生产准备费

生产准备费是指新建项目或新增生产能力的项目，为保证竣工交付使用进行必要的生产准备所发生的费用。费用内容包括：

（1）生产职工培训费。自行培训、委托其他单位培训人员的工资、工资性补贴、职工福利费、差旅交通费、学习资料费、学费、劳动保护费。

（2）生产单位提前进厂参加施工、设备安装、调试等以及熟悉工艺流程及设备性能等人员的工资、工资性补贴、职工福利费、差旅交通费、劳动保护费等。

新建项目按设计定员为基数计算，改扩建项目按新增设计定员为基数计算：

生产准备费=设计定员×生产准备费指标（元/人）

3.办公和生活家具购置费

办公和生活家具购置费是指为保证新建、改建、扩建项目初期正常生产、使用和管理所必须购置的办公和生活家具、用具的费用。改、扩建项目所需的办公和生活用具购置费，应低于新建项目。其范围包括办公室、会议室、资料档案室、阅览室、文娱室、食堂、浴室、理发室和单身宿舍等。这项费用按照设计定员人数乘以综合指标计算。

一般建设工程项目很少发生或一些具有明显行业特征的工程建设其他费用项目，如移民安置费、水资源费、水土保持评价费、地震安全性评价费、地质灾害危险性评价费、河道占用补偿费、超限设备运输特殊措施费、航道维护费、植被恢复费、种质检测费、引种测试费等，具体项目发生时依据有关政策规定列入。

第 5 讲 预备费及建设期利息

一、预备费

预备费又称不可预见费，包括基本预备费和工程造价调整所引起的涨价预备费。

1.基本预备费

指在可行性研究投资估算中难以预料的工程和费用，其中包括实行按施工图预算加系数包干的预算包干费用，其用途如下：

①在进行初步设计、技术设计、施工图设计和施工过程中，在批准的建设投资范围内所增加的工程和费用。

②由于一般自然灾害所造成的损失和预防自然灾害所采取的措施费用。实行工程保险的工程项目费用应适当降低。

③在上级主管部门组织竣工验收时，验收委员会（或小组）为鉴定工程质量，必须开挖和修复隐蔽工程的费用。

计算方法：以第一部分“工程费用”总额和第二部分“工程建设其他费用”总额之和为基数，乘以基本预备费率 5 %～10%计算。预备费费率的取值应按工程具体情况在规定的幅度内确定。

计算公式为：

基本预备费=（设备及工器具购置费+建筑安装工程费+工程建设其他费）×基本预备费率

2.价差预备费

价差预备费是指建设项目在建设期内由于价格等变化引起工程造价变化的预测预留费用。

费用内容包括：人工、设备、材料、施工机械的价差费，建筑安装工程费及工程建设其他费用调整，利率、汇率调整等增加的费用。

计算方法：以编制项目可行性研究报告的年份为基期，估算到项目建成年份为止的设备、材料等价格上涨系数，以第一部分工程费用总额为基数，按建设期分年度用款计划进行价差预备费计算。

价差预备费计算公式如下：

$$P_f = \sum_{t=1}^{n} I_t[(1+f)^{t-1}-1]$$

式中 P_f——计算期价差预备费；

I_t——计算期第 t 年的建筑安装工程费用和设备及工器具的购置费用；

f——物价上涨系数；

n——计算期年数，以编制可行性研究报告的年份为基数，计算至项目建成的年份；

t——计算期第 t 年（以编制可行性研究报告的年份为计算期第一年）。

二、建设期贷款利息

建设期投资贷款利息是指建设项目使用银行或其他金融机构的贷款，在建设期应归还的借款的利息。建设项目筹建期间借款的利息，按规定可以计入购建资产的价值或开办费。贷款机构在贷出款项时，一般都是按复利考虑的。

作为投资者来说，在项目建设期间，投资项目一般没有还本付息的资金来源，即使按要求还款，其资金也可能是通过再申请借款来支付。当项目建设期长于一年时，为简化计算，可假定借款发生当年均在年中支用，按半年计息，年初欠款按全年计息，这样，建设期投资贷款的利息可按下式计算：

当年应计利息=（年初借款本息累计+本年借款额/2）×年利率

$$q_j = \left(P_{j-1} + \frac{1}{2}A_j\right) \times i$$

式中 q_j——建设期第 j 年应计利息；

P_{j-1}——建设期第 $j-1$ 年末贷款累计金额与利息累计金额之和；

A_j——建设期第 j 年贷款金额；

i——年利率。

第4单元　日常文书处理工作

第1讲　公文概论

一、公文的概念、特点和功能

1. 公文的概念

公文是公务文书或公务文件的简称，习惯上也统称为文件，是法定机关与组织在公务活动中，按照特定的体式，经过一定的处理程序和使用的书面文字材料，是传达贯彻党和国家政策、方针，发布行政法规和规章，施行行政措施，指示和答复问题，指导、布置和商洽工作，报告情况，交流经验的重要工具。

2. 公文的特点

（1）公文由法定作者制发并具有法定的权威性　公文的法定作者，指依法成立并能以自己的名义行使职权和承担义务的国家机构与其他社会组织（统称为机关），公文必须以这些机关的名义或其法定代表人的名义制发。

公文具有法定的权威性，是指公文在法定的时间与空间范围内能够对受文者的行为产生强制性影响，而且具有其他任何文献形式所无法替代的凭证功能。

（2）公文具有法定的现实执行效用

公文既是制发机关用于发布指示、法规，传送决策意图的重要手段，同时是受文者进行工作的依据，是维系同家各类、各层次机关之间、机关与广大群众之间正常联系的基本形式，它在国家管理中发挥承上启下、协调配合、沟通信息的执行效用。

（3）公文具有规范的体式

为了维系公文的权威性、准确性与有效性，方便公文的写作与处理，国家有关机构以法规、标准等形式，对公文的文体、结构、格式进行了统一规范，这是公文区别于其他文献的明显标志，公文制发者必须认真遵守这些规范。

（4）公文的制发与生效需要履行法定的程序

为了保证公文的有效性，国家有关机构规定了各类公文的生成程序，必须履行这些程序公文才能产生法定效用。

3. 公文的功能

公文是能够逾越时间与空间的限制，有效记载、传递与存储公务活动所需要的信息，是机关行使职能的重要工具。这一功能主要表现为以下几个方面：

（1）公文是加强集中领导，维护政令统一，保证工作步伐整齐一致的有效形式。因为党和国家的方针政策和各项指令是通过公文传递贯彻的，公文在机关公务活动中发挥领导和指导的作用。

（2）公文在国家行政管理与维护社会主义建设秩序方面发挥着规范作用。因为公文川于发布行政法规与规章，它使国家各项管理活动有法可依，有规可循，从而实现管理活动的法制化、规范化。

（3）公文是下级机关请示、报告工作，反映情况，沟通自下而上纵向联系的基本手段。通过公文，使下情上达，为领导机关制定决策提供依据，同时，有利于对发生的问题进行及时处理。

（4）公文是机关之间横向联系的桥梁与纽带。通过公文，机关之间能够相互交流信息、商洽事务，在工作巾相互协调与配合。

（5）公文在国家建设与管理中发挥着阐明事理、启发觉悟和提高认识水平的宣传教育作用。因为公文具有较强的政策性、理论性，是教育干部和群众的好教材。

（6）公文具有重要的凭证作用。公文是社会活动的真实记录，它印证了公文作者的合法身份，记录了各项管理活动的性质、状态。

二、公文的种类

1．公文的分类

（1）根据公文的形成和作用的公务活动领域分为通用公文和专用公文。①通用公文，又称行政公文，指各类各级机关和人民团体、企事业单位普遍使用的文件，如请示、报告、函等。

②专用公文，指在一定专业机关、部门和业务范同专门使用的文件，如外交文件、司法文件、军事文件、会计文件等。

（2）根据公文内容涉及国家秘密的程度分为对外公开、限国内公开、内部使川、秘密、机密、绝密六类文件。

①对外公开文件，指内容不涉及同家秘密，可直接对国内外公开发布的文件。

②限国内公开文件，指内容不涉及国家秘密，但不宜或不必向同外公布，只在国内公开发布的文件。

③内部使用文件，指内容虽不涉及国家秘密，但不宜对社会公开，只限在机关内部使用的文件。

④秘密文件，指含有一般的国家秘密，泄露会使国家的安全和利益遭受损害的文件。

⑤机密文件，指含有重要的国家秘密，泄露会使国家的安全和利益遭受严重损害的文件。

⑥绝密文件，指含有最重要的国家秘密，泄露会使国家的安全和利益遭受特别严重损害的文件。

（3）根据公文制发机关的行文方向分为上行文、下行文和平行文。

①上行文，指向具有隶属关系的上级领导、指导机关报送的文件。

②下行文，指向所属被领导、指导的下级机关发送的文件。

③平行文，指向同一组织系统的同级机关或非同一组织系统的任何机关发送的

文件。

（4）根据公文处理时限要求，分为平件、急件和特急件。

①平件，指无特殊时间要求，可作常规依次处理的文件。

②急件，指内容重要、紧急，需打破常规，优先传递处理的文件。

③特急件，指内容至关重要并特别紧急，已临近规定的办结时限，需要立即优先迅速传递处理的文件。

（5）根据公文内容的性质分为规范类文件、指挥类文件、报请类文件和知照类文件。

①规范类文件，是指以强制力推行的，用以规定各种行为规范的法规、规章等。

②指挥类文件，是指巾领导、指导机关制发的，用以颁布方针政策、法规规章，指导、布置工作，阐明领导指导原则的文件。

③报请类文件，是指川于汇报工作，陈述情况，提出建议，请求指示或批准的文件。

④知照类文件，包括公布性文件，商洽性文件，证明性文件和会议文件。

A. 公布性文件，是指直接向国内外公开发布的文件。

B. 商洽性文件，是指无传递方向限制，用于探讨协商一般事项的函件等。

C. 证明性文件，是指对某组织或个人的使命、身份、经历或某事件提供证据和对有关各方面的权利、义务、责任作出规定的文件。

D. 会议文件，一般指会议纪要。

2. 通用公文的文种

文种，又称公文的名称，用以表明公文的性质、适用范围和作者职能权限以及制发公文的目的要求等。在公文中正确标明文种，有利于维护公文的权威性与有效性，并为公文的撰写、处理提供便利。

我国通用公文的文种，主要有：

（1）规范类文件，包括条例、规定、规则、办法等。

（2）指挥类文件，包括命令（令）、决定、批复、决议、意见等。

（3）知照类文件，包括公报、公告、通告、通知、通报、函、纪要等。

（4）报请类文件，包括报告、请示、议案等。

2012 年 4 月 6 日，中共中央办公厅、国务院办公厅联合印发了《党政机关公文处理 T 作条例》，规定公文种类 15 种，分别为决议、决定、命令（令）、公报、公告、通告、意见、通知、通报、报告、请示、批复、议案、函、纪要，分别隶属于指挥类、知照类和报请类公文。

三、公文的文体、格式与稿本

1. 公文的文体

公文的文体，指公文的表达方式。公文属应用文体，应具有应用文体的基本属性. 即具有直接应用性。从本质到现象，从总体到细节的全面真实性与严格遵守国家统一规定，保证公文内容完整、标记明显的格式规范性。

公文文体又不同于一般的应用文，具有其自身的特殊属性：

（1）公文被规定以现代汉语的书面形式（即白话文）作为必须使用的符号系统。

（2）公文兼有说明、叙述、议论三种表达方式。只是不同文种因其性质与行文目的的不同而在三种表达方式的运用上，各有侧重。

2. 公文的格式

公文格式，指公文的数据构成与对各数据项目的编排。公文格式具有相对稳定性和规范性的特点，主要表现在：第一，所有公文必须具备指定的基本数据项目，如发文机关、标题、正文、印章或签署、成文日期。第二，对公文各数据项目的编排必须遵循国家的有关规定。第三，在确保公文结构完整的同时，相同文种的公文，其数据构成应保持大体一致。

（1）基本数据项目

①发文机关。用于表现公文的责任者，展示公文的法定权威性。标识发文机关有两种形式：一是由发文机关的全称或规范化简称加“文件”二字构成。这种形式又称皈头、文头，采用大号黑变体字或初号宋体字在公文首页上端套红标识。另一种是在公文落款处标明发文机关的全称或规范性简称。以领导人名义制发的公文，须标明领导人职务，这种形式又称署名。几个机关联合行文时，应将主办机关排在前。

②标题。是标明某一公文主要内容的概括性名称。一般由发文机关名称、内容与文种三部分构成。有文头的公文，标题中可省略发文机关名称；公布性、知照类公文可只标明文种。标题要求准确、简明，标题中除法规、规章的名称加注书名号外，一般不用标点符号。

③正文。它是公文的主体部分，一般要求一文一事。

④印章或签署。在公文上盖印或签署，用以证实作者的合法性和公文的法定效力。行政公文除公文纪要外，均需加盖印章。联合上报的非法规性文件，由主办机关加盖印章。联合下发的公文，联合发文机关均应加盖印章。盖印应端正、清晰，做到上不压正文，下压成文日期。

⑤成文日期。用于表明公文开始发挥效用的时间。确定成文日期，以领导人签发的日期为准；联合行文，以最后签发机关领导人的签发日期为准。标注成文日期要求用汉字写全具体的年、月、日。

（2）供选择的数据项目

供选择的数据项目是根据文种、行文目的、阅读对象以及版面编排的需要而特别填制的项目。

①发文字号。由机关代字、发文年号与发文顺序号组成。一件公文只有一个发文字号，联合行文时，只标注主办单位的发文字号。

②签发人标志。指于发文字号右侧注签公文的领导人姓名，用于上行文。作用

在于表明机关发文的具体责任者，并为直接联系与查询有关事宜提供方便。

③主送机关。即收受公文并对公文负主办或答复责任的机关全称、规范化简称或统称。于标题之下靠左顶格标注。作用在于表明公文的空间效力范围，明确对公文负法定办理或答复责任的机关。

④附件说明。指在正文左下方作出的附件标注，用以注明附件的序号、标题，适用于具有附件的公文。标注附件的作用在于方便查阅和保护附件。

⑤附注。指以公文中某些内容或有关事项的注解与说明，其作用在于简化公文正文，便于阅读与理解。标注于主题词上方。

⑥主题词。指用于提示公文主要内容并经规范化处理的词与词组。用于为按主题检索公文提供检索标识，为以现代信息处理手段和管理公文奠定基础。

⑦抄送机关。指收受公文并需了解公文内容或协助办理公文的机关全称、规范化简称或统称。目的在于使有关机关了解公文内容，以便在必要时给予配合。

⑧印发说明。又称版记，用于标识公文印发部门名称、印发日期与印发数量等。目的在于明确公文印制的责任，便于受文者与公文印发部门直接联系。

⑨份号。指对依据同一文稿印制的若干份公文依次编制的顺序代码。适用于机密、绝密公文。

⑩密级。于公文上方分别用汉字注明“绝密”、“机密”、“秘密”。

1111 紧急程度。即表明公文送达和办理时限要求的标识符号。适用于“特急”、“急件”公文。

1212 无正文说明。是公文的生效标志未与正文同处一页时所作的说明。用于维护公文的完整性与有效性。

1313 题注。指对标题的注解和说明。用于注明法规、规章或其他经会议讨论通过公文产生的法定程序与时间。一般用圆括号标注于标题下方。

（3）数据项目的安排

①公文用纸幅面尺寸与区域划分。公文用纸幅面尺寸一般为 16 开型（长 260mm，宽 184mm）；也可采用国际标准 A4 型（长 297mm，宽 210mm），左侧装订。张贴的公文用纸大小，根据实际需要确定。公文用纸划分为图文区与白边区。

②公文符号的书写与排版。公文的文字符号从左到右横写横排。

③主要数据项目的编排。编排的次序为：发文机关、份号、秘密等级、紧急程度、发文字号、签发人、标题、主送机关、正文、附件说明（标记）、签名（签署）、成文日期、附注、主题词、抄送机关、印发机关和时间。

3．公文的稿本

（1）草稿。是公文的原始文稿，包括讨论稿、送审稿、征求意见稿、草案等多种形式，均供讨论、征求意见和修改审核使用，不具备正式公文的效用。

（2）定稿。又称原稿。是已经履行法定生效程序的最后完成稿，即业经机关领导人审核并签发，正式公文讨论通过，或经上级机关审核批准的文稿。具备正式公文的法定效用，是制作公文正本的标准依据。

（3）正本。是供受文者使用的具有法定效用的正式文本，格式规范并具备各种生效标志。

（4）副本。是再现正本内容及全部或部分外形特征的公文复制本或正本的复份。备存查、知照使用。

（5）试行本。法规文件正本的一种特殊形式，在试验推行期间具有法定效用。

（6）暂行本。法规文件正本的一种特殊形式，在暂时实行期间具有法定效用。

（7）修订本。以已经发布生效的文件进行修订改正再行发布使用的文体，修订本具有法定效用。

（8）不同文字稿本。同一公文在形成过程中，需要两种或两种以上文字撰制时，不同文字所形成的内容相同的文稿或文本在效用上相同。

四、公文的行文规则和写作要求

1. 公文的行文规则

所谓公文的行文规则，是国家制定的控制行文及行文方向、行文方式的有关规定。其目的主要是确保公文迅速而准确地传递，避免行文紊乱，防止公文“旅行”，尽快发挥公文的效用。

行文规则的内容主要有：

（1）根据机关之间的丁作关系准确行文。机关之间的工作关系主要有四种类型，即隶属关系、业务指导与被指导关系、平行关系和不相隶属关系。对于隶属关系和业务指导与被指导关系，处于被领导、指导的下级机关（部门）应向上级领导、指导机关（部门）报送上行文；而处于领导、指导地位的上级机关（部门）可以向被领导、指导的下级机关（部门）发送下行文；对于具有平行关系和不相隶属关系的机关之间传递平行文。

（2）选择适宜的行文方式。行文方式主要有逐级行文、多级行文、越级行文和直接行文等。一般情况下不应越级行文。因特殊情况如情况紧急，逐级上报下达会延误时机造成重大损失；经多次请示直接上级机关而长期未予解决的问题；上级机关交办并指定直接越级上报的具体事项；需要直接询问、答复或联系的具体事项；检举、控告直接上级机关等越级行文时，一般应抄送越过的机关。

（3）正确选择主送机关与抄送机关。除普发性公文外，通常一件公文只选择一个主送机关，防止由于多头主送而贻误处理。除领导人直接交办的事项外，不应将公文直接报送领导者个人。选择抄送机关时，应注意不要扩大抄送范围。

（4）坚持“党政分开”的原则。

（5）联合行文时，作者应是“同级机关”。

（6）行文前必须对有关问题协商一致。不能协商一致不得各自按照自己的意见下行文。

（7）“请示”与“报告”分开。“请示”应当一事一文，一般只写一个主送机关；“报告”中不得夹带请示事项。

（8）严格控制公文数量，简化行文手续。

2．公文的写作要求

公文是一种特殊的文章，其写作过程具有一些特殊的规律，因此，要写好公文，除了必须遵从文理通顺、观点与材料统一、层次分明、结构合理等文章写作通则外，还必须遵循下列一些基本要求：

（1）符合党和国家的路线、方针、政策和法律、法规以及有关规定，具有合法性。

（2）实事求是，讲求实效。

①从实际出发，根据客观需要制发公文，公文写作要具有明确的目的性，具有合法性。

②公文的内容务求符合客观实际，反映客观事物的本来面目，并从实际出发，提出切实可行的工作原则与方法，使公文具有真实性与可行性。

③注重实效。公文写作必须及时迅速、把握时机，紧密适应机关行政管理的需要，提高机关工作效率。

（3）主题明确，结构完整，格式规范。

（4）用语庄重严谨，简明通顺，平实得体。

第2讲 指挥类公文写作

一、命令（令）

1．命令（令）的概念

命令（令）是指由国家权力机关或权力机关负责人颁布的具有强制性、权威性和指令性的文件。

2．命令（令）的适用范围

根据《国家行政机关公文处理办法》第九条规定，命令（令）“适用于依照有关法律公布行政法规和规章；宣布施行重大强制性措施；嘉奖有关单位及人员”。从中可以看出，人民团体、企事业单位无权发布命令（令）。

3．命令（令）的种类

命令（令）有以下几种：

（1）公布令。义称发布令或颁布令，是命令中属于国家最高权力机关或国家元首根据国家最高权力机关的决定，颁布宪法、法律、法令以及其他法规性文件而采用的一种公文文体。

（2）行政令。是指国务院及其各部门、县以上人民政府宣布施行重大强制性行政措施，实行行政领导与指导时使用的文种。

（3）任免令。是指用于任免领导干部和其他工作人员时使用的一种下行文。

（4）嘉奖令。是指宣布奖励事项时使用的一种公文。

（5）惩戒令。又称惩处令，是指特定权力机关对违法者进行惩处的命令。惩戒令主要川于司法机关，党政机关和社会团体在惩处违法者时使用的一种公文。

（6）通缉令。是指公安机关动员和组织人民群众共同堵截、查找、追捕在逃犯归案而发布的命令。

（7）指令。是指发布指示性和规定性相结合的措施或要求所使用的公文。

（8）通令。是指上级机关把同一命令发到所属的若干地方、部门，也指发往各处的同一命令，或传达命令。通令是告知某些行政性法令的一种命令公文，它介于行政令和奖惩令之间，因而兼有宣布法令和禁令处罚的内容。它的送达和阅读范围很广，所属全体人员均可『兑 J 知，故称通令。

（9）其他命令（令）。包括撤销令、动员令等。

4．命令（令）的写作技巧

（1）命令（令）的写作格式

命令（令）的结构分标题、发文字号、开头、主体、结尾和落款六个部分。

①标题。命令（令）的标题通常有四种写法，即“发文机关+事由+文种”、“发文机关+文种”、“事由+文种”、“文种”。

②发文字号。命令（令）的发文字号写法有两种，一种是由“机关代号+年份+序号”组成；第二种是以令号（发文机关发布命令的顺序号）作为发文字号。

③开头。开头要写明命令（令）发布的缘由，即发布命令（令）的原因、目的、根据和意义。

④主体。即命令（令）的事项。要求准确写出决断性、强制性的规定或措施。

⑤结尾。通常写明对命令（令）事项的补充说明或向受命者提出希望和要求。有些命令（令）也可根据内容不写执行要求。

⑥落款。包括署名和发文时间两项内容。在正文后右下方写明发令机关的全称或发令人的领导职务和姓名。

（2）命令（令）的写作要求

①必须按规定权限行文。

②要体现强制性。

③语言要朴实，文字要准确。

二、决定

1．决定的概念

决定，是指用于对重要事项做出决策或者安排，变更或者撤销下级不适当决定事项的一种公文。是针对全局性、普遍性、倾向性问题做出决策。一般具有法规性或行动约束力，要求下级遵照执行。

2．决定的适用范围

根据《国家行政机关公文处理办法》第九条规定，决定“适用于对重要事项或者重大行动做出安排，奖惩有关单位及人员，变更或者撤销下级机关不适当的决定事项”。

在党的机关，决定用于对重要事项做出决策和安排。

党政机关、社会团体或企事业单位对某些重要事项或重大行动做出安排，部可以使用决定文种。

3．决定的种类

常见的决定有以下几种：

（1）公布性决定。是指在会议上直接公布某个议案具体内容时使用的公文。

（2）部署性决定和决策性决定。是指党和国家行政机关为部署所属全局工作，或采取某项重大举措而使用的一种公文。

（3）事项性决定。是宣布某一重大问题的处理结果或对某项工作做出重大安排的决定。

（4）表彰性决定和惩处性决定。对有突出贡献的先进集体、先进个人进行表彰的决定称为表彰性决定；对一些影响较大、群众关心的事故和错误进行处理的决定称为惩处性决定。

（5）任免性决定。是对人事任免做出安排的决定。

4．决定的写作技巧

（1）决定的写作格式

①标题。决定的标题一般由“发文机关+主要内容+文种”组成。如果决定是会议通过或批准的，要用全标题，并在标题下写明通过日期和经什么会议通过或批准，用圆括号加入。

②正文。决定的正文一般由三个部分组成，分别为开头、主体和结尾。开头主要写明制发决定的概括即发布决定的背景、依据、目的、意义。主体即决定的事项。如果是用于指挥工作的决定，要提出工作任务、措施、方案、要求等；如果是用于批准事项的决定，要表达批准意见；如果是用于表彰或惩戒的决定，则要写明表彰的决定和项目或处罚方法等。结尾即执行要求。

③发文日期。有的标题没有发文机关，则在正文后右下方除了写上发文日期，还要在它的上方注写发文机关。

（2）决定的写作要求

①依据正文写缘由，强调决定的合法、合理、合情。

②基于事实作决策，不主观臆断和任意发挥。

③切合实际写要求，一切从实际出发，有针对性地提出要求、措施。

三、批复

1．批复的概念

批复是答复性的下行文书，它是上级机关答复下级机关请示事项的指导性文件。

批复必须以下级机关的请示或报告为存在的前提条件。没有请示，也就无所谓批复。

2．批复的适用范围

批复适用于答复下级机关的请示事项。下级机关用请示向上级机关行文，上级机关用批复作出相应的答复。以批复形式答复的请示事项，一般是比较重要但涉及面不是很广的事项。

3．批复的特点

（1）具有专向性，批复专对着请示行文。

（2）具有针对性，是上级机关针对下级机关请示的某一具体问题作出的答复。

（3）具有指令性，下级机关必须遵照执行。

（4）具有政策性，批复是以党和国家的政策为依据。

（5）具有单一性，批复的发文对象是请示单位，批复的内容是下级请示的事项。

（6）具有结论性，上级机关的批复必须是明确的、结论性的意见。

（7）具有时效性，上级机关的批复必须及时，以提高办事效率。

4．批复的种类

（1）决定性批复。是批准下级机关的请示事项，作出行政决定的批复。

（2）指示性批复。是上级机关不但同意下级机关的请示，而且就请示事项的落实、执行或就事项的重要性、意义提出指示性意见。

（3）解答性批复。是上级机关对下级提出的关于法律、政策、规定、措施等的询问请示做出的批复。

（4）其他批复。包括审批法规批复、政策批复、研究报告批复等。

5．批复的写作技巧

（1）批复的写作格式

批复通常由标题、正文两部分组成。

①标题。批复的标题一般为“发文机关+主要内容+文种”组成。批复中的主要内容一项中，须明确表示对请求事项的意见和态度，而一般公文标题中的主要内容部分一般只点明文件指向的巾心事件或问题，多数不明确表示态度和意见，这是他们的不同之处。

②正文。正文由批复依据、批复事项、执行要求三部分构成。

（2）拟写批复应注意的问题

①拟写批复时要严肃、具体而明确。

②要有正式的书面请示才能批复。

③批复一般只下发给来文请示的单位，如有普遍意义，可以抄送所属各单位。

④拟写批复要有理有据。

⑤行文要简洁。

⑥坚持一请示一批复的原则。

⑦批复的意见要态度明朗。

四、决议

1．决议的概念

决议是党的领导机关作出重要决策事项的公文，是在党的高级领导机构的会议上研究、讨论后形成，代表发文机关的意志，一经发布，其下属党组织和党员必须严格遵守，认真落实，不得违背，具有很强的权威性。

2．决议的适用范围

《中国共产党机关公文处理条例》指出：决议用于经会议讨论通过的重要决策事项。从中可以看出，决议的决策者是党的领导机关；决议的内容必须是重要的决策事项；决议的形成必须经会议讨论、表决通过。

3．决议的种类

决议根据内容主要有公布性决议、部署性决议、批准性决议、纪要性决议、阐述性决议等。

4．决议的写作技巧

（1）决议的写作格式

决议一般由标题、成文日期和正文三部分组成。 ①标题。决议的标题的写法有三种即“发文机关+主要内容+文种”、“会议名称+主要内容+文种”和“主要内容+文种”。

②成文日期。决议的成文口期需加括号注写在标题之下居中位置。如果公文标题中已包括会议名称，成文日期只需在括号内写明“××××年××月××日通过”字样即可；如果公文标题巾没有会议名称，成文日期在括号内要写明“××委员会第×次会议××××年××月××日通过”字样。

③正文。决议的正文由开头、主体和结尾三部分组成。开头一般写明决议的根据，即会议听取了什么、学习讨论了什么、审议了什么、批准或通过了什么、自何时生效等。主体根据内容而有所区别，如果是批准事项或通过文件的决议，多是强调意义，提出号召和要求；如果是安排工作的决议，要写明工作的内容、措施、要求；如果是阐述原则问题的决议，多是采用夹叙夹议的写法。结尾有时有，有时没有，如有时一般多以希望、号召结束全文。

（2）决议的写作要求

①文风严谨准确。决议要忠实于会议的主题，把握会议的中心，定性准确，评价适当。

②文字要简明扼要。

③格式书写要规范。

④注意成文的时效性。

五、意见

1．意见的概念

意见，是指上级机关或主管部门针对当前即将进行的主要工作和亟待解决的重大问题，提出原则性的要求和具体的处理办法，并直接发至下级机关或转发到有关部门遵照执行的一种公文。

2．意见的适用范围

意见既可用于向上行文，义可用于向下行文，既有报请性义有指挥性。意见作为上行文，类似于请示，可向上级汇报提出对某个重要问题的见解和处理方法，如上级机关认可，可批复下发贯彻执行，但适用范同没有请示广泛，只限于对重要问题提出见解和处理方法。意见作为下行公文，类似于指示，可对下级机关布置工作，明确处理问题的办法；但指示只提出原则和要求，具有方向性，而意见提出具体的处理办法，具有可操作性。

意见的使用主要有三种情况：

（1）对重要事项提出指导性的见解。

（2）对一个阶段的工作提出原则性的要求。

（3）对带有全局性的问题提出处理办法和政策性措施。

3．意见的特点

（1）具有实施性。意见是上级机关对重大问题所持的观点、见解、看法、态度，有较强的实施性。

（2）具有指导性。意见的最大特点是它的政策指导性较强，所以意见既要符合党的路线、方针、政策，又要结合具体实际情况，理论联系实际。

（3）具有针对性。意见的制发是针对工作中亟待解决的问题或必须克服的倾向，具有针对性。

（4）具有明确性。意见要明确，不能含糊其辞，不能有歧义。

（5）具有可操作性。意见要有法可依，有据可查，切实可行。

4．意见的种类

意见主要有以下几种：

（1）直发性意见。是指可以直接下发的意见，通常是上级机关对下级机关的工作提出要求和规定时使用的意见。

（2）请批性意见。是指行文单位对自己主管的工作提出指导性意见，先呈报给执行单位共同的上级机关，再由上级机关批转给有关单位执行的意见。

（3）建议性意见。是指下级机关对重大问题提出建议，要求上级机关予以批复的一种上行公文。

（4）指导性意见。是指用于上级机关或有关主管部门阐述和说明开展某项工作的基本思想、原则、要求，并对工作提出原则性指导意见的一种公文。

（5）规划性意见。是指用于上级机关或业务主管部门制定开展某项_丁作的部署、要求、安排、具体措施，并带有工作计划特点的一种公文。

（6）其他意见。包括实施性意见、指示性意见、政策性意见等。

5．意见的写作技巧

（1）意见的写作格式

意见一般南标题、主送机关、开头、主体、结尾、落款六个部分组成。

①标题。一般由“发文机关+事由+文种”组成。

②主送机关。直接下发的意见，要标注主送机关。如果主送机关已标注在批转通知中，则不再标注主送机关。

③开头。意见的开头．主要写明发布意见的背景、根据、目的、意义等内容，最后以“现提出以下意见”、“特制定本实施意见”等语句承上启下，引入正文。

④主体。是意见的主要部分，要把对重要问题的见解或处理办法一一写明。

⑤结尾。篇幅较长的意见通常以提出号召、希望、督查要求为结尾。局部性意见大多没有专设的结尾，而是自然结束正文。

⑥落款。即署名和标注成文日期。直发性意见，一般都在文后署名和标注成文日期；转发性意见，通常不在文后落款，而将发文机关名称署于标题之下。

（2）写作意见应注意的问题

写作意见时要注意，观点要鲜明，措施要切实可行，行文要庄重，语气要缓和，多用说理方式，同时要注意选题。

第 3 讲　知照类公文写作

一、公告

1．公告的概念

公告是通过网站登录、张贴或广播的形式公开发表，公布国家权力机关的重要决策，有关重大问题的处理事项，宣布国内外人士都需要知道的事项，以及对国内外有重大影响的礼仪活动安排等的重要文告。

公告的发布者一般是国家立法机关或行政领导机关，具有较强的权威性，有些还有强制性。公告的受文者十分广泛。

2．公告的种类

公告的种类主要有：事项性公告、强制性公告、知照性公告、发布性公告、招标公告、选举公告等。

3．公告的适用范围

公告是国家机关向国内外宣布重要事项或法定事项的文种。人民团体、企事业单位除针对特定事项外．不宜采用公告，而要视事项的性质和内容的不同，分别采用通告、布告、启事、海报、通知等文种。

4．公告的特点

公告具有庄重性、严肃性、广泛性以及法定作者的限定性等特点。

5．公告的写作技巧

（1）公告的写作格式

公告一般南标题、正文、签署、落款和编号五个部分组成。　①标题。主要有三种形式：一是“发文机关+文种”的形式；二是“事南+文种”的形式；三是只写公文文种“公告”二字，而将发文机关的名称置于正文之后。

②正文。一般是由公告的依据和公告事项两部分组成。最后以“现予公告”、“特此公告”结尾，也可不写结尾。

③签署。即在正文之下写上公告机关名称的全称，若以个人名义发布，在姓名前要冠以职务名称。

④落款。以“公告”或“事由+文种”做标题时，应写明发布公告的单位名称及时间。如以“发文机关+文种”做标题时，只要注写发布公告的时间。

⑤编号。公告在标题下有时单独编出顺序号，如“第一号”、“第二号”等。

（2）写作公告应注意的问题

①行文要郑重，用语要规范。

②宣布的事项应具体明确，一般不写事情的经过，也无须阐发道理。

③篇幅尽量短小，文字简明易懂。

二、通告

1．通告的概念

通告是在一定的范围内公布各机关、团体、企事业单位与广大群众需要遵守或周知的政策、措施与行为规范，或其他需要引起警觉与注意的事项的文告。

2．通告的适用范围

通告的发布者可以是国家机关，也可以是企事业单位和人民团体。通告用于公布社会各有关方面应当遵守或周知的事项。

3．通告的特点

①具有广泛性。通告的内容可涉及国家的法令、政策，也可以是社会生活中的一些具体事务。

②具有普遍性。通告的使用对象可以是各级党政机关，也可以是人民团体、企事业单位。

③具有法规性和约束力。通告是行文单位根据自己的职权范围发布的，它所通告的事项，有关单位或人员必须严格遵守或者周知，具有一定的法规性和行政约束力。

4．通告的种类

根据通告的内容，通告一般分为法规性通告、工作性通告、表彰性通告、招聘性通告、强制性通告、事项性通告等。

5. 通告的写作技巧

（1）通告的写作格式

通告一般由标题、正文、落款三部分组成。

①标题。通告的标题通常有三种：一是“发文单位名称+事由+文种”；二是“发文单位名称+文种”；三是只写“通告”两字。

②正文。一般包括发布通告的目的、依据、通告事项、执行通告事项的要求与结语（“本通告自发布之日起实施”或“特此通告”）等。

③落款。以“通告”做标题时，应写明发布通告的单位名称及成文日期。如以“发文单位名称+事由+文种”或是“发文单位名称+文种”做标题时，只要注写发布通告的成文日期。

（2）写作通告应注意的问题

①通告的内容应明确具体。

②通告一般用分条列项的形式表述，用语要求简明易懂。

③通告是正式公文，应注意维护其严肃性。

三、通知

1. 通知的概念

通知是机关、企事业单位和人民团体向特定的受文对象告知有关事项的晓谕性公文。

2. 通知的适用范围

通知适用于批转下级机关的公文，转发上级机关和不相隶属机关的公文。传达要求下级机关办理和需要有关单位周知或执行的事项及任免聘用人员。

通知用途广泛，使用频率很高。

3. 通知的特点

①功能的多样性。通知可以用来发布法规规章、传达指示、布置工作、批转转发文件、晓谕事项、任免人员等。

②应用的广泛性。通知的使用范围广，任何单位、部门都可以使用通知。通知内容涉及面广，可以是同家大事，也可以是具体的工作事项。

③时间性。通知有明显的时间要求，只能在一定的时间内产生效力。

4. 通知的种类

（1）指示性通知。亦称布置工作的通知，主要用于：

①传达上级机关的决定或指示；②布置需要执行与办理的一般性工作或具体事项；③上级主管业务部门向下级主管业务部门对口指导业务事项；④一般基层单位用于布置具体工作。

（2）知照性通知。用于知照有关单位需要周知而不需办理的事项。

（3）转发性通知。用于转发上级机关、同级机关和不相隶属机关公文的通知。

（4）批转性通知。是当上级机关对下级机关报来的公文，认为具有广泛印发的必要性和重要性时即加上批语以通知的形式向下转发。

（5）发布性通知。是指用通知发布规章，以提高规章的法定效力，使执行单位认真贯彻的一种带有命令性和规定性的下行公文。

（6）任免性通知。是指上级机关在任免下级机关领导人或上级机关有关任免事项需要下级机关知道时发布的一种下行公文。

（7）会议通知。是指用于召开某次会议而提前发文通知有关与会人员做好参会准备的公文。

（8）紧急通知。是指党政机关对所属范围内的下级机关和单位，告知某些紧急事项而作出相应的指示部署时使用的一种公文。

5．通知的写作技巧

（1）通知的写作格式

通知一般由标题、主送机关、正文、落款和日期构成。

①标题。通知标题一般由发文机关名称、事由和文种三部分组成。有的还要根据具体情况写明“联合通知”、“紧急通知”、“重要通知”、“补充通知”等。非正式文件处理的一般性通知，标题可直接标出文种。

②主送机关。在标题下、正文前顶格写受文单位或个人。

③正文。通知正文一般包括通知缘由、通知事项、通知要求三部分。不同种类的通知其正文的写作有所不同：A.发布性通知的正文一般写明发布的意义和目的，提出执行的要求。B．指示性通知的正文包括两个部分即开头和内容；开头部分写明通知的缘由，可以写当前存在的问题，发本通知的意义，也可写“特发本通知”或“特通知如下”转入通知的内容；内容部分大多采用分条列项法，具体提出要求和措施、办法。C．会议通知的正文一般包括：召开会议的机关、会议名称、会议起止时间、地点、会议的内容和任务、参加会议的人员范同和人数、入场凭证、报到时间及地点、与会人员须携带的文件材料、其他要求事项等内容。D．任免通知的正文包括决定任免的时间、机关、会议或依据文件以及任免人员的具体职务等。

④落款和日期。在正文的有下方写发文机关名称和发文日期。

（2）写作通知应注意的问题

①要熟悉通知的内容。

②要运用适当的表达方式。

③注意语言的准确性。

四、通报

1．通报的概念

通报，属于普发性下行文，是指党政机关和部门用以表彰先进、批评错误、传达重要精神或交流重要情况时使用的一种公文文种。

2．通报的适用范围

通报适用于表彰先进、批评错误、传达重要精神或交流重要情况。通报文种灵活，使用频率高。

3．通报的特点

（1）具有教育性。

（2）侧重于叙事，在叙事的基础上阐明道理。

（3）具有较强的时效性。

4．通报的种类

（1）事故通报。

（2）情况通报。

（3）表彰通报。

（4）批评通报。

（5）专题通报。

5．通报的写作技巧

（1）通报的写作结构

通报的结构包括标题、主送机关、正文、成文日期四个部分。

①标题。标题由“发文机关+事由+文种”或“事由+文种”表示，有时也可以只写出文种即“通报”作为标题。

②主送机关。一般通报都有主送机关，少数普发性通报可以不写此项。

③正文。一般南引言、事实、分析及处理三部分组成；引言部分主要是概括通报的内容、性质、作用和要求。

④成文日期。一般在正文右下方注写。

（2）写作通报应注意的问题

①事例要典型。

②材料要真实。

③行文要及时。

④要突出教育性，注意掌握政策。

⑤应使用说明与叙述的表达方式。

五、 函

1．函的概念

函是指平行机关或不相隶属机关之间，商洽和联系工作、询问和答复问题时所使用的一种公文。

2．函的特点

（1）灵活性。主要表现在两个方面：第一，行文关系灵活；函不受作者职权范围与级别层次高低的制约。第二，内容灵活；函不受内容繁简轻重差别的严格限制。

（2）使用频率高，并且类别繁多。

（3）具有公文的法定效率。函有正式公函与便函之分，正式公函为正式公文的一种，不论是用于商洽公务、询问与答复问题，还是向有关主管部门请示批准，均代表了法定作者的意志与权威，要求受文者予以办理与配合。

3. 函的适用范围

函既可以在平行机关及不相隶属机关之间使用，也可以在上下级机关之间使用。

函可以用于商洽公务、接洽工作、询问事情、征求意见、答复问题、请求帮助及告知情况、催办事务等。

4. 函的种类

根据函件的内容和作用划分，函可以分为以下几类：

（1）商洽函。主要用于机关或部门之间联系和商洽工作时使用。

（2）询问函。主要是向对方询问有关问题，请求对方给予答复时使用。

（3）答复函。主要是答复对方来函所询问的问题时使用。

（4）其他函。包括协调函、合作函等。

5. 函的写作技巧

（1）函的结构

①标题。通常为“发文机关+事由+文种”的形式，有时发文机关名称可省略。如属回复问题的函，则多在“函”前加“复”字即“复函”。

②发文字号。有的公函有正规的发文字号，其写法与一般公文相同，由“机关代号+年号+顺序号”组成。

③主送机关。一般函的发文对象是明确的、单一的，所以多数函的主送机关只有一个。但有时函的内容涉及多个部门，则有排列多个主送机关的情况。

④正文。一般包括三个部分即制发函的根据与理由、商洽或询问（答复）以及请求批准的具体事项、结尾。结尾通常使用致意性的词语，如“敬请予以大力支持”、“烦请尽快函复为盼”、“致以敬礼”等。

⑤发函机关名称与成艾日期。

（2）函的写作要求

①行文郑重，格式规范。

②直陈其事，言简意明。

③用语谦和，讲究礼貌。

六、纪要

1. 纪要的概念

纪要是指在会议后期，根据会议记录、会议文件等材料加以归纳、整理所撰写的传达贯彻会议主要精神和议定事项，一般需要与会单位共同遵守执行的公文。

2. 纪要的适用范围

纪要适用于记录和传达会议情况和议定事项，一般要求与会单位共同遵守和执行时采川。

3. 纪要的特点

（1）具有较强的提要性。纪要要对会议的内容要点进行综合整理和提炼概括。

（2）具有法定的权威性。纪要一经下发，便对有关单位和人员产生约束力。

（3）具有存查备案的作用。

4. 纪要的种类

根据纪要议定事项、与会单位的关系及要求，纪要可分为以下几类：

（1）决议性纪要。一般是具有一定权力的机关召开的研究工作的会议，纪要记载会议的主要精神和议决事项，作为传达和部署工作的依据，对今后工作有指导意义。

（2）协议性纪要。由代表不同方面的不同单位或部门联合召开的商讨共同关心问题的会议，纪要主要记载各方取得的一致意见，对各方今后的工作有约束力。

（3）研讨性纪要。主要用于研讨问题或交流情况、介绍经验的会议，不需要统一意见，不需要作决议，纪要只是把各方的主要观点、意见或情况记下即可。

5. 纪要的写作技巧

（1）纪要的结构

纪要一般由标题、开头、主体、结尾四部分组成。

①标题。一般需写明会议名称和文种。有些纪要还要标明会议召开单位。

②开头。简要介绍会议的基本情况，包括召开会议的根据、目的、会议名称、会议的起止时间、会议的地点、与会人员、会议的基本议程、会议的成果等。

③主体。主要介绍会议讨论与决定的事项。一般应首先写明对会议讨论事项的分析与评价，而后写关于今后工作的指导原则与具体安排或对有关事项的处理意见。

④结尾。写明会议的希望、要求或发出号召。有的纪要也可省略。

（2）纪要正文的几种写法

①条项式写法。即把会议讨论的问题和决定的事项，分条分项写出。

②综合式写法。即把会议内容，按性质综合为若干部分，然后逐一写出。

③摘录式写法。即摘要记录会上发言内容，按发言顺序或按内容性质归类写出。

（3）纪要的写作要求

①实事求是、真实准确地反映会议的各项内容。

②突出重点，简明精炼。

③层次分明，条理清楚。

第 4 讲 报请类公文写作

一、报告

1. 报告的概念

报告属于陈述性公文，用于向上级机关反馈本机关或部门工作情况或收集的信息，总结经验教训，为上级机关制定决策和指导工作提供依据。

2. 报告的特点

（1）报告是上行公文，是上下级纵向联系、沟通的一种重要形式。

（2）报告不要求批复。

（3）报告表述方式以叙述为主。

3. 报告的适用范围

报告适用于向上级机关汇报工作，反映情况，答复上级机关的询问。报告的用途十分广泛。

4. 报告的种类

报告按内容和性质划分，可以分为以下几种：

（1）工作报告。工作报告主要用于向上级机关汇报工作，反映情况，提出意见和建议。可分为综合性报告与专题性报告。

（2）呈转性报告。呈转性报告侧重于针对工作中存在的问题，提出具体的解决方案与建议，报请上级机关批准，并转给有关地区或机关执行。它一经上级批准即具有了对受文单位的权威性。

（3）调查报告。是根据调研的成果写成的用于揭示事物真相与规律的报告。主要是为向上级机关反馈信息，辅助决策，核查决策执行情况使用。

（4）答复询问报告。是下级机关答复上级机关询问时使用的文种。

5. 报告的写作技巧

（1）报告的结构。报告主要由标题、主送机关、正文、落款和日期四个部分组成。

①标题。报告的标题有两种写法：一是“事由+文种”；二是“发文机关+事南+文种”。有的报告内容紧急，则在文种前冠以“紧急”字样。

②主送机关。当行政机关受多重领导时，主送机关可以不止一个。

③正文。报告的正文分引据、主体和结语三部分。引据是先概括说明全文主旨，然后用“现将有关情况报告如下”承上肩下，引领主体。主体即报告事项部分，是正文的核心，要叙述报告的具体内容。结语常用“特此报告”、“以上报告，如有不妥，请指正”等。

④落款和日期。即在正文的右下方写上发文单位和成文日期。

（2）报告的写作要求

①要总结出有规律的内容。

②注意个体材料和整体材料的配合使用。

③反映的情况要真实、具体。

④重点要突出。

⑤报告巾不得夹带请示事项。

（3）报告写作应注意的问题

①材料要真实。

②主旨要鲜明。

③报告不得与请示混用。

④要注明签发人。

二、请示

1．请示的概念

请示是下级机关向上级机关或业务主管机关请示某项工作中的问题，明确某项政策界限，审核批准某事项时使用的上行公文。

2．请示的适用范围

请示适用于下级机关向上级机关请求指示、批准。下级机关遇到无权处理或无力处理解决的问题，都可以通过向上级机关呈送请示的形式，请求上级机关予以批准或者给予指示。

3．请示的特点

（1）请示具有强制回复的性质。请示一般是带有迫切性的、并需要上级机关批示、批准的事项，要求上级机关批复。

（2）请示具有单一性。请示一股一文一事，不可将多项内容放在同一文中请示。

（3）请示具有预先性。请示要求在事前行文，不允许先斩后奏。

（4）请示具有定向性。请示是一种上行文，只在向上行文时使用。对不是上级领导机关的业务主管机关或其他不相隶属单位，一般不使用请示文种。

4．请示的种类

（1）求准性请示。是下级机关遇到工作中的具体问题，请求上级机关批准自己要求时使用的一种公文。

（2）请求指示的请示。是请示单位对管辖区域的变更、机构设置、人员定编、人事安排、资产购置、资金动用等问题向上级机关请示办理的一种公文。

（3）请求解决问题的请示。是请示单位呈报因工作中遇到无力解决的困难，要求上级机关提供帮助的一种公文。

（4）批转性请示。是请求上级机关对自己单位给下属机关或其他不相隶属的同级机关的请示、文件予以批准，并转发的一种公文。

5．请示的写作技巧

（1）请示的结构。请示的结构一般由标题、主送机关、正文、制发机关名称和成文日期组成。

①标题。请示的标题有两种写法：一是“事由+文种”；二是“发文机关+事由+文种”。

②主送机关。请示的主送机关就是负责受理和答复请示的机关。

③正文。请示的正文一般由开头、主体、结语三部分组成。开头主要表述请示的缘由，是上级机关批准答复的主要依据。主体是表明请示事项的部分，是请示的核心。结语是表明请示的具体要求，一般按程式化的语言写出，如“妥否，请批示”、“以上请示如无不妥，请批转（×××）执行”等。

④制发机关和成文日期。一般写在正文的右下方。

（2）请示写作时应注意的问题

①请示不得与报告混淆，标题不要写成“请示报告”。

②必须事先请示。

③必须一文一事。

④请示一般只写一个主送机关，如需同时送达其他机关，应当采用抄送的形式。

⑤请示观点应明确，理由与事项要清楚具体。

⑥要向主管部门请示，不得越级请示，也不要多方请示。

第 5 讲　公文处理

一、公文处理及其任务

1．公文处理的概念

公文处理，从广义上说，是指对公文的撰写传递与管理。它是使公文得以形成并产生实际效用的全部活动，是机关实现其管理职能的重要形式。公文处理具体包括：公文的拟写、制作、处理、传递、保管、提供利用以及对公文处理的监督控制和组织管理。

2．公文处理的任务

公文处理的基本任务是准确、及时、安全、有效地拟制、传递、处理和管理公文，以便为机关公务活动提供适用的信息，充分发挥公文的效用。

公文处理的具体任务是：

（1）拟写与制作公文。包括拟稿、会商、审核、签发、缮印、校对直至用印或签署，形成正式公文。

（2）传递公文。将拟制成的公文，根据公文性质与时限要求以多种方式传递给收受公文的机关。

（3）办理公文。对于收文予以执行、办理或撰拟新的公文作出答复，批转或转发的处理。

（4）处置办毕公文。是对已办理完毕的公文采取立卷归档、清退、销毁与暂存等方法进行处置。

（5）管理公文。指对公文的平时分类保管与提供查阅。

（6）对公文拟制办理的组织管理与监督控制。

二、公文处理的基本原则

公文处理必须遵循下列基本原则：

1．法制原则

要求在公文处理过程中全面立法，坚决依照法律、法规与各种规章办事。

2．质量原则

要求准确、严密地处理公文，追求公文处理活动的全部构成要素、全部过程与全部质量指标的优化。

3．时效原则

要求及时、快捷地处理公文、维护公文的时效。

4．保密原则

要求安全可靠地传递、处理与管理公文，保证不失密、不泄密，不丢失公文。

5．精简原则

要求公文精简，讲求实效，在保证有效的前提下努力简化公文的格式与语言表述，简化公文处理的程序手续与方法。

6．集中统一原则

要求对机关与其下属机关的公文处理实行统一领导与指导，防止各行其是，放任自流。

7．实事求是原则

从实际出发，解决实际问题，反映真实情况，判断合乎实际，方法切实可行。

8．党政分开原则

明确党政不同责任范同，使党政文件分开。

三、收文处理

所谓收文处理是指对来自本机关外部的公文所实施的处置与管理活动。收文处理包括：

1．签收

是指对收文的鉴别、清点、核对、检查与履行签注手续并接收公文的活动。要求认真核对公文的收文机关、公文数量，检查公文封装的情况，是否按规定时限送达等。在确认无误后签字（盖章）并注明收文时间。

2．收文登记

指登录反映公文有关数据的过程。其作用是便于掌握公文运转办理的情况；为查阅公文提供线索和依据；可作为公文交换的凭证，有利于分清责任，加强管理。公文登记的形式有：簿式、卡片式、联单式及电脑登记等。

3．分办

指根据一定的标准和要求，将收文分送给有关部门和人员阅办的活动。分办的主要依据是：文件的性质、重要程度、涉密程度、缓急时限要求、内容所涉及的职责范同等。

4．拟办

指由主管部门或综合部门有关人员对公文如何处理提出建议性处理意见，供领导者审核定夺，是辅助决策的活动。

5．批办

即机关或部门的领导人对来文办理提出处置意见的活动，具有决策性。

6．承办

即具体承接办理文件内容所针对的事务和问题的活动。公文只有经过承办才能产生切实的效用。

7．催办、查办

即根据承办时限和有关要求，对公文承办所实施的监督控制并促使文件精神得以落实的活动。

8．注办

指南承办人签注文件承办经过与结果的活动。注办由承办人随手完成，主要签注承办的方式与结果，并签注姓名和日期。

四、发文处理

所谓的发文处理是指机关内部为制发公文所进行的拟制、处置与管理活动。

发文处理的一般程序为：文稿的形成、公文的制作、公文的传递等。

1．文稿的形成

具体包括：拟稿、会商、核稿、签发。

（1）拟稿。即撰拟公文文稿。拟稿是机关各级工作人员的职责，不仅各类具体工作人员应积极参与，各级领导者也应亲自动手草拟各类重要公文。

（2）会商。指当公文内容涉及其他有关同级或不相隶属机关或部门的职权范围，需征得其同意或配合时所进行的协商活动。

（3）核稿。指拟就的文稿在送交有关领导签发或会议讨论通过之前，南部门负责人或经验丰富、水平较高的秘书人员对文稿所做的全面审查工作。

（4）签发。指由机关领导人或被授以专门权限的部门负责人对文稿终审核准之后，批注正式定稿和发出意见并签注姓名、日期的活动。除一些规范性及重要领导指导性公文须经有关正式会议通过，或再由负责人签署即可生效外，其他的公文的文稿，一经履行签发手续即为定稿，即有正式公文的效用，为此，签发是绝大多数公文生效的必备条件。

2．公文的制作

具体包括：注发、缮印、用印或签署。

（1）注发。即指在定稿形成后，批注缮写印发要求的活动，其作用是使签发意见进一步具体化、技术化。

（2）缮印。即文稿的缮写与印刷。为保证公文的质量，在缮印过程中，必须建立起严格的检查、核对与复核制度。

（3）用印或签署。即在印毕的公文上加盖发文机关的印章，或请有关领导者在公文正本上签注姓名。其作用均为表明公文的正式性质和法定效力。

3．公文的传递

包括分装、发出等环节。

（1）分装。指按照规定具体拣配和封装公文。

（2）发出。将已封装完毕的公文以适宜的方式发送给受文者。

五、办毕公文的处置

办毕公文的处置包括立卷归档、清退、销毁和暂存。

1．立卷归档

即将机关在工作活动中形成的办理完毕具体查考价值的文件材料，按其一定的联系、性质和保存价值分类整理编立成案卷，并移交档案部门保管。

立卷原则：遵循文件材料形成的特点与规律、保持文件之间的历史联系，区分不同价值，便于保管与利用。

立卷方法：把握文件的特征，进行科学的分类、组合与编目。要保证立卷文件的齐全、完整，能正确反映本机关的主要工作情况。

立卷归档的程序：编制立卷类目（分类归档方案）、平时归档、年终调整、排列卷内文件与编号、填写卷内文件目录与备考表、拟写案卷标题、填写封皮与装订、案卷排列与编日、归档。

2．清退

即向原发文机关或指定的其他机关退还属于清退范围的公文。

3．销毁

即对已不具备留存价值的公文，在履行审批手续之后予以销毁。

4．暂存

即对不属于上述范围的公文暂时予以妥善保存。

第 5 单元　建筑业统计基本知识

第 1 讲　建筑业统汁的基础知识

一、建筑业统计的作用、内容和原则

建筑业统计工作就是运用统计学原理，以表册、指标数字等形式揭示建筑业的生产经营活动的有关情况及其发展规律的一项工作。它是用定量的方法，以建筑业的生产经营活动中的大量现象为对象，通过从质和量的联系中对数量的观察、分析和研究，揭示建筑业的生产经营活动中诸多现象的发展过程、现状及其一般规律。

二、建筑业统计的作用

建筑业统计的作用是为国家建筑业的发展和决策积累数据，为建筑业科学管理提供依据，为建筑业的科学研究提供参考。同时，建筑业统计搜集的反映建筑企业生产经营活动的资料，也为企业领导进行决策和管理提供依据。

三、建筑业统计工作的原则

建筑让统计工作的原则是：保证建筑业统计资料的准确性和及时性；建筑业统计资料的积累和分析要系统和科学性；要注重建筑业统计资料的安全性和保密性；要充分发挥建筑业统计的服务和监督作用。

四、建筑业统计工作的基本内容

建筑业统计工作的基本内容包括统计调查、统计整理、统计分析和统计年报等。统计调查就是在确定建筑业统计任务和方案后，根据研究的目的搜集各种建筑业统计资料；统计整理就是对调查取得的建筑业统计资料，进行汇总、整理、分组、计算，得出所需要的建筑业统计指标；统计分析就是对经过整理的建筑业统计资料.，结合实际情况，进行分析研究，发现问题，提出建议和意见；统计年报就是根据国家建筑业统计工作年报制度的规定，定期将建筑业工作基本情况的统计数据上报给有关部门的一项重要的建筑业统计工作制度。

第 2 讲　述筑施工企业统计工作

建筑施工企业统计工作包括原始记录登记、统计台账和统计报表等工作内容。

原始记录登记就是以簿、册、表、单等形式，记载生产经营活动中的进程、收支、进出等情况以揭示其管理过程、现状和变化以及效能的统计调查工作。原始记录登记工作所获取的数据和资料是统计的原始资料.既是维护统计资料完整和安全的必要依据，也是统计调查乃至整个管理的基础。因此填写时应按规定要求内容如实填写，签字齐全，使其具有可追溯性统计台账顾名思义就是工作台面上的统计账。确切地说，统计台账就是日常积累的，用于了解和掌握各项工作历史和进度，分析和研究工作情况的，具有较为固定数据项目的统计账。按时间顺序进行登记，系统地积累资料，并定期进行总结是其固有的特点。

统计报表是建筑施工企业通过表格形式，按照统一规定的指标和内容、上报时间和程序，定期向上级报告计划执行情况和生要经济活动情况特定的统计报告制度。

第 3 讲　建筑业统计报表制度

建筑业统计报表制度是各级政府为了解建筑业企业生产经营的基本情况，为制定政策和计划、进行经济管理与调控提供依据，依照《中华人民共和国统计法》的规定制定；是《国家企业一套表统计调查制度》的组成部分，调查内容包括各级政府和业务主管部门共同的基本的需要，地方、部门特殊需要的统计资料应通过地方统计调查和部门统计调查搜集，并避免与_ 家统计调查相重复。

一、建筑业统计报表制度的统计范围

建筑业统计报表制度的统计范围为具有建筑业资质的所有独立核算建筑业企业（包括没有工作量的建筑业企业）及所属产业活动单位；各有关部门（或企业）直属的具有建筑业资质的所有独立核算建筑业企业。

二、建筑业统计报表制度的统计内容

建筑业统计报表制度的统计内容：建筑业企业基本情况，建筑业企业所属产业活动单位基本情况，建筑业企业生产情况，建筑业企业财务状况，建筑业企业房屋建筑完成情况、能源消费情况及劳务分包建筑业企业生产经营情况等指标。

三、建筑业统计报表制度的表式

建筑业统计报表制度的表式按报告期别分为年报和定期报表。

（1）基层年报表包括：

法人单位基本情况

产业活动单位基本情况

从业人员及工资总额

财务状况

建筑业企业生产经营情况

房屋竣工面积及价值

劳务分包建筑业企业生产经营情况

信息化情况

（2）基层定期报表（季报）包括：

法人单位基本情况（免报）

从业人员及工资总额

财务状况

建筑业企业生产经营情况

房屋竣工面积及价值

劳务分包建筑业企业生产经营情况

四、报表制度的资料来源

建筑业企业生产情况表、财务状况表、房屋建筑完成情况表、从业人员及工资总额表、能源消费情况及劳务分包建筑业企业生产经营情况表的统计资料取自具有建筑业资质的所有独立核算建筑业企业的基层表资料。

第 4 讲　施工企业项目部统计工作

施工企业项目部统计工作按服务对象不同，分为上报公司、上报建设单位、上报监理单位和项目内部管理用等类。上报公司的包括各类计划报表、统计台账和统计报表。上报建设单位的包括各类计划表、统计表。上报监理单位的包括各类统计表。项目部内部管理州的包括各类统计表和回防维修统计表等。

一、上报公司各类计划报表

( ) 年度建筑安装工程施工生产计划

( ) 季度建筑安装工程施工生产计划
( ) 月度建筑安装工程施工生产计划

二、上报公司的各类统计台账

单位工程预算收入台账 ’
实物工程量登记台账
单位工程工期记录台账
单位工程登记台账
单位工程各项费用登记台账
单位工程机械费使用登记台账

三、上报公司的各类统计报表

施工生产任务预计完成情况月报
房屋建筑工程产值形象部位完成情况月报
施工产值按结构类型分列季报
房屋建筑竣工工程工期情况季报
实物工程量季报
单位工程施工完成情况季报
施工情况文字分析
人工费价格明细表
材料费价格明细表
机械费价格明细表

四、上报甲方各类计划报表

() 年度施工生产进度计划
() 季度在施工程进度计划
()月度在施工程进度计划

五、上报甲方各类统计报表

( )月工程完成情况统计表
( ) 年度资金使用计划
( ) 月度资金使用计划
( ) 月形象进度核验表
( ) 月工程施工产值确认单

( ) 月度工程在施部位情况汇报

六、上报监理及甲方各类统计报表

( ) 月工程款支付申请表
( ) 月工、料、机动态表
( ) 月工程进度款报审表
工程进度计划报审表
工程开工报审表
本月实际完成情况与进度计划比较表
安全防护、文明施工措施费用支付申请表 AQ-B2-4
( ) 月形象进度核验表

七、项目部内部管理统计表

工程款回收情况及项目部资金使用情况
甲方、监理审核工程款回收情况
工程截止（ ）月土建工程报量情况
工程截止（ ）月安装工程报量情况
工程截止（ ）月分包单位报量情况

八、回防维修统计报表

丁程维修记录
顾客忾案（接收单位）
顾客满意住房评价调查表
顾客投诉台账
回防记录
( ) 年回防维修计划
建筑工程维修通知书
同防维修（半年）年报

第5讲 主要统计指标解释

一、建筑业统计单位

指从事房屋、构筑物建造、装饰装修、设备安装活动和工程准备、提供施工设备服务等其他建筑活动的具有建筑业资质的法人企业。建筑业法人企业应同时具备的条件是：

①依法成立，有自己的名称、组织机构和场所，能够承担民事责任；②独立拥有和使用资产，承担负债，有权与其他单位签订合同；③独立核算盈亏，能够编制资产负债表。

二、建筑业总产值（即自行完成施工产值）

以货币表现的建筑业企业在一定时期内生产的建筑业产品和服务的总和。建筑业总产值包括：

(1)建筑工程产值：指列入建筑工程预算内的各种工程价值。

(2)安装工程产值：指设备安装工程价值，不包括被安装设备本身价值。

(3)其他产值：指建筑业总产值中除建筑工程、安装工程以外的产值。包括房屋、构筑物修理所完成的产值（不包括被修理的房屋、构筑物本身的价值）、非标准设备制造产值、总包企业向分包企业收取的管理费和不能明确划分的施工活动所完成的产值。

三、房屋建筑施工面积

指在报告期内施过工的全部房屋建筑面积，包括本期新开工的房屋面积、上期跨入本期继续施工的房屋面积、上期停缓建在本期恢复施工的房屋面积、本期竣工的房屋面积及本期施工后乂停缓建的房屋面积。

四、房屋建筑竣工面积

指在报告期内房屋建筑按照设计要求全部完工，达到了住人和使用条件，经检查验收鉴定合格的房屋建筑面积。

五、自有施工机械设备年末总台数

指归本企业（或单位）所有，属于本企业（或单位）间定资产的直接用于工程施工的各种机械设备年末总台数。但不包括附属辅助生产机械设备、运输机械设备、生产试验机械设备的台数。

六、自有施工机械设备年末总功率

指本企业（或单位）自有施工机械设备年末总功率，按设定能力或查定能力计算。包括机械本身的动力和为该机械服务的单独动力设备，如电动机等。计算单位用千瓦，动力换算可按 1 马力= 0.735 千瓦折合成千瓦数。电焊机、变压器、锅炉不计算动力。

七、工程结算收入

指企业承包工程实现的工程价款结算收入，以及向发包单位收取的除工程价款以外按规定列作营业收人的各种款项，如临时设施费、劳动保险费、施工机械调迁费等以及向发包单位收取的各种索赔款。

八、工程结算利润

指已结算工程实现的利润，如亏损以“ 一” 号表示。计算公式为：

工程结算利润= 工程结算收入一工程结算成本一工程结算税金及附加一经营费用

九、企业总收入

指与企业生产经营直接有关的各项收入，包括工程结算收入和其他业务收入。计算公式为：

企业总收入= 工程结算收入+ 其他业务收入

十、计算建筑业劳动生产率的平均人数

指建筑企业（或单位）报告期实际拥有的、与建筑活动有关的平均人数，包括参加本企业（或单位）建筑施工活动的非本企业（或单位）人员，但不包括企业内部社会服务机构的人员以及由本企业支付工资但所从事的工作与本企业生产无关的人员。

第3部分

资料员岗位管理知识

第1单元　工程资料管理工作要求

第1讲　工程资料的分类与作用

一、工程资料的定义与分类

1.建设工程文件及分类

建设工程文件，是指在工程建设过程中形成的各种形式的信息记录，简称为工程文件。《建设工程文件归档管理规范》（GB/T 50328-2014）从档案管理的角度，将工程文件划分为工程准备阶段文件、监理文件、施工文件、竣工图、竣工验收文件等五类。

（1）工程准备阶段文件：工程开工以前，在立项、审批、用地、勘察、设计、招投标等工程准备阶段形成的文件。

（2）监理文件：监理单位在工程设计、施工等监理过程中形成的文件。

（3）施工文件：施工单位在施工过程中形成的文件。

（4）竣工图：工程竣工验收后，真实反映建设工程施工结果的图样。

（5）竣工验收文件：建设工程项目竣工验收活动中形成的文件。

2.建设工程档案

在工程建设活动中直接形成的具有归档保存价值的文字、图纸、图表、声像、电子文件等各种形式的历史记录，简称工程档案。

每项建设工程应编制一套电子档案，随纸质档案一并移交城建档案管理机构。

（1）建设单位应按下列流程开展工程文件的整理、归档、验收、移交等工作：

1）在工程招标及与勘察、设计、施工、监理等单位签订协议、合同时，应明确竣工图的编制单位、工程档案的编制套数、编制费用及承担单位、工程档案的质量要求和移交时间等内容；

2）收集和整理工程准备阶段形成的文件，并进行立卷归档；

3）组织、监督和检查勘察、设计、施工、监理等单位的工程文件的形成、积累和立卷归档工作；

4）收集和汇总勘察、设计、施工、监理等单位立卷归档的工程档案，

5）收集和整理竣工验收文件，并进行立卷归档；

6）在组织工程竣工验收前，提请当地的城建档案管理机构对工程档案进行预验收；未取得工程档案验收认可文件，不得组织工程竣工验收；

7）对列入城建档案管理机构接收范围的工程，工程竣工验收后 3 个月内，应向当地城建档案管理机构移交一套符合规定的工程档案。

（2）勘察、设计、施工、监理等单位应将本单位形成的工程文件立卷后向建设单位移交。

（3）建设工程项目实行总承包管理的，总包单位应负责收集、汇总各分包单位形成的工程档案，并应及时向建设单位移交；各分包单位应将本单位形成的工程文件整理、立卷后及时移交总包单位。建设工程项目由几个单位承包的，各承包单位应负责收集、整理立卷其承包项目的工程文件，并应及时向建设单位移交。

3.建筑工程资料与管理

建筑工程资料是建筑工程在建设过程中形成的各种形式信息记录的统称， 简称工程资料。建筑工程资料管理是指建筑工程资料的填写、编制、审核、审批、收集、整理、组卷、移交及归档等工作的统称， 简称工程资料管理。

建筑工程资料与管理，是侧重建筑工程资料的过程管理与应用， 因此在保持与《建设工程文件归档管理规范》（GB/T 50328-2014）协调的同时， 根据目前国内工程资料管理的现状，对其定义与分类，进行了适当调整。其中：“ 监理资料”即《建设工程文件归档管理规范》（GB/T 50328-2014）中的“ 监理文件”；“ 施工资料” 即《建设工程文件归档管理规范》（GB/T 50328-2014）中的“施工文件”；“ 工程竣工文件” 包括《建设工程文件归档管理规范》（GB/T 50328-2014）提出的“ 竣工验收文件”， 还包括“ 竣工决算文件、竣工交档文件、竣工总结文件”等内容。

建筑工程资料具体定义和分类如下（见图 3－1）：

（1）工程准备阶段文件：建筑工程开工前， 在立项、审批、征地、拆迁、勘察、设计、招投标等工程准备阶段形成的文件。工程准备阶段文件可分为决策立项文件、建设用地文件、勘察设计文件、招投标及合同文件、开工文件、商务文件 6 类。

（2）监理资料：建筑工程在工程建设监理过程中形成的资料。监理资料可分为监理管理资料、进度控制资料、质量控制资料、造价控制资料、合同管理资料和竣工验收资料 6 类。

（3）施工资料：建筑工程在工程施工过程中形成的资料。施工资料可分为施工管理资料、施工技术资料、施工进度及造价资料、施工物资资料、施工记录、施

工试验记录及检测报告、施工质量验收记录、竣工验收资料 8 类。

（4）竣工图：建筑工程竣工验收后， 反映建筑工程施工结果的图纸。

（5）工程竣工文件：建筑工程竣工验收、备案和移交等活动中形成的文件。工程竣工文件可分为竣工验收文件、竣工决算文件、竣工交档文件、竣工总结文件 4 类。

图 3—1 工程资料分类

二、工程资料的载体形式

1.工程资料的载体形式

目前工程资料的载体常见形式有纸质载体、缩微品载体、磁性载体、光盘载体等。

（1）纸质载体是以纸张为基础，在实际工作中应用最多和最普遍的一种载体形式。

（2）缩微品载体是以胶片为基础，利用微缩技术对工程资料进行收集、保存的一种载体形式。

（3）磁性载体是以磁带、磁盘等磁性记忆材料为基础，对实际工程的各种活动声音、图像以及电子文件、资料等进行收集、保存的一种载体形式。

（4）光盘载体是以光盘为基础，利用现代计算机技术对实际工程的各种活动声音、图像以及电子文件、资料等进行收集、存储的一种载体形式。

由于缩微品载体和磁性载体资料的耐久性不如光盘载体，因此纸质载体、光盘载体的资料是文件、资料档案保存的主要形式。然而，无论是哪种载体形式的工程资料，都是在工程建设的实际工作过程中形成、收集和整理而成的。

2.光盘载体的电子工程档案的归档

（1）存档保管单位尤其是城建档案馆在接受工程档案时，首先应该对纸质载体的工程档案进行仔细、严格的验收；验收合格后，进行电子工程档案的核查，核查无误后，方可进行电子工程档案的光盘刻制。

（2）电子工程档案的封套、格式必须按照存档保管单位或城建档案馆的要求进行。

三、工程资料的作用与重要性

1.工程资料的作用

工程资料应与建筑工程建设过程同步形成，并应真实反应建筑工程的建设情况和实体质量。同步是保证工程资料真实性的必要手段，工程资料的形成与管理应当跟随工程建设的进度完成，即随着工程建设进展阶段而形成相应的工程资料，使工程资料真实性得到保证，发挥工程资料在工程建设中的作用，达到提高建筑工程管理水平，规范工程资料管理，从而保证工程质量的目的。工程资料的作用具体体现如下：

（1）体现了工程实体质量状况，以及项目过程管理与全面控制情况，工程资料对工程质量具有否决权。

（2）体现了项目对建设工程法律、法规、标准、规范，特别是强制性标准的执行情况。

（3）充分体现建筑企业自身的综合管理水平。

（4）规范管理人员、操作人员的工作意识与行为。

（5）为建设管理者做决策提供准确、直接的工程信息。

（6）为明确建设工程质量责任提供真实、有效的法律凭证。

（7）为城市基础设施建设以及现有工程新建、扩建、改建、维修、管理提供翔实依据。

（8）通过资料或数据的统计、计算、分析等，及时发现、处理并解决问题。

2.工程资料的重要性

（1）做好建筑工程资料管理工作，是认真贯彻《建设工程文件归档整理规范》（GB / T 50328-2014），确实加强建设工程资料的规范化管理，提高工程管理水平，确保工程质量的具体体现。

（2）建筑工程资料是城建档案的重要组成部分，是工程竣工验收，评定工程质量优劣、结构及安全卫生可靠程度，认定工程质量等级的必要条件。因此必须加强管理，使其能够全面客观地反映工程的实际状况。

（3）建筑工程资料是对工程质量及安全事故的处理，以及对工程进行检查、维修、管理、使用、改建、扩建、工程结算、决算、审计的重要技术依据。

（4）加强工程资料管理，可以督促每个单位和个人按照标准、规范和规程进行工作。工程资料不符合有关规定和要求的，不得进行工程竣工验收。施工过程中工程资料的验收必须与工程质量验收同步进行。

（5）施工过程中工程资料的保存管理应按有关程序和约定执行，工程竣工后，参建的各方应对工程资料进行归档保存，为未来的建设提供参考、积累经验，是指导未来工程建设的重要信息。

因此，凡在中华人民共和国行政区域内，无论是参与新建、改建还是扩建的建设、勘察、设计、监理和施工的单位，均应做好工程资料的管理工作。

四、工程资料的基本特征

（1）复杂性。由于建筑工程建设的周期长，建设过程中阶段性和季节性较强，并且建筑材料种类繁多，生产工艺又比较复杂，因此，影响建筑工程的因素多种多样，这就必然导致建筑工程文件和档案资料具有一定的复杂性。

（2）随机性。由于建筑工程文件档案资料产生于工程建设的整个过程之中，无论是在工程的立项审批、勘察设计，还是在开工准备、施工、监理或竣工验收等各个阶段和环节，都会产生各种文件和档案资料。尤其是在影响建筑工程的因素发生变化时，还会随机产生一些由于具体事件而引发的特定文件和档案资料，因此工程文件档案资料还具有一定的随机性。

（3）时效性。有时工程文件和档案资料一经生成，就必须及时传达到有关部门，否则如果有关单位或部门不予认可，将会产生严重的后果。因此建筑工程文件和档案资料具有很强的时效性。另外，随着施工工艺水平、新材料以及管理水平的不断提高，文件和档案资料的价值也会随着时间的推移而衰减，但文件和档案资料仍可以被借鉴、继承，积累经验。

（4）真实性。建设工程文件和档案资料只有全面真实地反应项目的各类信息，包括发生的事故和存在的隐患，才具有实用价值。否则一旦引用会起到误导作用，造成难以想象的后果。因此，建设工程文件和档案资料必须真实全面地反映工程的实际情况，来不得片面和虚假。

（5）综合性。由于建设工程项目常常都是综合的系统的工程，涉及多个专业，多个工种的协同工作才能完成。比如，环境评价、安全评价、建筑、市政、园林、公用、消防、智能、电力、电信、环境工程、声学、美学等多种学科，并同时综合了组织协调、合同、造价、进度、质量、安全等诸多方面的工作内容。可见，建设工程文件和档案资料是多个专业和单位的文件档案资料的集成，具有很强的综合性。

五、工程资料档案的报送范围及保管

1.向城建档案馆报送工程档案的工程范围

（1）民用建筑工程。

1）住宅建筑。

2）办公用房：机关、企业、其他。

3）文化：图书馆、档案馆、博物馆、影剧院、文化宫、俱乐部、舞厅、其他。

4）教育：高等院校、中专、技校、中学、小学、幼儿园等。

5）医疗保健：医院、疗养院、防疫站、敬老院、殡仪馆等。

6）体育：体育场、体育馆、游泳馆、其他。

7）商业：商场、商店、其他。

8）金融：银行、保险公司等。

9）服务：宾馆、饭店、旅社、招待所、其他。

10）科技信息：情报中心、信息中心等。

11）政治、纪念性建筑：会堂、纪念碑、纪念塔、纪念堂、故居等。

（2）工业建筑工程

1）冶金工业：钢铁厂、轧钢厂、冶炼厂、加工厂等。

2）机械工业：机械厂、机床厂、制造厂、修理厂等。

3）石化工业：炼油厂、化工厂、橡胶厂、塑料厂等。

4）轻纺工业：纺织厂、造纸厂、针织厂、印染厂等。

5）电子仪表：计算机厂、电子仪表厂、机电设备厂等。

6）建材工业：水泥厂、砖厂、保温防火材料厂、建材厂等。

7）医药工业：制药厂、制剂厂、卫生保健用品厂等。

8）食品工业：粮食加工厂、食用油加工厂、饮料加工厂等。

9）其他：矿田、采石场等。

（3）改建、扩建或抗震加固的工程。

凡是民用建筑、工业建筑工程，需要进行较大规模的改建、扩建或采取抗震加固措施等的，均应报送工程档案。

2.工程资料的密级与保管期限

（1）工程资料保管的期限的划分。

工程资料保管的期限可分为永久、长期、短期三种期限。

所谓永久是指工程档案需永久保存。长期是指工程档案的保存期限等于该工程的使用寿命。短期是指工程档案保存 20 年以下。

如果在同一案卷内，同时存在有不同保管期限的文件和资料时，则该案卷保管期限应以保管期限较长的为准。

（2）工程资料保管密级的划分。

工程资料保管的密级可划分为绝密、机密、秘密三种。如果在同一案卷内有不同密级的文件，则应以其中最高的密级作为该卷的密级。

第 2 讲　工程资料管理工作要求

一、工程资料形成及管理工作规定

1.工程资料形成的规定

（1）工程资料形成单位应对工程资料的真实性、完整性、有效性负责；由多方形成的资料，应各负其责，即坚持“谁形成，谁负责” 原则。

（2）工程资料的填写、编制、审核、审批、签认应及时进行，其内容符合相关规定。

（3）工程资料不得随意修改；当需要修改时，应实行划改，并由划改人签署。

（4）工程资料的文字、图表、印章应清晰。

（5）工程资料应为原件。当为复印件时，提供单位应在复印件上加盖单位印章，并应有经办人签字及日期。提供单位应对资料的真实性负责。

2.工程资料的形成步骤

工程资料应与建筑工程建设过程同步形成，其完整的形成步骤，见图 3－2。

3.工程资料的管理规定

（1）工程资料管理应制度健全、岗位责任明确，并应纳入工程建设管理的各个环节和各级相关人员的职责范围。

（2）工程资料的套数、费用、移交时间应在合同中明确规定。

（3）工程资料的收集、整理、组卷、移交和归档应及时。

（4）工程资料应内容完整，结论明确，签认手续齐全。

①工程资料内容完整是要求资料中对其有效性有决定性影响的项目和内容应填写齐全，不得空缺。

②工程资料结论明确是指当资料中需要给出结论时，如某些检验报告中的“试验结果”或质量验收记录中的“验收意见”等，应当按照相关设计或标准的要求，给出明确的结论，不应填写成“基本合格”“已验收”“未发现异常”等不确切词语。

③工程资料签认手续齐全是指应该在资料上签字、审核、批准、盖章等的相关人员和单位应当及时签认，不应出现空缺、代签、补签或代章等。

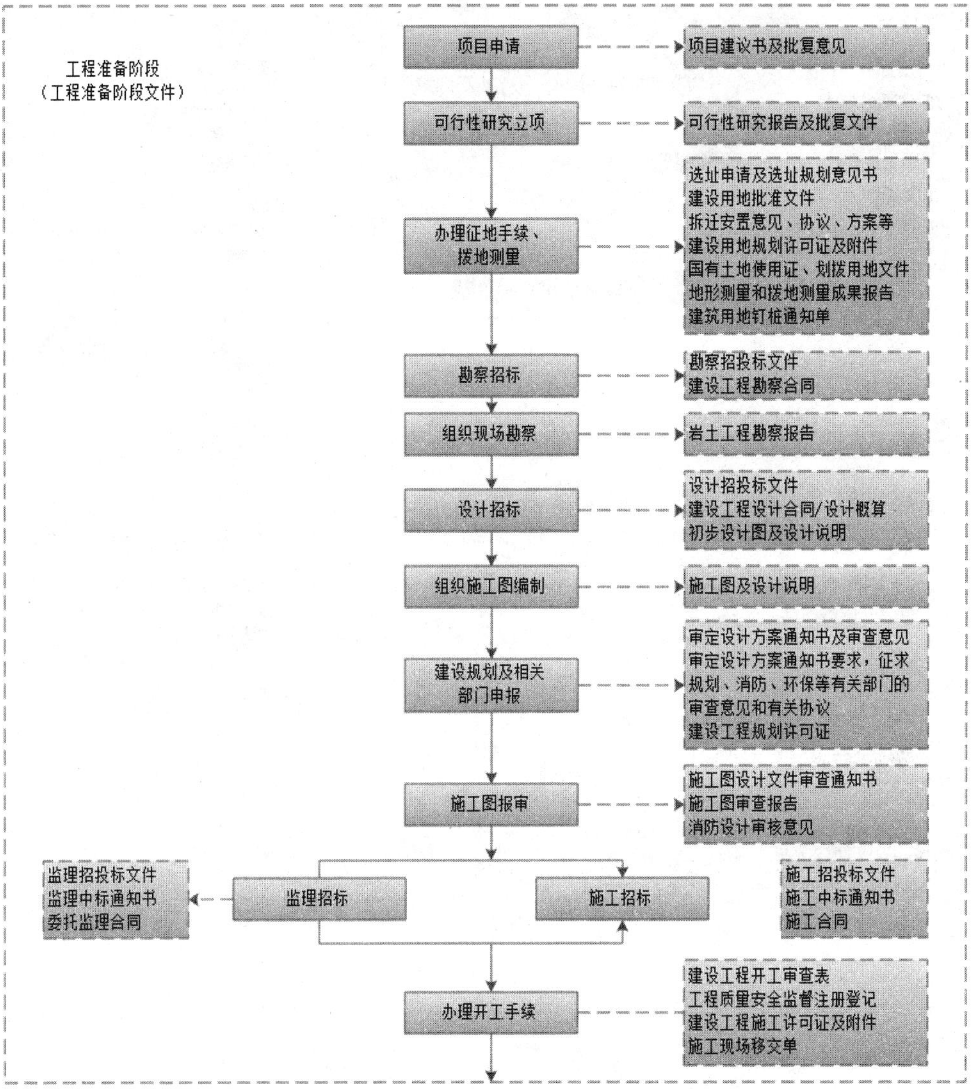
工程准备阶段
（工程准备阶段文件）
项目申请
项目建议书及批复意见
可行性研究立项
可行性研究报告及批复文件
办理征地手续、
拨地测量
选址申请及选址规划意见书
建设用地批准文件
拆迁安置意见、协议、方案等
建设用地规划许可证及附件
国有土地使用证、划拨用地文件
地形测量和拨地测量成果报告
建筑用地钉桩通知单
勘察招标
勘察招投标文件
建设工程勘察合同
组织现场勘察
岩土工程勘察报告
设计招标
设计招投标文件
建设工程设计合同/设计概算
初步设计图及设计说明
组织施工图编制
施工图及设计说明
建设规划及相关
部门申报
审定设计方案通知书及审查意见
审定设计方案通知书要求，征求
规划、消防、环保等有关部门的
审查意见和有关协议
建设工程规划许可证
施工图报审
施工图设计文件审查通知书
施工图审查报告
消防设计审核意见
监理招投标文件
监理中标通知书
委托监理合同
监理招标
施工招标
施工招投标文件
施工中标通知书
施工合同
办理开工手续
建设工程开工审查表
工程质量安全监督注册登记
建设工程施工许可证及附件
施工现场移交单

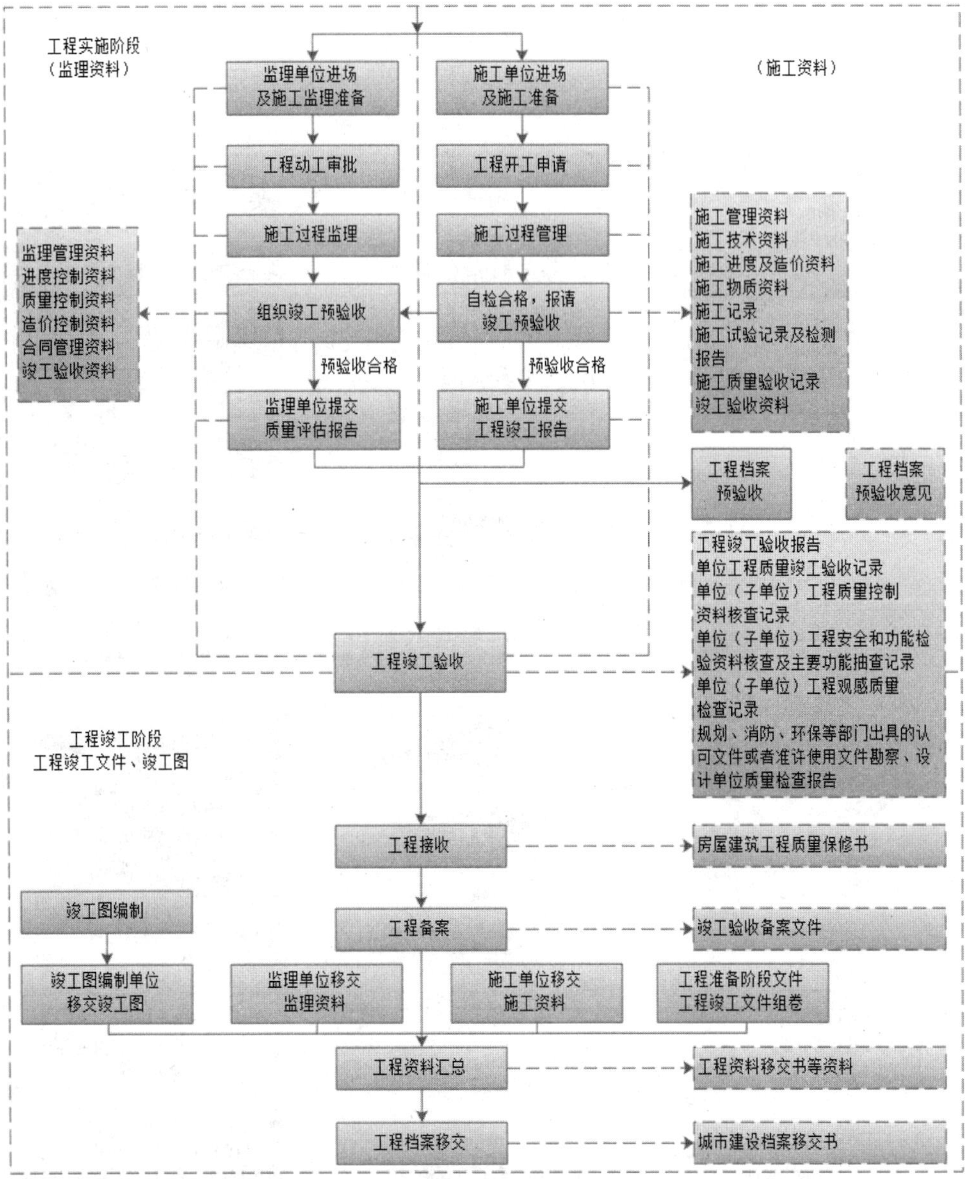

图 3－2 工程资料形成步骤

二、工程建设资料管理职责

1.建设单位的资料管理职责

（1）建设单位负责工程准备阶段文件（基建文件）管理工作，并设专人对工程准备阶段文件（基建文件）进行收集、整理和归档。

（2）在工程招标及与勘察、设计、施工、监理等单位签订协议、合同时，应对工程资料和工程档案的编制责任、套数、费用、质量和移交时间等提出明确要求。

（3）必须向参与工程建设的勘察、设计、施工、监理等单位提供与工程建设有关的资料。

（4）由建设单位采购的建筑材料、构配件和设备，建设单位应保证建筑材料、构配件和设备符合设计文件和合同要求，并保证相关物资文件的完整、真实和有效。

（5）应负责监督和检查各参建单位工程资料的形成、积累和立卷工作，也可委托监理单位检查工程资料的形成、积累和立卷工作。

（6）应对须建设单位签认的工程资料签署意见。

（7）应收集和汇总勘察、设计、监理和施工等单位立卷归档的工程档案。

（8）应负责组织竣工图的绘制工作，也可委托施工单位、监理单位或设计单位，并按相关文件规定承担费用。

（9）列入城建档案馆接收范围的工程档案，建设单位应在组织工程竣工验收前，提请城建档案馆进行预验收，未取得《建设工程竣工档案预验收意见》的，不得组织工程竣工验收。

（10）建设单位应在工程竣工验收后三个月内将工程档案移交城建档案馆。

2.勘察、设计单位的资料管理职责

（1）应按合同和规范要求提供勘察、设计文件。

（2）应对须勘察、设计单位签认的工程资料签署意见。

（3）工程竣工验收时，应出具工程质量检查报告。

3.监理单位的资料管理职责

（1）应负责监理资料的管理工作，并设专人对监理资料进行收集、整理和归档。

（2）应按照合同约定，在勘察、设计阶段，对勘察、设计文件的形成、积累、组卷和归档进行监督、检查；在施工阶段，应对施工资料的形成、积累、组卷和归档工作进行监督、检查，使施工资料的完整性、准确性符合有关要求。

（3）列入城建档案馆接收范围的监理资料，监理单位应在工程竣工验收后两个月内移交建设单位。

4.施工单位的资料管理职责

（1）应负责施工资料的管理工作，实行技术负责人负责制，逐级建立健全施工资料管理岗位责任制。

（2）应负责汇总各分包单位编制的施工资料，分包单位应负责其分包范围内施工资料的收集和整理，并对施工资料的真实性、完整性和有效性负责。

（3）应在工程竣工验收前，完成工程施工资料的整理、汇总。

（4）应负责编制两套施工资料，其中，移交建设单位一套，自行保存一套。

5.城建档案馆的资料管理职责

（1）应负责接收、收集、保管和利用城建档案的日常管理工作。

（2）应负责对城建档案的编制、整理、归档工作进行监督、检查、指导，对国家和省市重点、大型工程项目的工程档案编制、整理、归档工作应指派专业人员进行指导。

（3）应在工程竣工验收前，对列入城建档案馆接收范围的工程档案进行预验收，并出具《建设工程竣工档案预验收意见》。

三、资料员岗位工作职责与技能

1. 资料员岗位工作职责

资料员岗位的工作职责宜符合表 3—1 的规定。

表 3—1 资料员岗位工作的职责

项次	分类	主要工作职责
1	资料计划管理	（1）参与制定施工资料管理计划。 （2）参与建立施工资料管理规章制度。
2	资料收集整理	（3）负责建立施工资料台帐，进行施工资料交底。 （4）负责施工资料的收集、审查及整理。
3	资料使用保管	（5）负责施工资料的往来传递、追溯及借阅管理。 （6）负责提供管理数据、信息资料。
4	资料归档移交	（8）负责施工资料的立卷、归档。 （9）负责施工资料的封存和安全保密工作。 （10）负责施工资料的验收与移交。
5	资料信息系统管理	（11）参与建立施工资料管理系统。 （12）负责施工资料管理系统的运用、服务和管理。

2.资料员岗位专业技能要求

资料员岗位工作应具备专业技能，应符合表 3—2 的规定。

表 3—2 资料员岗位工作应具备的专业技能

项次	分类	专业技能
1	资料计划管理	（1）能够参与编制施工资料管理计划。
2	资料收集整理	（2）能够建立施工资料台帐。 （3）能够进行施工资料交底。 （4）能够收集、审查、整理施工资料。
3	资料使用保管	（5）能够检索、处理、存储、传递、追溯、应用施工资料。 （6）能够安全保管施工资料。
4	资料归档移交	（7）能够对施工资料立卷、归档、验收、移交。
5	资料信息系统管理	（8）能够参与建立施工资料计算机辅助管理平台。 （9）能够应用专业软件进行施工资料的处理。

3.资料员岗位工作应具备的专业知识

资料员岗位工作应具备的专业知识，见表 3－3 的规定。

表 3－3　资料员岗位工作应具备的专业知识

项次	分类	专业知识
1	通用知识	（1）熟悉国家工程建设相关法律法规。 （2）了解工程材料的基本知识。 （3）熟悉施工图绘制、识读的基本知识。 （4）了解工程施工工艺和方法。 （5）熟悉工程项目管理的基本知识。
2	基础知识	（6）了解建筑构造、建筑设备及工程预算的基本知识。 （7）掌握计算机和相关资料管理软件的应用知识。 （8）掌握文秘、公文写作基本知识。
3	岗位知识	（9）熟悉与本岗位相关的标准和管理规定。 （10）熟悉工程竣工验收备案管理知识。 （11）掌握城建档案管理、施工资料管理及建筑业统计的基础知识。 （12）掌握资料安全管理知识。

四、资料员工程资料管理工作原则与主要内容

1. 工程资料管理的工作原则。

（1）及时参与原则。施工单位文件资料的收集、管理工作必须纳人整个工程项目管理的全过程，资料员应该参加有关工程的技术、质量、安全、协调等各方面的会议，并应经常深入施工工程现场，了解施工动态，及时准确地掌握工程施工管理方面的全面信息，便于施工资料的及时收集、整理和核对。

（2）保持同步原则。工程资料应与建筑工程建设过程同步形成，并应反映建筑工程的建设情况和实体质量。工程资料与工程建设同步是保证工程资料真实性的必要手段。“同步”的含义，是“共同推进” 或“及时跟进”，即工程建设进展到哪个环节，工程资料的形成与管理就应当跟进到哪个环节。只有这样，才能够使资料的真实性得到基本保证，发挥资料在工程建设过程中的作用，起到提高建筑工程管理水平，规范建筑工程资料管理，从而保证工程质量的目的。

资料的收集工作与工程施工的每一道工序密切相关，必须与工程的施工同步进行，以保证文件资料的准确性和时效性。

3）认真把关原则。与项目经理、施工技术负责人密切配合，严把文件资料的质量关。无论是对企业内部，还是对相关单位之间往来的文件资料都应认真核查、

校对，发现问题，及时纠正。

2.工程资料的管理工作内容

工程资料的管理，包括工程资料的填写、编制、审核、审批、收集、整理、组卷、移交及归档等工作。

（1）整理分类。施工资料必须及时整理、分类，其分类的方法有很多。

1）按资料的来源不同分类。如分为属于建设单位的、勘察单位的、设计单位的、监理单位的、材料设备供应单位的、施工总包单位的、分包单位的、有关部门的等等。

2）按资料归档的对象不同分类。如属于建设单位的、施工单位的、城建档案馆的等等。

3）按资料的专业性质不同分类。如属于建筑结构工程的、建筑装饰装修工程的、建筑给水排水及采暖工程的、通风与空调工程的、建筑电气工程的、建筑智能工程的、电梯工程的等等。

4）按资料的内容不同分类。如属于施工管理资料的、施工技术资料的、施工物质资料的、施工测量记录的、施工记录的、隐蔽工程检查验收记录的、施工检测资料的、施工质量验收记录的、工程竣工验收资料的等等。

5）按资料形成的先后顺序分类。对同一类型的资料应按其形成时间的先后顺序进行排序。

（2）存放保管。施工单位及项目经理部应配置适当的房间、器具（如文件筐、文件夹、文件盒、文件柜）等来存放文件资料。并加强管理和增强防范意识，做好“防火、防盗、防露、防虫、防光、防尘”等工作。

（3）严格履行借阅手续。应建立健全完善的关于文件及资料的收集、分类、整理、保存、传阅、借阅、查阅等制度，严格按照规定的程序办理，避免文件资料的丢失和损坏。工作过程中，收文应记录文件名、文件摘要、发放部门、文件编号、收文日期、收文人员应签字；借阅或传阅应注明借阅或传阅的日期，借阅人名，传阅责任人，传阅范围及期限，借阅或传阅人应签字认可，到期应及时归还；借阅或传阅文件借（传）出后，应在文件夹的内附目录中做上标记。

（4）及时组卷、移交、归档。对收集、整理后的文件资料应及时组卷，按照合同和有关规定，及时把需要建设单位、施工单位、城建档案馆保存收藏的竣工资料，分别进行移交，完好归档。

1）组卷。按照一定的原则和方法，将有保存价值的工程资料分类整理成案卷的过程，亦称立卷。

2）归档。在文件形成单位完成其工作任务后，将形成的文件整理立卷，按照有关规定移交给档案管理机构的过程。

注：对一个建设工程而言，归档有两方面含义：一是建设、勘察、设计、施工、监理等单位将本单位在工程建设过程中形成的文件向本单位档案管理机构移交；二是勘察、设计、施工、监理等单位将本单位在工程建设过程中形成的文件向建设单位档案管理机构移交。

3.资料管理工作中处理好各种公共关系

（1）处理好与项目经理之间的责任承包关系。

（2）处理好与技术负责人之间的业务直接领导与被领导的关系。

（3）处理好与技术员、施工员、材料员、质检员、安全员、造价员等之间的协同工作关系。

（4）处理好与工程项目经理部及公司主管部门之间的局部与整体之间的关系。

（5）处理好与勘察单位、设计单位之间的业务往来关系。

（6）处理好与监理单位之间的监理与被监理的关系。

（7）处理好与城建档案管理部门之间的监督、指导与被监督、指导的关系。

第 3 讲　工程资料管理工作相关制度

一、工程技术档案管理制度

1.总则

（1）施工资料是工程建设的一个重要组成部分，是工程项目建设和竣工验收的必备条件，为了加强施工资料管理，提高工程管理水平，体现施工资料是工程质量的重要组成部分，根据国家有关标准、规范要求和北京市的有关管理规定，结合公司的实际情况和特点，特制订本制度。

（2）施工技术资料是企业依据有关管理规定，在施工全过程中所形成的应当存档保存的各种图纸、表格、文字、音像材料等技术文件材料的总称，它是评价施工单位的施工组织和技术管理水平的重要依据；是评定工程质量，竣工核验的重要依据；是工程竣工档案的基本内容，也是对工程进行检查、维护、管理、使用、改建、扩建的重要依据。

（3）施工资料实现计算机管理，凡按规定应向城建档案馆移交的工程档案，应过渡到光盘载体的电子工程档案。属国家及北京市重点工程、大型工程的项目必须采用缩微品及光盘载体，其他工程宜采用缩微品及光盘载体。

2.管理要求与岗位职责

（1）施工资料管理要求。

施工资料管理实行项目技术负责人负责制。

1）施工资料的编制必须符合国家有关法律、法规、规范、标准以及建设行政主管部门、本集团或公司的有关管理文件要求。

2）建立健全技术资料管理岗位责任制，并按集团规定建立工程档案室（公司档案室设在经理办公室，负责工程档案的接收及归档后的档案管理工作）。公司技术管理部和项目经理部均设专人负责技术资料的管理工作。

3）施工资料应随施工进度及时汇集、整理，所需表格按《建筑工程资料管理规程》（JGJ/T 185-2009）和《建设工程监理规程》（GB50319-2013）及相关规范规定的相应格式认真填写，做到项目齐全、准确、真实、规范，无未了事项。

4）公司经营管理部与建设单位签订施工合同、项目经理部与专业分包单位签订分包施工合同时，应对施工资料及工程档案的编制责任、编制份数、移交期限以及编制费用做出明确规定。

5）施工资料原件不得少于 2 套，其中移交建设单位 1 套；公司保存 1 套（交公司档案室保管），保存期自竣工验收之日起不少于 5 年。

（2）施工资料管理岗位职责。

1）公司技术管理部职责

①设专人负责施工资料的管理工作。

②负责对公司各工程项目的施工资料进行指导、监督、检查。

③负责对将要竣工的工程的技术资料进行审核和预验收，并填写质量控制资料核查记录。

④负责组织项目部技术人员完成技术资料的编制、组卷和移交工作。

2）项目经理部职责

①根据所承接工程规模的大小设专职或兼职资料管理员。

②负责编制所承接工程的竣工资料和竣工图。

③负责技术资料的收集、整理、编制、审核等日常管理工作。

④总承包施工时，负责汇集整理各分包单位编制的有关施工资料。

⑤经理部在编制施工组织设计时，应同时编制单位工程施工资料目标设计。按工程特点及施工组织情况编制技术资料的项目、数量、内容等计划（或施工组织设计内含有资料目标设计），经审批后，严格向有关人员进行交底。

⑥项目经理部技术负责人每季度对施工项目的技术资料进行检查并填写记录表。于每季度的第三个月 25 日前将检查结果和检查意见报送公司技术管理部。对不合格的技术资料应及时督促补充、完善、限期整改。资料自检属于技术资料的检查范围，存入资料中。

⑦实行联合总承包的工程，分包方负责填写各种申报资料，总承包方负责报验、收集、整理施工资料，并做竣工资料。

（3）建筑工程施工资料主要内容

参见本书“第四章　施工资料的形成与管理要求”相关内容。

（4）施工资料、竣工资料的编制和组卷管理

参见本书“第七章　工程资料整理与组卷、归档”相关内容。

（5）竣工资料的验收和移交

1）工程竣工验收后，项目经理部将工程资料拿到公司技术管理部，在技术管理部完成竣工资料的整理、汇总和移交工作。

2）竣工资料编制完成后，须经公司技术管理部同意，方可向建设单位移交，办理正式移交手续，由双方单位负责人签章。

3）送交建设单位的竣工资料由项目经理部负责向建设单位移交。按协议规定的时间移交，但最迟不得超过 3 个月。

4）送交市城建档案馆的竣工资料，应请档案馆对工程档案资料进行预验收，合格后由项目经理部陪同建设单位在竣工验收后 3 个月内向档案馆移交，必要时公司技术管理部可共同参加。推迟报送日期，应在规定报送时间内向城建档案馆申请延期报送，并申明延期报送原因，经同意后办理延期报送手续。

(6)资料管理工作检查与评比

1）技术资料管理。

①公司技术部设专人负责施工资料的管理工作；对公司各工程项目的施工资料进行指导、监督、检查。

②每年度对在施工程的施工资料进行一至二次检查和抽查，对重点关注工程实行不定期抽查，并填写施工资料中间检查记录表。

③对将要竣工的工程，技术管理部对施工资料进行审核，并填写质量控制资料核查表。

④每年对项目经理部的资料进行二次评比活动，对评比结果给予相应的奖励和批评。

⑤对于在施工资料中间检查过程中发现资料缺项、漏项、不合格项、资料整理装订不齐的经理部，视情节严重情况给予处罚。对不能按规定时间移交竣工资料的经理部，给予××元/天的罚款。

⑥公司年终评比优秀资料员 1～3 名，并给予精神和物质奖励。

2）技术资料费管理。

①竣工资料和竣工档案费由项目经理部根据合同和有关要求在整理工程档案时向建设单位收取。

②竣工资料费的 30%由公司技术管理部掌握使用，主要用于奖励基金和做竣工档案时使用，其余 70%由项目经理部作为奖金分配给项目工程技术人员。由经理部做好奖金分配表，经公司技术管理部和系统领导审核后方可执行。

二、工程质量检查和验收制度

1. 隐蔽工程验收制度

（1）凡隐蔽工程都必须组织隐蔽验收。

一般分部（项）隐蔽工程由现场工程师组织验收，邀请建设单位和设计单位派人参加；重要的请项目部技术负责人和技术部、质量部参加。

（2）隐蔽工程检查记录是工程档案的重要内容之一，隐蔽工程经三方共同验收后，应及时填写隐蔽工程检查记录。隐蔽检查记录由现场工程师或该项工程施工负责人填写，报监理单位或建设单位代表回签。

（3）不同项目的隐蔽工程，应分别填写检查记录表应复写一式四份，报监理单位一份，自存四份归档。

（4）隐蔽工程项目及检查内容

1）地基与基础工程：地质、土质情况、标高尺寸、坟、井、坑、塘的处理。基础断面尺寸，桩的位置、数量、记桩打桩记录、人工地基的试验记录、坐标记录。

2）钢筋混凝土工程：钢筋的品种、规格、数量、位置、形状、焊接尺寸、接头位置、除锈情况，预埋件的数量及位置，预应力钢筋的对焊、冷拉、控制应力、混凝土、砂浆标号及强度，以及材料代用等情况。

3）砖砌体：抗震、拉结、砖过梁配筋部位品种、规格及数量。

4）木结构工程：屋架、檩条、墙体、天棚、地下等隐蔽部位的防腐、防蛀、防菌等处理。

5）屏蔽工程：构造及做法。

6）防水工程：屋面、地下室、水下结构物的防水找平层的质量情况、干燥程度、防水层数、马蹄脂的软化点、延伸度、使用温度，屋面保温层做法，防水处理措施的质量。

7）水暖卫暗管道工程：位置、标高、坡度、试压、通水试验、焊接、防锈、防腐、保温及预埋件等。

8）锅炉工程：保温前胀管情况，焊接、接口位置，螺栓固定及打泵试验等。

9）电气线路工程：导管、位置、规格、标高、弯度、防腐、接头等，电缆耐压绝缘试验、地线、地板、避雷针的接地电阻。

10）完工后无法进行检查、重要结构部位及有特殊要求的隐蔽工程。

（5）隐蔽工程检查记录表的填写内容。

1）单位工程名称，隐蔽工程名称、部位，标高、尺寸和工程量。

2）材料产地、品种、规格、质量、含水率、容重、比重等。

3）合格证及试验报告编号。

4）地基土类别及鉴定结论。

5）混凝土、砂浆等试块（件）强度、报告单编号，外加剂的名称及掺量。

6）填写隐蔽工程检查记录，文字要简练、扼要，能说明问题，必要时应附三面图（平、立、剖面图）。

2.分项、分部工程验收制度

分项、分部工程施工完毕，现场工程师、质量工程师应严格按《建筑工程施工质量验收统一标准》（GB 50300-2013）、各专业施工质量验收规范（最新版）、施工图纸、修改通知等进行检查、验收。

对检查发现的问题,现场工程师、质量工程师应督促班组限期整改完毕,并复查整改结果。

整改完毕后应重新报验,必须经过验收合格并签证后方允许进行下一道工序的施工。

（1）分项工程的自检及报验。

1）分项工程的三级检验分为班组自检,现场工程师、质量工程师自检,建设（监理）单位验收。

2）重要的分项和隐蔽工程验收前项目质量部应提前报企业（公司）质量管理部门，企业（公司）质量管理部门安排人员参加验收、签证。

（2）分部工程的自检及报验。

1）分部工程施工完毕,现场工程师应及时督促资料工程师整理好验收资料，并进行审核，装订。

2）由项目部技术部向企业（公司）工程管理部门申请对技术资料的审核。

3）项目经理应组织工程部、质量部的管理人员对分部工程进行内部自检,合格后向企业（公司）质量管理部门报请验收。

4）企业（公司）质量管理部门组织进行分部工程内部验收，经验收合格后，由企业（公司）质量管理部门配合项目部向建设（监理）单位提出分部工程验收申请。

5）对涉及重要结构安全和使用功能的分部工程应邀请设计单位参与验收。

三、单位工程施工记录制度

1.基本要求

（1)单位工程施工记录是在建工程整个施工阶段,有关施工技术方面的记录；在工程竣工若干年后，其耐久性、可靠性、安全性发生问题而影响其功能时，是查找原因，制定维修、加固方案的依据之一。

（2）单位工程施工记录，由项目部各专业责任工程师负责逐日记载，直至工程竣工，人员调动时，应办理交接手续，以保证其完整性。

2.单位工程施工记录的主要内容

（1）工程的开、竣工日期以及主要分部、分项工程的施工起止日期，技术资料供应情况。

（2）因设计与实际情况不符，由设计（或建设）单位在现场解决的设计问题及施工图修改的记录。

（3）重要工程的特殊质量要求和施工方法。

（4）在紧急情况下采取的特殊措施的施工方法。

（5）质量、安全、机械事故的情况，发生原因及处理方法的记录。

（6）有关领导或部门对工程所作的生产、技术方面的决定或建议。

（7）气候、气温、地质以及其它特殊情况（如停电、停水、停工待料）的记录等。

3.施工记录的记载方法

项目部技术工程师在各分部工程施工完成后，将逐日记录的施工、技术处理等情况加以整理，择其关键记述，填写在单位工程施工记录表上，并经技术部经理或技术负责人审核是否确实，并签名后，纳入施工技术资料存档。

四、质量检验报验制度

（1）本项目实行“三检制+三检制”即在自检、互检、专检的基础上进行分包、总包、监理三级检查制度。

（2）分包单位要认真做好自检、互检、专检，制定互检表格。严格按照要求进行检查，不合格的及时进行返修。分包单位质检员应严肃认真地检查班组的“三检”情况及施工质量，做好书面记录，填好各种资料，上报总包方复验。检查资料必须符合要求，否则总包方将不予验收。

（3）在三检制实施过程中，严格进行自检。对互检班组检查出的问题及时整改，对有质量问题的工序不得进行下道工序施工，下道工序班组不得接收。

（4）分包单位的质检人员，必须严格控制施工过程中的质量，不得隐瞒施工中的质量问题，不得弄虚作假。对不合格的分项或工序提出纠正措施，并督促操作班组及时整改。

（5）在分项工程施工前，按照总包要求在指定的区域内，分包单位要做样板，并填写样板记录单，经总包方检查合格后方准施工，样板应作为工程施工的最低质量标准。

（6）分项工程验收一次合格率必须达到100%，一次验收达不到时，给予分包单位××元以上罚款，并对责任人处以××元罚款。

（7）总包方的施工管理人员，在施工过程中发现质量问题，一经提出（口头或书面通知），分包单位必须无条件执行。并认真组织整改，合格后报总包方验收，经复查合格即被认为本整改已销项。

（8）总包方每周组织一次质理检查讲评会、每月质量评比会，对本周（月）工程质量情况做全面总结，分包单位应按照总包方要求，准时参加。

第2单元 施工安全资料管理工作基本知识

第1讲 施工安全资料管理职责

一、建设单位管理职责

（1）建设单位应当向施工单位提供施工现场及毗邻区域内的供水、排水、供电、供气、供热、通信、广播电视等地上、地下管线资料，气象和水文观测资料，毗邻建筑物和构筑物、地下工程的有关资料。

（2）在申请领取施工许可证时，负责提供建设工程有关安全施工措施的资料。

（3）建设单位应将施工现场安全资料的形成和积累纳入工程建设管理的各个环节，逐级建立健全工程施工现场安全资料岗位责任制，对施工现场安全资料的真实性、完整性和有效性负责。

（4）建设单位施工现场安全资料应随工程进度同步收集、整理，并保存到工程竣工。

（5）建设单位主管施工现场安全工作的负责人应负责本单位施工现场安全资料的全过程管理工作。施工过程中施工现场安全资料的收集和整理工作应有专人负责。

（6）监督、检查各参建单位工程施工现场安全资料的建立和积累。

（7）在编制工程概算时，应确定建设工程安全作业环境及文明安全施工措施所需的费用，并负责统计费用支付的情况。

二、监理单位管理职责

（1）监理单位应将施工现场安全资料的形成和积累纳入工程建设管理的各个环节，逐级建立健全工程施工现场安全资料岗位责任制，对施工现场安全资料的真实性、完整性和有效性负责。

（2）监理单位主管施工现场安全工作的负责人应负责本单位施工现场安全资料的全过程管理工作。施工过程中，施工现场安全资料的收集和整理工作应有专人负责。

（3）监理单位施工现场安全资料应随工程进度同步收集、整理，并保存到工程竣工。

（4）对工程施工现场安全资料的形成、积累、组卷进行监督、检查。

（5）对施工单位报送的施工现场安全资料进行审核，并予以签认。

（6）负责监理单位施工现场安全资料的收集、整理、保存等管理工作。

三、施工单位管理职责

（1）负责施工单位施工现场安全资料的收集、整理、保存等管理工作。

（2）施工单位应将施工现场安全资料的形成和积累纳入工程建设管理的各个环节，逐级建立健全工程施工现场安全资料岗位责任制，对施工现场安全资料的真实性、完整性和有效性负责。

（3）总包单位督促检查各分包单位编制施工现场安全资料。分包单位负责其分包范围内施工现场安全资料的编制、收集和整理，向总包单位提供备案。

（4）施工单位施工现场安全资料应随工程进度同步收集、整理，并保存到工程竣工。

（5）主管施工现场安全工作的负责人应负责本单位施工现场安全资料的全过程管理工作。施工过程中，施工现场安全资料的收集和整理工作应有专人负责。

第 2 讲　施工安全资料分类

建设工程施工现场安全资料可分为安全生产保证体系文件和安全记录两大类，是建设单位、监理单位和施工单位对建设工程施工项目进行规范化、标准化、制度化管理过程中所形成的文件资料和工作记录，施工现场安全资料既是相关单位对工程项目安全管理采取的一种有效手段，又是各单位对工程项目安全管理的工作体现。

一、安全生产保证体系文件

（1）施工现场安全生产保证计划，如项目工程安全生产保证计划等。

（2）项目工程施工组织设计，如项目工程施工现场安全施工组织设计、施工现场临时用电施工组织设计等。

（3）分部分项工程专项施工方案，如基坑支护施工方案、土方开挖施工方案、模板施工专项技术措施等。

（4）各类程序文件，如分包控制程序、文件控制程序等。

（5）各类安全管理制度，如安全教育培训制度、安全检查验收制度、安全事故管理制度等。

（6）各类安全生产作业指导书，如各施工机械或各岗位工种安全操作规程、各类应急预案等。

二、安全记录

（1）与策划活动有关的记录，如现场危险源及不利环境因素辨识与评价记录、安全技术文件审批记录等。

（2）与实施活动有关的记录，如各类安全技术交底记录、班前讲话记录等。

（3）与检查活动有关的记录，如施工现场安全检查评分记录等。

（4）与改进活动有关的记录，如事故隐患整改记录等。

第 3 讲　施工单位主要安全资料

一、工程项目施工现场安全管理资料

（1）工程概况表。

《工程概况表》是对工程基本情况的简要描述，应包括工程的基本信息、相关单位情况和主要安全管理人员情况。

（2）项目重大危险源控制措施。

项目经理部应根据项目施工特点，对作业过程中可能出现的重大危险源进行识别和评价，确定重大危险源控制措施，并按要求进行记录，每张表格只能记录一种危险源。

（3）项目重大危险源识别汇总表。

项目经理部应依据项目重大危险源控制措施的内容，对施工现场存在的重大危险源进行汇总，按要求逐项填写，并由项目技术负责人批准发布。

（4）危险性较大的分部分项工程专家论证表和危险性较大的分部分项工程汇总表。

按照国务院建设行政主管部门或其他部门规定，必须编制专项施工方案的危险性较大的分部分项工程和其他必须经过专家论证的危险性较大的分部分项工程，项目经理部应在表中进行记录。对应当组织专家组进行论证审查的工程，项目经理部必须组织不少于5人的专家组，对安全专项施工方案进行论证审查。专家组应按照表的内容提出书面论证审查报告，并作为安全专项施工方案的附件。表经项目监理部确认、项目经理部盖章后，报项目所在地区（县）建委安全监督机构。

（5）施工现场检查表（以北京市为例）。

项目经理部和项目监理部每月至少两次对施工现场安全生产状况进行联合检查，检查内容应按照北京市施工现场检查表的要求进行，对安全管理、生活区管理、现场料具管理、环境保护、脚手架、安全防护、施工用电、塔式起重机和起重吊装、机械安全、保卫消防的十项内容进行评价。对所发现的问题在表中应有记录，并履行整改复查手续。

（6）项目经理部安全生产责任制。

项目经理部对各级管理人员、分包单位负责人、施工作业人员及各职能部门均应明确相应的安全生产责任，保障施工人员在作业中的安全和健康。

（7）项目经理部安全管理机构设置。

项目经理部应成立由项目经理负责的安全生产领导机构，并按照有关文件要求，根据施工规模配备相应的专职安全管理人员或成立安全生产管理机构，并形成项目正式文件记录。

（8）项目经理部安全生产管理制度。

项目经理部应依据现场实际情况制定各项安全管理制度，明确各项管理要求，落实各级安全责任。

（9）总分包安全管理协议书。

总包单位不得将工程分包给不具备相应资质等级和没有安全生产许可证的企业，并应与分包单位签订安全生产管理协议书，明确双方的安全管理责任，分包单位的资质等级证书、安全生产许可证等相关证照的复印件应作为协议附件存档。

（10）施工组织设计、各类专项安全技术方案和冬、雨期施工方案。

施工组织设计应在正式施工前编制完成，对危险性较大的分部分项工程应制订专项安全技术方案，对冬期、雨期的特殊施工季节，应编制具有针对性的施工方案，并须履行相应的审核、审批手续。

（11）安全技术交底汇总表。

工程项目应将各项安全技术交底按照作业内容汇总，并按照要求填写安全技术交底汇总表，以备查验。

（12）作业人员安全教育记录表。

项目经理部对新入场、转场及变换工种的施工人员必须进行安全教育，经考试合格后方准上岗作业；同时，应对施工人员每年至少进行两次安全生产培训，并对被教育人员、教育内容、教育时间等基本情况进行记录。

（13）安全资金投入记录。

应在工程开工前制订安全资金投入计划，并以月度为单位对项目安全资金使用情况进行记录。

（14）施工现场安全事故登记表。

凡发生安全生产事故的工程，应按要求进行记载。事故原因及责任分析应从技术和管理两方面加以分析，明确事故责任。

（15）特种作业人员登记表。

电工、焊（割）工、架子工、起重机械作业（包括司机、信号指挥等）、场内机动车驾驶等特种作业人员，应按照规定经过专门的安全教育培训，并取得特种作业操作证后，方可上岗作业。特种作业人员上岗前，项目经理部应审查特种作业人员的上岗证，核对资格证原件后在复印件上盖章并由项目部存档，并将情况汇总并填入特种作业人员登记表，报项目监理部复核批准。

（16）地上、地下管线保护措施验收记录表。

地上、地下管线保护措施方案应在槽、坑、沟土方开挖前编制，地上、地下管线保护措施完成后，由工程项目技术负责人组织相关人员进行验收，并填写地上、地下管线保护措施验收记录表，报项目监理部核查，项目监理部应签署书面意见。

（17）安全防护用品合格证及检测资料。

项目经理部对采购和租赁的安全防护用品及涉及施工现场安全的重要物资（包括脚手架钢管、扣件、安全网、安全带、安全帽、灭火器、消火栓、消防水带、漏电保护器、空气开关、施工用电电缆、配电箱等），应认真审核生产许可证、产品合格证、检测报告等相关文件，并予以存档。

（18）生产安全事故应急预案。

项目经理部应当编制生产安全事故应急预案，成立应急救援组织，配备必要的应急救援器材和物资。定期组织演练，并对全体施工人员进行培训。

（19）安全标识。

对施工现场各类安全标识的采购、发放、使用情况应进行登记，绘制施工现场安全标识布置平面图，有效控制安全标识的使用。

（20）违章处理记录。

对施工现场的违章作业、违章指挥及处理情况进行记录，建立违章处理记录台账。

二、工程项目生活区资料

（1）现场、生活区卫生设施布置图。

现场、生活区卫生设施布置图应明确各个区域、设施及卫生责任人。

（2）办公室、生活区、食堂等各项卫生管理制度。

办公区、生活区、食堂等各类场所应制定相应的卫生管理制度。

（3）应急药品、器材的登记及使用记录。

应配备必要的急救药品和器材，并对药品、器材的使用情况进行登记。

（4）项目急性职业中毒应急预案。

必须编制急性中毒应急预案，发生中毒事故时，应能有效启动。

（5）食堂及炊事人员的证件。

施工现场设置食堂时，必须办理卫生许可证和炊事人员的健康合格证，并将相关证件在食堂明示，复印件存档备案。

三、工程项目现场、料具资料

（1）居民来访记录。

施工现场应设置居民来访接待室，对居民来访内容进行登记，并记录处理结果。

（2）各阶段现场存放材料堆放平面图及责任划分。

施工现场应绘制材料堆放平面图，现场内各种材料应按照平面图统一布置，明确各责任区的划分，确定责任人。

（3）材料保存、保管制度。

应根据各种材料特性建立材料保存、保管制度和措施，制定材料领取、使用的各项制度。

（4）成品保护措施。

应制订施工现场各类成品、半成品的保护措施，并将措施落实到相关管理和作业人员。

（5）现场各种垃圾存放、消纳管理资料。

项目经理部应对垃圾、建筑渣土运输和处理单位的相关资料进行备案。

四、工程项目环境保护资料

（1）项目环境管理方案。

应根据项目施工特点，对作业过程中可能出现的环境危害因素进行识别和评价，确定环境污染控制措施，编制项目环境保护管理措施。

（2）环境保护管理机构及职责划分。

应成立由项目经理负责的环境保护管理机构，制定相关责任制度，明确责任人。

（3）施工噪声监测记录。

施工现场作业过程中，各类设备产生的噪声在场界边缘应符合国家有关标准，项目经理部应定期在施工场地边界对噪声进行监测，并将结果记入施工噪声监测记录表。

五、工程项目脚手架资料

（1）脚手架、卸料平台和支撑体系设计及施工方案。

落地式钢管扣件式脚手架、工具式脚手架、卸料平台及支撑体系等，应在施工前编制相应专项施工方案。

（2）钢管扣件式支撑体系验收表。

水平混凝土构件模板或钢结构安装使用的钢管扣件式支撑体系搭设完成后，工程项目部应依据相关规范、施工组织设计、施工方案及相关技术交底文件，由总承包单位项目技术负责人组织相关部门和搭设、使用单位进行验收，填写《钢管扣件式支撑体系验收表》，项目监理部对验收资料及实物进行检查并签署意见。

其他结构形式的支撑体系也应参照此表，根据施工方案及有关规定进行验收。

（3）落地式（或悬挑）脚手架搭设验收表。

落地式（或悬挑）脚手架应根据实际情况分段、分部位，由工程项目技术负责人组织相关单位验收。六级以上大风及大雨后、停用超过一个月后均要进行相应的检查验收检查，相关单位参加。每次验收项目监理部对验收资料及实物进行检查并签署意见，合格后方可使用。

（4）工具式脚手架安装验收表。

外挂脚手架、吊篮脚手架、附着式升降脚手架、卸料平台等搭设完成后，应由工程项目技术负责人组织有关单位进行验收，合格后方可使用，验收时可根据进度分段、分部位进行。每次验收时项目监理部对验收资料及实物进行检查并签署意见。

六、工程项目安全防护资料

（1）基坑、土方及护坡方案、模板施工方案。

基坑、土方、护坡和模板施工必须按有关规定，做到有方案、有审批。

（2）基坑支护验收表。

基坑支护完成后，施工单位应组织相关单位按照设计文件、施工组织设计、施工专项方案及相关规范进行验收。

（3）基坑支护沉降观测记录、基坑支护水平位移观测记录表。

总承包单位和专业承包单位应按有关规定对支护结构进行监测，并按要求进行记录，项目监理部对监测的程序进行审核并签署意见。如发现监测数据异常，应立即督促项目经理部采取必要的措施。

（4）人工挖孔桩防护检查表。

项目经理部应每天对人工挖孔桩作业进行安全检查，项目监理部对检查表及实物进行检查并签署意见。

（5）特殊部位气体检测记录。

对人工挖孔和密闭空间施工，应在每班作业前进行气体检测，确保施工人员安全，并将检测结果记录到特殊部位气体检测记录表。

七、工程项目施工用电资料

（1）临时用电施工组织设计及变更资料。

临时用电设备在5台及5台以上或设备总容量在50kW或50kW以上者，均应编制临时用电施工组织设计，并按照《施工现场临时用电安全技术规范》（JGJ 46—2005）的要求进行相关审核、审批手续。

（2）施工现场临时用电验收表。

施工现场临时用电工程必须由总包单位组织验收，合格后方可使用，验收时可根据施工进度分项、分回路进行，并填写施工现场临时用电验收表。项目监理部对验收资料及实物进行检查并签署意见。

（3）总、分包临电安全管理协议。

总包单位、分包单位必须订立临时用电管理协议，明确各方相关责任，协议必须履行签字、盖章手续。

（4）电气设备测试、调试记录。

电气设备的测试、检验凭单和调试记录应由设备生产者或专业维修者提供，项目经理部应将相关技术资料存档。

（5）电气线路绝缘强度测试记录。

主要包括临时用电动力、照明线路及其他必须进行的绝缘电阻测试，工程项目应将测量结果按系统回路填入电气线路绝缘强度测试记录表后，报项目监理部审核。

（6）临时用电接地电阻测试记录表。

主要包括临时用电系统、设备的重复接地、防雷接地、保护接地以及设计有要求的接地电阻测试，工程项目应将测量结果填入临时用电接地电阻测试记录表后，报项目监理部审核。

（7）电工巡检维修记录。

施工现场电工应按有关要求进行巡检维修，并由值班电工每日填写，每月送交项目安全管理部门存档。

八、工程项目塔式起重机、起重吊装资料

（1）塔式起重机租赁、使用、拆装的管理资料。

对施工现场租赁的塔式起重机，出租和承租双方应签订租赁合同，并签订安全

管理协议书，明确双方责任和义务。委托安装单位拆装塔式起重机时，还应签订拆装合同。塔式起重机的拆装单位资质、相关人员的资格证等材料及设备统一编号、检测报告等，应一并存档。

（2）塔式起重机拆装统一检查验收表格。

塔式起重机安装过程中，安装单位或施工单位应根据施工进度分别认真填写有关内容。塔式起重机安装完毕后，应当由施工总承包单位、分包单位、出租单位和安装单位，共同进行验收。塔式起重机每次顶升、锚固时，均应填写记录。

塔式起重机安装验收完毕、使用前，还应当经有相应资质的检验检测机构检测，检测合格后，总承包单位应按照要求报项目监理部。

塔式起重机拆卸时，拆装单位应填写记录。

（3）起重机械拆装方案及群塔作业方案、起重吊装作业的专项施工方案。

塔式起重机安装与拆除、起重吊装作业等必须编制专项施工方案，涉及群塔（2台及2台以上）作业时，必须制定相应的方案和措施。群塔作业时，总承包单位应根据方案要求，合理布置塔式起重机的位置，确保各相邻塔式起重机之间的安全距离，并绘制平面布置图。

（4）对塔机组和信号工安全技术交底。

塔式起重机使用前，总承包单位与机械出租单位应共同对塔机组人员和信号工进行联合安全技术交底，就塔式起重机性能、安全使用及施工现场注意事项等内容，对相关人员做出安全技术交底，并做好记录。

（5）施工起重机械运行记录。

塔式起重机、施工电梯、移动式起重机及物料提升机等起重机械操作人员，应在每班作业后填写施工起重机械运行记录，运行中如发现设备有异常情况，应立即停机检查报修，排除故障后方可继续运行，同时将情况填入记录。起重机械运行记录每本填写完后，送交设备产权单位存档。

九、工程项目机械安全资料

（1）机械租赁合同、出租、承租双方安全管理协议书。

对施工现场租赁的机械设备，出租和承租双方应签订租赁合同和安全管理协议书，明确双方责任和义务。

（2）物料提升机、施工升降机、电动吊篮拆装方案。

施工现场物料提升机、施工升降机、电动吊篮安装前，应编制设备的安装、拆除方案，经审核、审批后，方可进行安装与拆卸工作。

（3）施工升降机拆装统一检查验收表格。

施工升降机安装过程中，安装单位或施工单位应根据施工进度分别填写有关内容。施工升降机安装完毕后，应当由施工总承包单位、分包单位、出租单位和安装单位共同进行验收，验收合格后方可使用。施工升降机每次接高时，均应填写记录。

施工升降机拆卸时，拆装单位应填写记录。

（4）施工机械检查验收表（电动吊篮）。

电动吊篮安装完成后，应由项目经理部组织分包单位、安装单位、出租单位相关人员对设备进行安装验收，并填写记录表。

（5）施工机械检查验收表。

施工现场各类机械进场安装或组装完毕后，项目经理部应按照要求组织相关单位进行验收，并将相关资料报送项目监理部。

（6）机械设备检查维修保养记录。

项目经理部应建立机械设备的检查、维修和保养制度，编制设备保修计划。对设备的检查维修保养情况，应有文字记录。

十、工程项目保卫消防资料

（1）施工现场消防重点部位登记表。

项目经理部应根据防火制度要求，对施工现场消防重点部位进行登记。

（2）保卫消防设备平面图。

保卫消防设施、器材平面图应明确现场各类消防设施、器材的布置位置和数量。

（3）现场保卫消防制度、方案、预案。

项目经理部应制定施工现场的保卫消防制度、现场保卫消防管理方案、重大事件、重大节日管理方案、现场火灾应急救援预案等相关技术文件，并将文件对相关人员进行交底。

（4）现场保卫消防协议。

建设单位与总包单位、总包单位与分包单位必须签订现场保卫消防协议，明确各方相关责任，协议必须履行签字、盖章手续。

（5）现场保卫消防组织机构及活动记录。

施工现场应设立保卫消防组织机构，成立义务消防队。定期组织教育培训和消防演练，各项活动应有文字和图片记录。

（6）施工项目消防审批手续。

项目经理部应将消防安全许可证存档，以备查验。

（7）施工用保温材料产品检测及验收资料。

施工现场使用的施工用保温材料、密目式安全网、水平安全网等材料应为阻燃产品，进场有相关验收手续，其产品资料、检测报告等技术文件项目经理部应予存档保管。

（8）消防设施、器材验收、维修记录。

施工现场各类消防设施、器材的生产单位应具有公安部门颁发的生产许可证，各类设施、器材的相关技术资料项目经理部应进行存档。项目经理部应定期对消防设施、器材检查，按使用年限及时更换、补充、维修，验收、维修等工作应有文字记录。

（9）防水施工现场安全措施及交底。

施工现场防水作业施工时，应制定相关的防中毒、防火灾的安全防范技术措施，并对所有参与防水作业的施工人员进行书面交底，所有被交底人必须履行签字手续。

（10）警卫人员值班、巡查工作记录。

施工现场警卫人员应在每班作业后，填写警卫人员值班、巡查工作记录，对当班期间主要事项进行登记。

（11）用火作业审批表。

作业人员每次用火作业前，必须到项目经理部办理用火申请，并按要求填写用火作业审批表，经项目经理部主管部门审批同意后，方可用火作业。

十一、其他资料

（1）安全技术交底表。

分部分项工程施工前及有特殊风险的作业前，应对施工作业人员进行书面安全技术交底，其内容应按照施工方案的要求，讲明操作者的安全注意事项，保证操作者的人身安全并按分部分项工程和针对作业条件的变化具体进行。项目经理部应将安全技术交底按照交底内容分类存档。

（2）应知应会考核表登记及试卷。

施工现场各类管理人员、作业人员必须对其所从事工作安全生产知识进行必要的培训教育，考核合格后方可上岗，项目经理部应将考核情况造表登记，并按照考核内容分类存档。

（3）施工现场安全日志。

施工现场安全日志应由专职安全管理人员按照日常检查情况逐日记载，单独组卷，其内容应包括每日检查内容和安全隐患的处理情况。

（4）班组班前讲话记录。

各作业班组长于每班工作开始前必须对本班组全体人员进行班前安全活动交底，其内容应包括本班组安全生产须知和个人应承担的责任、本班组作业中的危险点和采取的措施。

（5）工程项目安全检查隐患整改记录。

工程项目安全检查人员在检查过程中，针对存在的安全隐患应填写工程项目安全检查隐患整改记录。其中应包括检查情况及安全隐患、整改要求、整改后复查情况等内容，并履行签字手续。

第4讲 施工安全资料组卷

一、组卷要求

（1）施工现场安全资料的收集、整理应随工程进度同步进行，应真实反映工程的实际情况。

（2）施工现场安全资料应保证字迹清晰，不乱涂乱改、不缺页或无破损。签字、盖章手续齐全。计算机形成的工程资料应采用内容打印、手写签名的方式。

（3）施工现场安全资料组卷时应使用原件，因各种原因不能使用原件的，应在复印件上加盖原件存放单位公章、注明原件存放处，并有经办人签字及时间。

（4）资料表格中各类名称、单位等应采用全称，不宜使用简称，资料表格应填写完整。

（5）施工现场安全资料应采用活页的形式，组卷时可以根据实际情况分册装订。

二、组卷原则

（1）施工现场安全资料必须按相关标准规范的具体要求进行组卷。

（2）卷内资料排列顺序依次为封面、目录、资料部分和封底。也可根据卷内资料构成具体确定。组成的案卷应美观、整齐。

（3）案卷页号的编写应以独立卷为单位，在案卷内资料材料排列顺序确定后，对有书写内容的页面进行页号编写。每卷应从阿拉伯数字“1”开始，用打号机或钢笔依次逐页连续标注页号。

（4）可根据卷内资料分类进行分册，但是各分册资料材料的顺序编号应在本卷内连续编排。

（5）案卷封面要包括卷名、案卷题名、编制单位、安全主管、编制日期、第×册共×册等。

（6）卷内资料、封面、目录、备考表等，应统一采用 A4 幅尺寸（297mm×210mm），大于 A4 幅面的资料应折叠（297mm×210mm），小于 A4 幅面的资料应用 A4 白纸衬托。

第 3 单元　工程竣工备案管理

第 1 讲　施工项目竣工验收及质量保修

一、施工项目竣工验收

1.施工项目竣工验收条件和标准

（1）施工项目竣工验收条件

根据《建设工程质量管理条例》第 16 条规定，建设工程竣工验收应当具备下列条件：

1）完成建设工程设计和合同规定的各项内容；

2）有完整的技术挡案和施工管理资料；

3）有工程使用的主要建筑材料、建筑构配件和设备的进场试验报告；

4）有勘察、设计、施工、工程监理等单位分别签署的质量合格文件；

5）有施工单位签署的工程保修书。

（2）施工项目竣工验收标准

建筑施工项目的竣工验收标准有三种情况：

1）生产性或科研性建筑工程施工项目验收标准：土建工程，水、暖、电气、卫生、

通风工程（包括其室外的管线）和属于该建筑物组成部分的控制室、操作室、设备基础、生活间及至烟囱等，均已全部完成，即只有工艺设备尚未安装者，即可视为房屋承包单位的工作达到竣工标准，可进行竣工验收。这种类型建筑工程竣工的基本概念是：一旦工艺设备安装完毕，即可试运转乃至投产使用。

2）民用建筑（即非生产科研性建筑）和居住建筑施工项目验收标准：土建工程，水、暖、电气、通风工程（包括其室外的管线），均已全部完成，电梯等设备亦已完成，达到水到灯亮，具备使用条件，即达到竣工标准，可以组织竣工验收。这种类型建筑工程竣工的基本概念是：房屋建筑能交付使用，住宅能够住人。

3）具备下列条件的建筑工程施工项目，亦可按达到竣工标准处理

一是房屋室外或小区内管线已经全部完成，但属于市政工程单位承担的干管干线尚未完成，因而造成房屋尚不能使用的建筑工程，房屋承包单位可办理竣工验收手续。二是房屋工程已经全部完成，只是电梯尚未到货或晚到货而未安装，或虽已安装但不能与房屋同时使用，房屋承包单位亦可办理竣工验收手续。三是生产性或科研性房屋建筑已经全部完成，只是因为主要工艺设计变更或主要设备未到货，因而剩下设备基础未做的，房屋承包单位亦可办理竣工验收手续。

凡是具有以下情况的建筑工程，一般不能算为竣工，亦不能办理竣工验收手续：

①房屋建筑工程已经全部完成并完全具备了使用条件，但被施工单位临时占用而未腾出，不能进行竣工验收。

②整个建筑工程已经全部完成，只是最后一道浆活未做，不能进行竣工验收。

③房屋建筑工程已经完成，但由于房屋建筑承包单位承担的室外管线并未完成，因而房屋建筑仍不能正常使用，不能进行竣工验收。

④房屋建筑工程已经完成，但与其直接配套的变电室、锅炉房等尚未完成，因而使房屋建筑仍不能正常使用，不能进行竣工验收。

⑤工业或科研性的建筑工程，有下列情况之一者，亦不能进行竣工验收：①因安装机器设备或工艺管道而使地面或主要装修尚未完成者；②主建筑的附属部分，如生活间、控制室尚未完成者；③烟囱尚未完成。

二、施工项目竣工验收管理程序和准备

1．竣工验收管理程序

竣工验收准备→编制竣工验收计划→组织现场验收→进行竣工结算→移交竣工资料→办理竣工手续。

2．竣工验收准备

（1）建立竣工收尾工作小组，做到因事设岗，以岗定责，实现收尾的目标。该小组由项目经理、技术负责人、质量人员、计划人员、安全人员组成。

（2）编制一个切实可行、便于检查考核的施工项目竣工收尾计划，该计划可按表 3－4 编制。

表 3－4　施工项目竣工收尾计划表

序号	收尾工程名称	施工简要内容	收尾完工时间	作业班组	施工负责人	完成验证人

项目经理：　　　　技术负责人：　　　　编制人：

（3）项目经理部要根据施工项目竣工收尾计划，检查其收尾的完成情况，要求管理人员做好验收记录，对重点内容重点检查，不使竣工验收留下隐患和遗憾而造成返工损失。

（4）项目经理部完成各项竣工收尾计划，应向企业报告，提请有关部门进行质量验收评定，对照标准进行检查。各种记录应齐全、真实、准确。需要监理工程师签署的质量文件，应提交其审核签认。实行总分包的项目，承包人应对工程质量全面负责，分包人应按质量验收标准的规定对承包人负责，并收分包工程验收结果及有关资料交承包人。承包人与分包人对分包工程质量承担连带责任。

（5）承包人经过验收，确认可以竣工时，应向发包人发出竣工验收函件，报

告工程竣工准备情况，具体约定交付竣工验收的方式及有关事宜。

三、施工项目竣工验收的步骤

1．竣工自验（或竣工预验）

（1）施工单位自验的标准与正式验收一样，主要是：工程符合国家（或地方政府主管部门）规定的竣工标准和竣工规定；工程完成情况是否符合施工图纸和设计的使用要求；工程质量是否符合国家和地方政府规定的标准和要求；工程是否达到合同规定的要求和标准等等。

（2）参加自验的人员，应由项目经理组织生产、技术、质量、合同、预算以及有关的作业队长（或施工员、工程负责人）等共同参加。

（3）自验的方式，应分层分段、分房间地由上述人员按照自己主管的内容逐一进行检查。在检查中要做好记录。对不符合要求的部位和项目，确定修补措施和标准，并指定专人负责，定期修理完毕。

（4）复验。在基层施工单位自我检查的基础上，并查出的问题全部修补完毕后，项目经理应提请上级进行复验（按一般习惯，国家重点工程、省市级重点工程，都应提请总公司级的上级单位复验）。通过复验，要解决全部遗留问题，为正式验收做好充分的准备。

2．正式验收

在自验的基础上，确认工程全部符合竣工验收的标准，即可由施工单位同建设单位设计单位监理单位共同开始正式验收工作

（1）发送《工程竣工报告》。施工单位应于正式竣工验收之日前 10 天，向建设单位发送《工程竣工报告》。

（2）组织验收工作。工程竣工验收工作由建设单位邀请设计单位监理单位及有关方面参加，同施工单位一起进行检查验收。列为国家重点工程的大型建设项目，往往由国家有关部委邀请有关方面参加，组成工程验收委员会，进行验收。

（3）签发《工程竣工验收报告》并办理工程移交。在建设单位验收完毕确认工程竣工标准和合同条款规定要求以后，即应向施工签发《工程竣工验收报告》。

（4）办理工程档案资料移交。

（5）办理工程移交手续。

在对工程检查验收完毕后，施工单位要向建设单位逐项办理移交手续和其他固定资定移交手续，并应签认交接验收证书。还要办理工程续算手续。工程结算由施工单位提出，送建设单位审查无误后，由双方共同办理结算签认手续。工程结算手续一旦办理完毕，合同双方除施工单位承担工程保修工作以外，建设单位同施工单位双方的经济关系和法律责任即予解除。

四、工程质量保修和回访

工程质量保修和回访属于项目竣工后的管理工作。这时项目经理部已经解体，一般是由承包企业建立施工项目交工后的回访与保修制度,并责成企业的工程管理部门具体负责。

为提高工程质量,听取用户意见,改进服务方式,承包人应建立与发包人及用户的服务联系网络,及时取得信息,依据《建筑法》、《建设工程质量管理条例》及有关部门的相关规定，履行施工合同的约定和《工程质量保修书》中的承诺，并按计划、实施、验证、报告的程序，搞好回访与保修工作。

1.工程质量保修

工程质量保修是指施工单位对房屋建筑工程竣工验收后，在保修期限内出现的质量不符合工程建设强制性标准以及合同的约定等质量缺陷,予以修复。

施工单位应当在保修期内，履行与建设单位约定的，符合国家有关规定的，工程质量保修书中的关于保修期限、保修范围和保修责任等义务。

（1）保修期限

在正常使用条件下，房屋建筑工程的保修期应从工程竣工验收合格之日起计算，其最低保修期限为：

1)地基基础工程和主体结构工程，为设计文件规定的该工程的合理使用年限；

2）屋面防水工程、有防水要求的卫生间、房间和外墙面的防渗漏，为5年；

3）供热与供冷系统，为2个采暖期、供冷期；

4）电气管线、给排水管道、设备安装为2年；

5）装修工程为2年。

6）住宅小区内的给排水设施、道路等配套工程及其他项目的保修期由建设单位和施工单位约定。

（2）保修范围

对房屋建筑工程及其各个部位，主要有：地基基础工程、主体结构工程、屋面防水工程、有防水要求的卫生间、房间和外墙面的防渗漏、供热与供冷系统、电气管线、给排水管道、设备安装和装修工程以及双方约定的其他项目，由于施工单位施工责任造成的建筑物使用功能不良或无法使用的问题都应实行保修。

凡是由于用户使用不当或第三方造成建筑功能不良或损坏者；或是工业产品项目发生问题；或不可抗力造成的质量缺陷等，均不属保修范围，由建设单位自行组织修理。

（3）质量保修责任

1）发送工程质量保修书（房屋保修卡）

工程质量保修书由施工合同发包人和承包人双方在竣工验收前共同签署，作为施工合同附件，其有效期限至保修期满。《房屋建筑工程质量保修书》示范文本附本节后。

一般是在工程竣工验收的同时（或之后的 3～7 天内），施工单位向建设单位发送《房屋建筑工程质量保修书》。保修书的主要内容有：工程简况、房屋使用管理要求；保修范围和保修内容、保修期限、保修责任和记录等。还附有保修（施工）单位的名称、地址、电话、联系人等。

若工程竣工验收后，施工企业不能及时向建设单位出具质量保修书的，由建设行政主管部门责令改正，并处 1 万元到 3 万元的罚款。

2）实施保修

在保修期内，发生了非使用原因的质量问题，使用人应填写《工程质量修理通知书》，通告承包人并注明质量问题及部位、联系维修方式等；施工单位接到建设单位（用户）对保修责任范围内的项目进行修理的要求或通知后，应按《工程质量保修书》中的承诺，7 日内派人检查，并会同建设单位共同鉴定，提出修理方案，将保修业务列入施工生产计划，并按约定的内容和时间承担保修责任。

发生涉及结构安全或者严重影响使用功能的质量缺陷，建设单位应当立即向当地建设行政主管部门报告，采取安全防范措施；由原设计单位或具有相应资质等级的设计单位提出保修方案，施工单位实施，原工程质量监督机构负责监督；对于紧急抢修事故，施工单位接到保修通知后，应当立即到达现场抢修。

若施工单位未按质量保修书的约定期限和责任派人保修的，发包人可以另行委托他人保修，由原施工单位承担相应责任。

对不履行保修义务或者拖延履行保修义务的施工单位，由建设行政主管部门责令改正，并处 10 万元到 20 万元的罚款。

3）验收

施工单位在修理完毕之后，要在保修书上做好保修记录，并由建设单位（用户）验收签认。涉及结构安全的保修应当报当地建设行政主管部门备案。

（4）保修费用

保修费用由造成质量缺陷的责任方承担，具体内容如下：

1）由于承包人未按国家标准、规范和设计要求施工造成的质量缺陷，应由承包人修理并承担经济责任。

2）因设计人造成的质量问题，可由承包人修理，由设计人承担经济责任，其费用数额按合同约定，不足部分由发包人补偿。

3）属于发包人供应的材料、构配件或设备不合格而明示或暗示承包人使用所造成的质量缺陷，由发包人自行承担经济责任。

4）因发包人肢解发包或指定分包人，致使施工中接口处理不好，造成工程质量缺陷，或因竣工后自行改建造成工程质量问题的，应由发包人或使用人自行承担经济责任。

5）凡因地震、洪水、台风等不可抗力原因造成损坏或非施工原因造成的紧急抢修事故，施工单位不承担经济责任。

6）不属于承包人责任，但使用人有意委托修理维护时，承包人应为使用人提供修理维护等服务，并在协议中约定。

7）工程超过合理使用年限后，使用人需要继续使用的，承包人根据有关法规和鉴定资料，采取加固、维修措施时，应按设计使用年限，约定质量保修期限。

8）发包人与承包人协商，根据工程合同合理使用年限采用保修保险方式，投入并已解决保险费来源的，承包人应按约定的保修承诺，履行保修职责和义务。

9）在保修期限内，因房屋建筑工程质量缺陷造成房屋所有人、使用人或者第三方人身、财产损害的，房屋所有人、使用人或者第三方可以向建设单位提出赔偿要求。建设单位向造成房屋建筑工程质量缺陷的责任方追偿。

10）因保修不及时造成新的人身、财产损害，由造成拖延的责任方承担赔偿责任。

（5）其他

房地产开发企业售出的商品房保修，还应当执行《城市房地产开发经营管理条例》和其他有关规定。

军事建设工程的管理，按照中央军事委员会的有关规定执行。

2.工程回访

（1）工程回访的要求与内容

项目经理部应建立工程回访制度,将工程回访应纳入承包人的工作计划、服务控制程序和质量管理体系文件中。

工程回访工作计划由施工单位编制，其内容有：

1）主管回访保修业务的部门。

2）工程回访的执行单位。

3）回访的对象（发包人或使用人）及其工程名称。

4）回访时间安排和主要内容。

5）回访工程的保修期限。

工程回访一般由施工单位的领导组织生产、技术、质量、水电等有关部门人员参加。通过实地察看、召开座谈会等形式，听取建设单位、用户的意见、建议，了解建筑物使用情况和设备的运转情况等。每次回访结束后，执行单位都要认真做好回访记录。全部回访结束，要编写“回访服务报告”。施工单位应与建设单位和用户经常联系和沟通，对回访中发现的问题认真对待，及时处理和解决。

主管部门应依据回访记录对回访服务的实施效果进行验证。

（2）工程回访的主要类型

1）例行性回访。一般以电话询问、开座谈会等形式进行，每半年或一年一次，了解日常使用情况和用户意见。

2）季节性回访。雨季回访屋面及排水工程、制冷工程、通风工程；冬季回访锅炉房及采暖工程，及时解决发生的质量缺陷。

3）技术性回访。主要了解在施工过程中采用了新材料、新设备、新工艺、新技术的工程，回访其使用效果和技术性能、状态，以便及时解决存在问题，同时还要总结经验，提出改进、完善和推广的依据和措施。

4）保修期满时回访，主要是对该项目进行保修总结，向用户交代维护和使用事项。

第 2 讲　施工项目档案管理

一、施工项目档案分类

施工项目档案是项目建设、管理过程中形成的，各种形式的历史记录。包含了项目工程涉及的国家政策法规、工程合同法律文件、设计勘察文件、往来文件、工程资料等。施工项目档案是工程施工过程的真实记录，全面反映了工程的进展情况，是施工过程每一工序、分项、分部工程的实体质量的真实记录文件，是工程评估验收的依据，也是工程在交付试验后运行、维修、保养、改扩建的依据。档案是项目管理基础工作和成果的详实记录和追溯。

1.施工项目档案分类

（1）综合管理类（文书类）

包括决定、通知、通报、报告、请示、往来函件、会议纪要等。

（2）商务管理类

包括各类招投标文件，工程预算、结算文件，合同、法律文件等。

（3）项目工程资料

项目建设过程中的各类勘察设计资料、施工管理、技术、验收、物资、测量、各类记录等资料。

（4）财务资料

2.施工项目档案形式

归档的文件材料载体形式包括：纸质文件，电子文件光盘，录音录像带，照片、底片，实物及其它形式。

二、档案管理制度与职责

1.档案管理制度

（1）档案存放管理制度

1）存放档案应有专门的库房、柜架、装具、存放方法要科学和便于查找。一般库房的温度应控制在 14-24 度，相对湿度控制在 45-60%之间。

2）档案库房要坚固，库房内严禁存放其他物品。库房要配备相应的防火器材，注意防火、防水、防光、防潮、防鼠、防虫、防尘、防盗。

3）档案人员必须熟悉档案库房情况，每年对库房档案进行检查核对，做到帐、物相符。如发现有误，应立即更正。对破损和变质的档案，要及时进行修补和复制。

电子档案需防磁、防病毒。

4）档案室要建立登记制度，对档案的收进、移出、保管和利用等情况进行登记和统计。

（2）档案借阅与利用制度

1）借阅档案时，借阅人须填写档案借阅申请，经本部门审签后，再经档案管理部门审批同意后，方可在档案管理人员处办理相关借阅手续，并根据借阅数量交纳部分押金（归还档案时退还）。借阅时间原则上不超过一周。

2）外单位人员借阅档案时，须持有本单位介绍信，说明借阅原因，经相关领导审批签字，方可提供使用。

3）借阅者必须妥善保管所借档案，不得私自拆装、撕页、涂改、杠画、污损、复制、转借、泄密、丢失。

4）档案利用后或借阅人员调出单位时须及时将档案归还。档案人员必须进行认真核对，确认无误后，方可注销。

5）档案室是档案存放重地，无关（借阅）人员不得进入。

（3）档案的鉴定与销毁制度

1）项目成立档案鉴定工作小组，由项目技术负责人、档案管理部门和其他部门相关人员组成。

2）根据档案保管期限，对到达保管期限的档案及确无继续保存价值的档案，进行鉴定工作。

3）鉴定档案时应采取直接鉴定法。在一个案卷内档案保管价值如有不同，一般应拆卷，拣出无保存价值文件。

4）销毁档案时要严格执行保密规定，在指定地点由两人监销，并在销毁清册上签字。

5）每次鉴定工作结束，均应编制详细的统计和总结报告，编制档案销毁清册，并填写《文件销毁申批表》和《档案鉴定与销毁目录》报请公司主管领导审批后方能销毁。销毁档案，应指定专人负责监销，监销人要在销毁清册上签字。

（4）档案保密制度

1）档案工作人员要遵守职业道德，严守单位秘密，不准向外泄露有关机密性内容。

2）非档案管理人员或检查、鉴定人员不得私自进入档案库房。

3）凡违反上述管理制度，造成损失、泄密事故，视情节轻重，给予批评教育或纪律处分，直到追究法律责任。

2.档案管理职责

施工项目涉及的工程竣工备案需要的各种工程资料，由各相关部门编制，项目资料员负责整理归档。记录施工管理控制的工程质量、安全、进度过程控制资料，以及各种行政、财务、商务等管理资料，由项目各专业部门进行收集整理。

项目各部门资料工作人员的主要职责：

（1）贯彻执行国家与地方建设行政主管部门对工程档案工作的方针、政策和企业档案管理的有关规定。

（2）对上级部门下发的各种文件和各部门形成的各种资料进行收集、整理、立卷、归档。

（3）严格档案入库制度，做好分类登记工作，对各类资料分类应科学合理，便于查找。

（4）采取各种切实可行的措施，妥善保管好档案，防止档案损坏流失。

（5）积极收集有关监督、检测工作的法规、标准、规范、规程、细则、方法及其它技术资料。

（6）对档案的收进、移出、保管和利用进行统计登记。对过期资料的销毁应严格执行报批手续，并造册登记。

（7）经常检查档案资料的质量状况，发现问题及时处理，防止资料的丢失和损坏。

（8）资料的借阅应按要求办理登记手续，归还时必须检查资料的完整性。

三、档案管理内容

1.公文管理

（1）收文管理

1）文件签收

①项目资料管理人员负责项目往来文件的签收工作。收到公文后，资料员要先对文件资料进行登记、编号，然后呈项目有关领导批阅或交相关部门处理。

②电子文件资料要视其内容及时发送到项目经理部领导和有关人员的信箱。重要事项应打印保存并提醒领导和有关人员及时批阅处理。

③凡能通过网络发布、传递的文件资料，应通过网络发布、传递（保密文件除外），要求回复确认。所有工作人员每天都应查看个人信箱，以便及时阅知、处理。

④项目经理部部门收文由部门资料管理人员办理收文登记后，交部门负责人阅处。

2）文件阅办

①文件经项目经理部领导阅批后，需有关部门办理的，由资料员做好记录并负责将文件资料送交相关部门，各部门做好登记工作后，交有关人员办理并负责督促及时阅处。

②各部门阅处的文件，应及时处理，传阅的文件在各部门停留时间一般不超过一天、最长不得超过两天，需办理的文件在部门停留时间一般不超过一周。办文时间较长或较重要的文件，办文部门可将文件复印留存，原件退回资料员处。

③涉及密级的文件须妥善保管，并在办公室阅办。阅办人要注意文件的安全、保密、完整、避免遗失。不得私自带入公共场所、家中或转借他人，不得擅自复印、抄录。

（2）发文管理

1）发文种类

①项目经理部发文：用于发布项目经理部重要的决定、通知、规章、制度，转发上级文件，向上级机关请示有关问题，办理申请，批转、批复分管机构的请示、报告，通知重要会议，传达企业领导批示等。

②各部门发文：各部门用于通知、发布、批复部门职责范围内的业务事项，转发上级业务主管部门的文件，催要有关情况、材料、报表、联系工作等。

③会议纪要：用于记载项目各类会议情况和议定事项。

④签报：各部门用于向项目领导请示、报告工作，通报部门重要情况，工作动态等。

⑤其他公文：便函、介绍信等。

2）公文文体

①决定：适用于对重要事项或重大行动做出安排。

②通知：适用于转发上级单位和不相隶属单位的公文，发布规章制度，传达要求下级单位办理和需要有关单位周知或者执行的事项，员工的任免和聘用。

③通报：适用于表彰先进，批评错误，传达重要精神或情况。

④报告：适用于向上级单位汇报工作，反映情况，提出建议或答复上级单位的询问。

⑤请示：适用于向上级请求指示、批准的事项。

⑥批复：适用于答复下级单位请示事项。

⑦意见：适用于对重要问题提出见解和处理办法。

⑧函：适用于不相隶属单位之间相互商洽工作，询问和答复问题，请求批准。

3）发文程序

①拟文

文件标题应简要概括文件的主要内容，标题中除法规、规章名称加书名号外，一般不用标点符号。主送单位为公文的主要受理单位；抄送是指主送以外需要执行或知晓公文内容的其他单位。

②会签

拟文中，如涉及其他部门职责范围的事项，主办部门应主动会签相关部门。为节约办文时间，会签形式一般采用电子邮件传递方式；重要的公司规章、制度和其他重大事项，必要的，应由主办单位召集有关部门对文件进行评审。

③审/核稿

以公司名义的发文、便函、会议纪要，由主办部门主管领导签署审批意见；以工作部名义的发文由主办部门业务负责人或板块负责人签署审批意见，送综合管理部进行审/核稿后，呈公司主管领导签发。

④签发

项目管理文件需经过项目经理或其授权的副总经理签发；技术文件有项目技术负责人签发。

2.工程资料档案管理

参见本手册 2.3 工程技术资料管理

3.财务档案管理

（1）会计档案主要内容

会计档案的管理包括会计凭证、会计帐簿和财务报告等会计核算专业材料，是记录和反映公司经济业务的重要史料和证据。具体包括：

1）会计凭证类：原始凭证、记帐凭证、汇总凭证、其他会计凭证。

2）会计帐簿类：总帐、明细帐（依据科目建立）、日记帐、固定资产卡片、辅助帐簿、其他会计帐簿。

3）财务报告类：月度、季度、年度财务报告，包括会计报表及附表、附注和文字说明，其他财务报告。

4）其他类：会计档案移交清册，会计档案保管清册，会计档案销毁清册，银行余额调节表，其他应保存的会计核算专业资料。

（2）会计档案保管

1）每月形成的会计档案，应由专人按照归档要求，负责整理立卷、装订成册，编制会计档案保管清册。档案依据上述分类，分别保存，凭证按月整理保存，年终将本年帐簿存档。

2）财务部门对每年形成的会计档案，按照归档的要求，负责整理立卷或装订成册。当年会计档案，在会计年度终了后，可暂由财务部门保管 1 年。期满后原则上编造清册移交公司档案部门。

3）档案部门接受保管的会计档案，原则应当保持原卷册的封装；个别需拆封重新整理的，会同项目以及企业财务部门和经办人共同拆封整理，以分清责任。

4）财务档案必须按期将应当归档的会计档案全部移交档案室，不得自行封包保存。档案室必须按期点收，不得推诿拒绝。

5）会计档案应科学管理妥善保管、存放有序、查找方便，严格执行安全和保密制度，不得随意堆放，严防毁损、散失和泄密。

6）档案室对于违反会计档案管理制度的，有权进行检查纠正，情节严重的，应当报告公司领导进行严肃处理。

（3）会计档案的借阅

1）会计档案查阅要按规定办理手续。上级机关或外单位需要查阅的，要经公司领导批准，且派专人陪同阅看；原件不得借出。

2）项目撤销，会计档案应随同转移到企业财务部门，并办理好交接手续。

3）调阅会计档案要填写借阅登记表，注明查阅会计档案名称、调阅时间、调阅人姓名和工作单位、调阅理由等。

4）会计档案原则上不得外借，特殊情况须征得项目经理同意。

5）调阅会计档案人员，不能私自对会计档案勾、划，不准拆原卷册，不准更换张页。

6）所有查阅完毕的会计档案必须及时送还、放回原处。

（4）会计档案的保存期限

会计档案的保管期限分为永久、定期两类。各种会计档案的保管期限，从会计年度终了后的第一天算起。定期保管期限分为3年、10年、15年、20年、25年5种。其中：

1）纳税人的帐簿、记帐凭证等资料保存期限为10年。

2）原始凭证、记帐凭证和汇总凭证保管期限为10年。

3）总帐（包括日记总帐）、明细帐、日记帐簿

（5）会计档案的销毁

1）会计档案保管期满，需要销毁时，由主管档案部门提出销毁意见，会同财务财务部门共同鉴定，严格审查，编制会计档案销毁清册，报经主管批准后销毁。

2）由财务和档案部门共同派员监销。会计档案销毁前，监销人应认真清点核对：销毁后在销毁清册上签名，并将监销情况上报有关领导。公司对会计档案应当严格执行安全和保密制度，严防毁损、散失和泄密。

3）经公司领导审查，报经上级主管单位批准后销毁。

4）准备销毁的会计档案中尚未了结的债权债务的原始凭证，应单独抽出，另行立卷，由档案室保管到结清债权债务时为止。

5）销毁会计档案时应由档案室和财务资金部共同派人监销。

6）监销人在销毁会计档案以前，应当认真进行清点核对，销毁后，在销毁清册上签名盖章，并将监销情况报告本单位领导。

7）销毁清单应永久保存。

4.项目商务档案管理

项目商务档案主要包括合同文件、招投标文件、预算与结算文件。商务档案同财务档案一样属于企业管理控制类档案，是项目各类经济活动的文字记录。应根据企业的有关规定，可参照财务档案管理对项目商务档案进行归档、保存、保密、销毁等档案管理。

商务档案通常包括以下内容：

表3—5　商务档案包括内容

名称	所含内容
投标资料	招标文件及评审资料、答疑文件、投标书及评审资料、开标记录、投标资料交底记录、中标通知书、投标图纸
总包合同/项目策划	总包合同及评审资料、合同交底、合同变更资料、项目策划书及调整
分包合同	分包合同及选择过程资料（招标文件及评审资料、招标文件发放、答疑文件、分包投标资料、成本盈亏分析、分包合同评审、合同交底）

续表

名称	所含内容
采购合同	采购合同及选择过程资料（招标文件及评审资料、招标文件发放、答疑文件、供应商投标资料、成本盈亏分析、合同评审、合同交底）
租赁合同	租赁合同及选择过程资料（招标文件及评审资料、招标文件发放、答疑文件、供应商投标资料、成本盈亏分析、合同评审、合同交底）
工程款支付	业主工程款支付、月资金支付计划、分包商工程款支付、供应商工程款计划
公司信函	与公司往来函件
工作计划	整体工作计划、月工作计划、周工作、月计划总结
业主、监理、设计院信函	与业主、监理、设计院往来信函（非经济洽商变更部分）
分包信函	与分包商、供应商往来信函
监理月报	含监理（建设单位）批复等
分包商、供应商月报	分包商、供应商每月申报结算额、实际结算额
总包洽商变更	与总包的洽商变更往来资料
分包洽商变更	与分包的洽商变更往来资料
总包结算资料	总包结算及造价分析资料
分包结算资料	分包结算及造价分析资料
会议纪要	监理例会会议纪要、生产例会会议纪要

四、归档管理

1.归档要求

（1）归档的文件材料，要按照形成规律，保持其有机联系。文件材料应完整、准确、系统，反映公司各项活动的真实内容和过程。

（2）归档的文件材料应为原件或具有凭证作用的文件材料。

（3）非纸质文件材料应有文字说明一并归档；外文材料应与中文翻译件一同归档。

（4）具有长期保存价值的电子文件，必须制成纸质文件与原电子文件一同归档。

（5）归档的文件材料应符合档案保管要求。不符合保管要求的文件材料应经修复后归档。

（6）文件材料一般归档一份，重要的、利用频繁的和有专门需要的可适当增加份数。

（7）会计文件资料由财务部门负责立卷归档。

2.整理、组卷

（1）归档文件材料保管期限分为永久、长期、短期三种。归档立卷人员应按照国家和公司的有关规定，对归档文件材料确立保管期限。

（2）文件、材料管理部门要建立平时立卷制度。文件材料承办人员应随时或定期向本部门立卷人员移交已办理完毕的文件材料，由其分门别类妥善保存。

（3）综合管理类（文书类）文件材料的整理、组卷应规范、合理，符合国家标准规定的组卷原则和方法。要按照文件资料自然形成规律，保持文件资料之间的有机联系，区分不同保管期限进行系统整理，组成案卷，编定页号，填写《卷内目录》《案卷目录》及《案卷备考表》和案卷封面，并装订整齐。

（4）项目工程资料的收集、整理、立卷、移交、审查工作按项目所在地地方标准和企业相关规定执行。向企业移交档案应有移交清单，并经项目经理审核签字。重要的项目文件材料归档时应编写归档说明。

（5）财务资料的分类、整理、保管等工作按照财政部、国家档案局财会字[1998]32 号文《会计档案管理办法》和企业相关规定执行。

（6）各类档案、文件归档时，必须办理交接手续。移交部门（项目）应以卷或件为单位填写“案卷目录”一式两份，并经主管领导签审。交接双方对照目录认真清点核对，核对无误后双方签字，各执一份长期保存。

参 考 文 献

［1］中华人民共和国住房和城乡建设部.建筑与市政工程施工现场专业人员职业标准（JGJ/T 250-2011）［S］.北京：中国建筑工业出版社，2011.

［2］北京土木建筑学会.资料员必读.［M］.北京：中国电力出版社，2013.

［3］本书编委会.建筑施工手册［M］.5 版.北京：中国建筑工业出版社，2012.

［4］江苏省建设教育协会.资料员专业基础知识［M］.北京：中国建筑工业出版社，2014.

［5］中华人民共和国住房和城乡建设部.建筑工程资料管理规程（JGJ/T 185－2009）［S］.北京：中国建筑工业出版社，2010.

［6］本书编委会.新版建筑工程施工质量验收规范汇编［M］.3 版.北京：中国建筑工业出版社，2014.